A MORTE DA NATUREZA

A MORTE DA NATUREZA

MULHERES, ECOLOGIA E A REVOLUÇÃO CIENTÍFICA

Carolyn Merchant

IGRA KNIGA
ИГРА КНИГА

expressão POPULAR

2025

Título Original: *The death of nature: women, ecology and the cientific revolution.*
Autora: Carolyn Merchant, 1936-.
Publicado com a autorização da autora.

EDIÇÃO Allan de Campos Silva e Miguel Yoshida
TRADUÇÃO Allan de Campos Silva; Ana Carolina Gonçalves Leite; Bárbara Baracho; Bruno Xavier; Cássia Fellet; Gabriela Fellet; Júlia Giorgi Mariano; Mariana Hope Sartori; Mayara Araújo de Assis; Priscila Ambrósio Moreira; Rafael Afonso Silva
REVISÃO DA TRADUÇÃO Allan de Campos Silva e Marina Manganotte
PREPARAÇÃO Marina Manganotte
REVISÃO FINAL Lia Urbini
ILUSTRAÇÃO E CAPA Revista Comando
PROJETO GRÁFICO E DIAGRAMAÇÃO Marina Manganotte
PREFÁCIO Maria Fernanda Novo
TEXTO DA ORELHA Alana Moraes
CONSELHO EDITORIAL DA IGRÁ KNIGA Allan de Campos Silva; Bruno Xavier; Jean Tible

AGRADECIMENTOS Maria Bonomi, Marie Ange Bordas, Silvia e Marcia Meirelles

[2025]

Igrá Kniga	**Expressão Popular**
São Paulo - SP	Alameda Nothmann, 806 - Campos Elíseos - São Paulo - SP
www.igrakniga.com	www.expressaopopular.com.br
igrakniga@gmail.com	atendimento@expressaopopular.com.br

A MORTE DA NATUREZA

MULHERES, ECOLOGIA E A REVOLUÇÃO CIENTÍFICA

Carolyn Merchant

Tradução
Allan de Campos Silva
Ana Carolina Gonçalves Leite
Bárbara Baracho
Bruno Xavier
Cássia Fellet
Gabriela Fellet
Júlia Giorgi Mariano
Mariana Hope Sartori
Mayara Araújo de Assis
Priscila Ambrósio Moreira
Rafael Afonso Silva

Para David e John,
Elizabeth e Ann

SUMÁRIO

PREFÁCIO DE 2020: UMA RETROSPECTIVA

As sombras se alongavam nos pilares vermelhos, amarelos e marrons das paredes do cânion. Uma panóplia de cores em movimento banhava centenas de torres calcárias erodidas enquanto sol se punha sobre os picos escarpados. À minha frente, meus dois filhos pequenos, de 11 e 13 anos, seguiam por uma trilha estreita em meio a um labirinto de afloramentos rochosos que descia abruptamente rio abaixo. Vimos um falcão de cauda vermelha subir as correntes ascendentes até um ninho nos picos altos. A vista era de tirar o fôlego, as cores magníficas, as rochas vibrantes e vivas.

Era o verão de 1975; o lugar era Bryce Canyon, em Utah, e nós três explorávamos os desfiladeiros do oeste americano. Depois do jantar no acampamento do parque, os meninos caíram em um sono exausto. Permaneci acordada refletindo sobre a ironia das rochas vivas. A ciência as via como mortas e inertes, mas, durante grande parte da história humana, essas rochas estiveram vivas – crescendo e se reproduzindo como plantas e animais. Foi então que o título de um livro que eu vinha esculpindo por vários anos emergiu em claro relevo: *A morte da natureza* foi batizado.[1]

Pensando naquele verão mágico, fico impressionada com a concatenação de eventos pessoais, intelectuais e sociais que levaram à formação da tese do livro. As influências na minha vida e suas interseções com a história surgiram de uma curiosa combinação de ocorrências fortuitas, eventos mundanos e estranhos lampejos de compreensão. Durante as décadas de 1960 e 1970, o movimento das mulheres desencadeado por

1. Merchant, Carolyn, *The Death of Nature: a Retrospective. Organization and Environment*, vol. 11 (2), pp. 198-206; Merchant, Carolyn, *The Death of Nature: Women, Ecology and The Scientific Revolution* (São Francisco, Harper Collins, 1980, 2 ed., 1990).

A mística feminina (1963), de Betty Friedan, o movimento ambientalista impulsionado pelo livro *Primavera silenciosa* (1962), de Rachel Carson, e as convulsões sociais ligadas aos direitos civis e aos movimentos antiguerra deram forma à minha consciência social.[2]

Entrei no movimento ambientalista no outono de 1959, em um verdadeiro batismo de fogo. No meu primeiro encontro com meu ex-marido, saímos juntos e incendiamos uma pradaria de Wisconsin. Na primavera seguinte, um tapete multicolorido de lindas flores silvestres nativas adornava uma encosta que havia sido quase destruída pela invasão de álamos. Trabalhando em conjunto para salvar pradarias nativas para a "Nature Conservancy", debatendo as consequências da exposição dos agrotóxicos apontadas por Rachel Carson e ponderando o impacto da população mundial no abastecimento de alimentos, absorvi uma ética ambiental desde o início do nascente movimento ecológico.

Passei a maior parte da década de 1960 como estudante de pós-graduação no provocativo programa de História da Ciência da Universidade de Wisconsin, estudando as origens da Revolução Científica moderna e redigindo uma dissertação sobre o conceito de força viva, de Gottfried Wilhelm Leibniz.[3] Sempre fui apaixonada pela ciência, especialmente pela física, e fiquei impressionada com a beleza de suas derivações matemáticas, a simplicidade de suas explicações e a clareza com que descreve o mundo. Meu entusiasmo pela biologia na infância e no ensino médio se transformou em um fascínio pela química na faculdade, que, por sua vez, me levou à busca pela física e depois pela história da ciência, na

---

2. FRIEDMAN, Betty, *The Feminine Mystique* (Nova Iorque, Dell, 1963). CARSON, Rachel, *Silent Spring* (Boston, Houghton, 1962; tradução brasileira: CARSON, Rachel, *A primavera silenciosa* [São Paulo, Melhoramentos, 1962]).

3. Carolyn Iltis [MERCHANT], *The Controversy Over Living Force: Leibniz to D'Alembert* (Dissertação de Doutorado, Universidade de Wisconsin, Madison, 1967).

pós-graduação. Criar dois filhos me sensibilizou para os problemas concomitantes da dona de casa e pesquisadora, e devorei *A mística feminina,* de Friedan, assim que foi publicado. Candidatei-me e recebi uma das primeiras bolsas de estudo do país destinadas a apoiar mulheres com filhos que tentavam concluir a pós-graduação, tarefa na qual acabei por ser bem-sucedida.

No final da década de 1960, o cenário estava montado para os três temas que, mais tarde, comporiam o subtítulo de A morte da natureza: mulheres, ecologia e a Revolução Científica. Faltava, porém, a cola conceitual que logo os uniria. Os acontecimentos da década de 1970 em minha nova casa em Berkeley, Califórnia, forneceriam essa conexão. Comecei a lecionar ciências físicas na Universidade de São Francisco (USF) em meio à turbulência social causada pelo bombardeio do Camboja, o surgimento do Dia da Terra em 1970 e o questionamento do papel desempenhado pela ciência no novo campo de batalha eletrônico dirigido ao Vietnã do Norte. Ao lado dos nossos vizinhos sino-americanos, meus filhos e eu participamos das marchas pela paz em São Francisco e trabalhamos para integrar as escolas de Berkeley.

Enquanto uma jovem apaixonada pela beleza convencional da ciência, vivi um momento único em que as minhas experiências pessoais se cruzaram com as implicações sociais do domínio científico sobre a natureza. Comecei a investigar o caráter da ciência em termos das suas implicações para as mulheres e a natureza. Inspirada pelo questionamento generalizado dos pressupostos da década de 1950 sobre a ciência, a sociedade e os valores dominantes, comecei a reavaliar o significado do meu trabalho anterior no campo da história da ciência. A história da mecânica como sistema de matéria em movimento, sobre a qual realizei meu trabalho de pós-graduação, assumiu novas implicações quando confrontada com os espíritos animados e os seres com alma de uma cosmologia Renascentista para a qual tudo estava vivo.

Qual papel a história da Revolução Científica desempenhou na forma como estávamos conduzindo nossas vidas no final do século XX? Que alternativas históricas, reais e utópicas, desafiaram alguns dos excessos da sociedade dominante? Tais questões estimularam meu trabalho como professora e recorri a estudantes, colegas e amigos em busca de respostas.

Na USF, apresentei um novo curso sobre ciência e sociedade e comecei a ensinar o contexto social da ascensão da ciência moderna nas minhas disciplinas de história da ciência. Depois, no verão de 1972, viajei para Itália para participar do curso "História da Física do Século XX", do Instituto Enrico Fermi, no qual as questões acerca da responsabilidade social da ciência foram centrais. Aprendi com o filósofo marxista da física Robert Cohen que a Revolução Científica tinha sido explicada pelo historiador Boris Hessen (1931) e pelo sociólogo Edgar Zilsel (1953) como fenômenos decorrentes do desenvolvimento capitalista inicial e das artes e ofícios da classe média emergente. Cohen também me apresentou o novo livro de William Leiss, *The Domination of Nature* [A dominação da natureza], publicado no outono de 1972. Comecei a compreender algumas das formas específicas por meio das quais as transformações econômicas e sociais influenciavam as escolhas e os pressupostos subjacentes que cientistas tomavam à medida que prosseguiam o seu trabalho teórico.[4]

Naquele outono, dois eventos adicionais conspiraram para mudar minha perspectiva e iniciar a redação do livro. Enquanto ministrava meu novo curso de ciência e sociedade, ouvi muitos elogios do escritor científico Daniel Greenberg ao livro *Where the Wasteland Ends*,[5] de Theodore Roszak.

4. HESSEN, Boris, *The Social and Economic Roots of Newton's Principia with a new introduction by Robert S. Cohen* (Nova Iorque, Howard Fertig, 1971 [1931]); ZILSEL, Edgar, *The Genesis of the Concept of Scientific Progress*, em WIENER, Philip & NOLAND, Aaron (org.), *The Roots of Scientific Thought* (Nova Iorque, Basic Books, 1957), pp. 251-75; LEISS, William, *The Domination of Nature* (Nova Iorque, George Braziller, 1972).

5. ROSZAK, Theodore, *Where the Wasteland Ends: Politics and Transcendence in Post-Industrial Society* (Garden City/NY, Doubleday, 1972).

Além de apresentar uma crítica surpreendente da ciência mecanicista e uma exploração de abordagens alternativas enraizadas em tradições antigas, tais como o gnosticismo e a arte e poesia de William Blake, a obra também anunciava uma nova visão de mundo ecológica holística. Foi por meio da generosidade de Ted Roszak que o manuscrito de *The Death of Nature* chegou à mesa do meu editor, John Shopp, da Harper em São Francisco.

No mesmo dia em que tomei conhecimento do notável livro de Roszak, também conheci o colega historiador da ciência David Kubrin. David, que havia escrito uma dissertação de pós-graduação sobre Isaac Newton e publicado um artigo muito conceituado intitulado *Newton and the Cyclical Cosmos* [Newton e o cosmos cíclico],[6] assistiu a uma palestra dada por nosso colega britânico, Peter Harman. Durante o evento, Peter notou um rapaz na plateia costurando remendos em suas roupas e, pela natureza de sua pergunta após a palestra, deduziu que aquele só podia ser o famoso Kubrin. No início do ano seguinte, frequentei um pequeno curso sobre o surgimento da ciência moderna ministrado por Kubrin em uma escola alternativa em São Francisco. Foi ele quem me apresentou, assim como a outros, ao panfleto *Witches, Midwives, and Nurses* [Bruxas, Parteiras e Enfermeiras], de Barbara Ehrenreich e Deirdre English, e às ideias que levavam a sério o trabalho da tradição mágica na história da ciência.[7] O conceito chave das reflexões de David era a ideia de que, no início da ciência moderna, a matéria estava morta. Em um artigo de 1972 intitulado *How Sir Isaac Newton Helped Restore Law 'n' Order to the West* [Como Sir Isaac Newton Ajudou a Restaurar a Lei e a Ordem no Ocidente] e, mais tarde, em

---

6. KUBRIN, David, Newton and the Cyclical Cosmos; Providence and the Mechanical Philosophy, *Journal of the History of Ideas* 28 (julho-setembro de 1967).

7. EHRENREICH, Barbara & ENGLISH, Deirdre, *Witches, Midwives, and Nurses* (Old Westbury/NY, Feminist Press, 1973); edição brasileira: *Bruxas, parteiras e enfermeiras* [Monstro dos Mares, Cachoeira do Sul, s.d.]).

Newton's Inside Out [Newton de dentro para fora] de 1981, Kubrin explorou o papel que Newton desempenhou na supressão de ideias mágicas e alquímicas na sociedade e em sua própria mente e na promoção de uma visão mecânica da natureza.[8] Meu trabalho sobre Leibniz e a pesquisa de David sobre Newton forneceram subsídios para uma análise emergente da ascensão da ciência moderna, na qual um mundo repleto de forças vivas e vitais foi gradualmente substituído por um sistema mecânico morto, alinhado às novas tendências capitalistas do início desta sociedade moderna.

O que viria a se tornar *A morte da natureza* surgiu de uma série de três ensaios que comecei a escrever no verão de 1973. O primeiro era sobre mulheres e bruxas nos séculos XVI e XVII; o segundo analisava a transição do pensamento mágico para o mecanicismo; e o terceiro repensava o significado da ciência e das utopias, desde Campanella e Andrae até Francis Bacon. Comecei a apresentar trabalhos sobre "mulheres e natureza" e sobre "filosofia natural e a crise ambiental" em conferências locais, nacionais e internacionais da History of Science Society [Sociedade para a História da Ciência] e da American Historical Association [Associação Histórica Americana].

Sob a ameaça de demissões decorrentes da recessão de 1976 na USF, candidatei-me e recebi quatro bolsas e subsídios que me permitiram revisar e expandir os ensaios iniciais, transformando-os em um manuscrito de fôlego que abrangeria todo o período da Revolução Científica. Apesar das dificuldades econômicas causadas pelas demissões e pelo emprego de meio período, esta foi uma época intelectualmente inebriante em que, com grande entusiasmo, li e absorvi centenas de artigos e livros. Tudo parecia se encaixar e dar sentido à interpretação

8. KUBRIN, David, "How Sir Isaac Newton Helped Restore Law *'n'* Order to the West", *Liberation* 16, n. 10 (março de 1972), pp. 32-41; KUBRIN, David, "Newton's Inside Out! Magic, Class Struggle, and the Rise of Mechanisms in the West", em WOOLF, Harry, *The Analytic Spirit: Essays on the History of Science in Honor of Henry Guerlac* (Ithaca/NY, Cornell University Press, 1981), pp. 96-121.

de um período que eu havia começado a conhecer com intimidade e a amar profundamente. Quando o livro estava quase pronto, aceitei um emprego na Universidade da Califórnia, em Berkeley, em um programa de estudos ambientais na College of Natural Resources [Faculdade de Recursos Naturais]. Após revisões e uma edição final, *A morte da natureza* foi lançado em junho de 1980.

O lançamento do livro foi surpreendente. Um amigo me convidou para um passeio pela Telegraph Avenue, em Berkeley, onde o livro estava exposto em várias vitrines de livrarias. Outro amigo, que organizou uma festa para celebrar o lançamento do livro, relatou que um padeiro local havia lhe perguntado incrédulo: "Você quer um bolo escrito morte?" Naquela semana, dei palestras no *campus* da UC para o programa de Estudos de Gênero e na livraria Cody's, ambas para um grande número de pessoas. A revista *California Monthly* publicou uma primeira resenha. Logo fui convidada a dar uma palestra no Harvey Mudd College, o primeiro de muitos convites desse tipo ao longo dos anos. Para um livro acadêmico, que meu editor disse estar à frente de seu tempo, essa recepção foi gratificante. Havia três principais públicos para os temas do livro: feministas, ambientalistas e historiadores da ciência e tecnologia. No entanto, o livro também despertou o interesse de cientistas políticos, sociólogos, filósofos, geógrafos, professores de literatura, e cientistas. Ao longo dos anos, mais de cem resenhas do livro foram publicadas. Entre os que avaliaram, revisaram ou discutiram o livro estão: Christopher Hill, Everett Mendelsohn, Houston Baker, Jr., Fritjof Capra, Walter Pagel, Evelyn Fox Keller, Donna Haraway, Helen Longino, Susan Griffin, Stephen Brush, Joan Rothschild, Margaret Jacob, Bruno Latour, Nina Gelbart, Tore Frangsmyr, Ronnie Ambjomsson, Shigeru Nakayama, John Perkins, Audrey Davis, Margaret Osier, Rita Arditti, Joseph Meeker, Harold

Gilliam, Murray Bookchin, Jim Swan, Kirkpatrick Sale, David Ray Griffin e Jerry Mander.[9]

As primeiras resenhas se concentraram nas conexões entre a ciência e a dominação da natureza e nas relações entre as mulheres e a natureza. Elas enfatizaram o argumento de que a visão de mundo mecanicista abriu espaço para uma nova e brutal exploração do meio ambiente, dos animais e de uma natureza viva e vital. A mudança fazia parte de uma rejeição do feminino como parte constitutiva da realidade e uma concomitante opressão das mulheres. A metáfora da máquina redefiniu a realidade como algo a ser controlado, substituindo a imprevisibilidade dos eventos naturais. O livro foi elogiado pela integração de tópicos tão diversos como ecologia, magia natural, utopias, julgamentos de bruxas, parteiras, mulheres cientistas, além da reformulação do trabalho de figuras fundamentais da ciência moderna, como Francis Bacon, René Descartes, William Harvey, Thomas Hobbes, Isaac Newton e Gottfried Wilhelm Leibniz. Alguns comentaristas admiraram o estilo animado do livro e as ilustrações, enquanto outros o consideraram seco e de tom acadêmico.

Mais controversa foi a questão de como os eventos históricos estavam interligados, especialmente em relação às ideias. Uma resenha crítica observou que as ideias exploradas no livro, por vezes, refletiam valores sociais e, em outras ocasiões, pareciam desencadear transformações. No entanto, ela destacou que esse dilema era um desafio clássico para os historiadores, e que a força do argumento residia no fato de evitar explicações simplistas e conclusões precipitadas. A plausibilidade, os valores associados, a compatibilidade e a simultaneidade dos eventos contribuíram para um argumento rico e complexo. Alguns concordaram que essa abordagem resistia a um determinismo simplista em favor da sutileza.

9. Conferir a página na internet de Carolyn MERCHANT: https://ourenvironment.berkeley.edu/people/carolyn-merchant; acesse as resenhas em: https://nature.berkeley.edu/departments/espm/env-hist/reviews.html.

Outros, porém, temiam que o tom engajado e a orientação feminista do livro poderiam criar oposição. Uma outra objeção estava no problema da relação precisa entre as metáforas femininas que descreviam a natureza e a sujeição social das mulheres.

O livro logo encontrou um público para além do meio acadêmico. Chegou a uma audiência da Câmara dos Representantes do Congresso dos EUA sobre pesquisa e produção de energia, em 1980; foi abordado pelo conselheiro científico de Ronald Reagan, George A. Keyworth II, em 1982; e foi citado pela *Revista Newsweek*, em 1983, em uma discussão sobre a incorporação dos estudos feministas à corrente hegemônica do pensamento acadêmico. Sua estreia na televisão ocorreu em janeiro de 1983, na produção britânica *Crucible: A History of Nature*, da Central Television, cujo primeiro terço foi baseado em *A morte da natureza.*[10]

Logo, revistas e jornais estrangeiros começaram a tomar conhecimento do livro e sua tese.[11] No início de 1981, Tore Frängsmyr apresentou o tema ao público sueco, e a publicidade feita por ele foi seguida por resenhas nos jornais Gothenburg Post e Dagens Nyheter de Estocolmo, no final daquele ano. O livro foi resenhado na França em 1981, no Japão em 1982,

---

10. *Crucible: A History of Nature*, episódio de série de TV (16 de janeiro de 1983; Inglaterra: Central Television) produzido por Mick Gold.

11. Consulte o *site* de Carolyn Merchant, *Reviews of Her Books (nota 7). The Second Citizen's Report*, em Agarwal, Anil, *The State of India's Environment 1984-85* (Nova Délhi: Centro para Ciência e Meio Ambiente, 1985), p. 370; Merchant, Carolyn, *The Death of Nature: Women, Ecology, and the Scientific Revolution* (Londres, Wildwood House, 1983); Merchant, Carolyn, *The Death of Nature: Women, Ecology, and the Scientific Revolution*, tradução japonesa (Tóquio, Kousakusha, 1985); Merchant, Carolyn, *Der Tod der Natur: Okologie, Frauen und neuzeitliche Naturw is sense haft* (Munique, C. H. Beck, 1987); Merchant, Carolyn, *La Morte Della Natura: Donne, ecologia e Rivoluzione scientifica* (Milão, Garzanti Editorial, 1988); Merchant, Carolyn, *Der Tod Der Natur* (Munique, C.H. Beck, livro de bolso, 1994); Merchant, Carolyn, *Naturens Dod: Kvinnan, Ekologin och den Vetenskapliga Revolutionen* (Estocolmo/Stegag, Symposion, 1994); Merchant, Carolyn, *The Death of Nature: Women, Ecology, and the Scientific Revolution*, tradução chinesa (Pequim, Jilin Peoples' Publishing House, 1999).

na Polônia em 1983 e na Dinamarca, França e Alemanha em 1984. Na Índia, teve um papel central no relatório *The State of India's Environment* [A questão ambiental na Índia], de 1984-85 e, em 1986, o livro recebeu atenção na Austrália. Com suas traduções para o japonês (1985), alemão (1987, com uma edição para o mercado de massa em 1994), italiano (1988), sueco (1994) e chinês (pela Green Classics Library, em 1999), seguiram-se novas resenhas em outros idiomas. Em 1990, uma segunda edição comemorativa do décimo aniversário foi publicada em inglês.

Ao avaliar o impacto do livro ao longo do tempo, três contribuições se destacam. O livro foi uma das primeiras críticas aos problemas da modernidade e, especialmente, da ciência mecanicista e sua visão de mundo associada, contribuindo para a desconstrução pós-moderna do otimismo e da ideia de progresso do Iluminismo. Em segundo lugar, à medida que o ecofeminismo ganhou destaque nas décadas de 1980 e 1990, o livro passou a ser visto como um clássico pioneiro no debate sobre a relação mulher-natureza. Em terceiro lugar, o livro apontou caminhos para uma reavaliação da relação ética entre os seres humanos e a natureza, afastando-se das ideias de dominação e buscando uma nova parceria dinâmica entre as pessoas e os seus ambientes. Ao longo dos anos, em inúmeras conferências e palestras em vários continentes, muitas pessoas me disseram que *A morte da natureza* afetou suas vidas, chegando até mesmo a mudar toda a sua maneira de pensar. Sou muito grata por isso.

Desde 1980, meu trabalho avançou além da análise da Revolução Científica feita em *A morte da natureza,* direcionando-se para uma reelaboração das implicações do livro para a história dos Estados Unidos, o movimento ambientalista atual e uma nova ética ambiental. Em *Ecological Revolutions: Nature, Gender, and Science in New England* [Revoluções ecológicas: natureza, gênero e ciência na Nova Inglaterra] de 1989, pesquisei como as questões discutidas na Europa do século XVII se desenrolaram na América.[12] Busquei desenvolver uma abordagem mais precisa sobre as interações entre as ideias, o mundo material, e as mudanças sociais e econômicas, articulando um modelo de transformações revolucionárias baseado em ecologia, produção, reprodução e consciência. Essas "revoluções ecológicas" nos Estados Unidos apresentavam semelhanças com a transição de uma visão de mundo orgânica para uma visão de mundo mecânica, provocada pelo desenvolvimento capitalista, como discuti em *A morte da natureza*. Em *Radical Ecology* [Ecologia radical], de 1992,[13] expandi a ideia de revoluções ecológicas para uma análise do movimento ambiental dos últimos trinta anos e, em *Earthcare: Women and the Environment* [Cuidado da Terra: mulheres e o ambiente], de 1996, tentei estabelecer relações mais precisas entre o envolvimento das mulheres nos movimentos ambientais e as representações da natureza como femininas. Em *Reinventing Eden: The Eate of Nature in Western Culture*[14] [Reinventando o Éden: O Destino da Natureza na Cultura Ocidental], elaborei os detalhes de uma ética colaborativa entre as pessoas e o ambiente não humano, buscando superar alguns dos estigmas associados historicamente à natureza como feminina e aos homens como agentes de dominação. Para isso, me baseei em alguns dos desenvolvimentos mais recentes das ciências, como a teoria do caos e da complexidade. Com meu livro mais recente, *Autonomous Nature: Problems of Prediction and Control from Ancient Times to the Scientific Revolution* [Natureza autônoma: problemas de previsão e

12. Merchant, Carolyn, *Ecological Revolutions: Nature, Gender, and Science in New England* (Chapel Hill, University of North Carolina Press, 1989).

13. Merchant, Carolyn, *Radical Ecology: The Search for a Livable World* (Nova Iorque, Routledge, 1992); Merchant, Carolyn, *Earthcare: Women and the Environment* (Nova Iorque, Routledge, 1996).

14. Merchant, Carolyn, *Reinventing Eden: The Fate of Nature in Western Culture* (Nova Iorque, Routledge, 2003 [2 ed. 2013]). Texto adicionado ao artigo original.

controle dos tempos antigos à Revolução Científica],[15] volto ao ponto do qual parti e revisito as questões da transformação europeia. Nele, enfatizo o aspecto da natureza que é indomável, incontrolável, imprevisível e rebelde, manifestando-se na imprevisibilidade de vulcões, terremotos, tsunamis e pragas.

Ao relembrar a pungência daquele verão de 1975 em Bryce Canyon e meus muitos encontros posteriores com as aves e montanhas do mundo, acompanhada por familiares e amigos queridos, cada vez mais sou levada a reconhecer o poder da vida no planeta e a necessidade de uma ética de cuidado com a Terra. Se *A morte da natureza* contribuir, mesmo que minimamente, para uma nova consciência ambiental, seu legado permanecerá vivo.

15. MERCHANT, Carolyn, *Autonomous Nature: Problems of Prediction and Control from Ancient Times to the Scientific Revolution* (Nova Iorque, Routledge, 2016).

PREFÁCIO DE 1990

Desde a primeira publicação de *A morte da natureza*, os temas tratados no livro se tornaram ainda mais pungentes. Hoje, uma crise ecológica global, que vai além da crise ambiental da década de 1970, ameaça a saúde de todo o planeta. A destruição da camada de ozônio, o acúmulo de dióxido de carbono, as emissões de clorofluorcarbono [CFC] e a chuva ácida perturbam a respiração e obstruem os poros e pulmões da antiga Mãe Terra, rebatizada como "Gaia" pelo químico atmosférico James Lovelock. Resíduos tóxicos e agrotóxicos infiltram-se nas águas subterrâneas, áreas úmidas, baías e oceanos, poluindo o sistema circulatório de Gaia. As florestas tropicais e as florestas antigas do norte desaparecem em taxas alarmantes enquanto madeireiros arrancam de Gaia as suas tranças. Todos os dias, espécies inteiras de plantas e animais são extintas. É urgentemente necessária uma nova relação entre os humanos e a Terra.

Em comemoração ao vigésimo quinto aniversário de *Primavera silenciosa*, de Rachel Carson (1962), uma conferência sobre "perspectivas ecofeministas", realizada em 1987, convocou mulheres a liderar uma revolução ecológica para restaurar a ecologia planetária. Ao longo da última década, mulheres emergiram como ativistas ecológicas. Na Suécia, elas protestaram contra o uso de agrotóxicos nas florestas, oferecendo geleia feita de frutas silvestres contaminadas aos membros do Parlamento. Na Índia, juntaram-se ao Chipco, o movimento de "abraçar árvores", para preservar lenha para cozinhar, em protesto contra a exploração comercial de madeira. No movimento Greenbelt, do Quênia, plantaram milhões de árvores em um esforço para reverter a desertificação. Na Inglaterra, acamparam por anos na base aérea de Greenham Common para protestar contra a fabricação de mísseis nucleares que ameaçavam a continuação da vida na Terra. As mulheres alemãs ajudaram a fundar o Partido Verde como plataforma para um futuro verde para o país e o planeta. As mulheres nativas norte-americanas protestaram contra a mineração de urânio associada ao aumento do número de casos de câncer em suas reservas. No *Love Canal*, perto das Cataratas do Niágara, donas de casa exigiram ação das autoridades do estado de Nova Iorque diante de um surto de problemas congênitos e abortos espontâneos em um bairro construído sobre um antigo depósito de produtos químicos perigosos.

Ao mesmo tempo, as estudiosas feministas produziam uma explosão de livros sobre deusas antigas que se tornaram a base para uma espiritualidade renovada e enraizada na terra. Essas obras renovaram o interesse por estátuas, imagens, poesia e rituais em torno das deusas pré-históricas da terra: a Inanna mesopotâmica, a Ísis egípcia, as deusas gregas Deméter e Gaia, a Ceres romana, além do paganismo europeu, e dos símbolos e mitos femininos asiáticos, latino-americanos e africanos. Concertos, teatro de rua, rituais de solstício e equinociais, poesia, livrarias e ciclos de palestras celebravam a ressonância humana com a terra.

No entanto, essas celebrações da conexão entre mulheres e natureza contém uma contradição inerente. Se as mulheres se identificam abertamente com a natureza e ambas são desvalorizadas na cultura ocidental moderna, esses esforços não comprometem suas próprias perspectivas de libertação? A fusão entre mulher e natureza não seria uma forma de essencialismo? Não estariam, assim, admitindo que, em virtude da sua própria biologia reprodutiva, possuem uma proximidade de fato maior com a natureza do que os homens, reforçando assim o seu papel social de cuidadoras? Em vez de as libertar, tais ações parecem cimentar as formas existentes de opressão, tanto contra as mulheres quanto contra a natureza.

Mas os conceitos de natureza e de mulher são construções históricas e sociais. Não existem características "essenciais" imutáveis de sexo, gênero ou natureza. Os indivíduos formam conceitos sobre a natureza e suas próprias relações com ela baseados nas ideias e normas da sociedade em que nasceram, foram socializados e educados. Pessoas que vivem em um determinado período constroem a natureza de maneiras que dão sentido às suas próprias vidas, seja a partir da perspectiva de uma elite ou de uma pessoa comum, homem ou mulher, ocidental ou oriental. O historiador deve perguntar "Como as pessoas, ao longo da história, conceituaram a natureza? Como se comportaram diante dessa construção?", "Que evidências históricas sustentam uma interpretação específica?"

Entre os séculos XVI e XVII, a imagem de um cosmos orgânico e uma Terra feminina viva no seu centro foi substituída por uma visão mecanicista de mundo. Nessa nova perspectiva, a natureza foi reconstruída como morta e passível de ser dominada e controlada pelos seres humanos. *A morte da natureza* trata das mudanças econômicas, culturais e científicas por meio das quais esta vasta transformação ocorreu. Ao investigar como as pessoas compreenderam a natureza na Revolução Científica, não busco essências imutáveis, mas conexões entre a mudança social e as construções mutáveis da natureza. De maneira similar, quando as mulheres, hoje, enfrentam a dominação da natureza pela sociedade, estão também agindo para derrubar as construções modernas que as enxergam, ambas, natureza e mulheres, como culturalmente passivas e subordinadas.

Quando a historiadora levanta questões sobre a forma como a natureza era vista em outra época, ela também faz perguntas significativas sobre o seu próprio tempo. Uma das razões pelas quais as mudanças históricas descritas em *A morte da natureza* são relevantes é que, hoje, podemos estar vivenciando uma revolução semelhante. A imagem da máquina, que dominou a cultura ocidental durante os últimos trezentos anos, parece dar lugar a algo novo. Alguns chamam essa transformação de "novo paradigma"; outros, de "ecologia profunda"; e há ainda aqueles que clamam por uma visão de mundo ecológica pós-moderna.

Na última década, diversas propostas científicas têm desafiado essa visão mecanicista da natureza instaurada com a Revolução Científica. Segundo o físico David Bohm, uma ciência mecanicista baseada na suposição de que a matéria é divisível em partes (como átomos, elétrons ou quarks) movidas por forças externas pode estar dando lugar a uma nova ciência, baseada na primazia dos processos. No início do século XX, ele argumenta, a relatividade e a teoria quântica começaram a desafiar o mecanismo. A teoria da relatividade postulava que campos de intensidades variadas se espalham pelo espaço. Áreas fortes e estáveis, como redemoinhos em um riacho, representam partículas. Elas interagem e se modificam, mas ainda são consideradas externas e separadas umas das outras. A mecânica quântica desenvolveu um desafio ainda maior: o movimento não é contínuo, como na ciência mecanicista, mas ocorre em saltos. Partículas, como os elétrons, comportam-se como ondas, enquanto as ondas, como as de luz, podem se comportar como partículas, dependendo do contexto experimental. Tal dependência do contexto, que é antitética ao mecanismo e parte da visão orgânica do mundo, é uma característica fundamental da matéria.

A física do processo, proposta por Bohm, desafia ainda mais o mecanismo. Ela argumenta que, em vez de tomar as partes como fenômenos primários e derivar todos os outros fenômenos a partir dela, é necessário desenvolver uma física que parta de uma totalidade indivisa e multidimensional (um fluxo de energia chamado holomovimento) e derive o mundo tridimensional da mecânica clássica como um fenômeno secundário. A ordem explicada do mundo clássico em que vivemos se desdobra a partir da ordem implicada contida no fluxo subjacente de energia.

Outro desafio ao mecanismo vem da nova termodinâmica de Ilya Prigogine. A termodinâmica de equilíbrio e quase-equilíbrio da física clássica do século XIX descreveu sistemas fechados e isolados, como máquinas a vapor e refrigeradores. Já a termodinâmica de não-equilíbrio de Prigogine permite a possibilidade de que níveis mais elevados de organização possam emergir espontaneamente da desordem quando um sistema entra em colapso. A sua abordagem aplica-se a sistemas sociais e ecológicos, que são abertos e não fechados, e ajuda a explicar tanto a evolução biológica quanto a social.

O recente surgimento da teoria do caos na matemática sugere que equações determinísticas, lineares e preditivas, que formam a base do mecanismo, podem ser aplicadas a situações incomuns, para além das usuais. O caos, no qual um pequeno efeito pode levar a um grande efeito, pode ser a norma. Assim, uma borboleta batendo as asas em Iowa pode resultar em um furacão na Flórida. A maioria dos sistemas ambientais e biológicos, tais como as mudanças climáticas, a dinâmica populacional, o som, a fibrilação atrial e os padrões ecológicos, podem ser governados por relações caóticas não lineares. A teoria do caos revela padrões de complexidade que levam a uma compreensão ampla dos comportamentos globais, mas também se voltam contra a confiança excessiva nas previsões simples baseadas em equações diferenciais lineares.

Este conjunto de desenvolvimentos aponta para a possibilidade de uma nova visão de mundo que possa orientar as pessoas do século XXI a um modo de vida ecologicamente sustentável. O quadro mecanicista, que legitimou a Revolução Industrial com os seus efeitos colaterais de esgotamento de recursos e poluição, pode estar perdendo a sua eficácia. Em seu lugar, surge uma ciência não mecanicista e uma ética ecológica, que devem sustentar uma nova ordem econômica baseada na reciclagem de recursos renováveis, na conservação de recursos não renováveis e na restauração de ecossistemas sustentáveis que satisfaçam as necessidades físicas e espirituais humanas básicas. Talvez Gaia, então, seja curada.

PREFÁCIO À EDIÇÃO BRASILEIRA

O QUE DESTRÓI O MUNDO NÃO SERÁ CAPAZ DE RECONSTRUÍ-LO: CRISE AMBIENTAL E MONOCULTURA EPISTÊMICA

Maria Fernanda Novo

Por quererem possuir todas as mercadorias, foram tomados de um desejo desmedido. Seu pensamento se esfumaçou e foi invadido pela noite. Fechou-se para todas as outras coisas. Foi com essas palavras da mercadoria que os brancos se puseram a cortar todas as árvores, a maltratar a terra e a sujar os rios. Começaram onde moravam seus antepassados. Hoje não resta quase nada de floresta em sua terra doente e não podem mais beber a água de seus rios. Agora querem fazer a mesma coisa na nossa terra.[1]

O desenvolvimento e o colonialismo chegam subjugando, atacando, destruindo. Quando se introduz o desenvolvimento em espaços onde o povo vive do envolvimento, quando modos de vida são atacados, quando o envolvimento é atrofiado, inviabilizado e enfraquecido, vai haver reação.[2]

Enquanto os povos originários e quilombolas oferecem reflexões e práticas que traduzem uma ordem da razão que coloca em plano de igualdade humanos e não humanos, a ordem da razão ocidental é equacionada pelo cálculo da hierarquia, pelo exclusivismo humano e pelo imperativo da razão. As catástrofes normalizadas como um modo de gestão da crise capitalista estão sendo anunciadas há décadas; a crise climática

1. KOPENAWA, Davi; ALBERT, Bruce. *A queda do céu. Palavras de um xamã Yanomami.* Tradução de Beatriz Perrone-Moisés. São Paulo: Companhia das Letras, 2015, p. 407-408.

2. BISPO, Antônio dos Santos. *A terra dá, a terra quer.* São Paulo: Ubu Editora, 2023, p 96.

e o aquecimento global têm mostrado de modo insistente os limites do que se convencionou a chamar desenvolvimento.

A humanidade depende da natureza, mas está acabando com ela. Esta sentença se desdobra em um número cada vez maior de reflexões imprescindíveis na tentativa de reorientar a relação humana com a natureza. Mas como criar corpo teórico-crítico capaz de elucidar a crise climática sem que, para isso, seja necessário reafirmar o humano[3] como o centro da vida na Terra?

A ecologia, como sugere Carolyn Merchant, é capaz de criar a condição de possibilidade para alimentar alianças entre filosofia e ciência, para expor os abusos da razão universal e as consequências de seu projeto que entrelaça o colonial, o racial e o capital. A oposição entre natureza e humanidade, separadas no batismo transcendental da razão, transformou a técnica em sinônimo de predação e alimentou mais uma vez o exclusivismo humano. Em vez de produzir soluções para reforçar a integração entre natureza e humanos, os últimos séculos viram uma ciência que se curva à ideologia que roga pelo controle e pela exploração da natureza.

A morte da natureza: mulheres, ecologia e a revolução científica apresenta uma pesquisa filosófica num amplo arco histórico para reconstituir as imagens da natureza, que abundam na filosofia pré-socrática, em Aristóteles e na filosofia neoplatônica, na Idade Média, no Renascimento e na Modernidade. Poetas da Antiguidade grega fazem referência à natureza como uma grande mãe generosa a quem os homens deveriam devoção, assim como a natureza sacralizada que aparece na literatura e na poesia do período renascentista. Analogias surgiam aproximando a prata de raízes, o orgânico e o inorgânico se misturavam como se tudo pudesse ser explicado pela gênese transformadora e mutante da natureza e pela transmutação

3. FERREIRA DA SILVA, Denise. On Heat. *Canadian Art*, Toronto, 29 out. 2018. Disponível em https://canadianart.ca/features/on-heat/. Acesso em: 4 maio 2025.

dos elementos. O paradigma medieval do organicismo que orientava a alquimia colocava a natureza e os humanos dentro de uma relação necessária, assim como a literatura da utopia ecológica da *Cidade do Sol* (1623) e de *Cristianópolis* (1619), ao apresentarem ideais de comunidades integradas entre humanos e natureza, utilizando da metáfora orgânica para pensar a sociedade.

Contudo, o modelo ecológico/organicista da Idade Média deu lugar ao modelo mecanicista da filosofia moderna. Mais que isso, o mecanicismo rechaçava o modelo organicista em nome da ciência, da lógica e da filosofia, que, como quis Descartes, deveria se constituir como ciência primeira.[4] A natureza, de mãe nutridora, passa a ser vista como a mãe má que agride seus filhos humanos e que deve ser punida por isso. A mulher, por sua vez, passa a ser associada às qualidades da natureza, tornada imprevisível, irracional, ameaçadora.

O período da modernidade científica foi marcado pela apropriação da natureza pelo homem das ciências e das letras. A ciência parecia estar a serviço da exploração dos recursos naturais para benefício de sua ideia de progresso. A compreensão da natureza a partir da estabilidade postulada no mecanicismo e a consolidação das ciências da vida[5] foram fundamentais para construção de outras perspectivas sobre o humano, os não humanos, a natureza e toda a cadeia de relações que se estabelece entre essas coisas. Segundo Merchant, o mecanicismo operado pela metafísica ao longo do século XVII foi responsável por produzir uma transformação decisiva na

---

4. DESCARTES, Rene. *Discurso do Método*. São Paulo: Nova Cultural, 1987.

5. Denise Ferreira da Silva chama atenção para o arsenal ontoepistemológico que permitiu o interseccionamento entre as noções de vida e razão. É neste momento de inflexão filosófica sobre a noção de vida que os efeitos do mecanicismo aparecem, a lógica do seccionamento dos corpos, a taxonomia, a separação que faz da vida uma versão, dessa vez orgânica, porque é orientada pela observação dos indivíduos a partir de seus processos biológicos-vitais. FERREIRA DA SILVA, *Homo Modernus: para uma ideia global de raça.* Rio de Janeiro: Cobogó, 2022.

relação humano-natureza, prelúdio de uma escalada de exploração ambiental sem precedentes.

As noções de mecanicismo incutiram no fazer científico a ideia de decomposição: decompõe-se a complexidade para chegar ao elemento mais simples, o que o torna passível de intervenção e gerenciamento. Este projeto de intervenção na natureza seria concretamente realizável, princípio que imporia a regra da decomposição da complexidade como um encadeamento de processos básicos que se acumulam.

O mecanicismo assimilava as orientações do naturalismo e do vitalismo, com uma diferença significativa: subtrair da matéria a força interna, abrindo caminho para manipulação da natureza visando o "progresso" humano e científico. Enfim, promoveu a dissociação entre autoprodução, interconexão e interdependência dos processos naturais para dar lugar ao seccionamento, à previsibilidade e à manipulação da natureza. Assim, o mecanicismo favoreceu a simplificação biológica necessária para a lógica que tem transformado paisagens biodiversas em monocultura.

Este livro relaciona, ao mesmo tempo, a exploração ambiental ao triunfo epistemológico do mecanicismo, e as qualidades da natureza que justificaram sua exploração à diferenciação ontológica das mulheres que fundamenta a desigualdade de gênero. Contudo, é preciso ressaltar que o crivo misógino da ciência moderna e das normas morais que inferiorizavam as mulheres em relação aos homens é aqui analisado a partir de um recorte circunscrito aos limites da Europa.

A sociedade pré-capitalista europeia readequava o papel das mulheres, condicionando-as a funções domésticas que seriam equivalentes às suas funções sexuais. As teses da superioridade masculina, a partir do argumento do poder de geração, são amplamente estimuladas nas ciências, o que acaba por sedimentar a ideologia que transformou a mulher numa categoria humana incapaz de estar na mesma posição social e intelectual que o homem. O argumento prossegue na descrição de como, no século XIX, sob influência das teorias sociais informadas pelo darwinismo, cientistas passam a procurar provas que justificassem a inferioridade das mulheres. O argumento, destaca Merchant, era de que "a função reprodutiva das mulheres exigia que mais energia fosse direcionada para a gravidez e a maternidade, de forma que havia menos energia disponível para as funções superiores associadas à aprendizagem e ao raciocínio".[6]

Ao descrever a tese da "natureza desordeira", Merchant reforça como o encontro com o Novo Mundo instaura a paranoia que transfere esse atributo tanto às mulheres quanto àqueles fora da Europa, condenados ao "estado de natureza". Por exemplo, o folclore anglo-saxão no início da modernidade popularizava a ideia de natureza selvagem, reforçada pelas narrativas da exploração de terras além-mar. Relatos de viagem amplificavam a concepção de terras distantes repletas de perigos, hostis à ocupação humana. E os selvagens eram aqueles que se confundiam com a natureza, transformados em símbolos da animalidade.[7]

Do mesmo modo, a condenação de mulheres por bruxaria foi motivada pela crença de que elas controlavam e subvertiam as forças naturais. A sociedade das bruxas foi rapidamente associada à animalidade dos calibãs. Na medida em que a condenação de mulheres à bruxaria dava lugar ao juízo da ciência que as tornava inferiores física e intelectualmente, o papel feminino no argumento da inferioridade relacionada à geração se cristalizou em funções domésticas, uma vez que o casamento sentenciava sua dependência econômica dos homens. A reação das mulheres surge no final século XVII, com sua contestação filosófica ao aprisionamento epistemológico

6. MERCHANT, Carolyn. *A morte da natureza*: mulheres, ecologia e a revolução científica. São Paulo: IgráKniga, 2025, p. 300.

7. "Embora muitos dos primeiros relatos de exploradores descrevessem os indígenas como pacíficos e amorosos, ainda que em um nível hierárquico entre as feras e os europeus, no início do século XVII essa imagem se tornou mais dura e cristalizada" (*Ibidem*, p. 250).

anterior, a exemplo de Anne Conway,[8] cujas teses defendiam a singularidade como princípio da geração.

Já a colonização caminhava a passos largos na direção de consolidar a imagem bestializada, descontrolada e ameaçadora de indígenas e africanos. Talvez seja esta a brecha deixada pelo trabalho de Merchant para ser ocupada por teses segundo as quais as mulheres africanas e indígenas estavam expostas a um regime jurídico que as transformava em menos que humanos, sendo a distinção de gênero apenas um item contábil. A associação das mulheres à natureza na tese de Merchant preserva o gênero como atributo do humano compartilhado entre homens e mulheres, o que garante as qualidades do humano para ambos os casos, mas apenas nos limites da Europa. O ponto cego de *A morte da natureza* está na ausência da reflexão que torna a mulher escravizada uma representante da natureza perigosa e traiçoeira, como sentenciado para as mulheres em geral, mas com o acréscimo de que, na colonização, o gênero não concedia às mulheres escravizadas a humanidade atribuída às mulheres europeias.

A esse respeito, a teórica feminista Hortense Spillers expõe que a desgenerificação das mulheres negras existe como uma sombra no campo de visão dos estudos feministas. A história das mulheres negras não é a mesma das mulheres sobre as quais o campo das teorias feministas se estabilizou. No texto *Bebê da mamãe, talvez do papai*, Spillers mobiliza um robusto conjunto crítico para a construção da tese da desgenerificação da mulher negra. A autora identifica um processo instaurado pelo escravismo ao sobrepor o estatuto jurídico de propriedade à mulher escravizada, gerando uma posição subjetiva que Spillers chama carne (*flesh*). A impossibilidade da maternidade e a exposição a todas as formas de violência sexual condenam a mulher negra a uma condição que a mantém vinculada à imagem fixa da exploração. Diz Spillers:

8. Cf. *Ibidem*, capítulo 11.

> Um corpo feminino pendurado no galho de uma árvore, ou com o seio sangrando em um dia qualquer de trabalho no campo porque o capataz, a uma chicotada de distância, arrebentou e arregaçou sua carne adiciona uma dimensão lexical viva às narrativas das mulheres na cultura e na sociedade. Essa cena materializada da carne feminina desprotegida, da carne feminina desgenerificada, oferece uma práxis e uma teoria [...].[9]

A violência que inscreve a carne na mulher negra não pode ser avaliada no regime ético moderno, já que a carne da mulher escravizada representa a exposição a um regime de exploração no qual a escravizada é ao mesmo tempo mercadoria e natureza. Assim, a posição da mulher negra na modernidade se estabelece na clivagem entre os humanos e menos que humanos, subtraída a distinção dos gêneros masculino e feminismo.

Assim como vejo pontos de tensão na trama de *A morte da natureza* quando a associação das mulheres à natureza está limitada à conformação do gênero segundo os padrões clássicos das teorias sexo-gênero,[10] outras fricções se sobressaem no plano da exposição sobre ecologia. O argumento que fixa o livro publicado originalmente em 1980 no contexto do seu tempo não ajuda a elaborar a importância desta obra na atualidade.

Mais interessante é poder bordar, a partir dos limites do livro, análises que ancoram o problema da natureza na gramática contemporânea das teorias e práticas que colaboram para criar saídas diante do cenário que encurrala a natureza e tudo a ela vinculado num silo de soja no coração da Amazônia, numa draga de mineração na terra Yanomami ou nas barragens de Brumadinho e Mariana, em Minas Gerais.

---

9. SPILLERS, Hortense. *Bebê da mamãe, talvez do papai.* "Pensamento Negro Radical". São Paulo: Crocodilo, 2021.

10. Cf. RUBIN, G. *O tráfico de mulheres*: notas sobre a "economia política" do sexo. *In* RUBIN, G. "Gayle Rubin, Políticas do sexo". São Paulo: UBU, 2017.

Então, quais recursos analíticos estão disponíveis para entender o regime de exploração, catástrofe e destruição anunciado por Merchant? Como enaltecer alternativas de ocupação da terra que estão sendo ameaçadas pelo neoextrativismo e pela *plantation* contemporânea que têm devastado as florestas em todos os continentes? Enfim, como ler a mudança?

Um primeiro passo para essa resposta podemos encontrar em Sylvia Wynter, no ensaio de 1971 *Novel and History, Plot and Plantation*,[11] em que ela define de maneira sintética e precisa a diferença entre os sistemas de ocupação de terra que operavam na Jamaica durante a colonização. O que fez da *plantation* um sistema primordial para disciplina dos trabalhadores e da terra, central para projeto colonial, torna-se relevante hoje porque suas teses ajudam a riscar as linhas de corte entre economia e ecologia, e entre monocultura e agroecologia. Wynter descreve *plantation* como um modelo cuja matriz é a racionalização e industrialização da produção agrícola de commodities que irão animar o mercado global, um processo ilimitado de exaustão da terra cuja finalidade é subsidiar a economia e não alimentar as pessoas. A transformação da agricultura na *plantation* modifica fundamentalmente a relação entre humanos e natureza. Segundo Wynter,

> [...] com a descoberta do Novo Mundo e de suas vastas terras exploráveis, esse processo que foi denominado "redução do homem ao trabalho e da natureza à terra" teve seu início em grande escala. A partir desse momento, o homem ocidental se viu como senhor e possuidor da natureza. A transformação unidirecional da natureza começou. Como o homem é parte da natureza, um processo de desumanização e alienação foi iniciado.[12]

A redução do processo produtivo a etapas completamente gerenciáveis segundo a escala e o escopo do mercado empobrece

11. WYNTER, Sylvia. Novel and history, plot and plantation. *In*: WYNTER, Sylvia. *We must learn to sit down together and talk about a little culture: decolonizing essays, 1967-1984*. [*S. l.*]: Peepal Tree Press, 2022, p. 291-300.

12. *Ibidem*, p. 295.

não apenas o organismo biológico, que foi adaptado e controlado para cultivo em grande escala, como também os trabalhadores, forçados a reduzir seu domínio da agricultura a uma forma coercitiva e mecanizada de trabalho.

A *plantation* é um regime de ocupação da terra fundamental para sustentar o regime colonial, que se desdobra na produção agrícola da monocultura e afeta diferentemente paisagens e pessoas ao redor do mundo. Neste sentido, o plantationceno pode ser uma terminologia alternativa para resolver o problema que se mantém irresolúvel no antropoceno, qual seja: o fato de a universalidade decorrente da interferência humana na natureza ter efeitos desiguais para pessoas e territórios diferentes. Dito de outro modo, a ação dos humanos, que altera todo o sistema ecológico planetário, é um processo de racionalização da natureza que tem efeitos de intensidade e escala distintas nos diferentes territórios. O regime técnico-jurídico-econômico da *plantation* é a massificação do mecanicismo apontado por Merchant, que reduz a natureza a um cálculo de controle e previsibilidade.

Para Donna Haraway, o plantationceno é o termo que melhor descreve o estágio atual da crise climática ao chamar atenção para a compreensão das conjunturas históricas e situadas que determinaram as transformações radicais da Terra.[13] Sem o escrutínio das estruturas de poder decisivas nas formações imperiais e capitalistas, não é possível perceber os legados duradouros do *capitalismo de plantation*. As consequências estão por todos os lados. Haraway defende que o plantationceno concentra as variáveis necessárias para entender que o sistema de trabalho forçado, legado do escravismo, interfere no tempo de geração e exploração do trabalho multiespécie. A simplificação e mecanização do sistema de produção criam

---

13. HARAWAY, Donna. Anthropocene, Capitalocene, Plantationocene, Chthulucene: Making Kin. Durham: *Environmental Humanities*, 2015, v. 6, p. 159-165.

um ambiente favorável à proliferação de organismos com potencial epidêmico e à redução drástica de outros.

Na perspectiva multiespécies de Haraway, a *plantation* requer formas de trabalho escravo humano e não humano, como a exploração de plantas, animais e outros organismos, além da "simplificação radical; substituição de povos, culturas, micróbios e formas de vida [...]; e, fundamentalmente, a desordem dos tempos de geração entre as espécies, incluindo os seres humanos".[14]

Essas transformações presentes ao longo dos últimos 500 anos podem estabelecer parâmetros convincentes para o trabalho analítico de enquadrar experiências locais e históricas ao mesmo tempo. Por exemplo, a naturalização das práticas de *plantation* leva à crença de que essa é a única forma de agricultura, marginalizando outras maneiras de cultivar que, como lembra Merchant, conceberam sistemas ecológicos utilizados ao longo da modernidade e substituídos pelo sistema de *plantation*. Merchant relembra o caso inglês da pressão pela drenagem dos pântanos depois da guerra civil, que expulsou as populações cuja subsistência dependia dessas áreas alagadas. A rentabilidade agrícola adquirida com a drenagem dos pântanos não favoreceu e não foi distribuída entre aqueles que viviam anteriormente nessas áreas. A exploração agrícola corria *pari passu* com a concentração de riqueza decorrente da exploração dessas áreas.

Ao ser referir à transformação das florestas em campos agrícolas na Europa, Merchant demonstra o paralelo direto entre a modificação da paisagem ambiental e a industrialização em escala planetária:

> A perturbação do ecossistema florestal pela ascensão da indústria moderna, juntamente com o uso descuidado e a má gestão de recursos, tem paralelos impressionantes com as atuais

14. HARAWAY, Donna. Reflections on the Plantationocene: a conversation with Donna Haraway & Anna Tsing moderated by Gregg Mitman. Madison: *Edge Effects Magazine*, 2019, p. 1-22.

> questões ambientais e ilustra o fato de que a crise ambiental atual não é de um novo tipo, mas de um novo grau.[15]

A devastação deixada pela *plantation* continua fazendo vítimas. Contudo, as cada vez mais reduzidas porções de florestas e áreas preservadas pela ocupação ecológica da terra, a exemplo dos povos indígenas e quilombolas no Brasil, resistem e preservam suas práticas que multiplicam as cooperações e interações entre humano e natureza. Apesar de o antropoceno ser consensual entre as ciências sociais[16] e ambientais, este marco tem chance de se tornar um presente de grego. Primeiro porque o privilégio ontológico oblitera outras práticas e modos de existência que não encontram referências nessa gramática. E segundo, porque suas soluções reforçam as cadeias de interesse alicerçadas na exploração do ambiente enquanto mercadoria, como é caso do crédito de carbono e de inúmeros projetos de compensação ambiental que parecem ser avais para a exploração.

Em vez de repetir a monocultura epistêmica que esse tipo de solução mobiliza, o exercício crítico aponta para outra direção e facilita a compressão dos dramáticos conflitos nas zonas de contato entre a *plantation* e os modos de organização e existência dos povos da terra.[17] Exercício tal pode ser feito caso a leitura de *A morte da natureza* seja mediada por uma gramática informada pelas lutas que resistem à exploração ambiental e à colonização, denunciando-as como parte do mesmo processo que repete o ecocídio e o genocídio modernos.

Por fim, retorno às epígrafes de David kopenawa e Antônio Bispo. Cada um, a seu modo, encontra formas de estressar

---

15. MERCHANT, *Idem*. p. 154.

16. A própria Carolyn Merchant adota este marco na pesquisa que ela apresenta no seu último livro: *The Anthropocene and the Humanities*: From Climate Change to a New Age of Sustainability, Yale University Press, 2020.

17. GUARANI, Jera; KESSE, Lucas. Tenondé Porã – Autonomia e Diversidade. *Teia dos Povos*, 4 fev. 2025. Disponível em: https://teiadospovos.org/tenonde-pora-autonomia-e-diversidade/. Acesso em: 4 maio 2025.

permanentemente a monocultura epistêmica que procura saídas com as mesmas ferramentas que fixaram a catástrofe como um evento cotidiano. Também é o trabalho desses pensadores e lideranças que torna possível conceber confluências,[18] transformar as divergências em diversidade e articular as alternativas construídas por cientistas, teóricos e ativistas junto com quem pensa e vive a terra.

18. SANTOS, Antônio Bispo dos. *Colonização, Quilombos*: modos e significados. Brasília, DF: INCTI/UnB, 2015.

INTRODUÇÃO

MULHERES E ECOLOGIA

As mulheres e a natureza têm uma associação antiga – uma afiliação que atravessa a cultura, a língua e a história. Suas interconexões ancestrais foram objeto de dois movimentos sociais recentes: a libertação das mulheres, simbolizada em sua controversa fase inicial pela *Mística feminina* de 1963, de Betty Friedan; e o movimento ecológico, que se desenvolveu durante a década de 1960 e finalmente capturou a atenção nacional com o Dia da Terra, iniciado em 1970. Ambos comungam de uma perspectiva igualitária. Nos Estados Unidos, as mulheres lutam para se libertarem das restrições culturais e econômicas que historicamente as mantiveram subordinadas aos homens. Ambientalistas, alertando-nos para as consequências irreversíveis da contínua exploração do ambiente, vêm desenvolvendo uma ética ecológica que enfatiza a interligação entre as pessoas e a natureza. A justaposição dos objetivos desses dois movimentos pode sugerir novos valores e estruturas sociais, baseadas não na dominação das mulheres e da natureza como recursos, mas na plena expressão do talento de homens e mulheres e na manutenção da integridade ambiental.

Novas preocupações sociais geram novos desafios intelectuais e históricos. Em contrapartida, novas interpretações do passado também oferecem perspectivas sobre o presente e, portanto, o poder de transformá-lo. A consciência feminista e ecológica de hoje pode ser usada para elaborar as interconexões históricas entre as mulheres e a natureza que se desenvolveram à medida que o mundo científico e econômico moderno tomava forma nos séculos XVI e XVII – uma transformação que moldou, e ainda permeia, os valores e percepções dominantes atuais.

A história feminista, em seu sentido mais amplo, exige que tomemos o passado com o olhar da igualdade, revisitando-o a partir do ponto de vista não só das mulheres, mas também de grupos sociais e raciais, além do ambiente natural – anteriormente ignorados como meros recursos a partir dos quais foram construídos a cultura e o progresso do Ocidente. Escrever história a partir de uma perspectiva feminista é virá-la de cabeça para baixo – ver a estrutura social de baixo para cima e inverter os valores dominantes. Uma perspectiva "igualitária" atribui tanto às mulheres como aos homens o seu lugar na história e delineia as suas ideias e papéis. O impacto das diferenças sexuais e da linguagem ligada ao sexo na ideologia cultural, bem como o uso de imagens masculinas, femininas e andróginas terão lugares importantes na nova história.

A antiga concepção da natureza como mãe nutridora vincula a história das mulheres à história das mudanças ambientais e ecológicas. A ideia de Terra feminina foi central para a cosmologia orgânica que, por sua vez, foi minada pela Revolução Científica e pela ascensão de uma cultura orientada para o mercado no início da Europa moderna. O movimento ecológico despertou novamente o interesse nos valores e conceitos historicamente associados ao mundo orgânico pré-moderno. O modelo ecológico e a ética que lhe está associada tornam possível uma interpretação nova e crítica da ascensão da ciência moderna, no período crucial em que o nosso cosmos deixou de ser visto como um organismo para ser compreendido, em vez disso, como uma máquina.

Tanto o movimento das mulheres quanto o movimento ecológico são duramente críticos em relação aos custos da concorrência, agressão e dominação decorrentes do *modus operandi* da economia de mercado sobre a natureza e a sociedade. A ecologia tem sido uma ciência subversiva em sua crítica às consequências do crescimento descontrolado associado ao capitalismo, à tecnologia e ao progresso – conceitos que, ao longo dos últimos duzentos anos, têm sido tratados com reverência na cultura ocidental. O movimento ecológico visa restaurar o equilíbrio da natureza perturbado pela industrialização e pela superpopulação.[1] Enfatiza a necessidade de viver em harmonia com os ciclos da natureza, em oposição à mentalidade exploratória e linear do progresso contínuo. Centra-se nos custos do progresso, nos limites para o crescimento, nas deficiências das tomadas de decisões baseadas em tecnologias e na urgência da conservação e reciclagem dos recursos naturais. Da mesma forma, também o movimento das mulheres expôs os custos da concorrência de mercado para todos os seres humanos, bem como a perda de papéis econômicos produtivos significativos para as mulheres na sociedade capitalista inicial, e a definição, tanto das mulheres quanto da natureza, como recursos psicológicos e recreativos para o atormentado empresário-marido.

Esta análise não almeja restabelecer a natureza como a mãe da humanidade, nem reivindicar que as mulheres reassumam o papel de nutridoras ditado por tal identidade histórica. Ambas as interpretações precisam ser libertas dos rótulos antropomórficos e estereotipados que distorcem as questões mais profundas e urgentes. O meteorologista que anuncia o que a Mãe Natureza nos reserva neste fim de semana e o sistema jurídico que trata a sexualidade da mulher como propriedade do seu marido são igualmente responsáveis por perpetuar um sistema repressivo, tanto para as mulheres quanto para a natureza. Tampouco afirmo a existência de percepções ou comportamentos receptivos femininos. A minha intenção é, em vez disso, examinar os valores associados às imagens das

1. [N.E.] O conceito de superpopulação remete à economia política do século XIX, quando Thoma Malthus formulou, de forma precária, sua preocupação com a desquilíbrio entre a produção capitalista de alimentos e o crescimento da população humana. Karl Marx, por sua vez, apresenta uma compreensão mais profunda desse desequilíbrio a partir do conceito de superpopulação relativa aos meios de produção. A acumulação de capital produz incessantemente um excedente populacional sem acesso a meios de reprodução social, o chamado *exército industrial de reserva*. Cf. MARX, Karl. *O capital. Crítica da Economia Política*. São Paulo, Abril Cultural, 1986.

mulheres e da natureza no que se refere à formação do nosso mundo moderno e às suas implicações para as nossas vidas hoje.

Ao investigar as raízes do nosso atual dilema ambiental e as suas ligações com a ciência, a tecnologia e a economia, devemos reexaminar a construção de uma visão do mundo e de uma ciência que, ao reconceituar a realidade como uma máquina em vez de um organismo vivo, sancionou a dominação tanto da natureza quanto das mulheres. As contribuições dos "pais" fundadores da ciência moderna, como Francis Bacon, William Harvey, René Descartes, Thomas Hobbes e Isaac Newton devem ser reavaliadas. Também é necessário reconsiderar o destino de outras filosofias alternativas e grupos sociais que, moldados pela visão orgânica do mundo, resistiram à crescente mentalidade exploradora. Para compreender por que um caminho foi tomado em vez de outro, é necessária a elaboração de uma síntese dos contextos naturais e culturais da sociedade ocidental nesse momento de virada histórica. Este livro desenvolve uma perspectiva ecológica que inclui tanto a natureza quanto a humanidade na explicação dos processos que resultaram na morte da natureza como ser vivo e na exploração acelerada dos recursos humanos e naturais em nome da cultura e do progresso.

O problema central deste livro é informado pelas preocupações do presente. No entanto, a explicação resultante não é ditada pela perspectiva da nossa época. Em vez disso, tais preocupações nos ajudam a formular questões e revelar aspectos da Revolução Científica que têm validade para a compreensão histórica do período e que, de outra forma, poderiam nos escapar. Várias revoluções diferentes ocorreram nas diversas ciências dos séculos XVI e XVII, e não pretendo aqui fazer uma análise abrangente delas. No entanto, enquanto a tão celebrada revolução copernicana transformava a imagem que as pessoas tinham dos céus, uma revolução mais sutil, ainda que não menos difundida, alterou também o conceito da terra sob os pés – o antigo centro do cosmos orgânico.

Ao examinar a transição do organismo para a máquina como a metáfora dominante que une o cosmos, a sociedade e o eu numa única realidade cultural – uma visão de mundo –, enfatizo os fatores sociais e intelectuais envolvidos em tal transformação, mais do que o desenvolvimento do conteúdo interno da ciência. É claro que tais fatores externos não levam os intelectuais a inventar uma ciência ou uma metafísica com o propósito consciente de se adaptarem a um contexto social. Em vez disso, existe uma série de ideias, disponíveis para uma determinada era; algumas delas, por razões não articuladas ou mesmo inconscientes, parecem plausíveis para indivíduos ou grupos sociais; outras, não. Algumas ideias se espalham; outras morrem temporariamente. Mas a direção e a acumulação das mudanças sociais começam a se diferenciar no espectro de possibilidades, de modo que algumas ideias assumem um papel mais central no conjunto, enquanto outras se deslocam para a periferia. As transformações culturais se desenvolvem a partir desse apelo diferencial de ideias que parecem mais plausíveis sob condições sociais específicas.

Tampouco o conteúdo específico das ciências é determinado por fatores externos. Em vez disso, preocupações sociais servem, consciente ou inconscientemente, para justificar certos programas de investigação e para estabelecer problemas a serem perseguidos por uma ciência em desenvolvimento. As normas culturais e as ideologias sociais, ao lado dos pressupostos religiosos e filosóficos, constituem um componente menos visível, mas não menos importante, do quadro conceitual trazido para o estudo de um problema científico. Por meio da interação dialética, ciência e cultura se desenvolvem como um todo orgânico, fragmentando-se e reintegrando-se a partir de tensões e tendências sociais e intelectuais.

Entre 1500 e 1700, o mundo ocidental começou a adquirir características que, na opinião dominante de hoje, o tornariam moderno e progressista. Agora, a ecologia e o movimento das mulheres começaram a desafiar os valores em que se baseia essa opinião. Reexaminar criticamente a história a partir dessas perspectivas pode ser o começo da descoberta de valores associados ao mundo pré-moderno que podem ser dignos de transformação e reintegração na sociedade de hoje e de amanhã.

NOTA SOBRE A TERMINOLOGIA

Na Antiguidade e no início dos tempos modernos, o termo *natureza* possuía vários significados inter-relacionados. No que diz respeito aos indivíduos, referia-se às propriedades, características inerentes e forças vitais de pessoas, animais ou coisas, ou, de forma mais ampla, à natureza humana. Também significava um impulso inerente para agir e sustentar a ação; inversamente, "ir contra a natureza" era desconsiderar esse impulso inato. No que diz respeito ao mundo material, a natureza era vista como um princípio dinâmico, criativo e regulador, responsável pelos fenômenos, sua transformação e desenvolvimento. Era comum a distinção entre *natura naturans*, ou natureza natural, e *natura naturata*, a natureza criada.

A natureza se diferenciava da arte (*techné*) e das coisas criadas artificialmente. Era personificada como um ser feminino, por exemplo, *Dame Nature*; ora era representada como uma senhora prudente, ora como uma imperatriz, ou ainda, uma mãe etc. O curso e as leis da natureza eram a materialização de sua força. O *estado de natureza* era o estado da humanidade anterior à organização social e ao estado de graça. Acreditava-se que os espíritos e divindades da natureza, as ninfas virgens e os elementais residiam ou estavam associados a objetos naturais.

Tanto nas culturas ocidentais como nas não ocidentais, a natureza era tradicionalmente feminina. No latim e nas línguas românicas da Europa medieval e moderna, *natureza* era um substantivo feminino e, assim como as virtudes (temperança, sabedoria etc.), era personificada como feminina. (Latim: *natura, -ae*; Alemão: *die Natur*; Francês: *la nature*; Italiano: *la natura*; Espanhol: *la natura*) A palavra grega *physis* também era feminina.

No início da época moderna, o termo *orgânico* geralmente se referia aos órgãos, estruturas e organização corporal dos seres vivos, enquanto o *organicismo* era a doutrina que considerava a estrutura orgânica como uma propriedade inerente e adaptativa da matéria. A palavra *orgânico*, entretanto, por vezes também era usada para se referir a uma máquina ou instrumento. Um relógio, por exemplo, poderia ser chamado de "corpo orgânico", enquanto se dizia que algumas máquinas operavam por ação orgânica, em vez de mecânica, quando envolviam o toque de uma pessoa.

O termo *mecânico* se referia ao ofício de máquinas e ferramentas; às operações manuais do artesanato; às máquinas inanimadas desprovidas de espontaneidade, decisão e pensamento; e às ciências mecânicas.[2]

---

2. Murry, James *et al.* (ed.), *The Oxford English Dictionary* (Oxford, England Clarendon Press, 1933), vol. 7, pp. 41-42, 194-95; vol. 6, pp. 284-85.

CRONOLOGIA

EVENTOS NO PERÍODO DA REVOLUÇÃO CIENTÍFICA

1484 Morte de Pico della Mirandola.

1486 Publicação do *Malleus maleficarum.*

1489 Marsilio Ficino é acusado de praticar magia.

1510 Publicação de *De occulta filosofia*, de Heinrich Cornelius Agrippa von Nettesheim.

1513 Niccolò Machiavelli completa *O Príncipe.*

1515 Primeira edição impressa do *Almagesto,* de Ptolomeu.

1517 Martinho Lutero afixa as 95 teses contra o abuso das indulgências.

1518 Lucas Cranach pinta *A Ninfa da Fonte.*

1525 Começa a Guerra dos Camponeses Alemães na Suábia.

1528 Morte de Albrecht Dürer.

1531 Publicação de *The Boke Named the Governour,* de Thomas Elyot.

1535 Henrique VIII fecha os mosteiros católicos na Inglaterra.

1541 Morre Paracelso.

1543 Morte de Nicolau Copérnico, no ano da publicação de *De revolutionibus orbium cœlestium.*

1543 Publicação de *De humani corporis fabrica,* de Andreas Vesalius.

1543 Aprovação da Lei da Conservação das Florestas na Inglaterra.

1546 Miguel Serveto termina a redação de *Christianismi restitutio*, onde descreve a circulação pulmonar do sangue.

1551 Erasmus Reinhold publica as *Tabulæ prutenicæ*, baseadas em Copérnico, que levarão à reforma do calendário.

1553 Maria Tudor ("Maria Sangrenta") restaura o catolicismo na Inglaterra e persegue os protestantes.

1556 Publicação de *De re metallica,* de Georg Bauer (Agricola).

1558 Isabel I sobe ao trono da Inglaterra.

1558 Publicação de *First Blast of the Trumpet Against the Monstruous Regiment of Women,* de John Knox.

1558 Publicação de *Magiæ naturalis sive de miraculis rerum naturalium libri IV,* de Giambattista Della Porta.

1564 Morte de João Calvino.
1565 Publicação de *De rerum natura iuxta propria principia*, de Bernardino Telesio.

1572 A "estrela nova" (supernova) de Tycho Brahe desafia a incorruptibilidade dos céus.

1576 Publicação de *Les six livres de la République*, de Jean Bodin.

1578 A rainha Isabel pede aos londrinos que não usem carvão em suas indústrias.

1584 Publicação de *Discovery of Witchcraft*, de Reginald Scot.

1587 Morte de Maria Stuart, rainha da Escócia.

1589 Henrique IV sobe ao trono da França.

1590 Publicação de *The Faerie Queen*, de Edmund Spenser.

1590 (por volta de) Publicação de *Discours des sorciers*, de Henri Boguet.

1594 Publicação de *On the Laws of Ecclesiastical Polity*, de Richard Hooker.

1599 Tentativa de revolução de Tommaso Campanella em Stilo.

1600 Giordano Bruno morre na fogueira em Campo dei Fiori, Roma.

1600 William Gilbert descreve no *De magnete* seus experimentos com magnetismo e eletricidade.

1602 Tommaso Campanella escreve na prisão *A Cidade do Sol.*

1603 Jaime I sobe ao trono da Inglaterra.

1603 Girolamo Fabrici d'Acquapendente anuncia a descoberta das válvulas das veias.

1607 Fundação de Jamestown, na Virgínia.

1609 Na *Astronomia nova*, Kepler anuncia a lei das elipses planetárias e a lei das áreas.

1610 O *Sidereus Nuncius* de Galileu anuncia a descoberta dos satélites de Júpiter, das crateras da Lua e da natureza estelar da Via Láctea.

1610 Luís XIII sobe ao trono da França.

1611 John Donne escreve *Anatomie of the World.*

1616 Morte de William Shakespeare.

1616 Publicação de *The Fall of Man*, de Godfrey Goodman.

1618 Começa a Guerra dos Trinta Anos.

1619 Publicação de *Rei publicæ christianopolitanæ descriptio*, de Johann Valentin Andreae.

1619 Johannes Kepler anuncia a "lei harmônica" na *Harmonices mundi.*

1619 Descartes tem a "visão" do método matemático.

1622 Colonos ingleses são massacrados por indígenas na Virgínia.

1623 Urbano VIII torna-se papa.

1624 O Cardeal Richelieu torna-se primeiro-ministro da França sob Luís XIII.

1625 Publicação de *La vérité des sciences,* de Marin Mersenne.

1625 Ascensão de Carlos I ao trono da Inglaterra.

1627 Publicação de *Nova Atlântida*, de Francis Bacon.

1627 Publicação de As *Tabulæ rudolphinæ*, de Kepler.

1628 Publicação de *De motu cordis,* de William Harvey.

1633 Por *Diálogo sobre os Dois Principais Sistemas do Mundo*, Galileu é censurado pela Inquisição.

1634 O engenheiro holandês Cornelius Vermuyden elabora um plano para drenar os pântanos e retificar o curso do rio Bedford, na Inglaterra.

1637 Morte de Robert Fludd.

1638 Publicação de *Discursos sobre Duas Novas Ciências*, de Galileu.

1642 Nasce Isaac Newton.

1642 Começa a Guerra Civil na Inglaterra.

1642 Morte de Richelieu.

1642 Morte de Galileu.

1643 Morte de Luís XIII.

1643 Luís XIV sobe ao trono da França (com 5 anos de idade).

1643 O Cardeal Mazzarino torna-se primeiro-ministro da França.

1643 Criação do barômetro de Torricelli.

1644 Publicação de *Philosophiæ*, de Descartes.

1644 Morte de Jan Baptista van Helmont.

1644 Processos de Matthew Hopkins contra bruxas na Inglaterra.

1649 Decapitação de Carlos I, rei da Inglaterra.

1649 Gerrard Winstanley e os *Diggers* (*Escavadores*) ocupam a St. George Hill, em Surrey.

1649 Publicação de *Syntagma philosophiæ Epicuri*, de Pierre Gassendi.

1650 Publicação de *Anima magica abscôndita*, de Thomas Vaughan.

1651 Publicação de *Exercitatio de generatione animalium*, de William Harvey.

1653 Publicação de *Antidote Against Atheism*, de Henry More.

1654 Os *Experimenta nova magdeburgica* demonstram a força da pressão atmosférica.

1658 Morte de Oliver Cromwell.

1660 Restauração inglesa.

1660 Fundação da Royal Society (Sociedade Real), em Londres.

1661 Morte do Cardeal Mazzarino, primeiro-ministro da França.

1661 Publicação de *The Sceptical Chymist*, de Robert Boyle.

1661 Publicação de *Fumifugium*, de John Evelyn.

1662 Definida a Lei de Boyle sobre a relação inversa entre pressão do gás e volume.

1665 Newton estabelece as bases da lei da gravitação, do cálculo integral e da dispersão da luz.

1667 Publicação de *Paraíso Perdido*, de John Milton.

1667 A duquesa de Newcastle visita a Royal Society.

1674 Antony van Leeuwenhoek observa insetos e microrganismos no microscópio.

1678 Publicação de *True Intellectual System*, de Ralph Cudworth.

1679 Morte de Anne Conway.

1685 Jaime II sobe ao trono da Inglaterra.

1687 Publicação de *Entretiens sur la pluralité des mondes*, de Bernard de Fontenelle.

1687 Publicação de *Philosophiæ naturalis principia mathematica*, de Sir Isaac Newton.

1687 Elizabeth Cellier propõe uma corporação de parteiras.

1688 Revolução Inglesa (a Revolução Gloriosa).

1689 Guilherme e Maria sobem ao trono da Inglaterra.

1690 Publicação de *Dois Tratados sobre o Governo*, de John Locke.

1696 Franciscus Mercurius van Helmont visita Gottfried Wilhelm von Leibniz em Hannover.

1702 A rainha Ana sobe ao trono da Inglaterra.

1713 Publicação de *Physico-theology*, de William Derham.

1716 Correspondência Leibniz-Clarke no ano da morte de Leibniz.

CAPÍTULO 1

A NATUREZA COMO FEMININA

O mundo que perdemos era orgânico. Desde as origens remotas da nossa espécie, os seres humanos mantêm uma relação diária, imediata e interdependente com a ordem natural para sua subsistência. Por volta de 1500, para a maioria dos europeus, assim como para outros povos, essa interação cotidiana com a natureza ainda estava estruturada por comunidades orgânicas unidas e cooperativas.

Assim, não surpreende que, para os europeus do século XVI, uma metáfora radical de organismo tenha unido o eu, a sociedade e o cosmos. A teoria organicista, enquanto projeção do modo como as pessoas experimentavam a vida cotidiana, enfatizava a interdependência entre as partes do corpo humano, a subordinação do indivíduo aos propósitos comunitários na família, na comunidade e no Estado, e a vida vital que permeava o cosmos até a menor das pedras.

Os antecedentes filosóficos da ideia de natureza como um organismo vivo remetem a antigos sistemas de pensamento, cujas variações constituíram a estrutura ideológica predominante no século XVI. No entanto, a metáfora *organicista* era imensamente flexível e adaptável a diferentes contextos, dependendo de qual dos seus pressupostos fosse enfatizado. Havia um espectro de possibilidades filosóficas e políticas, todas passíveis de inclusão na rubrica geral do *orgânico*.

A NATUREZA NUTRIDORA: CONTROLE DO IMAGINÁRIO

A identificação da natureza, especialmente da terra, como uma mãe nutridora era central para a teoria organicista: uma mulher gentil e benevolente que atendia às necessidades da humanidade em um universo ordenado e planejado. Contudo, essa imagem coexistia com outra oposta: a natureza selvagem e incontrolável capaz de gerar violência, tempestades, secas e caos geral. Ambas as projeções das percepções humanas sobre o mundo externo foram identificadas com o sexo feminino.

Essa imagem dominante baseada na metáfora da terra como uma mãe nutridora desapareceria gradualmente à medida que a Revolução Científica prosseguia com a mecanização e racionalização da visão de mundo. A segunda imagem, a natureza como desordem, suscitou uma importante ideia moderna, relativa ao poder sobre a natureza. Duas novas ideias, a saber, o mecanicismo e o domínio e comando da natureza, tornaram-se conceitos centrais do mundo moderno. Uma mentalidade de orientação orgânica, na qual os princípios femininos desempenhavam um papel importante, foi, assim, minada e substituída por uma mentalidade de orientação mecânica, que ora eliminava os princípios femininos, ora os utilizava de forma exploradora. À medida que a cultura ocidental se tornou cada vez mais mecanizada nos anos 1600, a terra feminina e o espírito da terra virgem foram submetidos à máquina.[3]

A mudança no imaginário dominante esteve diretamente relacionada às transformações nas atitudes e no comportamento humano em relação à terra. A imagem da terra nutridora pode ser vista como uma limitação cultural que restringia

3. Sobre as tensões entre a tecnologia e o ideal pastoral na cultura estadunidense, cf. Marx, Leo, *The Machine in the Garden* (Nova Iorque, Oxford University Press, 1964). Sobre a dominação da natureza como feminina, cf. Kolodny, Annette, *The Lay of the Land* (Chapel Hill, University of North Carolina Press, 1975); Radford Ruether, Rosemary, "Women, Ecology, and the Domination of Nature", *The Ecumenist* 14 (1975), pp. 1-5; Leiss, William, *The Domination of Nature* (Nova Iorque, Braziller, 1972). Sobre as raízes da crise ecológica, cf. Hughes, Donald, *Ecology in Ancient Civilizations* (Albuquerque, University of New Mexico Press, 1976); White Jr., Lynn, *Medieval Technology and Social Change* (Nova Iorque, Oxford University Press, 1966); e White Jr., Lynn, "Historical Roots of Our Ecologic Crisis", em White Jr., Lynn, *Machina ex Deo* (Cambridge/Mass., MIT Press, 1968), pp. 75-94; Hooykaas, Reijer, *Religion and the Rise of Modern Science* (Grand Rapids/Mich., Eerdmans, 1972); Derrick, Christopher, *The Delicate Creation: Towards a Theology of the Environment* (Old Greenwich/Conn., Devin-Adair, 1972). Sobre rituais tradicionais na mineração de metais e metalurgia, cf. Eliade, Mircea, *The Forge and the Crucible*, (Nova Iorque, Harper & Row, 1962), pp. 42, 53-70, 74, 79-96 (edição brasileira: Eliade, Mircea, *Ferreiros e Alquimistas* [Rio de Janeiro, Zahar, 1979]). Sobre a divergência entre atitudes e práticas em relação ao ambiente, cf. Tuan, Yi-Fu, "Our Treatment of the Environment in Ideal and Actuality", *American Scientist* (Maio-Junho 1970), pp. 246-49.

determinados tipos de ações humanas social e moralmente sancionadas em relação à terra, enquanto as novas imagens de domínio e comando funcionaram como sanções culturais para desnudar a natureza. A sociedade precisava dessas novas imagens à medida que avançavam os processos de mercantilismo e industrialização, que dependiam de atividades que alteravam diretamente a terra – mineração, drenagem, desflorestamento e remoção de tocos de árvores para plantio e pecuária. As novas atividades empregavam também novas tecnologias – bombas de elevação de água, guindastes, moinhos de vento, rodas dentadas, válvulas de tampa, correntes, pistões, esteiras, moinhos de água inferiores e superiores, moinhos de pisoar, volantes de inércia, foles, escavadeiras, correntes, rolos, engrenagens e pontes com rodas, manivelas, sistemas elaborados de blocos de polias, engrenagens de rosca sem-fim, de dentes retos, de gaiolas, coroas, excêntricos e cames, catracas, chaves, prensas e parafusos em magníficas e variadas combinações.

Essas mudanças tecnológicas e comerciais não ocorreram de uma vez; desenvolveram-se gradualmente ao longo das eras antiga e medieval, assim como a deterioração ambiental que as acompanhou. Aos poucos, ao longo de muitos séculos, as civilizações mediterrânea e grega antigas minaram e escavaram as encostas das montanhas, alteraram a paisagem florestal e cultivaram as suas colinas. No entanto, as tecnologias eram de baixo impacto, as pessoas se entendiam como parte de um cosmos finito e havia inúmeros animismos e cultos à fertilidade que tratavam a natureza como sagrada. A civilização romana era mais pragmática, secular e comercial e seu impacto ambiental foi também o mais intenso. Escritores romanos como Ovídio, Sêneca, Plínio e os filósofos estoicos desaprovavam abertamente a mineração como um abuso à sua mãe, a terra. Com a desintegração do feudalismo e a expansão dos europeus para novos mundos e mercados, a sociedade comercial começou a ter um impacto acelerado no ambiente natural. Nos séculos XVI e XVII, cresceu a tensão entre o desenvolvimento tecnológico no mundo da ação e o controle das imagens orgânicas no mundo da mente. Então, as antigas estruturas se mostraram incompatíveis com as novas atividades.

Ambas as metáforas, de nutrição e de dominação, estavam presentes nos âmbitos da filosofia, da religião e da literatura. A ideia de domínio sobre a terra existia na filosofia grega e na religião cristã; a ideia da terra nutridora, na filosofia grega e em outras filosofias pagãs. Mas, à medida que a economia se modernizou e a Revolução Científica avançou, a metáfora do domínio se espalhou para além da esfera religiosa, alcançando também as esferas social e política. Essas duas imagens concorrentes e suas associações normativas podem ser encontradas na literatura, na arte, na filosofia e na ciência do século XVI.

A imagem da terra como um organismo vivo e uma mãe nutridora servia como uma limitação cultural que restringia as ações dos seres humanos. Não se mata facilmente uma mãe, não se escavam suas entranhas em busca de ouro, nem se mutila seu corpo - ainda que a mineração comercial o exigisse. Enquanto a terra fosse considerada viva e sensível, levar a cabo atos destrutivos contra ela era considerado uma violação do comportamento ético humano. Para a maioria das culturas tradicionais, os minerais e metais amadureciam no útero da Mãe Terra; as minas eram comparadas à sua vagina, e a metalurgia era a aceleração humana do nascimento do metal vivo no útero artificial da fornalha - um aborto do ciclo natural de crescimento do metal antes do tempo. Os mineradores ofereciam sacrifícios às divindades do solo e do mundo subterrâneo por meio de cerimônias e praticavam rituais rigorosos de limpeza, abstinência sexual e jejum antes de violarem a sacralidade da terra viva ao abrir uma mina. Os ferreiros assumiam uma enorme responsabilidade em precipitar o nascimento do metal por meio da fundição, da fusão e da forja com martelo e bigorna; eles frequentemente recebiam o *status* de xamãs em rituais tribais e acreditava-se que suas ferramentas detinham poderes especiais.

A imagem renascentista da terra nutridora também trazia consigo formas sutis de controle e restrição ética. Imagens desse tipo, encontradas na literatura, podiam desempenhar um papel normativo dentro da sua cultura. As imagens dominantes atuavam como restrições ou sanções éticas – como sugestões sutis sobre o que "se deveria" ou "não se deveria" fazer. Assim, à medida que as metáforas descritivas e as imagens da natureza mudavam, uma restrição comportamental podia ser transformada em uma sanção ou aprovação. Ao longo da Revolução Científica, é possível observar essa mudança na imagem e na descrição da natureza.

É importante reconhecer a importância normativa das declarações descritivas sobre a natureza. Os filósofos contemporâneos da linguagem reavaliaram criticamente a antiga distinção positivista entre o "é" da ciência e o "deveria" da sociedade, argumentando que as descrições e normas não se opõem, umas às outras, pela separação linguística entre o "é" e o "deve", mas sim estão contidas, uma na outra. Declarações que descrevem o mundo podem pressupor normas; e nesse caso, são carregadas de ética. A função normativa de um enunciado reside no seu próprio uso como descrição. As normas podem ser suposições tácitas escondidas nas descrições de tal forma que atuem como restrições invisíveis ou imperativos morais. O escritor ou a cultura podem não estar plenamente conscientes da carga ética dessas normas, mas ainda assim agir de acordo com elas. Essas normas ocultas podem se tornar conscientes ou explícitas quando uma alternativa ou contradição se apresenta. Como a língua contém uma cultura dentro de si, quando ela muda, a cultura também passa por transformações importantes. Assim, ao examinar as mudanças nas descrições da natureza, podemos perceber certas mudanças nos valores culturais. Uma vez capazes de tomar consciência da interligação entre declarações descritivas e normativas, podemos então avaliar as mudanças nas últimas ao observar transformações nas primeiras.[4]

Não só a imagem da natureza como mãe nutridora continha implicações éticas, mas a própria estrutura orgânica, enquanto sistema conceitual, também carregava consigo um sistema de valores associados. Os filósofos contemporâneos argumentaram que uma teoria normativa específica está ligada a determinados quadros conceituais, e não a outros. O quadro conceitual, por sua vez, contém em si certas dimensões de variação estrutural e normativa, ao mesmo tempo que nega outras pertencentes a um quadro alternativo ou concorrente.

Não podemos aceitar um quadro conceitual de explicação e, ainda assim, rejeitar os juízos de valor a ele associados, porque as conexões com os valores da estrutura não são fortuitas. Contudo, inovações comerciais e tecnológicas podem perturbar e minar uma estrutura conceitual estabelecida. Novas necessidades humanas e sociais podem ameaçar as limitações normativas associadas, determinando, assim, a sua transformação.

Embora, por muitos séculos, o quadro orgânico tenha sido suficientemente integrador ao ponto de se sobrepor ao desenvolvimento comercial e à inovação tecnológica, a aceleração de tais mudanças em toda a Europa Ocidental, durante os séculos XVI e XVII, começou a minar a unidade orgânica do cosmos e da sociedade. Dado que as necessidades e os objetivos da sociedade como um todo passavam por transformações diante da Revolução Comercial, os valores associados à visão orgânica da natureza já não eram aplicáveis. Assim, a plausibilidade da própria estrutura conceitual foi ameaçada, de forma gradual e contínua.

---

4. Cavell, Stanley, "Must We Mean What We Say?", em Lyas, Colin (ed.), *Philosophy and Linguistics* (Londres, Macmillan, 1971), pp. 131-65; cf. esp. 148, 165. Sobre os marcos e valores, cf. Taylor, Charles, "Neutrality in Political Science", em Ryan, Alan (ed.), *The Philosophy of Social Explanation* (Londres, Oxford University Press, 1973), pp. 139-70, cf. esp. pp. 144-46, 154-55.

Para que essa interpretação da mudança cultural seja convincente, é necessário examinar as variações do quadro orgânico, centrando-se nas imagens femininas associadas e apontando os valores ligados a cada uma das variantes. Então, será possível demonstrar como, no contexto da mudança comercial e tecnológica, os elementos da estrutura orgânica – seus pressupostos e valores sobre a natureza – poderiam ser absorvidos pela estrutura mecânica emergente ou rejeitados como irrelevantes.

A visão renascentista da natureza e da sociedade baseava-se na analogia orgânica entre o corpo humano, ou microcosmo, e o mundo maior, ou macrocosmo. Contudo, dentro desse quadro mais amplo, havia variações do tema orgânico. A primeira imagem da natureza sustentava a existência de uma ordem hierárquica projetada no cosmos e na sociedade, correspondente à integração orgânica das partes do corpo – uma projeção do ser humano no cosmos. O termo *natureza* compreendia tanto o caráter e a disposição inatos das pessoas e animais quanto um poder criativo inerente, operando dentro dos objetos e fenômenos materiais. Uma segunda imagem via a natureza como uma unidade ativa de opostos em tensão dialética. Uma terceira era a imagem da natureza sob uma perspectiva arcadiana – benevolente, pacífica e rústica –, inspirada em Arcádia, a região do interior pastoral do Peloponeso grego. Cada uma destas interpretações tinha implicações sociais diferentes: a primeira imagem poderia ser usada para justificar a manutenção da ordem social existente; a segunda, para mudar a sociedade em direção a um novo ideal; a terceira, para escapar aos problemas emergentes da vida urbana. Com base no trabalho de críticos literários e historiadores da ciência e da arte, podemos construir um espectro de imagens da natureza e delinear os sistemas de valores a elas associados.

IMAGENS LITERÁRIAS

A visão chauceriana e elisabetana[5] da natureza era a de uma provedora maternal bondosa e cuidadosa, uma manifestação da ordem projetada e planejada por Deus no mundo.[6] Essa ordem impunha normas éticas de comportamento ao ser humano, cuja característica central era o autocontrole comportamental, em conformidade com o padrão da ordem natural. Cada criatura orgânica era responsável por manter seu lugar e se expressar dentro da ordem natural, sendo uma parte necessária do todo, mas não o todo em si. No interior do quadro elizabetano, uma pessoa primeiro precisava compreender o seu próprio lugar, ditado pela ordem cósmica e social, para então agir de acordo com a razão e a restrição tradicionais que manteriam o equilíbrio e a harmonia do todo. Essa reverência à lei da natureza foi expressa por Richard Hooker (1593): "Não compreendemos simplesmente que a obediência das criaturas à lei da natureza perfaz o mundo inteiro". A natureza operava "sem capacidade ou conhecimento", apenas com base em sua "sua destreza e habilidade", como um instrumento da expressão de Deus no mundo terreno. Tudo o que se conhecia de Deus era ensinado pela natureza: "Sendo Deus o autor da Natureza, a voz dela é apenas o seu instrumento. Por meio dela, recebemos dele tudo o que, de alguma forma, aprendemos".[7] Aqui, a natureza é o agente involuntário de Deus, uma professora benevolente que ensina o padrão

5. [N.E.] O período chauceriano (do século XIV até o final do século XV), também conhecido como Idade Média Tardia, foi marcado pela publicação do livro *Os contos da Cantuária*, de Geoffrey Chaucer (1300-1400), considerado fundador da literatura inglesa. Já o período elisabetano (1558–1603), durante o reinado da rainha Elizabeth I, também é conhecido como renascimento inglês e foi marcado pelas obras de William Shakespeare.

6. Sobre a visão elisabetana de natureza e o Rei Lear de Shakespeare, cf. Danby, John, *Shakespeare's Doctrine of Nature: A Study of King Lear* (Londres, Faber and Faber, 1949), pp. 20-21, 26, 28, 133, 126.

7. Hooker, Richard, *Of the Laws of Ecclesiastical Polity*, Hill, W. Speed (ed.) (Cambridge Mass., Harvard University Press, 1977, 1 ed. 1594), livro I, cap. 3.3, p. 66, cap. 3. 4, p. 68; cap. 8, pp. 3-5. Danby, pp. 24-27. Eustace,

e os valores ocultos que Deus empregou na criação do cosmos visível (*natura naturata*, a natureza natural). Uma visão um pouco menos ortodoxa a via como uma força criativa (*natura naturans*, a natureza criada) - uma alma com vontade de gerar formas mundanas.

Na tragédia *Rei Lear*, de Shakespeare, o rei, como representação da natureza humana, simbolizava o homem da Renascença, cuja existência mundana fazia parte de um todo maior e padronizado mais amplo, bem como da ordem social hierárquica contemporânea. Sua natureza humana simbolizava o cosmos medieval-renascentista, cujos padrões não deveriam ser violados. A natureza de Lear era uma estrutura composta pelas qualidades de benevolência, conforto e generosidade, que exigiam honra e caridade em seu próprio comportamento ético como pai de família, assim como reverência à sua autoridade e sabedoria por parte de suas filhas.

A filha de Lear, Cordelia, representava a natureza utópica, ou a natureza como a unidade ideal dos opostos - uma segunda imagem da natureza dentro do espectro mais amplo da estrutura orgânica. Ela era força e gentileza unidas: "paixão e ordem, inocência e maturidade, desamparo e força, filha e mãe, criada e esposa".[8] Ela representava a simplicidade na unidade e o equilíbrio dos contrários, a integração madura entre sociedade e natureza, refletida idealmente no ser humano. Ela incorporava unidade, totalidade e virtude - a expressão utópica da natureza humana. A natureza de Cordélia era o símbolo humano da nova Jerusalém dos movimentos milenaristas da Idade Média, das utopias renascentistas e das seitas religiosas que tentavam melhorar a sociedade no período pós guerra civil inglesa. A imagem dialética da natureza, aqui simbolizada por uma mulher, representava o ímpeto para fazer a sociedade avançar em direção a um novo ideal.

M. W. Tillyard, *The Elizabethan World Picture* (Nova Iorque, Random House Vintage, 1959), p. 46.

8. DANBY, p. 133. Danby interpreta o papel de Cordélia.

A poesia e a arte pastorais predominantes na Renascença apresentavam outra imagem da natureza como feminina – uma fuga para o passado, para a benevolência maternal de tempos idos. Aqui, a natureza figurava um refúgio dos males e ansiedades da vida urbana por meio de um retorno a uma Idade de Ouro imaculada. Retratada como um jardim, uma paisagem rural ou um cenário pacífico e fértil, a natureza era uma mulher calma e gentil que entregava seu dote. Num cenário idílico, as ovelhas pastavam alegremente, os pássaros cantavam melodias e as árvores davam frutos. Animais selvagens, espinhos, cobras e abutres não eram encontrados em lugar algum. O ser humano meditava sobre as belezas da natureza, longe da violência da cidade.[9]

A tradição pastoral tinha suas raízes na nostalgia pela Idade de Ouro homérica, pelo incorrupto Jardim do Éden e pela fuga dos males da cidade. Ela ecoou na tradição poética de Virgílio (70-19 a.C.) e Juvenal (60-140 d.C.). Virgílio escreveu sobre passar a velhice "entre riachos familiares e fontes sagradas";[10] Juvenal ansiava pela cidade rural onde:

> Brotando as fontes da relva,
> sem precisar de balde ou molinete para regar suas flores,
> que desfrutam de água em abundância.[11]

9. A discussão da tradição pastoral pode ser conferida em Meeker, Joseph W., *The Comedy of Survival: Studies in Literary Ecology* (Nova Iorque, Scribner's, 1972), pp. 81-89, e Marx, L. *The Machine in the Garden*, pp. 26, 28-29, 36-43. Também são relevantes os trabalhos de Greg, Walter W. *Pastoral Poetry and Pastoral Drama* (Londres, Bullen, 1906); Empson, William, *Some Versions of the Pastoral* (Londres, Chatto & Windus, 1950); Putnam, Michael, *Virgil's Pastoral Art: Studies in the Eclogues* (Princeton, N.J., Princeton University Press, 1970); Snell, Bruno, "Arcadia: The Discovery of a Spiritual Landscape", em Rosenmeyer, T.G. *The Discovery of the Mind: The Greek Origins of European Thought* (Oxford, Blackwell, 1953); Smith, Hallett, "Pastoral Poetry", *Elizabethan Poetry: A Study in Conventions, Meanings, and Expression* (Cambridge Mass., Harvard University Press, 1952); Panofsky, Erwin, "Et in Arcadia Ego: Poussin and the Elegaic Tradition", em *Meaning in the Visual Arts: Papers in and on Art History* (Garden City/N.Y., Doubleday, 1957).

10. Citado em Meeker, p. 82.

11. Citado em Meeker, p. 82-83.

O tema da Arcádia, elogiado na poesia pastoral de Philip Sidney (1554-1586; Arcádia, 1590) e Edmund Spenser (1552-1599; The Shepheard's Calendar, 1579), foi muito retratado na poesia e na arte, nas quais a natureza era idealizada como nutridora benevolente, mãe e provedora. O quadro francês do século XVI, *Santa Genevieve com seu rebanho*, retrata a virgem cercada por um rebanho de ovelhas dentro de um círculo protetor de rochas, em uma encosta de árvores e flores desabrochando, com a cidade bastante distante, ao fundo. Aqui a imagem feminina da natureza e da virgem, símbolo do espírito da terra, se fundem com o simbolismo circular da ordem e do invólucro protetor. Na pintura de Lucas Cranach, *A ninfa da primavera* (1518), a ninfa feminina da terra descansa em um canteiro de flores, enquanto as pombas, símbolos da paz, se alimentam à beira de um riacho, enquanto cervos bebem da água na margem mais distante (Fig. 1). O *nascimento de Vênus* (1482) e a *Primavera* (1477-8), de Sandro Botticelli, retratam a virgem em união com a Mãe Terra, que está coberta com um vestido e uma coroa de flores, ambos símbolos da fertilidade feminina. No século XVII, Nicolas Poussin e outros pintores paisagistas retrataram a natureza efêmera da experiência árcade, por vezes inserindo uma caveira em suas obras de arte.

Embora a tradição pastoral simbolizasse a natureza como uma mulher benevolente, também compreendia a ideia de que a natureza, quando arada e cultivada, poderia ser usada como uma mercadoria e manipulada como um recurso. A natureza, domesticada e subjugada, poderia ser transformada em um jardim que forneceria alimento material e espiritual para aumentar o conforto e acalmar as ansiedades dos homens, perturbados pelas exigências do mundo urbano e pelas tensões do mercado. Tal imagem dependia de uma percepção masculina da natureza como mãe e noiva, cuja principal função era confortar, nutrir e proporcionar bem-estar ao homem. No imaginário pastoral, tanto a natureza como as mulheres são subordinadas e essencialmente passivas. Elas nutrem, mas não controlam nem exibem uma paixão perturbadora. Embora tomasse a natureza como benevolente, o modo pastoral surgiu como um antídoto às pressões da urbanização e da mecanização. Representou uma satisfação das necessidades humanas de nutrição, mas, ao conceber a natureza como passiva, permitiu, no entanto, a possibilidade da sua utilização e manipulação. Ao contrário da imagem dialética da natureza como a unidade ativa de opostos em tensão, a imagem Arcádica tornou a natureza passiva e controlável.

Figura 1: A Ninfa da Primavera, de Lucas Cranach (1518, Alemanha). Esta representação pastoral de uma ninfa dos bosques e prados sugere o papel passivo da natureza: sua aljava de flechas, emprestada da antiga deusa caçadora Diana, é posta de lado, e ela própria reclina-se convidativamente no chão.

MARCOS FILOSÓFICOS

No *Timeu,* de Platão, o mundo todo aparece dotado de vida, como se fosse um animal. A divindade criou "um mundo que contém tudo, no qual estão compreendidos todos os outros animais, seus parentes". Seu formato era redondo, pois não necessitava de olhos, orelhas ou apêndices. Sua alma era feminina "e sua formação era anterior ao corpo do mundo", feita "para ser governante e senhora, de quem o corpo seria o súdito". A alma permeava a matéria corpórea do universo, envolvendo-o e "voltando-se para dentro de si". A Terra, "que é nossa nutridora", foi colocada no centro imóvel do cosmos.[12]

Para Platão, essa alma feminina do mundo era a fonte do movimento do universo, a ponte entre as formas eternas imutáveis e o mundo inferior da natureza, mutável, sensível e temporal. O Neoplatonismo de Plotino (204-270 d.C.), ao sintetizar a filosofia cristã com o platonismo, dividiu essa alma feminina em dois componentes: a porção superior, que formaria as almas a partir das ideias divinas, e a porção inferior, *natura*, que geraria o mundo fenomênico. A Escola da Catedral Cristã de Chartres, no século XII, que interpretava a Bíblia em conjunto com o *Timeu*, personificava *Natura* como uma deusa e limitava o poder atribuído a ela nas filosofias pagãs, enfatizando sua subserviência a Deus. A natureza era comparada a uma parteira que traduzia Ideias em coisas materiais: as Ideias eram comparadas a um pai; a matéria, a uma mãe; e as espécies geradas, a uma criança. No simbolismo platônico e neoplatônico, portanto, tanto a natureza quanto a matéria eram femininas, enquanto as Ideias eram masculinas. No entanto, como agente de Deus, a natureza, em seu papel de criadora e produtora do mundo material, era superior aos artistas humanos tanto em criatividade como em habilidade de produção. Ela era mais poderosa que os humanos, mas ainda subordinada a Deus.[13]

Uma alegoria (1160) de Alain de Lille, da Escola de Chartres, retrata *Natura*, a poderosa, porém humilde, serva

12. PLATÃO, *Timeu* (escrito ao redor de 360 a.C.), em PLATÃO, *Diálogos V – O Banquete, Mênon (ou Da Virtude), Timeu, Crítias* (São Paulo, Edipro, 2010). Para uma análise, cf. MACDONALD CORNFORD, Francis, *Plato's Cosmology* (Nova Iorque, Liberal Arts Press, 1937). Sobre a visão de Platão sobre as mulheres, cf. DICKASON, Anne, "Anatomy and Destiny: The Role of Biology in Plato's Views of Women", *The Philosophical Forum* 5 (1973-74), pp. 45-53.

13. SILVESTRIS, Bernard. *De Mundi Universitate* (escrito ca. 1136), BARACH, Carl Sigmund e WROBEL, Johann (ed.) (Innsbruck, Wagner, 1876); SILVESTRIS, B. *Cosmographia* (Nova Iorque, Columbia University Press, 1973), pp. 65-127; ECONOMOU, George D. *The Goddess Natura in Medieval Literature* (Cambridge Mass.: Harvard University Press, 1972), pp. 54, 63.

de Deus, angustiada pelo fracasso do homem (ao contrário de outras espécies) em obedecer às suas leis. Devido à supervisão hesitante de Vênus, os seres humanos se envolvem em um amor sensual e adúltero. Ao penetrarem agressivamente os segredos celestes, rasgam a roupa íntima de *Natura*, expondo-a à visão vulgar. Ela lamenta que "somente pelos ataques desordeiros do homem, as vestes de minha modéstia sofrem desgraça e divisão".

A *Natura* era uma réplica do cosmos. As joias da sua coroa eram como os signos do zodíaco e os planetas; decorando seu manto, capa, túnica e roupas íntimas, estavam os pássaros, criaturas aquáticas, animais terrestres, ervas e árvores; seus sapatos eram flores. Sua túnica rasgada, que simboliza a necessidade de proteger os segredos da natureza contra o abuso, exemplifica o papel retórico das imagens. A moral específica da alegoria de Alain é que a natureza não tem poder para fazer cumprir as suas próprias leis. Após a desobediência que resultou na queda de Adão e Eva, a unidade no mundo criado só poderia ser mantida mediante escolhas morais; a razão humana deve controlar a luxúria humana.[14]

O neoplatonismo renascentista ilustra a imagem do macrocosmo animado pela alma feminina. O alquimista

---

14. Lille, Alain de. *De Planctu Naturae* (escrito ao redor de 1202), em Wright, Thomas (ed.), *The Anglo-Latin Satirical Poets and Epigrammatists* (Wiesbaden, Kraus Reprint, 1964), vol. 2, pp. 441, 467; Economou, pp. 73, 76, 77, 82. Tradução para o inglês: Lille, Alain de, *The Complaint of Nature* (Nova Iorque, Henry Holt, 1908), cf. esp. pp. 3, 4, 11, 15, 41, 44. "'Me pergunto', disse, 'por que razão algumas partes da túnica, que deveria ser como a conexão matrimonial, se separam na parte onde se deveria mostrar a imagem dos homens'. 'De acordo com o que tratamos antes', ela respondeu, 'não podemos deduzir o que esta lacuna e este corte mostram misticamente. Já que, como dissemos anteriormente, muitos homens, com maldade e violência, levantaram as armas contra a sua mãe, e depois, ao interpor entre eles e ela um vasto abismo de dissidência, me atacaram com suas mãos de indignação e rasgaram minhas roupas, peça a peça e, da maneira que puderam, me forçaram, despojando-me do vestido que deveria ressaltar com honra e reverência, envergonhando-me, como se eu fosse uma prostituta. Esta túnica, assim, tem esses cortes, já que, pelas agressões ilícitas do homem, as roupas da minha modéstia foram desonradas e separadas". [p. 41].

neoplatônico Robert Fludd (1574-1637) retratou a alma do mundo como uma mulher conectada por sua mão direita a Deus, representado pelo tetragrama hebraico – as quatro consoantes JHVH – transmitido por uma corrente dourada ao mundo terrestre abaixo (Fig. 2). A *Natura* também foi retratada como a deusa-mãe Ísis, com seus cabelos esvoaçantes desenhados em uma esfera que representa o mundo, seu manto decorado na parte superior por estrelas, na parte inferior, por flores e, em seu ventre, por uma meia-lua cujos raios fertilizam a terra. O Sol e a Lua aparecem em posições opostas, representando os princípios masculino e feminino no mundo natural. Em sua mão esquerda ela segura um balde, símbolo da cheia do Nilo, que irrigava a terra, e com a direita, sacode o sistro, um chocalho que representa o movimento constante, o vigor interno incessante da natureza (Fig. 3).

A antiga filosofia de Aristóteles, recuperada no século XII, também se baseava na teoria orgânica da primazia do crescimento e desenvolvimento internos da natureza. Em sua *Metafísica*, Aristóteles definiu a natureza (*physis*) como "a fonte do movimento dos objetos naturais, estando neles presentes potencialmente ou em realidade completa".[15] Cada objeto individual podia ser explicado a partir de quatro "causas", a saber: material (a matéria da qual era feito), formal (sua forma ou o arranjo de suas partes), eficiente (a força motriz) e final (o propósito ou objetivo último de sua existência). Nos objetos naturais, ao contrário dos produtos criados artificialmente, as causas materiais e eficientes eram unificadas de tal forma que o substrato material tinha dentro de si o seu princípio de movimento ou mudança. O material de uma árvore ou de uma criança determinava seu crescimento,

---

15. ARISTÓTELES, *Metaphysica* (escrito ca. 335-322 a.C.), em MCKEON, Richard (ed.), *The Basic Works of Aristotle* (Nova Iorque, Random House, 1971), p. 755, linha 1015a 15 [ed. em português, *Metafísica*, São Paulo: Edipro, 2021]; cf. também *Physica*, em *Basic Works*, p. 237, linha 193a 28; pp. 240-1, linha 194b 16-195a 14 [ed. em português *Física*, Ed. Unicamp, Campinas, 2009].

enquanto uma mesa tinha que ser construída por um construtor. O movimento, assim como o crescimento, representava o desenvolvimento interno do potencial em direção à forma final ou à existência real de um ser individual - uma menina se torna uma mulher, um pintinho se transforma em galinha. Na natureza, o fim para o qual um objeto se desenvolvia era a sua forma; nos produtos artificiais, como uma casa, a forma era distinta da sua finalidade como habitação.

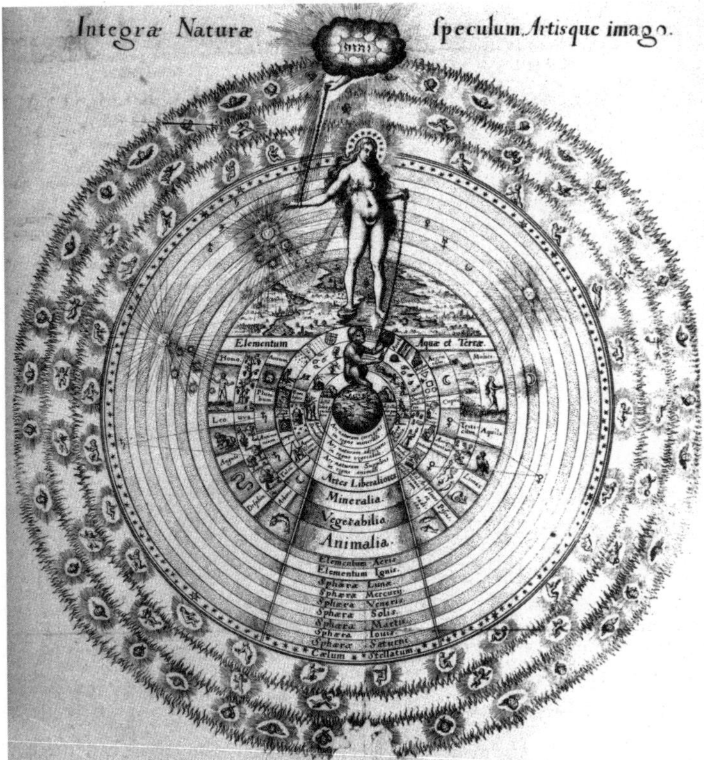

Figura 2: A Alma Feminina do Mundo, gravura de Johann Theodore de Bry, concebida por Robert Fludd em seu *Utriusque Cosmi Maioris Scilicet et Minoris Metaphysica* (1617-21). A representação da alma do mundo como uma mulher, feita pelo alquimista Robert Fludd, demonstra a identificação ocidental da mão direita com a masculinidade, Deus Pai, o Sol e a dominância; a mão esquerda é tradicionalmente associada ao feminino e à Lua subordinada, à Terra e à água.

Aristóteles diferia dos pré-socráticos, que definiam a natureza em termos de um substrato material, como a água (Tales, ca. 585 a.C.), o ar (Anaxímenes, ca. 525 a.C.), e o fogo (Heráclito, ca. 478 a.C.). No entanto, concordava com eles ao enfatizar a primazia do crescimento, da mudança e do processo no mundo natural. Ele se opunha ao dualismo de Platão entre aparências imperfeitas e formas puras e perfeitas, afirmando que a forma existia no objeto individual, e não como um nível separado e transcendente da realidade.

Embora unificasse matéria e forma em cada ser individual, a filosofia aristotélica associava a atividade à masculinidade e a passividade à feminilidade. A forma, superior, reinava sobre a matéria, morta e passiva. Em termos sociais, Aristóteles encontrou a justificativa para o domínio masculino sobre o mundo doméstico na analogia de que, assim como a alma governa o corpo, a razão e a deliberação, características dos homens, deveriam governar os apetites, supostamente predominantes nas mulheres.

A teoria biológica de Aristóteles compreendia a fêmea da espécie como um macho incompleto ou mutilado, uma vez que a frieza do corpo feminino não permitiria que o sangue menstrual se aperfeiçoasse como sêmen. Na concepção da prole, a fêmea contribuia com a matéria ou princípio passivo. O princípio masculino ativo, o sêmen, trabalharia sobre este material na criação do embrião. O macho seria a verdadeira causa da prole: "A mulher, como mulher, é passiva, e o homem, como homem, é ativo, e dele vem o princípio do movimento". A força e o movimento seriam contribuições exclusivas do sêmen. O macho não fornecia nenhuma parte da matéria a partir da qual o embrião se desenvolvia: "Nem emite nada de tal natureza que exista dentro daquilo que é gerado, como parte do embrião material, mas apenas traz a criatura à vida pelo poder que reside no sêmen".[16]

---

16. Aristóteles, *De Generatione Animalium* (escrito ca. 335-322 a.C.), Platt, Arthur (trad.) (Oxford/England: Clarendon Press, 1910), livro I,

A fêmea fornecia o alimento – a catamenia, ou sangue menstrual – sobre o qual as qualidades do macho podiam operar. A combinação do sêmen com o sangue menstrual era como a coalhada do queijo, assim como o coalho atua coagulando o leite. O macho contribuía com o movimento necessário para o desenvolvimento do embrião, bem como com a forma que ele assumiria.

Assim, tanto a causa eficiente quanto a formal derivaram do princípio masculino e constituíam a causa ativa da prole. A natureza, em seu trabalho criativo, usava o sêmen como ferramenta, assim como o carpinteiro, por meio do movimento, definia estrutura e forma à madeira em que trabalhava. Assim como nenhum material era transferido do corpo do carpinteiro para a madeira, por analogia, o homem não contribuía com nenhuma matéria, mas sim com a força e o poder da concepção.

A teoria aristotélica da concepção está na base de algumas teorias alquímicas. Para transformar metais comuns em ouro ou prata, ou para criar a pedra filosofal – uma substância supostamente capaz de efetuar tal transformação – era necessário remover as qualidades ou a forma do metal inferior, deixando apenas a matéria primária passiva. A nova forma, mais nobre, o princípio masculino ativo, seria então introduzida e unificada à matéria feminina básica para produzir o novo metal.

cap. 19, linhas 729bJ3, 730a 1-3. Cf. também linhas 739b 2J-27, 727b 31; 730a 15, 730b 10-25. Para uma discussão a respeito, cf. Horowitz, Maryanne Cline, "Aristotle and Woman", *Journal of the History of Biology* 9, n. 2, (1976), pp. 183-213; Needham, Joseph, *A History of Embryology* (Cambridge/England, The University Press, 1934); Preus, Anthony, "Science and Philosophy In Aristotle's Generation of Animals", *Journal of the History of Biology* 3 (1970), pp. 1- 52. Meyer, Arthur William, *The Rise of Embryology* (Stanford/Cal., Stanford University Press, 1939), cap. 2, pp. 17-27. Whitbeck, Caroline, "Theories of Sex Difference", *The Philosophical Forum* 5 (1973-74), pp. 54-80, esp. 55-57.

Figura 3: Ísis, em *Oedipus Aegypticus* (1652), de Athanasius Kircher. A representação de Ísis emprega a tradicional identificação ocidental de forças cíclicas com a mulher: ela está com um pé no Nilo, que anualmente transborda, e usa o balde na mão esquerda para irrigar a terra. Os raios da lua em seu ventre fertilizam a terra, as cobras em seu cocar simbolizam a renovação (as cobras podem trocar de pele) e os grãos representam a colheita sazonal.

As ideias aristotélicas sobre a concepção humana também foram projetadas para o cosmos. No século XVI, o casamento e a impregnação da terra feminina pelos céus masculinos superiores eram uma descrição comum da concepção biológica na natureza. Os movimentos dos céus celestiais produziam o sêmen, que caía sob a forma de orvalho e chuva na receptiva terra feminina. Uma passagem famosa em *As Revoluções dos Orbes Celestes* (1543), do reavivador da hipótese heliocêntrica, Nicolau Copérnico (1473-1543), se baseia no casamento dos céus masculinos com a terra feminina: "Enquanto isso, a terra concebe através do Sol e todos os anos engravida de seus descendentes".[17] Essa posição básica em relação aos papéis masculino-feminino na concepção biológica, na qual tanto a mulher quanto a terra são receptoras passivas, poderia facilmente ter se tornado sanção à exploração, à medida que o contexto orgânico passava por transformações em função da ascensão do capitalismo comercial.

Uma alternativa radical à visão hierárquica de que a mulher era inferior apareceu na forma monista do gnosticismo antigo, baseado (assim como a Cordelia de Shakespeare) na unidade dos opostos e na igualdade dos princípios masculino-feminino. Na renascença, a transmissão de ideias gnósticas de androginia proporcionou uma visão alternativa de concepção e trouxe consigo implicações e posições mais positivas em relação à natureza como feminina. Mas estas ideias estavam fora da corrente principal da cultura cristã ocidental. Os textos gnósticos disponíveis na Renascença foram preservados por meio de extensas citações nos escritos polêmicos dos primeiros patrísticos da igreja que tentaram refutar a doutrina.

---

17. Copernicus, Nicolaus, *As Revoluções dos Orbes Celestes*, Gomes, A. Dias (trad.) (Rio de Janeiro, Fundação Calouste Gulbenkian, 2014; primeira edição em Latim de 1543), livro I, cap. 10. Cf. também Taylor, Frank Sherwood, *The Alchemists* (Nova Iorque, Schumann, 1949), cap. 2; Pagel, Walter e Winder, Maryanne, "The Higher Elements and Prime Matter in Renaissance Naturalism and in Paracelsus", *Ambix* 21 (1974), pp. 93-127 (cf. p. 95).

A tradição gnóstica era formada por um conjunto de textos (escritos nos primeiros três séculos d.C.) condenados como uma forma herética do cristianismo primitivo. Centrada na Alexandria helenística, ela uniu o Cristianismo com os ensinamentos espirituais da Babilônia e da Pérsia, no Oriente, e da Grécia e Roma, no Ocidente. O gnosticismo (que significa *conhecimento*) mantinha uma unidade original dos opostos masculino-feminino em um Deus transcendente, mas apresentava um dualismo entre Deus e o mundo mundano, entre o bem e o mal, entre o espírito e a matéria. Por emanação, Deus produziu um princípio gerador feminino, que criou os anjos e, depois, o mundo visível; a luz de Deus se misturou com a matéria no mundo inferior. O objetivo religioso do gnosticismo era a salvação além-mundo por meio do conhecimento. Em contraste com os cristãos ortodoxos, algumas seitas adoravam a serpente por induzir Eva a provar o fruto do conhecimento, o início da gnose na Terra. A serpente enrolada mordendo sua própria cauda simbolizava a unidade dos opostos, o bem e o mal, assim como os ciclos metamórficos cósmicos.

Alguns dos primeiros cristãos gnósticos, que descreviam Deus como andrógino, oravam tanto ao pai quanto à mãe, e interpretavam o relato da criação no primeiro capítulo do Gênesis como significando que um Deus homem-mulher teria criado homens e mulheres à sua imagem. Nessas interpretações, Deus era uma díade de opostos que existia em harmonia e unidade. A mãe divina foi nomeada de Sabedoria, ou *Sophia*, uma tradução grega do hebraico *hokhmah*. A sabedoria era o poder criativo, "autogerador, autodescobridor de sua própria mãe, de seu próprio pai, de sua própria irmã, de seu próprio filho: pai, mãe, unidade, raiz de todas as coisas".[18]

18. PAGELS, Elaine, "What Became of God the Mother? Conflicting Images of God in Early Christianity", *Signs* 2, n. 2 (Winter 1976), p. 297. Cf. também pp. 293-303 para uma discussão sobre mulheres e gnosticismo. A discussão sobre gnosticismo pode ser conferida em JONAS, Hans, *The Gnostic Religion* (Boston, Beacon Press, 1958), cap. 2-4, 7, 8, e SELIGMANN, Kurt,

Sua sabedoria teria sido concedida a homens e mulheres. A natureza humana, assim como Deus, consistia em uma unidade igual de princípios tanto masculinos quanto femininos. Evidências do apelo da androginia gnóstica para as mulheres são encontradas na sua atração por estes grupos heréticos durante o período de 150-200 d.C., quando o cristianismo então lutava para alçar sua posição de religião-mundo. Nesses grupos, as mulheres poderiam desempenhar papéis importantes dos quais haviam sido excluídas pelas igrejas ortodoxas, tais como curandeira, evangelista, sacerdotisa, profetisa e professora.

A filosofia gnóstica e sua atribuição de igual importância aos princípios masculinos e femininos na concepção permeiam muitos tratados alquímicos. A trindade gnóstica – pai, mãe e filho – apareceu pela primeira vez em uma obra do século III ou IV, *Chrysopeia* ("Fabricação de Ouro"), atribuída a Cleópatra. A *Tábua de Esmeralda,* de Hermes Trismegisto (um alquimista mítico a quem foi atribuído o gnóstico *Corpus Hermeticum*, 100-300 d.C.), enfatizava a igualdade dos dois grandes princípios masculino e feminino na natureza, o Sol e a Lua: "O Sol é seu pai, a Lua é sua mãe. O vento é carregado em seu ventre, a terra é sua ama".[19] Na tradição gnóstica da alquimia, muitos dos primeiros tratados foram escritos ou atribuídos a mulheres: Ísis; Maria, a judia, identificada com a irmã de Moisés, Miriam; Cleópatra; e Teosobia, irmã de Zósimo, um alquimista do século IV d.C.

> Também é notável a importância atribuída às mulheres pelo Hermético [alquimista]. Na gravura de Majer, a virgem é, como sua ancestral Eva, a instigadora. E uma mulher é o símbolo da natureza para o alquimista. Ele segue seus rastros, que o conduzem à perfeição. Vale lembrar que Madalena e Sofia são as figuras mais importantes e ativas da *Pistis Sophia* e que a encarnação terrena da mãe celeste é a principal

---

Magic, Supernaturalism, and Religion (Nova Iorque, Pantheon Books, 1948), pp. 60-66.

19. Citado em Seligmann, p. 85. Cf. também p. 80.

> característica do dogma de Simão Mago. A transmutação de Flamel ocorreu quando sua esposa estava presente; e no *Liber Mutus*, um tratado alquímico, recomenda-se que antes de iniciar a operação o alquimista e sua esposa se ajoelhem e orem diante do forno. A união da alma e do espírito, da essência masculina e feminina, tem seu contraponto no céu: o Sol é o pai e a Lua, a mãe.[20]

Nos textos gnósticos do século XVI, a Mãe Sofia, ou Oitava, criou o rei ou pai, que, por sua vez, gerou os sete céus.[21] A mãe produziu quatro elementos terrestres de acordo com o padrão dos elementos celestiais superiores. Em algumas interpretações gnósticas, o Adão arquetípico foi criado andrógino e composto por oito partes.

Para Paracelso (1490-1541), as oito matrizes gnósticas eram todas mães. Além disso, em contraste com Aristóteles, ele atribuía igualdade aos princípios masculino e feminino na concepção sexual:

> Quando a semente é recebida no útero, a natureza combina a semente do homem e da mulher. Das duas sementes, a melhor e mais forte formará a outra, de acordo com a sua natureza. A semente do cérebro do homem e a do cérebro da mulher juntas formam apenas um cérebro; mas o cérebro da criança se desenvolverá de acordo com aquela que for a mais forte das duas, tornando-se semelhante à essa semente, ainda que nunca completamente igual a ela.[22]

20. *Ibid.*, pp. 128-29.

21. A discussão sobre o gnosticismo a seguir pode ser conferida em PAGEL, Walter e WINDER, Maryanne, "The Eightness of Adam and Related Gnostic Ideas in the Paracelsian Corpus", *Ambix* 16 (1969), pp. 119-39; PAGEL e WINDER, "The Higher Elements", pp. 94, 96-97, e PAGEL, Walter, "Das Ratsel der Acht Miitter im Paracelsischen Corpus", *Sudhoffs Archive fur Geschichte der Medizin,* 59 (1975) pp. 254-66.

22. PARACELSUS, Theophrastus, *Selected Writings*, JACOBI, J. (ed.) (Princeton, N.J., Princeton University Press, 1951), p. 27. Sobre as fontes gnósticas da filosofia de Paracelso, cf. PAGEL, Walter, "Paracelsus and the Neoplatonic and Gnostic Tradition", *Ambix* 8 (1960), pp. 125-66; PAGEL, W., "Paracelsus, Traditionalism and Medieval Sources", em STEVENSON, Lloyd G. e MULTHAUF, Robert D. (ed.), *Medicine, Science, and Culture* (Baltimore/Md., Johns Hopkins Press, 1968), pp. 57-75; PAGEL, W., *Paracelsus* (Nova Iorque, Karger, 1958), pp. 204-17. A posição de Paracelso diante das mulheres, no entanto, permanece ambígua; por exemplo: "Como alguém

Para alguns paracelsianos, as oito partes do Adão gnóstico eram divididas em quatro pais celestiais e quatro elementos ou mães terrestres. Os pais forneciam a *semina astral* que fecundava as matrizes elementais femininas, que, ativadas pelo fogo central da terra, ascendiam para receber a *semina astral*. Para alguns alquimistas, a pedra filosofal encarnava a unidade dos contrários resultante da conjunção das quatro mães e dos quatro pais.

O estudioso Ralph Cudworth observou, em 1678, que os pagãos "chamam Deus de homem e mulher ao mesmo tempo" e que "a teologia Órfica chama o primeiro princípio de hermafrodita, ou seja, homem e mulher simultaneamente, denotando assim aquela essência que é geradora e produtiva de todas as coisas".[23]

Na alquimia, permeada pelo dualismo homem-mulher, o hermafrodita Mercúrio simbolizava a unidade andrógina dos opostos. A unificação dos princípios masculino e feminino, representada pelo casamento alquímico do Sol e da Lua e pela união do agente mineral masculino, o mercúrio, e da *matéria-prima* feminina, resultava no hermafrodita masculino-feminino (Fig. 4). A árvore simbolizava o princípio de nutrição vegetativa; a cobra, o princípio animador que dá vida. O calor do forno alquímico representava o elemento masculino; a retorta em forma de ovo, o útero feminino.[24]

Thomas Vaughan (1622-1666), alquimista e místico, descreveu o Sol e a Lua como um par entre dois iguais, cuja

---

pode ser inimigo de uma mulher – seja ela qual for? O mundo está povoado com seus frutos, e é por isso que Deus a deixa viver tanto tempo, por mais repugnante que seja" (Jacobi [ed.], p. 26); "Quem contempla a mulher deverá ver nela o ventre material do homem; ela é o mundo do homem, do qual ele nasce" (*Ibid.*).

23. Cudworth, Ralph, *The True Intellectual System of the Universe* (Nova Iorque, Gould and Newman, 1838; primeira publicação em 1678), vol. 1, p. 404.

24. Jung, Carl G. *Alchemical Studies in Herbert Read and others*, Collected Works (Princeton/N.J., Princeton University, Press, 1953), vol. 13, pp. 211-44 [edição brasileira: Estudos alquímicos vol. 13 de *Obras Completas*, Petrópolis, Vozes, 2015]; Taylor, F.S., cap. 11; Seligmann, K., p. 98.

consumação do casamento resultou em uma unidade total, e no cultivo da sua semente no ventre da terra:

> Há em cada estrela e no mundo elemental um certo princípio que é a "noiva do sol". Esses dois, em seu coito, produzem sêmen, cuja semente é conduzida ao ventre da natureza. No entanto, sua liberação é realizada de forma invisível e em um silêncio sagrado, pois este é o mistério conjugal do céu e da terra, o seu ato de concepção, algo feito em privado entre determinados homens e mulheres. Mas imagine o quanto isso pode acontecer entre as duas naturezas universais. Saiba, portanto, que é impossível extrair ou receber qualquer semente do Sol sem esse princípio feminino, que é a esposa do Sol [...]. Saiba então, com certeza, que os mágicos, o Sol e a Lua, formam um par universal, masculino e feminino, um rei e uma rainha regentes, sempre jovens e nunca velhos. Estes dois são adequados para o mundo inteiro e se coestendem sobre todo o universo. Um não existe sem o outro, pois Deus os uniu em Sua obra de criação em uma união solene e sacramental. Será então uma tarefa árdua e difícil roubar a esposa do marido, separar aqueles que Deus uniu, pois ambos dormem na mesma cama, e quem descobre um necessariamente verá o outro.[25] [ver Fig. 5]

Que destino tiveram todas essas diferentes imagens da natureza com a mecanização da visão de mundo trazida pela Revolução Científica? Tanto a arte pastoral como a filosofia aristotélica viam o sexo feminino como passivo e receptivo. As imagens pastorais poderiam facilmente ser incorporadas ao mundo industrializado e mecanizado como uma fuga às frustrações do mercado. O imaginário pastoral tinha sido um antídoto para os males da urbanização nos tempos antigos e continuou a desempenhar esse papel na revolução comercial. No contexto da cultura dos Estados Unidos, tornou-se particularmente significativo como uma imagem que ditava a transformação e o cultivo da natureza selvagem. Os exploradores do novo mundo, ao descrever essas paisagens como lindos jardins, perfumados com flores e iluminados pelos sons

25. VAUGHAN, Thomas, "Anima Magica Abscondita", em WAITE, Arthur E. (ed.), *The Works of Thomas Vaughan* (Londres, Theosophical Publishing House, 1919; primeira publicação em 1650), p. 94.

de novos e belos pássaros maravilhosos, impulsionaram a colonização por meio do Atlântico. O cultivo de uma Mãe Terra abundante ajudou a acelerar a destruição e a exploração de terras novas e "virgens".

As concepções aristotélica e platônica sobre a passividade da matéria também puderam ser incorporadas à nova filosofia mecânica sob a forma de átomos inertes "mortos", constituintes de um novo mundo semelhante a uma máquina, no qual a mudança ocorria mediante forças externas; um modelo que prontamente sancionou a manipulação da natureza. A alma-mundo feminina do universo neoplatônico, fonte interna de atividade na natureza, desapareceria, para logo ser substituída por um mecanismo cuidadosamente planejado de sutis partículas em movimento.

A ideia da igualdade andrógina dos princípios masculino-feminino acabaria por se articular mais claramente diante do princípio da dialética, seja como a unidade dos opostos no idealismo, ou como a luta dos opostos no materialismo dialético. Terei a oportunidade de observar o seu desenvolvimento em vários contextos sociais e filosóficos, à medida que a luta pela igualdade, e contra a hierarquia social, tomava seu curso.

O GEOCOSMO: A TERRA COMO MÃE NUTRIDORA

Não apenas a natureza foi generalizada como feminina, como também a Terra, ou o geocosmo, foi universalmente vista como uma mãe nutridora, sensível, viva e receptiva à ação humana. As mudanças nas imagens e nas posições em relação à terra ganharam enorme importância à medida que a mecanização da natureza avançava. A terra nutridora perderia sua função de restrição normativa à medida que se transformava em um sistema físico inanimado e morto.

Figura 4: Hermafrodita, de *Aurora consurgens* (final do século XIV). Os alquimistas imaginavam o casamento do Sol e da Lua (os princípios masculino e feminino) como gerador de um hermafrodita — uma visão integrada da natureza como masculina e feminina.

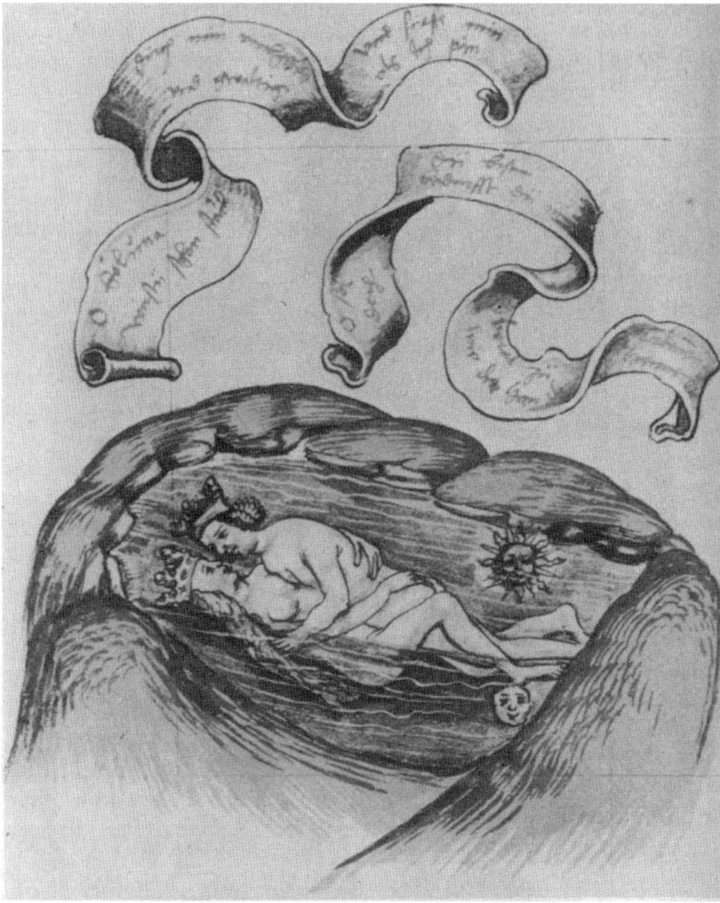

Figura 5: A união dos opostos solares e lunares na obra alquímica, de Arnaldo de Villanova, *Rosarium Philosophorum* (século XVI). O casamento sagrado do masculino e do feminino na alquimia é a integração mística dos opostos cocriativos. O Sol e o ar estão associados ao masculino; a água e a Lua, ao feminino.

A teoria do macrocosmo, como vimos, comparou o cosmos ao corpo, à alma e ao espírito humanos, e aos respectivos órgãos reprodutivos masculino e feminino. Da mesma forma, a teoria do geocosmo comparou a Terra ao corpo humano vivo, dotado de sistemas de respiração, circulação, transpiração e excreção.

Para os estoicos, que floresceram em Atenas durante o século III a.C., após a morte de Aristóteles, e em Roma ao longo do século I d.C., o próprio mundo era um organismo inteligente; Deus e matéria eram sinônimos. A matéria era dinâmica e composta de duas forças: expansão e condensação – a primeira dirigida para fora; a segunda, para dentro. A tensão inerente entre tais forças gerava todas as substâncias, propriedades e formas vivas no cosmos e no geocosmo.

Zenão de Cítio (ca. 304 a.C.) e Marco Túlio Cícero (106-43 a.C.) sustentaram que o mundo raciocinava, possuía sensações e gerava seres racionais vivos: "O mundo é um ser vivo e sábio, uma vez que produz seres vivos e seres sábios".[26] Cada parte do universo e da Terra fora criada para o benefício e apoio de outra. A terra gerava e dava estabilidade às plantas, as plantas sustentavam os animais, e os animais, por sua vez, serviam aos seres humanos; em contrapartida, a habilidade humana ajudava a preservar esses organismos. O próprio universo fora criado para o bem dos seres racionais – deuses e homens –, mas a providência divina garantia a segurança e a preservação de todas as coisas. A humanidade recebera mãos para transformar os recursos da terra e exercer domínio sobre eles: a madeira deveria ser usada para casas e navios, o solo para as plantações, o ferro para arados, e o ouro e a prata para ornamentos. Cada parte e cada imperfeição existiam para o bem e para a perfeição final do todo.

---

26. TULLIUS Cicero, M. [Marco Túlio Cicero], *Of the Nature of the Gods*, FRANCKLIN, T. (ed.) (Londres, 1775), livro. II, cap. 8, p. 96. Cf. também cap. 53, 60. (Edição em português: *Textos Filosóficos III – A Natureza Dos Deuses: A Adivinhação* [Lisboa, Calouste Gulbenkian, 2020]).

O caráter vivo do organismo-mundo significava não apenas que as estrelas e os planetas estavam vivos, mas também que a Terra era permeada por uma força capaz de garantir vida e movimento aos seres vivos que nela habitavam. Lúcio Sêneca (4 a.C.-65 d.C.), um estoico romano, afirmou que a respiração da terra alimentava tanto as protuberâncias em sua superfície quanto os corpos celestes acima, por meio de suas exalações diárias:

> Como poderia ela nutrir todas as diferentes raízes que penetram no solo de tantas formas, se ela não tivesse um suprimento abundante do sopro da vida? ... todos estes [corpos celestes] extraem a sua nutrição dos materiais da terra... e são sustentados... por nada mais do que o sopro da terra.... A terra seria incapaz de nutrir tantos corpos... a menos que estivesse cheia de fôlego, que exala de todas as suas partes, dia e noite.[27]

As nascentes da terra eram análogas ao sistema sanguíneo humano; seus diversos outros fluidos foram comparados ao muco, saliva, suor e outras formas de lubrificação do corpo humano. A terra fora organizada "muito depois do plano de nossos corpos, nos quais existem veias e artérias, os primeiros vasos sanguíneos, os últimos vasos aéreos [...] Tão exatamente igual é a semelhança com nossos corpos na formação natural da terra, que nossos ancestrais falaram de veias [fontes] de água". Assim como o corpo humano continha sangue, medula, muco, saliva, lágrimas e fluidos lubrificantes, também na terra havia vários fluidos. Os líquidos que endureceram transformaram-se em metais, como ouro e prata; outros transformaram-se em pedras, betume e veios de enxofre. Tal qual o corpo humano, a terra exalava suor: "Muitas vezes há um acúmulo de umidade fina e dispersa como o orvalho, que, desde muitos pontos, flui para um só lugar. Os radiestesistas chamam isso

27. Seneca, Lucius. *Physical Science in the Time of Nero*; *Being a Translation of the Quaestiones Naturales of Seneca* (escrito ca. 65 d.C), Clarke, John (trad.) (Londres, Macmillan, 1910). Em ordem, as citações são do livro VI, cap. 16, pp. 244-45; livro III, cap. 15, pp. 126, 127. Sobre a representação da concepção de natureza, ver Zeller, Eduard, *The Stoics, Epicureans, and Sceptics* (Londres, Longmans Green, 1870), pp. 134-94.

de suor, porque uma espécie de gota é ora espremida por pressão do solo, ora elevada pelo calor".

Leonardo da Vinci (1452-1519) ampliou a analogia grega entre as águas da terra e o fluxo e refluxo do sangue humano nas veias e no coração:

> A água corre dos rios para o mar e do mar para os rios, fazendo sempre o mesmo circuito. A água é empurrada das profundezas do mar até os altos cumes das montanhas, onde, encontrando os veios cortados, precipita-se e retorna ao mar abaixo, sobe mais uma vez pelos veios ramificados e depois cai de volta, indo assim e ficando entre alto e baixo, às vezes dentro, às vezes fora. Atua como o sangue dos animais que está sempre em movimento, começando no mar do coração e subindo até o topo da cabeça.[28]

O sistema venoso da terra continha metais e minerais. Suas veias, vênulas, costuras e canais percorriam toda a terra, especialmente nas montanhas. Seus humores fluíam das vênulas para as veias maiores. A terra, assim como o ser humano, possuía até seu próprio sistema de excreção. A tendência de ambos a liberar gases estava na causa dos terremotos, no caso do primeiro, e outro tipo de abalo, no segundo:

> A causa material dos terremotos [...] é, sem dúvida, a grande abundância de vento, ou o acúmulo de vapores densos e secos, bem como de espíritos, rapidamente encerrados e, como diria um homem, aprisionados nas cavernas e masmorras da terra; cada vento, ou vapor, em busca de se libertar e retornar às suas moradas naturais, sai violentamente em forma de uma grande fumaça e, por assim dizer, rompe a prisão, cuja erupção forçada e sopro forte, causa um terremoto.[29]

---

28. Citação a partir de CORNFORD, F. M., *Plato's Cosmology*, p. 330.

29. HARVEY, Gabriel, *Pleasant and Pitthy Familiar Discourse of the Earthquake in April Last*, citado a partir de KENDRICK, Walter M., "Earth of Flesh, Flesh of Earth: Mother Earth in the Faerie Queene": *Renaissance Quarterly* 21 (1974), p. 548-53, cf. p. 544. Sobre as veias e entranhas da terra, cf. AGRICOLA, Georg, *De Re Metallica*, 1556, (trad.) HOOVER, Herbert C. e HOOVER, Lou H. (Nova Iorque, Dover, 1950; primeira edição em 1556); p. 1. Cf. também trechos de AGRICOLA, *De Ortu et Causis Subterraneorum* (primeira edição em 1546), em MATHER, Kirtley F. (ed.), *Source Book in Geology* (Nova Iorque, McGraw-Hill, 1939), p. 7; KIRCHER, Athanasius, *Mundus Subterraneous* (Amsterdam, 1678) em MATHER (ed.), pp. 17-19.

Suas entranhas estavam cheias de canais, câmaras de fogo, buracos e fissuras por onde fogo e calor eram emitidos, ora sob a forma de exalações vulcânicas ardentes, ora como fontes de águas termais. A analogia mais usada, entretanto, era entre a capacidade reprodutiva e nutritiva da mulher e a capacidade da Mãe Terra de gerar pedras e metais dentro de seu útero por meio de seu casamento com o sol.

No seu *De Rerum Natura Iuxta Propria Principia* [Da natureza das coisas segundo seus próprios princípios], de 1565, o filósofo italiano Bernardino Telesio referiu-se à união desses dois grandes poderes, masculino e feminino: "Podemos ver que o céu e a Terra não são apenas partes imensas do universo-mundo, mas constituem uma importância primária – até mesmo principal [...] Eles são como mãe e pai para todos os outros".[30] A Terra e o Sol serviram como mãe e pai para toda a criação: todas as coisas são "feitas da Terra pelo Sol, e, na constituição de todas as coisas, a Terra e o Sol entram, respectivamente, como mãe e pai". Para Giordano Bruno (1548-1600), todo ser humano era "cidadão e servo do mundo, filho do Pai Sol e da Mãe Terra".[31]

Uma crença alquímica amplamente difundida era que os metais mais básicos se transformavam em ouro no seio da terra. A ocorrência de prata em minérios de chumbo, ou de ouro em ligas prateadas, era considerada uma evidência de que esta transformação estava em curso. Assim como a criança crescia no calor do útero feminino, acreditava-se que o calor terrestre estimulava o crescimento dos metais e, nos lugares da crosta terrestre que eram mais quentes que outros, esse processo de maturação se acelerava. "O poder vegetativo [foi]

---

30. Telesio, Bernardino, *De Rerum Natura Iuxta Propria Principia* (Neapoli, 1587; primeira edição em 1565). Trechos traduzidos em Fallico, Arturo B. e Shapiro, Herman (ed. e trad.), *Renaissance Philosophy* (Nova Iorque, Modern Library, 1967), vol. 1, pp. 308-9.

31. Bruno, Giordano, *The Expulsion of the Triumphant Beast* (primeira edição em 1584), Imerti, Arthur D. (trad. e ed.) (New Brunswick/N. J., Rutgers University Press, 1964), p. 72.

dado ao ouro, à prata e aos outros metais, permitindo-lhes também se reproduzir. Pois, visto que era impossível para Deus criar algo que não fosse perfeito, ele conferiu às coisas criadas, além da existência, o poder da multiplicação".[32] O Sol, atuando sobre a Terra, nutria não apenas as plantas e os animais, mas também "os metais, as rochas sulfúricas, betuminosas ou nitrogenadas; [...] bem como as plantas e os animais – se não tivessem sido feitos da Terra pelo Sol, não se poderia imaginar de que outra forma, ou por qual outro agente, eles poderiam ter sido criados".[33]

Diversas teorias explicaram a formação de metais e minerais. Na teoria aristotélica, a terra emitia exalações sob a influência do calor do sol. Das exalações secas formavam-se as rochas; das exalações úmidas, os metais – ambos se desenvolvendo dentro da terra ou em sua superfície. As teorias do século XVI sustentavam que os minerais de formavam a partir de uma combinação de influências celestiais, principalmente do sol, e um poder formativo dentro da terra.[34]

Na teoria das sementes líquidas, a terra era vista como a matriz, ou mãe das sementes de rochas e minerais. Essas sementes fermentavam a água, transformando-a em suco mineral e, depois, no próprio metal. Acreditava-se que as rochas eram geradas a partir de seus próprios princípios seminais ou sementes, preservando assim as suas espécies. Fendas e

---

32. FRATA ET MONTALBANO, Marco Antonio della, *Pratica Minerale Trattrato* (Bologna, 1678), p. 2; como citado em DAWSON ADAMS, Frank, *The Birth and Development of the Geological Sciences* (Nova Iorque, Dover, 1938), p. 306.

33. TELESIO, em FALLICO e SHAPIRO, p. 309.

34. ARISTÓTELES, *Meteorologica* (ca. 335-322 a.C.), em ROSS, W.D. (ed.) *The Works of Aristotle Translated into English* (Oxford/England, Clarendon Press, 1923), vol. 3, linha 339a. Cf. ADAMS, p. 84; exemplos citados podem ser encontrados em MEGENBERG, Konrad von, *Das Buch der Natur* (Augsburgo, J. Bamler, 1475); REISCH, Gregorius, *Margarita Philosophica* (Estrasburgo, 1504); SAVONAROLA, Hieronymus, *Compendium Totius Philosophiae tam Naturalis quam Moralis* (Veneza, 1542): MAFFEI, Giorgio Camillo, *Scala Naturale* (Veneza, 1563); BACCIUS, Andreas, *De Gemmis et Lapidibus Pretiosis* (Frankfurt, 1603); CAMILLUS, Leonardus, *Speculum Lapidum* (Veneza, 1502), livro I.

recantos adequados no interior da terra funcionavam como matrizes ou úteros para a nutrição e o desenvolvimento da semente infantil. Nem o ar, nem os corpos das plantas e dos animais se constituíam como mães adequadas; apenas os rochedos nas bordas dos veios de minério e determinadas fendas na crosta terrestre podiam atuar como matrizes. Jerome Cardan (1550) e Bernard Palissy (1580) acreditavam que os metais se reproduziam por meio de sementes líquidas depositadas pela água; outros defendiam a tese de que os sucos minerais passavam por um processo gradual de transformação, expandindo-se e assumindo nova forma até se transformarem em metais visíveis.[35]

Uma terceira teoria, a do suco lapidificante (formador de pedras), postulava a existência de um fluido, ou suco, que circulava pelo corpo da terra por meio das veias, rachaduras e poros abaixo de sua superfície, assim como o sangue fluía dentro do corpo humano. Esse *succus lapidescens*, aliado aos princípios do calor e do frio, constituiria a origem das pedras e dos minerais. A matéria mineral ou pedregosa era mantida em solução pelo suco líquido, até evaporar, sob a ação do calor; ou depositar sua matéria, sob a ação do frio.[36] O ventre da terra era a matriz, ou mãe, não apenas dos metais, mas também de todos os seres vivos. Paracelso comparou a terra a uma mulher cujo útero nutriu toda a vida.

---

35. Adams, pp. 84-90, 290, 292; exemplos citados podem ser encontrados em Sherley, Thomas, *A Philosophical Essay Declaring the Probable Causes Whence Stones Are Produced in the Greater World* (Londres, 1672), pp. 23-128; Schwiegger, M.J.C., *De Ortu Papidum*, dissertação apresentada na Universidade de Wittenburg, 1665; Cardan, Jerome, *De Subtilitate* (Nuremberg, 1550); Palissy, Bernard, *Discours Admirables de la Nature des Eau et Founteines tant Naturelles qu'Artificeles, des Metaus, des Sels et Salines* (Paris, 1580), pp. 122, 134; Webster, John, *Metallographa, or An History of Metals* (Londres, 1671), p. 70; Boyle, Robert, *The Skeptical Chemist* (Londres, Everyman's Library, 1967), pp. 194, 202; Jorden, Edward, *A Discourse of Natural Bathes and Mineral Waters* (Londres, 1669), p. 51.

36. Adams, pp. 90-4; exemplos citados podem ser encontrados em Agricola, *De Ortu et Causis Subterraneorum*; Baglivi, Giorgio, *De Vegetatione Lapidum in Opera Omnia* (Londres, 1714), p. 497.

> A mulher é como a terra e todos os elementos e, nesse sentido, pode ser considerada uma matriz; ela é a árvore que cresce na terra, e a criança, o fruto que dela nasce [...] A mulher é a imagem da árvore. Assim como a terra, seus frutos e os elementos são criados para o bem da árvore e para sustentá-la, também os membros da mulher, todas as suas qualidades e toda a sua natureza existem para o bem de sua matriz, seu Útero. [...] E, no entanto, a mulher, à sua maneira, também é um campo de terra e nada difere dela. Ela o substitui, por assim dizer; ela é o campo e o molde do jardim onde a criança é semeada e plantada.[37]

Na filosofia paracelsiana, a terra era a mãe, ou matriz, que deu origem às plantas, aos animais e aos homens.

A imagem da terra como nutridora, que apareceu no mundo antigo no *Timeu,* de Platão, e na *Tábua de Esmeralda,* de Hermes Trismegisto, tornou-se uma metáfora popular da Renascença. De acordo com o alquimista do século XVI, Basil Valentine, todas as coisas cresciam no ventre da terra, que era viva, vital, e nutridora de toda a vida:

> O poder vivificador da terra produz todas as coisas que dela brotam, e aquele que diz que a terra não tem vida faz uma afirmação categoricamente contradita pelos fatos. O que está morto não pode produzir vida e crescimento, visto que é desprovido do espírito vivificador... Esse espírito é a vida e a alma que habitam a terra são nutridas de influências celestiais e siderais... Esse espírito é, ele próprio, alimentado pelas estrelas e, portanto, torna-se capaz de fornecer alimento a todas as coisas que crescem e amamentá-las como uma mãe faz com sua criança enquanto ela ainda está no ventre [...] Se a terra fosse abandonada por esse espírito, estaria morta [...][38]

---

37. PARACELSUS, Jacobi (ed.) p. 25; Pagel, *Das Rlitsel der Acht Mutter*, p. 255; PARACELSUS, em SUDHOFF, Karl e MATTIESSEN, Wilhelm (ed.), *Samtliche Werke* (Munique, Barth, 1922-1933), Abt. I, vol. 13, p. 88.

38. VALENTINE, Basil, *The Fifth Key from The Practica, with Twelve Keys, and an Appendix Thereto Concerning the Great Stone of the Ancient Sages,* reedição de The Hermetic Museum Restored and Enlarged (Frankfurt, 1678), WAITE, Arthur Edward (trad.) (Nova Iorque, Samuel Weiser, 1974; primeira publicação em 1893), vol. I, p. 333.

Henry More (1614-1687), platônico de Cambridge, referiu-se à doutrina do século XVI que concebia a terra como nutridora e à possibilidade de ela secar e se tornar estéril:

> Pois, embora devêssemos admitir, com Cardan e outros naturalistas, que no início a terra produziu todos os tipos de animais, bem como plantas, e que eles estavam presos pelo umbigo à sua mãe comum, a terra, como estão agora no ventre da mãe; ainda assim, vemos que ela se tornou árida e estéril, cujos nascimentos de animais são agora tão raros. Portanto, o que pode ser senão uma providência, que enquanto ela deu à luz, enviou homens e mulheres, para que, quando sua própria virtude prolífica se esgotasse, ela ainda pudesse ser uma ama seca, ou uma avó cuidadosa, por milhares de gerações?[39]

De modo geral, a visão renascentista era de que todas as coisas estavam permeadas pela vida, não havendo nenhum método adequado para distinguir o inanimado do animado. Era difícil diferenciar entre coisas vivas e não vivas, devido à semelhança nas estruturas. Tal como as plantas e animais, minerais e gemas tinham pequenos poros, tubinhos, cavidades e estrias, por meio dos quais pareciam se nutrir. Os sais cristalinos eram comparados às formas vegetais, mas não se conseguia formular com sucesso os critérios para diferenciar os vivos dos não-vivos. Isto se devia não somente à estrutura de pensamento vitalista do período, mas também às impressionantes semelhanças entre ambos. Pensava-se que os minerais possuíam um menor grau de alma vegetativa, porque tinham capacidade de ação medicinal e, muitas vezes, tomavam a forma de várias partes das plantas. Em virtude da alma vegetativa, minerais e pedras cresciam no corpo humano, nos corpos dos animais, dentro das árvores, no ar, na água e na superfície da terra, ao ar livre.[40]

---

39. MORE, Henry, "An Antidote Against Atheism" (primeira edição, 1653), em *A Collection of Several Philosophical Writings of Dr. Henry More* (Londres, 1712), p. 65.

40. ADAMS, pp. 94, 102-36; CARDAN, *De Subtilitate*, Livro. VII; GOODMAN, D.C., "The Saltish Seed: Crystals and Life in the Seventeenth Century", *Abstracts of Papers Presented to the XVth International Congress of the History of Science* (Edimburgo, 1977), p. 167.

A literatura popular da Renascença contém centenas de imagens associando a natureza, a matéria e a terra ao sexo feminino. A terra era viva e considerada uma mulher benéfica, receptiva e cuidadora. Na maior parte dos escritos havia uma mistura de tradições baseadas em fontes antigas. Em geral, a difusão do animismo da natureza criou uma relação de imediatismo com o ser humano – uma relação eu-tu, na qual a natureza era considerada uma pessoa em versão ampliada, de modo que vigorava a antiga tendência de tratá-la como outro ser humano. Essa imagem vitalista era amplamente aceita no pensamento renascentista a ponto de funcionar efetivamente como uma ética restritiva.

Da mesma forma, os sistemas de crenças culturais de muitos povos indígenas americanos, por séculos, orientaram de maneira sutil o comportamento das comunidades em relação à natureza. Smohalla, das Tribos da Bacia de Columbia, expressou as objeções indígenas às atitudes europeias em meados do século XIX:

> Vocês me pedem para arar a terra! Devo pegar uma faca e rasgar o seio da minha mãe? Então, quando eu morrer, ela não me levará para o seu seio para descansar.
> Vocês me pedem para cavar em busca de pedras! Devo cavar sob sua pele em busca de seus ossos? Então, quando eu morrer, não poderei entrar em seu corpo para renascer.
> Vocês me pedem para cortar grama, fazer feno e vendê-lo, e ser rico como os homens brancos! Mas como ousaria eu cortar os cabelos de minha mãe?[41]

41. SMOHALLA (das aldeias do vale do rio Columbia), deu voz à causa indígena (meados do século XVIII), citado por ORTIZ, Alfonso e ORTIZ, Margaret (ed.), *To Carry Forth the Vine* (Nova Iorque, Columbia University Press, 1978). Sobre o animismo em povos indígenas e no ocidente cf. MARTIN, Calvin, *Keepers of the Game* (Berkeley e Los Angeles, University of California Press, 1978); FRANKFURT, Henri e FRANKFURT, H.A., *The Intellectual Adventure of Ancient Man* (Chicago, University of Chicago Press, 1977); WHITE JR., Lynn, "Historical Roots of Our Ecologic Crisis" (citado na nota 17); HARDIN, Garrett, "The Tragedy of the Commons", *Science* 162 (1968), p. 1243-48.

Na década de 1960, povos nativos americanos tornaram-se um símbolo na busca do movimento ecológico por alternativas às atitudes exploradoras ocidentais. O sistema de crenças indígenas animistas e a reverência pela terra como mãe contrastavam com a herança judaico-cristã de domínio sobre a natureza e com as práticas capitalistas, que resultaram na chamada "tragédia dos bens comuns" (exploração dos recursos disponíveis por qualquer pessoa ou nação). Mas, como se verá, a cultura europeia era mais complexa e diversa do que este julgamento que ignora a filosofia renascentista da terra nutridora, bem como as filosofias e movimentos sociais que resistiam às mudanças econômicas dominantes.

RESTRIÇÕES NORMATIVAS CONTRA A MINERAÇÃO DA MÃE TERRA

Se as descrições e imagens do século XVI podiam funcionar como uma restrição ética enquanto a terra era amplamente vista como uma mãe nutridora, será que funcionaram, de fato, como uma norma contra o uso indevido da terra? Evidências de que esse foi realmente o caso podem ser extraídas das teorias sobre as origens dos metais e dos debates sobre a mineração que marcaram o século XVI.

Os antigos filósofos gregos Anaxágoras (500-428 a.C.), Teofrasto (370-278 a.C.) e Dionísio de Periegetes (fl. 86-96 d.C.) acreditavam que os metais eram plantas que cresciam sob a superfície da terra e que os veios de ouro eram como as raízes e galhos de árvores. Os metais eram vistos apenas como uma forma de vida inferior aos vegetais e animais, reproduzindo-se por meio de pequenas sementes metálicas.

A metáfora da árvore dourada é um exemplo da crença popular da Renascença sobre a mineração. A terra, nas profundezas de suas entranhas, produzia e dava forma aos metais que, então, ascendiam como névoa por meio do tronco, dos galhos e ramos de uma grande árvore cujas raízes se originavam no centro da terra. Os grandes galhos continham vastos veios de minerais, enquanto os menores abrigavam os minérios metálicos. Os mineradores tinham:

> [...] descoberto, por experiência, que o veio de ouro é uma árvore viva, que se espalha de diversas maneiras e brota da raiz pelas passagens macias e poros da terra, lançando galhos até a parte mais alta da terra. Seu crescimento só cessa ao se revelar ao ar livre: momento em que exibe cores belas no lugar de flores, pedras redondas de terra dourada no lugar de frutas, e placas finas no lugar das folhas.[42]

Acreditava-se que, após a extração dos veios, novos minérios voltariam a crescer dentro de alguns anos. As minas de diamantes nas Índias Orientais seriam preenchidas com novos diamantes; as minas de enxofre logo seriam reabastecidas. O minério de ferro continuaria a crescer nas minas de Elba, na costa da Itália; os campos de minério de ferro de Saga, na Alemanha, seriam reabastecidos em dez anos. Galhos prateados, semelhantes a plantas, cresceriam nos poços de minas abandonadas no Vale Joachim. Em *Arte dos Metais* (1640), Albaro Barba, diretor das minas de Potosi nas Índias Ocidentais espanholas, escreveu: "Todos sabemos que, na rica colina de Potosí, as pedras que por vários anos deixamos lá dentro por não conterem prata suficiente para fazer valer a pena nosso trabalho, agora as recolhemos e encontramos nelas prata abundante, o que não pode ser atribuído a nada além da geração perpétua desse metal".[43] A imagem da

42. MARTYR, Peter, *The History of Truayle in the West and East Indies and other countryes lying either way toward the fruitful and ryche Molucceas, gathered in part and done into Englyshe by Richard Eden, Newly set in order augmented and finished by Richard Willes Third Decade* (Londres, 1577), citado por ADAMS, p. 287. Este ponto de vista também aparece no *Operis Mineralis* de GLAUBER, Johann Rudolf (Amsterdam, 1652), pt. II e no livro do século XVIII escrito por BECKER, Joachim (1635-1682), *Natur Kilndigung der Metallen* (Frankfurt, 1705) assim como na obra de KONIG, Emmanuel, *Regnum Minerale* (Basiléia, 1703). Discussão presente em ADAMS, pp, 286-89, 293.

43. BARBA, Albaro Alonzo, *The Art of Metals*, trad. SANDWICH, Earl of (Londres, 1669; primeira edição em 1640), p. 49; tal como citado em ADAMS, p. 294. BOYLE, R. *The Skeptical Chemist* (p. 191), apresenta a cren-

Mãe Terra e o seu papel gerador na produção de metais continuaram a ser significativos até o século XVIII.

Que ideias éticas foram defendidas pelos escritores antigos e modernos sobre a extração de metais das entranhas da terra viva? O compilador romano Plínio (23-79 d.C.), em sua *História Natural*, advertiu especificamente contra a mineração nas profundezas da Mãe Terra, especulando que os terremotos eram uma expressão de sua indignação por ter sido assim violada:

> Exploramos todas as veias da terra e, ainda assim [...] ficamos surpresos que ela ocasionalmente se parta ou estremeça: como se, na verdade, tais sinais pudessem ser qualquer outra coisa que não expressões da indignação sentida por nossa sagrada mãe! Penetramos nas suas entranhas e procuramos tesouros [...] como se cada lugar que pisamos já não fosse suficientemente abundante e fértil para nós![44]

Plínio argumentou que a terra havia ocultado da vista aquilo que ela não desejava que fosse perturbado, para que seus recursos não pudessem ser esgotados pela avareza humana:

> Pois foi na sua superfície, de fato, que ela nos presenteou com estas substâncias, como os cereais, sempre abundante e pronta a nos fornecer todas as coisas para nosso benefício! Mas aquilo que está oculto à nossa vista, afundado muito abaixo da sua superfície – objetos, na verdade, de formação lenta – é o que nos impele para a nossa ruína, que nos envia para as profundezas do inferno [...] quando terá fim o esgotamento da terra, e até que ponto penetrará nossa avareza!

Este é um exemplo notável da força restritiva da imagem da mãe beneficente – a terra viva, em sua sabedoria, se declara contra a extração dos metais, ocultando-os nas profundezas de seu ventre. Além disso, a mineração de ouro contribuiu

---

ça de que as pedras cresciam dentro de cavernas e que a água poderia se transformar em minerais. Esta ocorrência "é muito notável porque a partir daí deduzimos que a terra, por um princípio plástico metálico nela latente, pode com o tempo ser transformada em metal".

44. Plínio, *Natural History* (ca. A.D. 23-79), Bostock, J. e Riley, H.T. (trad.) (Londres, Bohn, 1858), vol. 6, livro 33, cap. 1, pp. 68-69. Citações subsequentes em pp. 69; 71, 70 e 205-206.

para a corrupção e a avareza humanas. "O pior crime contra a humanidade [foi] cometido por aquele que primeiro colocou um anel nos dedos". Na era das trocas, as pessoas eram felizes, mas, desde então, "o homem aprendeu a converter a natureza e a arte em incitamentos ao vício!".

Se a mineração de ouro levava à avareza, a extração de ferro era a fonte da crueldade humana, na forma da guerra, do assassinato e do roubo. A sua utilização deveria limitar-se à agricultura e às atividades que contribuíssem para as "honras de uma vida mais civilizada":

> Pois com a ajuda do ferro abrimos o terreno, plantamos árvores, preparamos os nossos vinhedos e obrigamos as nossas videiras a recuperarem todos os anos o seu estado jovem, cortando os seus ramos podres. É com a ajuda do ferro que construímos casas, partimos rochas e desempenhamos tantas outras funções úteis da vida. Mas é também com o ferro que as guerras, os assassinatos e os roubos são levados a cabo... não apenas corpo a corpo, mas [...] com a ajuda de mísseis e armas aladas, ora lançadas por motores, ora arremessadas pelo braço humano, e agora equipado com asas de penas. Absolvamos, portanto, a natureza de uma acusação que pertence ao próprio homem.

De acordo com Plínio, ao longo da história, foram aprovadas leis para proibir a posse de armas e garantir que o ferro fosse usado apenas para fins inocentes, como o cultivo dos campos.

Nas *Metamorfoses* (7 d.C.), o poeta romano Ovídio descreveu a violência exercida sobre a terra durante a Idade do Ferro. Na precedente Idade de Ouro, "as pessoas não eram agressivas ou ansiosas".

> Também, livre de impostos, intocada pelo rastelo e não atingida por quaisquer arados, a própria terra, por si, tudo dava.
> E, contentes com os alimentos nascidos sem que para isso
> ninguém se empenhasse, colhiam medronhos e morangos
> silvestres e cerejas e amoras penduradas em espinheiros e
> bolotas caídas da frondosa árvore de Júpiter.
> A primavera era eterna e com sopros quentes os calmos zéfiros
> acariciavam flores nascidas sem quem as semeasse ter havido.
> Logo, até mesmo sem preparo, a terra produzia grãos;

> o campo, sem trabalho de renovação, branqueava com pesadas espigas.
> Aqui rios de leite, ali rios de néctar fluíam e o fulvo mel gotejava do verde azinheiro.[45]

Durante a Idade do Ferro, o mal foi liberado na forma de trapaça, astúcia, conspiração, fraude e violência, enquanto os homens escavavam as entranhas da terra em busca de ferro e ouro:

> E não se exigia
> o rico chão apenas em colheitas e alimentos devidos, mas foi-se às vísceras
> da terra, aos bens que escondera ela e levara para junto das sombras estígias.
> Riquezas escavadas, estímulos de males.
> E já o daninho ferro brotara, e, mais daninho que o ferro, o ouro. Brotou a
> guerra[46]

A violação da Mãe Terra resultou em novas formas de monstros, nascidos do sangue da sua matança:

> [...] Então o onipotente pai
> rachou o Olimpo com um raio por ele enviado e despenhou Pélion jogando-o
> na direção do Ossa, que estava abaixo dele. Como seus corpos funestos
> jazessem esmagados pela carga, a [Mãe] Terra encharcou-se – dizem –,
> embebida de tanto sangue de seus filhos, e que ela infundiu vida àquele
> sangue quente. E não fosse de sua estirpe nenhum vestígio permanecer:
> numa face humana os converteu. Mas aquela raça também desprezava os
> deuses e era violenta e avidíssima pela morte atroz: saber-se-iam eles do
> sangue nascidos.

---

45. Ovídio, Publius. *Metamorphoses* (escrito no ano 7 d.C.). Humphries, Rolfs (trad.) (Bloomington, Indiana Press, 1955), livro I, p. 6, linha 100. As citações seguintes são das linhas 101-11, 137-43, 155-62. [Edição brasileira: *As Metamorfoses,* Nunes, Zilme e Furlan, Mauri (org.) (Florianópolis, UFSC, 2014). Cf. também Kendrick, *Earth of Flesh*, p. 539.

46. *Op. cit.*

Sêneca também lamentava a atividade de mineração, embora, ao contrário de Plínio e Ovídio, não a considerasse um vício novo, mas algo transmitido desde a Antiguidade. "Que necessidade fez com que o homem, cuja cabeça aponta para as estrelas, se abaixasse, enterrando-a em minas e mergulhando-a nas próprias entranhas da terra para desenterrar ouro?" A mineração não apenas removia os tesouros da terra, mas também criava "uma visão que eriçava os cabelos – rios enormes e vastos reservatórios de águas mortas". Assim, a contaminação das águas da terra era uma consequência notável da busca por metais.[47]

Essas antigas restrições contra a mineração ainda vigoravam durante os primeiros anos da revolução comercial, quando tais atividades, que tinham prescrito após a queda de Roma, foram mais uma vez reavivadas. Em última análise, elas só seriam derrotadas pelos proponentes da nova filosofia mercantilista.[48]

Um relato alegórico, supostamente enviado a Paul Schneevogel, professor em Leipzig por volta de 1490-1495, se opunha aos avanços da mineração sobre as terras agrícolas de Lichtenstat, na Saxônia, Alemanha, uma área onde as novas atividades de mineração estavam se desenvolvendo rapidamente. O relato, uma alegoria de um velho eremita de Lichtenstat, está permeado de reminiscências da *Natura,* de Alain de Lille, e seu vestido rasgado, ilustrando a força das

47. SENECA, *Natural Questions*, CLARKE, John (trad.), livro V, cap. 15, pp. 207-8.

48. Cf. ERIKSON, Erik sobre o conflito de valores nas regiões de mineração em meio a "transição das preocupações agrárias com o barro, o solo e a fertilidade para a preocupação do minerador com as rochas, a terra e o transporte de sedimentos; e além disso, o objetivo mercantil de acumular metais e dinheiro que, apesar de reluzentes, são sujos, assim como são escravos de uma avareza aventureira e ilimitada que a igreja tratou de aplacar com todo o seu poder enquanto, ao mesmo tempo, quis monopolizar". ERIKSON, E., *Young Man Luther* (Nova Iorque, Norton, 1958), pp. 53-61. Sobre o renascimento da mineração no decorrer do século XVI, depois de um longo lapso após a queda de Roma, inaugurando a Idade Média, cf. PARSONS, William Barclay, *Engineers and Engineering in the Renaissance* (Cambridge Mass, MIT Press, 1968), pp. 177-200.

antigas restrições contra a mineração. A Mãe Terra, vestida com um manto verde esfarrapado e sentada à direita de Júpiter, é representada em um processo judicial como um "Mercúrio persuasivo", que acusa um mineiro de matricídio. O testemunho é apresentado por várias das divindades da natureza:

> Baco protestou que suas vinhas haviam sido arrancadas e lançadas às chamas e seus lugares mais sagrados, profanados. Ceres denunciou que os seus campos haviam sido devastados; Plutão, que os golpes dos mineiros ressoavam como trovões pelas profundezas da terra, de modo que dificilmente ele poderia residir em seu próprio reino; a Náiade, que as águas subterrâneas haviam sido desviadas e suas fontes, secas; Caronte, que o volume das águas subterrâneas havia sido tão reduzido que ele era incapaz de fazer flutuar o seu barco em Acheron e transportar as almas para o reino de Plutão; e os Faunos protestaram que os carvoeiros haviam destruído florestas inteiras para obter combustível para fundir os seus minérios.[49]

Em sua defesa, o minerador argumenta que a terra não era uma verdadeira mãe, mas uma madrasta malvada, que escondia e dissimulava os metais em seu interior em vez de disponibilizá-los para uso humano.

A sentença final, proferida pela Fortuna, declarava que, se os homens se dignavam "a minerar e cavar nas montanhas, a arar os campos, a envolver-se no comércio, a ferir a terra, a jogar fora o conhecimento, a perturbar Plutão e, finalmente, a procurar por veios de metal nas nascentes dos rios, então seus corpos deveriam ser engolidos pela terra, sufocados pelos seus vapores [...] intoxicados pelo vinho, [...] afligidos pela fome e permanecendo ignorantes do que é melhor para si. Estes e muitos outros perigos são próprios dos homens. Adeus".

No relato do eremita, temos um exemplo fascinante da relação entre imagens e valores. A visão mais antiga da natureza como uma mãe generosa é desafiada pelos interesses crescentes da indústria da mineração na Saxônia, na Boêmia

49. ADAMS, pp. 172-73. *Niavis* [Dr. Paul Schneevogel], *Judicum Jovis* (Leipzig, Kachelhofen, s.d.).

e nas montanhas do Harz, regiões de prosperidade recém descobertas (Fig. 6). O mineiro, representando essas novas atividades comerciais, transforma a imagem da mãe nutridora em uma madrasta perversa, que esconde sua recompensa das crianças merecedoras e necessitadas. Essa imagem passa por mais uma transformação no século XVII, à medida que o filósofo natural Francis Bacon (1561-1626) expõe a necessidade de investigar as fendas e recantos da natureza em busca dos seus segredos para o aperfeiçoamento humano.

A polêmica de Henry Cornelius Agrippa, *Da Vaidade e Incerteza das Artes e das Ciências* (1530), reiterou algumas das restrições morais contra a mineração presentes nos antigos tratados, citando a passagem de Ovídio que retrata os mineradores cavando as entranhas da terra para extrair ouro e ferro. "Esses homens", declarou ele, "tornaram o próprio solo mais doloroso e pestilento, por serem mais temerários e aventureiros do que aqueles que se arriscam nas profundezas para mergulhar em busca de pérolas". A mineração, assim, despojou a superfície da terra, infectando-a, por assim dizer, com uma doença epidêmica. De todas as culturas que extraíram metais, "apenas os citas [...] condenaram o uso de ouro e prata, decidindo manter-se eternamente livres da avareza pública. Havia uma lei antiga entre os romanos contra a superfluidade do ouro. E, de fato, seria desejável que os homens aspirassem ao céu com a mesma ânsia com que descem às entranhas da terra, seduzidos por aquela veia de riqueza que está tão longe de fazê-los felizes, ou ainda, com que também se arrependem do tempo e trabalho, muitas vezes tão mal aplicados".[50]

Para que a mineração fosse libertada de tais restrições e sancionada como atividade comercial, os antigos argumentos teriam de ser refutados. Essa tarefa foi assumida por Georg Agricola (1494-1555), que escreveu o primeiro tratado

---

50. AGRIPPA, Henry Cornelius, *De Incertitude et Vanitate Omnium Scientiarum et Artum* (Antwerp, 1530). Tradução para o inglês: *The Vanity of Aris and Sciences* (Londres, 1694), pp. 81, 82. 47. AGRICOLA, Georg, *De Re Metallica*, pp. 6-7, 8.

"moderno" sobre mineração. Seu *De Re Metallica* ("On Metals", 1556) reuniu os argumentos dos detratores da mineração para refutá-los e, assim, promover a própria atividade.

De acordo com Agricola, aqueles que se opunham à mineração de metais na terra argumentavam que a própria natureza não desejava que fosse descoberto aquilo que ela mesma havia escondido:

> A terra não esconde e oculta dos nossos olhos as coisas que são úteis e necessárias à humanidade, mas, pelo contrário, como uma mãe benéfica e bondosa, ela cede com generosidade e abundância e traz, à luz do dia, as ervas, vegetais, grãos e frutas e árvores. Os minerais, por outro lado, ela enterra nas profundezas do solo e, portanto, não devem ser procurados.

Esse argumento, extraído diretamente de Plínio, revela a força normativa da imagem da terra como uma mãe nutridora.

Um segundo argumento dos detratores, reminiscente de Sêneca e Agripa e baseado nas preocupações "ecológicas" da Renascença, refere-se à perturbação do ambiente natural e aos efeitos poluentes da mineração.

> Mas, além disso, o argumento mais forte dos detratores [da mineração] é que os campos são devastados por operações da mineração, razão pela qual, antigamente, os italianos eram advertidos por lei de que ninguém deveria cavar a terra em busca de metais e, assim, prejudicar seus campos tão férteis, as suas vinhas e os seus olivais. Também argumentam que as florestas e os bosques são derrubados devido à necessidade de madeiras para a produção de vigas, máquinas e fundição de metais. E, quando florestas e bosques são derrubados, são exterminadas as feras e os pássaros, muitos dos quais fornecem um alimento prazeroso e agradável ao homem. Além disso, quando os minérios são lavados, a água usada envenena os riachos e arroios, matando os peixes ou afastando-os. Portanto, os habitantes dessas regiões, devido à devastação de seus campos, florestas, bosques, riachos e arroios, encontram grande dificuldade em obter os bens necessários à vida e, por conta da destruição da madeira, são forçados a gastar mais na construção de edifícios. Consideram que os prejuízos causados pela mineração superam o valor dos metais que ela produz. (Fig. 7)

A—STREAM. B—DITCH. C—MATTOCK. D—PIECES OF TURF. E—SEVEN-PRONGED FORK. F—IRON SHOVEL. G—TROUGH. H—ANOTHER TROUGH BELOW IT. I—SMALL WOODEN TROWEL.

Figura 6: Mineiros desviando rios e derrubando árvores para a lavagem e o refino de minérios, desenho de Georg Agricola, em seu *De Re Metallica* (1556). Esta cena mostra o uso intensivo de madeira e recursos hídricos na indústria de mineração, que se desenvolveu no final da Idade Média e no Renascimento. A natureza é pensada aqui como algo a ser explorado, em vez de uma mãe benevolente que nutre seus filhos.

Figura 7: Veios de minério em encostas, desenho de Georg Agricola, em seu *De Re Metallica* (1556). Aqui, as árvores cortadas da paisagem sugerem seu uso intensivo na mineração e no refino de minérios; o artista usou o termo vena, "veia" (como ainda fazemos), para descrever um veio na terra, comparando assim a terra a um corpo com suas veias.

Agricola possivelmente faz alusão às leis aprovadas pelos florentinos entre 1420 e 1485, que impediam as pessoas de despejar cal nos rios a montante da cidade com o propósito de "envenenar e pegar peixes", pois isso causava graves problemas àquelas que viviam a jusante. Essas leis foram promulgadas tanto para preservar a truta, "um peixe verdadeiramente nobre e impressionante", quanto para fornecer à Florença "um suprimento copioso e abundante desse tipo de peixe". No entanto, tais leis, aprovadas para salvaguardar as águas do Arno e as áreas dos Apeninos de Castino e Pistóia, não foram obedecidas, e aumentaram as queixas de que "os rios estavam vazios de peixes e os peixes, por sua vez, piores". Em 1477, novas leis passaram a proteger todo o domínio ao redor de Florença, incluindo os rios Arno, Sieve e Serchio, bem como seus tributários, do desvio e represamento das águas e do envenenamento dos peixes com cal, cascas de nozes ou a planta Vara de Arão [*verbasco*], supostamente tóxica.[51]

Essa consciência ecológica, no entanto, padeceu tanto devido ao fracasso da aplicação da lei quanto ao progresso contínuo das atividades de mineração. Em sua resposta aos detratores da mineração, Agricola apontou as semelhanças entre a necessidade de pescar e a de se construir ferramentas metálicas para o bem-estar da raça humana. Seu esforço pode ser interpretado como uma tentativa de libertar a atividade mineradora dos controles impostos pela visão orgânica e pela imagem da terra como nutridora, para que novos valores pudessem sancionar e acelerar seu desenvolvimento e progresso.

Ao argumento de que os metais estão na terra "fechados e ocultos da vista [e] não deveriam ser retirados", Agricola rebateu com o exemplo da captura de peixes, que também ficariam escondidos nas profundezas das águas.[52] "A natureza deu a terra [...] ao homem para que ele pudesse cultivá-la e extrair de suas cavernas metais e outros produtos minerais", sem os quais a terra não poderia ser cultivada, os peixes capturados, as ovelhas tosquiadas, os animais abatidos, ou a comida cozida. Sem os metais, os homens "retornariam às bolotas, aos frutos e bagas da floresta. Alimentar-se-iam das ervas e raízes que arrancariam com as unhas. Eles cavariam covas para se deitarem à noite, [...] uma condição [...] totalmente indigna para a humanidade, diante de seu esplêndido e glorioso dom natural".

Ao argumento de que a floresta fora derrubada e o preço da madeira, portanto, teria aumentado, Agricola respondeu

---

51. TREXLER, Richard, "Measures Against Water Pollution in Fifteenth-Century Florence", *Viator* 5 (1974), pp. 455-67, cf. pp. 463, 466-67. Outros artigos sobre tentativas de lidar com a poluição da água na Europa medieval: THORNDIKE, Lynn, "Sanitation, Baths, and Street Cleaning in the Middle Ages and Renaissance", *Speculum* 3 (1928), p. 192-203, e SABINE, Ernest, "City Cleaning in Medieval London", *Speculum* 12 (1937), pp. 19-43.

52. AGRICOLA, *De Re Metallica*, HOOVER (trad.), citações: pp. 12, 13, 14, 12, 17, 16.

que a maioria das minas estava localizada em áreas improdutivas e sombrias. Nos casos em que as árvores eram removidas de locais mais produtivos, poderiam ser criados campos férteis, cujos lucros reembolsariam os habitantes locais pelas perdas no fornecimento de madeira. Quanto às aves e animais destruídos pelas operações de mineração, os lucros poderiam ser usados para comprar "incontáveis pássaros" e "animais comestíveis e peixes de outros lugares", assim como para restaurar a área.

Os vícios associados aos metais – raiva, crueldade, discórdia, paixão pelo poder, avareza e luxúria – deveriam ser atribuídos, em vez disso, à conduta humana: "Não são os metais os que devem ser culpados, mas as más paixões dos homens que se incendeiam e se inflamam; ou os ímpios e cegos desejos de suas mentes". Os argumentos de Agricola são uma tentativa consciente de dissociar as antigas restrições normativas da imagem dos próprios metais, preenchidos por novos valores.

O tratamento dado por Edmund Spenser à Mãe Terra em *A Rainha das Fadas* (1595) é bastante representativo do conflito simultâneo de posições diante da mineração da terra. Spenser participou ativamente dos debates do século XVI sobre os saberes da mineração, e concluiu que os dois maiores pecados contra a terra eram, segundo ele, a avareza e a luxúria. Os argumentos que associavam a mineração à avareza já haviam aparecido nos textos antigos de Plínio, Ovídio e Sêneca, enquanto, durante a vida de Spenser, os sermões de Johannes Mathesius, intitulados *Bergpostilla, oder Sarepta* (1578), investiam contra as consequências morais da ganância humana pela riqueza produzida pela mineração de metais.[53]

No poema de Spenser, Guyon apresenta argumentos contra a mineração extraídos de Ovídio e Agricola, enquanto a descrição da forja de Mammon é baseada nas ilustrações do *De Re Metallica*. O ouro e a prata poluem o espírito e degradam

53. Mathesius, Johannes, *Bergpostila, oder Sarepta, darinn von allerley Bergkwerck und Metallen, was ir ey enschaft und natur* (Nuremberg, 1578).

os valores humanos, tal qual a própria mineração polui os "fluxos mais puros" do ventre da terra:

> A mão maldita alcança o ventre quieto
> De sua bisavó com aço para lhe ferir,
> E os tesouros escondidos em seu túmulo sagrado
> Cavar com Sacrilégio. Ali encontrou
> Abundantes fontes de ouro e prata,
> Matéria que daria forma ao grande desejo
> E pomposo orgulho.[54]

A terra, no poema de Spenser, é passiva e dócil, permitindo todo tipo de agressão, violência, maus-tratos, estupro pela luxúria e destruição pela ganância. Não sendo mais uma nutridora, ela fornece indiscriminadamente carne para toda a vida, tal como no verso de Ovídio e, sem juízo, gera monstros e criaturas malignas. Seus próprios descendentes caem e a mordem enquanto agonizam. As novas atividades mineiras transformaram a terra de uma mãe generosa para um receptor passivo da violação humana.

Paraíso Perdido (1667), de John Milton, prossegue com a imagem ovidiana, enquanto Mammon lidera "bandos de pioneiros com pás e picaretas" no ferimento da terra feminina viva:

> [...] Por ele também...
> Os homens, e p'la sua influência,
> Esquadrinharam o centro, e com mãos ímpias
> Rajaram as entranhas da Mãe Terra
> Por tesouros mais fundos. Logo os seus

54. Citado em KENDRICK, *Earth of Flesh*, p. 538. SPENSER, Edmund, *The Faerie Queen*, UPTON, John (ed.), 2 vols. (Londres, 1758; [primeira edição: 1590/5]), livro II, canto 7, verso 17. Sobre a participação de Spenser nos debates sobre a mineração no século XVI, sua apropriação de Agrícola e a descrição da forja de Mammon, cf. KENDRICK, pp. 537-41. *Faerie Queen*, vol. 1, livro II, canto VII, verso 15: "Na nascente do poço surgem os riachos mais puros/Mas a lama suja seus acometidos braços/E com indecorosas ervas daninhas a onda suave se aproxima". A forja de Mammon é descrita no vol. I, livro II, canto VII, versos 35-36. Sobre a associação entre luxúria e mineração por Spenser, cf. KENDRICK, pp. 544-45.

Abriram feia ferida na encosta
E extirparam filões de ouro.[55]

A mineração não apenas encorajava o pecado moral da avareza, mas também foi comparada por Spenser ao segundo grande pecado, a luxúria humana. Cavar nas matrizes e bolsões da terra em busca de metais era como explorar a carne feminina em busca de prazer. A imaginação dos séculos XVI e XVII percebia uma correlação direta entre a mineração e a exploração das fendas e recantos do corpo de uma mulher. Tanto a mineração quanto o sexo representavam, para Spenser, o retorno à animalidade e ao lodo terreno. Em seu poema *The Fairie Queen* [A Rainha das Fadas], a luxúria é o mais vil de todos os pecados humanos. O derramamento de sangue humano, na pressa de violar a terra para roubar seu ouro, mancha e turva os outrora férteis campos.

Os sonetos do poeta e teólogo John Donne (1573-1631) também enfatizaram a identidade popular da mineração com a luxúria humana. O poema "Love's Alchemie" [Alquimia do Amor] começa com a imagem sexual: "Alguns que descerem mais que eu nas minas, / dizem onde reside sua felicidade central".[56] O amante platônico, em busca da experiência ideal ou "cêntrica" do amor, escava a carne da mulher, um ato tão degradante para o ser humano quanto a mineração de metais é para a terra feminina. A felicidade não pode ser obtida pela avareza por ouro e prata, nem o elixir alquímico pode ser produzido a partir de metais básicos. Tampouco o amor ideal pode resultar de uma ascensão progressiva da luxúria carnal para o amor à poesia, à música, à arte, e até ao mais elevado, o amor platônico pelo bem, pela virtude e por Deus.

---

55. Milton, John, *Paradise Lost* (primeira edição: 1667). Elledge, Scott (ed.) (Nova Iorque, Norton, 1975), livro I, linhas 684-890. (Edição brasileira: Milton, John, *Paraíso Perdido* [São Paulo, Editora 34, 2016], tradução de Daniel Jonas).

56. Donne, John, *Poems of John Donne*, Grierson, Herbert (ed.) (Londres, Oxford University Press, 1957), p. 35. Para uma análise de "Love's Alchemie", cf. Hunt, Clay, *Donne's Poetry* (New Haven, Conn., Yale University Press, 1954), pp. 33-41.

Essa mesma equação aparece na Elegia XVIII, "Love's Progress" [Progresso do amor]:

> Procurei em todas as esferas
> E no firmamento, nosso Cupido não está lá:
> Ele é um deus infernal e subterrâneo,
> Que mora com Plutão, onde abundam o ouro e o fogo:
> Os homens, para tais deuses, a estes carvões sacrificiais,
> Não levantam altares, mas covas e buracos.
> Embora vejamos se moverem corpos celestes
> Acima da terra, esta terra que cultivamos e amamos:
> Contemplamos seus ares, palavras e coração
> E virtudes; mas é sua parte cêntrica que amamos.[57]

A luxúria e o amor pelo corpo não levam ao amor celestial por ideais mais elevados; antes, o amor físico está associado às fendas e recantos do corpo feminino, assim como o amor ao ouro depende da mineração das cavernas de Plutão dentro da terra feminina, "a terra que cultivamos e amamos". O amor pela parte sexual "cêntrica" da mulher não leva ao etéreo amor espiritual pela virtude. As associações fatais entre a receita monetária, a avareza humana, a luxúria e a mina feminina são ressaltadas novamente nos últimos versos do poema:

> A rica natureza fez nas mulheres sabiamente
> Duas bolsas, suas bocas invertidas:
> Elas então, pagam tributos ao inferior,
> É assim que se mostra este tesouro.

A avareza e a ganância pelo dinheiro corrompiam a alma, assim como a luxúria pela carne feminina corrompia o corpo.

A comparação entre a mina feminina e as novas fontes estadunidenses de ouro, prata e metais preciosos reaparece em Elegia XIX, "Going to Bed" [Indo para a cama]. Aqui, porém, Donne inverte a imagem e a utiliza para exaltar as virtudes da amante:

> Solte minhas mãos errantes e deixe-as ir,
> Antes, atrás, entre, acima, abaixo.

57. DONNE, John, *Poems*, Elegie XVIII, "Loves's Progress", p. 104, linhas 27-36, linhas 91-94; Elegie XIX, p. 107, linhas 25-30.

> Oh minha América! minha terra encontrada,
> Meu reino, a salvo se um homem a conquiste
> Minha mina de pedras preciosas, meu império,
> Quão abençoado sou por te descobrir!

Nessas linhas, a comparação funciona como uma sanção – a busca por gemas e metais preciosos, assim como a exploração sexual da natureza ou da mulher, pode beneficiar um reino ou um homem.

Portanto, as restrições morais estavam claramente associadas à imagem renascentista da terra feminina e foram fortalecidas pelas associações com a ganância, a avareza e a luxúria. Mas as analogias funcionavam como uma faca de dois gumes. Se os novos valores ligados à mineração fossem positivos e ela fosse vista como um meio de melhorar a condição humana, como foi o caso de Agricola e, mais tarde, de Bacon, então a comparação poderia ser invertida. Sancionar a mineração sancionava o estupro ou a exploração comercial da terra – uma ilustração clara de como as restrições podem se transformar em sanções com o desaparecimento das estruturas e dos valores a elas associados, à medida que as necessidades, desejos e propósitos da sociedade mudam. O quadro orgânico, no qual a imagem da Mãe Terra era uma restrição moral contra a mineração, foi literalmente minado pela nova atividade comercial.

CAPÍTULO 2

FAZENDAS, PÂNTANOS E FLORESTAS

ECOLOGIA EUROPEIA EM TRANSIÇÃO

Para compreender como, entre 1500 e 1700, a concepção orgânica do cosmos deu lugar a um modelo mecanicista, uma perspectiva ecológica é essencial. Analisar a Europa do início da modernidade como ecossistema significa mais do que descobrir que o tipo atual de crise ambiental já ocorreu no passado. Significa sustentar uma sensibilidade especial para a relação dialética entre comportamento humano e instituições, de um lado, e ambiente natural, de outro.

O modelo ecossistêmico nos apresenta a história do ponto de vista da terra. Abordá-la "desde seus alicerces" nos possibilita analisar os fatores que têm impacto sobre os recursos da terra e desenvolver uma nova interpretação da mudança histórica, a partir da assunção de que os ambientes natural e humano compõem um único sistema inter-relacionado. Embora o ambiente natural, por si só, possa ser visto como um ecossistema total, constituído por componentes físicos e biológicos inter-relacionados, a inclusão de fatores humanos faz emergir um quadro mais completo. Um modelo ecossistêmico da mudança histórica considera as relações entre os recursos associados a um dado ecossistema natural (floresta, pântano, oceano, rio etc.) e os fatores humanos que influenciam sua estabilidade ou sua ruptura ao longo dos períodos históricos. Ao enfatizarmos o impacto humano no sistema como um todo, a mudança histórica torna-se mudança ecológica. Inversamente, a mudança ecológica é a história da manutenção e da ruptura ecossistêmicas.

Ao mesmo tempo que essa perspectiva valoriza as fontes culturais de mudança – demográficas, econômicas, políticas, tecnológicas e ideológicas –, ela não toma o ambiente natural como dado, como frequentemente ocorre nos estudos históricos tradicionais. Em vez de dicotomizar natureza e cultura, produzindo um dualismo estrutural, apreende os subsistemas natural e cultural em sua interação dinâmica.

Apenas uma abordagem ecossistêmica do início da Europa moderna poderá lidar adequadamente com a questão de como as mudanças emergentes da cultura humana afetaram o ambiente natural e foram, por ele, afetadas. As mudanças culturais relevantes nesse caso foram a expansão e o declínio populacionais, o conflito entre senhores de terra e camponeses pelo controle dos recursos naturais, a inovação tecnológica, a difusão do mercado capitalista e a mudança de posicionamento em relação à natureza e à terra. Particularmente importante é a questão de como a qualidade ambiental foi afetada pela transição do controle camponês sobre os recursos naturais, orientado para a subsistência, para o controle capitalista, voltado ao lucro.

Pelo outro lado da relação dialética, coloca-se a questão de como as mudanças do ambiente natural influenciaram a cultura e as instituições humanas, e como a experiência das pessoas com uma natureza cada vez mais manipulada minou o modelo orgânico, dando lugar ao modelo mecanicista. E isso leva, por sua vez, a uma série de perguntas sobre como o modelo mecanicista reforçou e acelerou a exploração da natureza e dos seres humanos como recursos, e conduziu a uma visão de conservação como recuperação e gestão de ecossistemas. A partir da investigação das interações e relações causais entre esses fatores, torna-se possível uma nova interpretação integrada da história do início da modernidade europeia.

ECOLOGIA DA FAZENDA SENHORIAL

A relação entre a comunidade camponesa e a terra era fundamental para todo o ecossistema agrário da Europa pré-moderna. Essa relação evoluiu ao longo de séculos de adaptação, de um lado, às capacidades produtivas do ambiente natural e, de outro, ao desenvolvimento das tecnologias agrícolas. A produção camponesa, voltada para a subsistência, seguia padrões tradicionais de cooperação, sustentados por poderosas normas culturais. No início do período medieval, essas práticas e normas tendiam a promover uma produtividade agrícola relativamente alta, sem ameaçar a fertilidade do solo. A prática da agricultura com arado integrava o cultivo à criação de vacas, porcos e cavalos, mantendo um equilíbrio entre o número de animais e de hectares a serem adubados para manter o solo fértil. Em algumas regiões, esse sistema interdependente também incorporava a prática de transportar solo erodido de volta às encostas para restaurar terrenos assoriados. Além disso, as florestas forneciam uma fonte constante de combustível, enquanto as terras comunais proviam campos adequados tanto para a pastagem quanto para o plantio.[58]

As terras familiares e comunais constituíam as unidades econômicas fundamentais. As primeiras comunidades agrárias, compostas por pessoas que viviam na mesma área geográfica, foram chamadas de "comunas territoriais". Enquanto cada família cultivava seu próprio lote, todos os que viviam no território da comunidade compartilhavam de seus recursos

---

58. A discussão a seguir sobre a ecologia da fazenda feudal é baseada em: Slicher Van Bath, B.H. *The Agrarian History of Western Europe*, A.D. 500-1850 (Londres, Arnold, 1963), p. 71-73; Clapham, J.H. (ed.), *The Cambridge Economic History of Europe, vol. 1, The Agrarian Life of the Middle Ages* (Cambridge/Inglaterra, Cambridge University Press, 1941), esp. cap. 7, 8; Pfeiffer, Gottfried, "The Quality of Peasant Living in Central Europe", em Thomas Jr., William L. (ed.), *Man's Role in Changing the Face of the Earth* (Chicago, University of Chicago Press, 1970), v. 1, p. 240-277; Estyn Evans, E. "The Ecology of Peasant Life in Western Europe", em Thomas, W.L. (ed.), *Man's Role*, p. 217-39. Sobre o arado e a organização comunal, ver: White Jr., Lynn, *Medieval Technology and Social Change* (Nova Iorque, Oxford University Press, 1960), cap. 2-3; Blum, Jerome, "The European Village as Community: Origins and Functions", *Agricultural History* 45 (1971), pp. 157-78; Blum, J. "The Internal Structure and Polity of the European Village Community from the Fifteenth to the Nineteenth Century", *The Journal of Modern History* 43 (1971), pp. 541-76; Shanin, Theodore, "Peasantry: Delineation of a Sociological Concept and a Field of Study", *European Journal of Sociology* 12 (1971), pp. 289-300; Duncan Powell, John, "On Defining Peasants and Peasant Society", *Peasant Studies Newsletter* 1, n. 3 (1972), pp. 94-99; Sabean, David, "Markets, Uprisings and Leadership in Peasant Societies: Western Europe, 1381-1789", *Peasant Studies Newsletter* 2, n. 3 (1973), pp. 17-19; Byres, T.J. e Curwen, C.A. "Summary of Eric Hobsbawm, 'Peasants and Politics'", *Peasant Studies Newsletter* 1, n. 3 (1972), pp. 109-14.

naturais: florestas, pastagens e água. Os recursos comunais eram administrados por representantes eleitos ou nomeados pelos membros da comunidade camponesa. As terras comunais dentro da aldeia e nas bordas das florestas estavam sujeitas a normas que regulamentavam a coleta de lenha e de materiais para cama de animais, o uso dos pastos comuns e a caça. A jurisdição e a autorregulação camponesas sobre essas terras comuns exemplificavam a interação entre as necessidades individuais e as do grupo como um todo. A cooperação e a interdependência mantinham a saúde do ecossistema. Os representantes da aldeia supervisionavam as regras para arar, plantar, colher, pastorear e cercar.

No entanto, uma fonte de instabilidade se produziu no interior desse ecossistema pré-moderno. Uma estrutura hierárquica de dominação dos senhores de terra impôs-se, por meio da força e pela necessidade de segurança militar, à estrutura comunal da sociedade agrária, extraindo mais-valia na forma de trabalho, serviços, rendas e impostos. O volume da exação senhorial era regulado por tradição de longa data, de modo que, em condições estáveis, os senhores de terra medievais não se esforçavam para maximizar seus ganhos. Mas a pressão inerente aos privilégios senhoriais – os direitos tradicionalmente concedidos a um senhor feudal sobre o seu domínio – estava em conflito constante com a pressão camponesa por um controle comunitário dos direitos e recursos comunais. Quando associada a outras forças desestabilizadoras, como a pressão demográfica e a inovação tecnológica, essa tensão podia desencadear conflitos intensos, alterações nas relações entre senhores de terra e camponeses e mudanças significativas no ecossistema como um todo.

Nos séculos XII e XIII, os conflitos em torno do uso e do controle da tecnologia para produção de energia já eram evidentes. A economia pré-industrial dependia de fontes renováveis de energia, como madeira, água, vento e força animal, incluindo a humana. Os moinhos de água, introduzidos na

Europa desde os tempos romanos, alcançaram a Grã-Bretanha no século VIII e a Escandinávia no século XII, e foram usados para moer grãos, pisoar (ou comprimir e encorpar) tecidos, serrar madeira, extrair óleo de azeitonas e fazer papel. Moinhos de vento começaram a aparecer no século XII e seu uso como fonte de energia generalizou-se nos séculos XVI e XVII, especialmente para drenagem de pântanos e terras úmidas na Inglaterra, na França e nos Países Baixos. No século XIII, as florestas ampliaram sua importância como fonte de energia, já que antes eram utilizadas principalmente para caça, pastoreio de porcos e abastecimento doméstico de lenha. Mas o uso dessas fontes de energia tinha significados diferentes para a vida de camponeses, artesãos, senhores de terra, empreendedores aventureiros e representantes do Estado. Não tardaram a emergir problemas relacionados ao uso do moinho de água do senhor do feudo e ao controle das florestas, fosse para a construção de navios, fosse como alternativa à substituição do comércio de lenha pelo comércio de carvão à medida que a madeira ia se tornando escassa.[59] O impacto do acesso diferencial aos recursos entre distintos grupos de interesse pode ser ilustrado a partir dos exemplos selecionados de dentro dos três ecossistemas historicamente em transformação – a fazenda, o pântano e a floresta.

O feudo medieval foi a base da economia agrária europeia até o seu declínio nos séculos XIV e XV. Ele era o palco dos conflitos entre o príncipe ou o senhor de terras, que controlava os recursos das terras senhoriais, e os camponeses,

59. Sobre a base energética das economias pré-industriais, ver: MUMFORD, Lewis, *Technics and Civilization* (Nova Iorque, Harcourt Brace Jovanovich, 1934), cap. 3-4; SOMBART, Werner, *Der Moderne Kapitalismus*, 3 v. (Munique, Duncker & Rumbolt, 1928), esp. v. 1-2.; BLOCH, Marc. "The Advent and Triumph of the Water Mill", em *Land and Work in Medieval Europe: Selected Papers* (Berkeley, University of California Press, 1967), p. 136-67; BLAINE, Bradford, "The Enigmatic Watermill", em HALL, Bert S. e WEST, Delno C. (ed.), *On Pre-Modern Technology and Science* (Malibu, Undena, 1976), p. 163-76; TE BRAKE, William H., "Air Pollution and Fuel Crises in Preindustrial London", *Technology and Culture* 16 (1975), pp. 337-359.

que eram, essencialmente, sujeitos não livres que viviam em aldeias comunais ou em choupanas isoladas, usando os recursos comuns do feudo para obter madeira, pastagem e áreas de cultivo.

O uso do moinho de água do feudo como fonte de energia para a moagem de grãos era controlado pelo senhor, que cobrava taxas de aldeões e arrendatários por seu uso. Durante a colheita, os grãos eram transportados ao moinho e, mediante o pagamento de uma taxa, podiam ser moídos para produção de farinha. Essa prática estimulava os camponeses a manter moinhos manuais em suas casas e, portanto, a resistir ao advento de novas fontes de energia, como a eólica e a hidráulica. Embora os senhores prevenissem cuidadosamente a instalação de moinhos concorrentes em suas terras, era mais difícil impedir que os camponeses mantivessem moinhos manuais em casa.

Os moinhos manuais sobreviveram até os séculos XVIII e XIX em regiões desprovidas de cursos de água suficientes para garantir o seu funcionamento durante as geadas de inverno, as secas de verão e os cercos militares. Moinhos manuais escondidos competiam, assim, com o moinho senhorial, o músculo humano contra a centralização feudal das fontes de energia inanimadas – água e vento.

Documentos dispersos trazem evidências dos séculos de tentativas dos senhores de terra de destruir os moinhos manuais dos camponeses. Na Inglaterra do século XII, por exemplo, funcionários do feudo encarregados da execução do direito senhorial de impor a justiça entravam nas casas dos camponeses e, respaldados por decretos que ditavam que "os homens não estão autorizados a possuir moinhos manuais", destruíam moinhos ilegais. Em Hertfordshire, em 1274, os artesãos recusaram-se a utilizar não só o moinho de água oficial para moer grãos, mas também o moinho senhorial para pisoar tecidos. Moinhos e materiais foram apreendidos e destruídos e processos judiciais, instaurados. Uma segunda revolta de camponeses, em 1326, exigiu direitos de moagem em casas de campo; em consequência, oitenta moinhos começaram a operar nas residências de camponeses e artesãos apenas para serem confiscados cinco anos depois. Em 1381, uma insurreição aberta reivindicou um estatuto local que autorizasse o uso de moinhos manuais, mas acabou derrotada por um decreto real que negava direitos de moagem doméstica. A questão foi reeditada em 1547, quando os direitos de moagem foram concedidos aos aldeões do feudo de Kingsthorpe. Os exemplos ingleses, repetidos em outros países na maior parte da Europa, testemunham, não a resistência dos camponeses à inovação tecnológica, mas sua necessidade econômica de manter o controle sobre a própria tecnologia.

No entanto, o impacto desses conflitos sobre a tecnologia energética foi meramente sintomático se comparado à interação entre demografia e relações senhor-camponês. Apesar das flutuações climáticas, epidemiológicas e na idade matrimonial, houve uma lenta tendência ao incremento populacional, o qual, por sua vez, aumentou o poder dos senhores. Durante os séculos XII e XIII, o aumento populacional em toda a Europa deu lugar a uma era de recuperação de terras (*reclamation*).[60] Florestas e pântanos foram convertidos em terras aráveis, e terras não cultivadas, em pastagens. As regulações sobre o uso de campos, pastagens e florestas começaram a se tornar mais rigorosas, e os terrenos familiares foram divididos e subdivididos. O crescimento simultâneo das cidades como centros de comércio e artesanato criaram novas pressões para a expansão das terras agrícolas. No início do

60. [N.T.] *Land reclamation* ou simplesmente *reclamation* refere-se ao processo de expansão das fronteiras agrícolas pela "recuperação" de terras antes inapropriadas para uso agrícola, como terras áridas, pantanosas, marítimas ou com florestas densas etc., por meio de técnicas de irrigação, drenagem, aterro, canalização, desmatamento etc. Os termos "recuperação" e "terra recuperada" evidenciam a perspectiva colonial, antropocêntrica e simultaneamente classista, que molda o processo, ignorante os viventes humanos e não humanos e suas relações de interdependências nos ecossistemas ditos não "recuperados".

século XIV, a maior parte das terras devolutas estava em uso, e as florestas haviam sido reduzidas drasticamente em grande parte da Europa.

À medida que mais e mais pastagens e terras devolutas se tornavam aráveis, a antiga comuna territorial era gradualmente substituída pela comuna de aldeia em moldes mais estreitamente cooperativos. Esse processo começou na Alemanha e na Polônia, espalhando-se gradualmente por grande parte da Europa Ocidental e pela Rússia. Grupos de camponeses reuniam voluntariamente seus lotes em campos coletivos, cultivados por meio de um sistema de rotação bienal ou trienal. Esse sistema aberto de três campos não só possibilitava um cultivo mais intensivo e uma maior produtividade agrícola, mas também exigia maior cooperação e regulação coletiva no uso da água, pastoreio e coleta de madeira, bem como no compartilhamento de bois e cavalos para arar. O uso do arado pesado e de cavalos no lugar de bois (decorrente da introdução da coalheira para cavalo) contribuíram para aumentar a produtividade e melhorar a nutrição por um tempo.[61]

Acompanhando o contínuo aumento populacional, muitas comunas aldeãs que empregavam o sistema de campo aberto instituíram regulamentos de cultivo compulsório – todos os procedimentos agrícolas eram realizados por todos ao mesmo tempo, e todos cultivavam as mesmas lavouras. O pastoreio de animais ocorria nas terras em pousio, e o arado e a colheita eram realizados em horários determinados pelos representantes da aldeia. Os estrangeiros que desejassem usar os recursos comuns tinham de obter aprovação dos oficiais e, frequentemente, eram excluídos. Esse sistema intensamente cooperativo colocou o bem do grupo acima do individual, submetendo cada família aos regulamentos coletivos administrados

61. Blum, "The European Village", p. 160-61. Sobre o arado, o sistema de três campos e a organização comunal, ver: White Jr. *Medieval Technology and Social Change*, cap. 2-3.

por seus próprios representantes eleitos. Mas em países como Dinamarca e Noruega, onde os indivíduos estavam mais isolados e a economia pastoril tinha precedência sobre o sistema cooperativo de três campos, laços e organizações comunais permaneceram fracos. A despeito desses casos específicos, em muitas outras regiões, a pressão populacional não resultou em uma "tragédia dos comuns" caracterizada pelos interesses individuais competitivos, mas em um aumento da atividade cooperativa e da regulação coletiva do ecossistema.

Entretanto, o crescimento populacional, que nas aldeias foi resolvido com a ampliação da cooperação, quando combinado com a tributação senhorial, levou, em última análise, ao colapso da economia agrária medieval e seu ecossistema. A prática dos senhores feudais de extrair dos camponeses não livres (aqueles que não estavam sujeitos a pagamento de rendas fixas) qualquer rendimento acima do nível de subsistência significava que esses camponeses eram incapazes de repor para a terra o que dela retiravam. Sem reservas suficientes para investir em animais para arar e adubar o solo, muitas destas áreas agrícolas foram rapidamente esgotadas e gravemente erodidas. Nesse contexto, o declínio da fertilidade do solo levou ao cultivo de terras não aradas, anteriormente utilizadas como pastagens e solos marginais. Isso tudo, associado à diminuição da pecuária, conduziu ao declínio da produtividade dos cultivos, da disponibilidade de alimentos para subsistência e da nutrição necessária para a manutenção da população como um todo. O crescimento populacional exacerbado pelas cobranças senhoriais significava que eventualmente não haveria terra suficiente por pessoa para evitar a fome em um ano de má colheita.[62]

Em 1315, após uma primavera e um verão excepcionalmente chuvosos, a escassez alimentar tornou-se aguda na

---

62. BRENNER, Robert. "Agrarian Class Structure and Economic Development in Pre-Industrial Europe", *Past and Present*, n. 70 (Fevereiro, 1976), pp. 30-75; TE BRAKE, p. 354-355.

maior parte da Europa Ocidental e os preços dos alimentos subiram drasticamente. Aqueles que eram pobres demais para pagar os preços mais altos morriam de fome. Em 1317, apesar de uma relativa melhora na colheita do ano anterior, houve uma escalada no número de mortes. A escassez de alimentos e a desnutrição tornaram-se comuns na primeira metade do século XIV.

O declínio geral da população foi acelerado pela emergência da peste bubônica, à qual uma população já desnutrida e enfraquecida se tornou particularmente suscetível. Os surtos de peste começaram em 1348 e reapareceram em 1360-1361, 1369 e 1374. A população em toda a Europa sofreu uma drástica redução, chegando a 60% em algumas regiões, com os níveis mais baixos registrados entre 1400 e 1450. Mas, entre 1350 e 1450, enquanto a população europeia se mantinha nesses novos mínimos, o ambiente se recuperava. De modo geral, por volta de 1500, os equilíbrios do ecossistema alterados pelas pressões populacionais anteriores à peste retornaram ao estado em que se encontravam durante a Idade Média. As florestas voltaram a crescer, renovando o fornecimento de madeira, os solos recuperaram a fertilidade e o cultivo de terras marginais foi abandonado. Na França, o ecossistema medieval anterior aos surtos de peste de 1348 foi restaurado, tanto no sul quanto no norte, em torno de 1550.[63]

Apesar de suas terríveis consequências para a população em geral, a Peste Negra não apenas reconstituiu o equilíbrio ecológico, mas elevou o *status* dos camponeses. A força de trabalho era agora escassa, e o excedente de trabalho que

63. Te Brake, p. 355-356. Le Roy Ladurie, Emmanuel, "Zero Population Growth: Population and Subsistence in Sixteenth Century Rural France", *Peasant Studies Newsletter* 1, n. 2 (1972), pp. 60-65; Helleiner, Karl F. "The Population of Europe from the Black Death to the Eve of the Vital Revolution", em Clapham, J.H. (ed.), *The Cambridge Economic History of Europe*, v. 4, *The Economy of Expanding Europe in the 16th and 17th Centuries* (Cambridge/Inglaterra, Cambridge University Press, 1967), p. 1-95; Shrewsbury, J.F.D. *A History of the Bubonic Plague in the British Isles* (Cambridge/Inglaterra, Cambridge University Press, 1970).

os camponeses não-livres pagavam ao senhor feudal não era mais tão abundante, o que resultou em uma diminuição do padrão de vida dos senhores.

A consequente mudança na estrutura da relação entre senhor de terra e camponês teve implicações distintas em diferentes regiões europeias, a depender da distribuição de poder entre ambos.[64] Em regiões em que a coletividade camponesa e a autorregulação eram fortes e os senhores feudais, relativamente fracos, como era o caso na Europa Central, foi possível sustentar os equilíbrios ecológicos entre pessoas e terra. A tradição de cooperação e coesão dentro da comunidade proporcionou unidade e força no confronto com os senhores de terra. Na Alemanha Ocidental, onde a cooperação na administração do uso dos comuns para pastagem e rotação de campos era forte, os camponeses se organizaram em aldeias para garantir os seus direitos de herança sobre a terra, o pagamento de rendas fixas e a eleição de representantes locais. Os forasteiros que desejassem usar recursos comunais e áreas de pastagem tinham de obter aprovação da comuna. O número de animais que cada pessoa poderia criar, a quantidade de lenha a ser cortada e a extensão de terra a ser cultivada eram regulados para o benefício de todos. No século XVII, na Alemanha Ocidental, os camponeses controlavam até 90% das terras.

Já na Prússia Oriental, o conflito aberto desembocou na Guerra dos Camponeses de 1525, quando os camponeses se rebelaram contra o poder dos senhores. Os senhores de terra haviam assumido a regulação dos direitos de pastoreio, caça e pesca nas terras comunais e usurparam algumas terras

64. A discussão do conflito camponês-senhor de terra baseia-se em: BRENNER, p. 50-51; 56-57; NORTH, Douglass C. e THOMAS, Robert Paul, "The Rise and Fall of the Manorial System: A Theoretical Model", *The Journal of Economic History* 31, n. 4 (Dezembro), pp. 777-803, ver p. 780-781; BLUM, "The European Village", p. 165, 167-168; SABEAN, David, "Family and Land Tenure: A Case Study of Conflict in the German Peasants' War (1525)", *Peasant Studies Newsletter* 3, n. 1 (1974), pp. 1-15, ver p. 3, 4; PFEIFFER, p. 266-267.

comunais para uso de trabalhadores sem-terra que haviam construído suas choupanas na aldeia e recebiam por diárias. Os suprimentos de lenha tornaram-se escassos e caros. Em resposta, os camponeses se levantaram em uma rebelião armada para exigir o retorno da autorregulação dos recursos comunais e o controle sobre os funcionários oficiais das aldeias.

Na Suíça, Sul da Alemanha, Áustria e Escandinávia, terras comuns, chamadas *Allmend*, que incluíam não apenas florestas e pastagens, mas também vinhas, pomares e jardins, eram distribuídas entre os membros da comunidade, enquanto o excedente da produção era reservado aos mais pobres. A propriedade coletiva da terra e dos recursos também foi uma prática habitual em algumas regiões da Polônia, Hungria e Moldávia até o século XVIII e início do século XIX. Em muitas regiões do interior da Pomerânia, Brandemburgo, Silésia e Saxônia, uma sociedade ecológica e comunitariamente saudável continuou a florescer até 1945, sustentando seu caráter tradicional e mantendo o solo em condições férteis.

No entanto, a retomada do *status* camponês não foi uniforme, especialmente em regiões em que os senhores de terra permaneceram poderosos. Onde os príncipes, os senhores de terras ou o Estado eram fortes o suficiente para continuar a impor taxas elevadas e controlar os recursos, a ecologia do solo era afetada, uma vez que os camponeses não podiam investir em animais suficientes para manter a sua fertilidade. Na Alemanha Oriental, onde a organização camponesa era fraca e os príncipes, fortes, os senhores de terra reafirmaram seus direitos, controlando rendas e salários e cobrando altas taxas pela permissão para que os camponeses se deslocassem para novos locais.

Na França, apesar de um campesinato forte que manteve seus direitos a pequenas posses de terra, o Estado extraía mais-valia na forma de impostos, inviabilizando, assim, a adubação adequada da terra. Com o incremento populacional e a demanda crescente de cereais, as terras destinadas ao pastoreio de animais foram reduzidas. A falta de esterco levou novamente ao cultivo de solos mais pobres e ao esgotamento intensificado das pastagens, o que, por sua vez, reforçou ainda mais a escassez de animais e a falta de esterco. O século XVII foi um período de crescimento demográfico nulo nas zonas rurais, marcadas pela fome. O resultado foi uma série prolongada de revoltas camponesas entre 1616 e 1647, dirigidas não contra os senhores de terra, mas contra os impostos cobrados pelo Estado. Os próprios senhores de terra, em nome de seus interesses, tentaram proteger os camponeses dos impostos. A partir de 1627, uma sucessão de pragas, fomes e más colheitas arrastou os pobres para as cidades, onde competiam por pão e onde multidões de revoltosos, incluindo mulheres armadas, apoderavam-se de estoques de grãos e pães acumulados pelos senhores e moleiros.[65] A estrutura social francesa, fundada em um Estado explorador e centralizador, minou o equilíbrio ecológico e conduziu à repetição de padrões demográficos medievais, à exaustão do solo e à fome.

No sul da Europa, especialmente nas terras mediterrâneas, onde a camada superficial do solo era fina e seca, padrões ecológicos e econômicos semelhantes afetaram duramente os mais pobres. Enquanto no norte da Europa as guerras e

---

65. BRENNER, p. 71. Estudos relevantes sobre o campesinato francês podem ser encontrados em: LE ROY LADURIE, Emmanuel, *Les Paysans de Languedoc*, 2 vol. (Paris, Ecole Pratique des Hautes Etudes et Mouton, 1966), e LE ROY LADURIE, "Zero Population Growth", p. 60-65. GOUBERT, Pierre, "The French Peasantry of the Seventeenth Century: A Regional Example", em ASTON, Trevor (ed.), *Crisis in Europe, 1560-1660* (Nova Iorque, Basic Books, 1965); BLOCH, Marc. *Les Characteres Originaux de l'Histoire Rurale Francaise*, 2 volumes (Paris, Colin, 1956); MOUSNIER, Roland. *Peasant Uprisings in Seventeenth Century France, Russia and China*, PEARCE, Brian (trad.) (Nova Iorque, Harper & Row, 1970); PORCHNEV, Boris, *Les Soulevements Populaires en France de 1623 a 1648* (Paris, S.E.V.P.E.N., 1963). Sobre o sul da Europa, ver: BRAUDEL, Fernand. *The Mediterranean and the Mediterranean World in the Age of Philip ll*, 2 volumes (Londres, Collins, 1973), v. 2, p. 734-756. (Edição brasileira: *O Mediterrâneo e o Mundo Mediterrâneo na época de Filipe II*, 2 vol., São Paulo, Edusp, 2016.)

a religião, em certa medida, frearam o crescimento populacional, nos países mediterrâneos, eclodiu uma sucessão quase diária de revoltas sociais e de levantes por questões alimentares, na segunda metade do século XVI. Nápoles (1561), Córsega (1564-1569), Palermo (1560), Mântua (1569), Urbino (1571), Gênova (1575) e o Império Turco (1590-1600), para mencionar apenas alguns exemplos, foram palcos de insurgências, revoltas e conflitos armados, testemunhando a propagação da pobreza e a opressão exercida por senhores de terra, nobres e arrecadadores de impostos estatais. Crime, violência, banditismo e vagabundagem tornaram-se comuns entre as camadas sociais mais baixas.

O MERCADO E O CAPITALISMO

Na Europa setentrional, com seus solos úmidos e pesados, os acontecimentos seguiram um curso um pouco diferente, sobretudo devido à emergência de uma força que logo destruiria o ecossistema pré-moderno. Originada nas cidades-estado da Itália renascentista e espalhando-se por toda a Europa, a economia de mercado estava em inexorável expansão, intensificando tendências medievais em direção às relações capitalistas de produção e aos modos capitalistas de comportamento econômico. À medida que o comércio se acelerou em toda a Europa Ocidental, estimulado pelas navegações e exploração europeia das Américas, a produção de subsistência começou a ser substituída por uma produção mais especificamente orientada para o mercado. A generalização do dinheiro proporcionou não apenas um meio de troca uniforme, mas também uma reserva confiável de valor, facilitando a acumulação ilimitada. A inflação gerada pelo crescimento populacional e pela inundação de ouro americano acelerou a transição dos modos econômicos tradicionais para as formas de organização econômica orientadas para a maximização racional. Muitos proprietários cujas rendas tinham sido fixadas a taxas pré-inflacionárias enfrentaram, então, o declínio dos rendimentos e o aumento das despesas. Além disso, o crescimento das cidades como centros de comércio e produção artesanal criou uma nova classe de empresários burgueses, que forneceram aos monarcas ambiciosos os fundos e a experiência necessários para construir Estados nacionais fortes, minando o poder da nobreza latifundiária de base regional.

O impacto do mercado no ecossistema agrário pode ser exemplificado pelos Países Baixos e pela Inglaterra.[66] Aqui, o capitalismo pré-industrial, com a divisão do trabalho, produziu uma restauração inicial do ecossistema do solo. Uma classe crescente de agricultores prósperos começou a introduzir novas técnicas agrícolas, aumentando tanto os rendimentos de mercado quanto os lucros pessoais. Embora os primeiros efeitos do melhoramento agrícola tenham sido favoráveis à saúde do solo, a economia de mercado capitalista emergente constituía uma força inexorável de aceleração da expansão e da acumulação, alcançadas, a longo prazo, às expensas do meio ambiente e da comunidade da aldeia – os recursos naturais e humanos. A mesma lógica de mercado, que teve início nos Países Baixos e na Inglaterra nos séculos XVI e XVII, com a aplicação de fertilizantes orgânicos, melhoramento agrícola e especialização orientada para o lucro, culminou, nos dias atuais, no agronegócio e na exportação de técnicas da "Revolução Verde" para os países em desenvolvimento. Atualmente, os fertilizantes inorgânicos nitrogenados

66. Sobre a emergência do capitalismo na Europa, ver: WALLERSTEIN, Immanuel, *The Modern World System* (Nova Iorque, Academic Press, 1975). A discussão sobre os Países Baixos é baseada em: VRIES, Jan de. *The Dutch Rural Economy in the Golden Age, 1500-1700* (New Haven, Yale University Press, 1974), p. 34, 55, 62-68, 119-121, 136, 142-147, 149-151, 153-154; SLICHER VAN BATH, B.H. "The Rise of Intensive Husbandry in the Low Countries", em BROMLEY, J.S. *et al.* (ed.) *Britain and the Netherlands* (Londres, Chatto and Windus, 1960), v. 1, p. 130-153; SLICHER VAN BATH. *Agrarian History*, p. 278-79. Ver também: BARBER, Violet, *Capitalism in Amsterdam in the Seventeenth Century* (Ann Arbor/University of Michigan Press, 1963) e DER WEE, Herman Van, *The Growth of the Antwerp Market and the European Economy* (The Hague, Nijhoff, 1963), v. 2, esp. p. 289-322.

e os agrotóxicos químicos, cujos resíduos degradam o solo e produzem efeitos colaterais imprevisíveis; a monocultura de grãos de alto rendimento, que provoca a disseminação de pragas e doenças em larga escola; e a contínua incorporação de novas terras "virgens" para o cultivo voltado ao mercado, tudo isso tem rompido os equilíbrios ecossistêmicos estabelecidos. Sobretudo, a inerente tendência do capitalismo para o crescimento, a expansão e a acumulação, tem resultado na expropriação dos agricultores de subsistência e na perturbação dos padrões tradicionais de integração humano-terra (como é notório em países como México, Java e Filipinas).

As fases iniciais desse processo podem ser encontradas nas economias rurais holandesas e inglesas dos séculos XVI e XVII. No entanto, ainda que sua lógica, em ambos os casos, estivesse vinculada ao mercado agrário emergente, a relação humano-terra foi menos perturbada no caso do campesinato autônomo holandês do que no inglês, onde os fazendeiros de subsistência foram expulsos dos ecossistemas da fazenda, do pântano e da floresta por senhores de terra poderosos.

A base da sociedade rural holandesa, especialmente no norte dos Países Baixos, era um campesinato composto por proprietários livres que possuíam, *in toto*, mais terras do que a nobreza, a igreja ou a burguesia urbana. Com direito de propriedade e transferência da terra e relativamente poucas áreas de uso comum, esse campesinato era individualista e autônomo, possuía e arrendava terras, emprestava dinheiro a outros camponeses e se engajava no comércio do mercado urbano. Algumas aldeias mantiveram um caráter homogêneo e igualitário, enquanto outras desenvolveram estruturas sociais mais estratificadas. Muitos camponeses mais pobres ganhavam a vida nos pântanos, cavando e vendendo turfa – a principal fonte de energia em regiões desprovidas de florestas; outros se sustentavam pescando, caçando aves e coletando juncos. A partir do início do século XVI, a produção voltada para os mercados urbanos, o melhoramento agrícola e a crescente especialização econômica começaram a alterar as relações de classe.

A economia rural começou a especializar suas operações domésticas em sintonia com a expansão da economia comercial internacional holandesa. Em vez de dividir os lotes, reduzindo, assim, a produtividade agrícola, alguns camponeses holandeses começaram a se dedicar a produtos não agrícolas, enquanto outros intensificaram e melhoraram as suas operações agrícolas, formando gradualmente uma nova classe de agricultores prósperos. Os agricultores aumentaram o tamanho dos seus rebanhos por meio de um rigoroso programa de fertilização de pastagens. A aplicação de adubo, antes restrita aos campos aráveis, foi estendida às pastagens, substituindo a antiga prática de fertilizá-las exclusivamente com os excrementos dos próprios animais que nelas pastavam. Adubo líquido, cinza de turfa e adubos verdes, como trevo, melhoraram a qualidade das pastagens, aumentando o rendimento da produção de laticínios. Nos campos aráveis, os agricultores também intensificaram a fertilização, introduziram novos cultivos em sistema de rotação com quatro (ou mais) campos e começaram a produzir novos tipos de produtos para mercados emergentes, como a colza — planta utilizada na produção de óleo para cozinhar e para a iluminação, além de servir como forragem ou adubo verde para a melhoria do solo. A produção de trigo, centeio e feijão para os mercados urbanos aumentou.

O segredo para maiores rendimentos, aproveitamento de novos tipos de solo e ampliação da variedade de culturas era um fertilizante orgânico: o esterco. As fomes europeias dos séculos XIV e XVI resultaram de desequilíbrios ecológicos causados pelo crescimento populacional, que levou ao aumento das terras cultivadas às expensas das pastagens, reduzindo o gado para adubação dos campos e preservação da fertilidade do solo. Nos Países Baixos, esse ciclo foi quebrado quando os agricultores flamengos tomaram a dianteira na introdução de novas fontes de adubo e um novo vocabulário especializado para descrever os diferentes tipos de fertilizantes. A cidade de Groningen, situada em uma área de ricas camadas de turfa sobre a areia, foi pioneira na expansão do comércio de esterco. Excrementos humanos, conhecidos como *night soil* (solo noturno), eram oferecidos pela cidade aos agricultores que tentavam cultivar terras arenosas nos arredores. Os navios que exportavam turfa para a Holanda retornavam carregados com *night soil* adicional. Além disso, estrume de ovelha e de pombo era exportado para os cultivos de tabaco nos arredores de Amersfoort. Indústrias urbanas também contribuíam com fertilizantes adicionais para as regiões rurais, fornecendo resíduos como, por exemplo, as sobras de argila da fabricação de tijolos, as cinzas de caldeiras de sabão e as cinzas de turfa de outras indústrias.

Durante o século XVII, a horticultura holandesa também recebeu muita atenção, como testemunhado por uma proliferação de novos livros sobre o cultivo de hortaliças e árvores frutíferas. Cebolas, cenouras, nabos, repolhos, cerejas e morangos eram cultivados e podiam ser exportados em troca de carregamentos de *night soil*. Assim, a agricultura holandesa para o mercado baseava-se em um sistema completo de reciclagem orgânica. Além disso, devido à especialização rural e à relativa escassez de terras comunais, esse processo não criou, como na Inglaterra, um grande número de trabalhadores diaristas sem-terra desempregados.

Nos Países Baixos, a especialização rural para o mercado representou uma fase inicial do desenvolvimento capitalista, transformando os camponeses de subsistência em agricultores mercantis. Apesar de os holandeses, agindo de acordo com a tradição camponesa, utilizarem um método ecologicamente adequado de adubação intensiva, a fim de aumentar os rendimentos, eles também obtiveram lucros substanciais como resultado. Sob um capitalismo florescente, a agricultura orgânica – componente inerente à agricultura camponesa de subsistência – foi intensificada, não apenas para expandir cultivos e possibilitar a compra de ferramentas e bens domésticos no mercado da aldeia, mas também para produzir lucros excedentes que elevassem o *status* do agricultor. Para o agricultor mercantil holandês abastado, isso se traduzia não somente em um grande rebanho leiteiro e em várias instalações agrícolas, mas também em um inventário excessivo de roupas de cama, louças e utensílios, muito acima do necessário para o conforto cotidiano. No entanto, nesse caso, a prática ecologicamente saudável da agricultura orgânica, somada a um campesinato fortalecido e à relativa ausência de terras comunais para cercamento, suavizaram os efeitos humanos da agricultura capitalista tal como praticada nas Ilhas Britânicas no mesmo período.

Em contraste com os holandeses, os agricultores ingleses aumentaram a sua produção para o mercado deslocando pessoas em troca de lucros a curto prazo. Tal como nos Países Baixos, o crescimento da economia de mercado e a melhoria agrícola aumentaram os rendimentos dos agricultores ingleses durante os anos de expansão do século XVI. Já neste caso, os senhores de terra eram fortes e podiam aumentar os seus domínios por meio da consolidação de lotes menores, do cercamento e do corte de florestas para pastagem e cultivo, além da drenagem de pântanos. Desse modo, eles arrendavam terras a agricultores arrendatários, que pagavam trabalhadores assalariados para cultivá-las. Apesar das rebeliões camponesas no início do século XVI e das convulsões da Guerra Civil em meados do século XVII, os senhores de terra ainda detinham o controle de aproximadamente 70% das terras no final do século XVII.[67]

67. BRENNER, p. 63. A discussão seguinte sobre a agricultura inglesa é baseada em: CAMPBELL, Mildred, *The English Yeoman under Elizabeth and the Early Stuarts* (New Haven, Yale University Press, 1942), esp. p. 32, 33, 61; SCHMIDT, Albert J., *The Yeoman in Tudor and Stuart England* (Washington, Folger Shakespeare Library, 1961), p. 4; THIRSK, Joan (ed.), *The Agrarian*

Os arrendatários ingleses que, por falta de iniciativa, fossem incapazes de pagar o arrendamento e, portanto, de reter o direito à terra poderiam, em última análise, ser relegados ao *status* de trabalhadores diaristas sem-terra ou ao grupo cada vez maior de vagabundos, pessoas "sem mestre" e mendigos. Em contrapartida, os agricultores que, diante da demanda crescente de terras e do aumento dos preços, conseguissem aumentar a produção e obter lucros suficientes para comprar o título das suas terras e talvez de vários vizinhos, poderiam obter riqueza suficiente para ascender do *status* de *husbander* (ou pequeno fazendeiro) ao de *yeoman* (ou grande fazendeiro livre) ou, eventualmente, ao de *gentleman*.[68] Uma classe média de fazendeiros *yeoman* capitalistas abastados que cultivavam para o mercado e produziam lã para a indústria têxtil de exportação em crescimento aumentou substancialmente durante as eras Tudor e Stuart do final do século XVI e início do século XVII.

Enquanto a maioria dos *yeomen* aumentava suas possessões gradualmente, pedaço por pedaço, alguns, associados a senhores de terra da categoria dos *gentlemen*, cercavam terras comunais, aumentavam os valores dos arrendamentos e alugavam terras em troca de empréstimos de curto prazo com juros elevados. A motivação pelo lucro levou o *yeoman* mais empreendedor a trabalhar duro, viver frugalmente, assumir

---

History of England and Wales, v. 4, 1500-1640 (Cambridge, Inglaterra, Cambridge University Press, 1967), ver esp. cap. 3; Holderness, B.A., *Pre-Industrial England: Economy and Society*, 1500-1750 (Londres, Dent, 1976), cap. 3.

68. [N.T.] O termo *husbander* ou *husbandman* refere-se a uma camada de agricultores médios (acima dos *cottagers* ou trabalhadores e servos) que, em geral, cultivavam a própria terra, a que tinham direito por arrendamento (*leasehold*) ou, eventualmente, por titularidade, mas sem direito pleno de disposição sobre a terra (*freehold*). *Yeoman* é um termo que designa uma camada de agricultores que eram proprietários plenos (*freeholders*). A riqueza e o tamanho da propriedade podiam variar consideravelmente entre os *yeomen*, mas muitos tinham condições de empregar serviçais e *cottagers* e até mesmo de arrendar terras. *Gentleman* é um termo empregado para referir-se aos membros da *gentry* (pequena nobreza), designando uma classe que vivia de rendas.

riscos, experimentar novas técnicas agrícolas e explorar novos métodos para aumentar o rendimento das colheitas, para, depois, com os lucros, expandir suas terras cultivadas ou cercar as terras aráveis, isolando-as das terras comunais de pastagens de ovelhas. Isso reduziu a proporção de campos comunais disponíveis para a agricultura de subsistência do camponês. Severamente criticado por esses métodos de cercamento autoritários, o novo proprietário de terra foi retratado como um corvo devorador de terras que não hesitaria "em acumular milho, com muitas proibições amargas, em detrimento de viúvas, órfãos e lavradores".[69] As reclamações afirmavam que "ovelhas e gado expulsaram trabalhadores cristãos".[70] Assim, em contraste com os holandeses, os cercamentos representaram, para os ingleses, a principal via de entrada na economia de mercado.

Um programa de melhoramento agrícola ajudou os ambiciosos fazendeiros *yeoman* e *gentleman* a aumentar os seus lucros e o seu *status*. Livros sobre métodos agrícolas enalteciam o papel do fazendeiro na economia como "o nervo e o tendão que mantém unidas todas as articulações da monarquia".[71] A agricultura era elogiada como uma ocupação nobre igual ou superior à do soldado ou comerciante. Os escritores do século XVI enfatizavam as virtudes rústicas, a atmosfera saudável da vida no campo, e a terra e o solo como a própria fonte de existência humana. A agricultura era a mãe que nutria a humanidade, e "a mãe cuidadora de todas as outras artes [...] Sendo a terra o próprio ventre que tudo gera e a mãe que deve nutrir e sustentar tudo".[72]

---

69. TAYLOR, John, *Brood of Cormorants* (publicado em 1622), citado em SCHMIDT, p. 8.

70. Citado em TATE, W.E., *The English Village and the Enclosure Movements* (Londres, Gollancz, 1967), p. 63. Sobre os cercamentos, ver também: SLATER, G., *The English Peasantry and the Enclosure of Common Fields* (Londres, Constable, 1907).

71. MARKHAM, Gervase, *The English Husbandman* (Londres, 1613), citado em SCHMIDT, p. 12.

72. SERRES, Olivier de, *Theatre d'Agriculture* (Paris, 1804; primeira edição: 1600), prefácio de BLITH, Walter, *The English Improver Improved* (Londres,

Uma série de novos manuais práticos de melhoramento agrícola apareceu em benefício do fazendeiro *yeoman* e do senhor de terra *gentleman*. Continham informações sobre criação de animais, enxertia de árvores frutíferas, arte de plantar, novos métodos de aragem e cultivo, meios de conservação de frutas e vegetais, construção de lagos para piscicultura e técnicas de apicultura. A folha de rosto de *The English Improver Improved*, de William Blith (1652), prometia que todas as terras poderiam ser melhoradas, "algumas duas ou três vezes, outras cinco ou seis vezes, muitas até dez vezes e algumas inclusive vinte vezes". Eram descritas uma variedade de ferramentas de escavação e aragem para aumentar os rendimentos. Os métodos de melhoria incluíam "alagamento e irrigação" de terras, "drenagem de pântanos, redução de brejos e recuperação de terras marítimas", plantação de bosques, compostagem e adubação de solos, plantio de novos tipos de culturas vegetais e de árvores frutíferas, afugentamento de corvos, controle de predadores e cercamentos para "impedir o despovoamento e promover o interesse de todos". Outras obras davam recomendações para preparação de terrenos férteis para pomares, cultivo e enxertia de árvores frutíferas e controle de pragas. Os calendários guiavam o *yeoman* nas atividades sazonais de adubação dos campos e semeadura de ervilhas em janeiro, de debulha da cevada durante a Candelária de fevereiro, e assim por diante. Algumas dessas recomendações, se postas em prática, eram úteis para recuperar a fertilidade do solo e conservar a madeira; outras, no entanto, implicavam novas atitudes orientadas para consolidar o aumento dos rendimentos para lucro pessoal por meio da manipulação da natureza. Em grande medida, o melhoramento agrícola inglês estava orientado para a ascensão do *status* do próprio agricultor. Inaugurava uma tradição de agricultura científica progressista focada na gestão da terra para aumentar os rendimentos.

1652), "Epistle Dedicatory", p. 4-5; como citado em Johnstone, Paul H., "In Praise of Husbandry", *Agricultural History* 2 (1937), pp. 84, 86, 88.

PÂNTANOS

Os efeitos ecológicos do mercado agrário em expansão são vividamente ilustrados por sua invasão em outro ecossistema e na economia de subsistência humana a ele associada – os pântanos da Inglaterra. Embora os pântanos por toda a Europa tenham sido recuperados para uso agrícola desde os tempos mais remotos, na Holanda e na Inglaterra do século XVII o processo foi acelerado pela contínua expansão da economia de mercado rural e pela exportação da tecnologia hidráulica holandesa.

Os holandeses tornaram-se precocemente renomados como especialistas em hidráulica ao recuperar terras do mar. Eclusas construídas nos diques marítimos drenavam água na maré vazante e eram fechadas novamente durante a maré cheia. Os primeiros moinhos de vento construídos como fonte de energia para drenagem datam de 1408, mas, naquela época, os canais de drenagem ainda não eram suficientemente extensos para transportar a água bombeada para eles. No início do século XVII, esses moinhos foram utilizados em larga escala para bombear água de lagos e fornecer energia para as primeiras indústrias.[73]

Engenheiros holandeses, como Jan Leeghwater (1575-1650), Gilles van den Houten, Cornelius Janszoon Meyer e Cornelius Vermuyden (1590-1677), formularam planos abrangentes de drenagem e aprimoraram a construção de moinhos de vento, diques e eclusas, desenvolvendo um conhecimento tecnológico que poderia ser aplicado em países como Itália, França e Inglaterra. Os capitalistas holandeses, que inicialmente financiaram projetos de recuperação de terras em seu

---

73. Sobre a tecnologia hidráulica holandesa, ver: VAN VEEN, J., *Dredge, Drain, Reclaim* (The Hague, Nijhoff, 1949), p. 25-33, 39-48: SLICHER VAN BATH, *Agrarian History*, p. 201-2. HARRIS, L. E., "Land Drainage and Reclamation", em SINGER, Charles *et al.* (ed.), *A History of Technology* (Nova Iorque, Oxford University Press, 1957), p. 300-323; ANDREA, S.J. Foekema, "Embanking and Drainage Authorities in the Netherlands During the Middle Ages", *Speculum* 27 (1952), pp. 158-167.

próprio país, logo expandiram seu apoio financeiro a projetos no exterior. A engenharia holandesa se voltou, de forma geral, para a recuperação de novas terras marítimas dentro do país, mas, quando foi aplicada no exterior, frequentemente deslocava pessoas cuja forma de vida estava integralmente ligada às zonas úmidas. As lagunas Pontinas de Roma e os pântanos da Inglaterra foram submetidos a melhorias hidráulicas sob protesto dos habitantes locais, cuja vida dependia desses ecossistemas.

A drenagem dos pântanos ingleses durante o século XVII constitui um impressionante exemplo dos efeitos da agricultura capitalista nascente sobre a ecologia e os pobres. A região dos pântanos da Inglaterra, uma extensa área ao norte de Londres e Cambridge, na região de Peterborough, Ely e Bedford, havia sido na Idade Média uma região de charcos, lagunas e prados conectados por canais abertos. Durante os verões secos, oferecia pastagens ao redor de suas margens, enquanto, no inverno, ficava quase inteiramente coberto de água. No século XVII, iniciou-se um período de drenagem e recuperação desses pântanos, que se estendeu pelos três séculos seguintes, transformando, ao cabo, a região em campos cuidadosamente cultivados com grãos, beterraba-sacarina e batata, separados pelos contornos geométricos de canais. Diversas lutas sociais sucederam essas primeiras tentativas de domesticação dos pântanos por diques, eclusas, bombas e moinhos de vento. Progresso, comércio e tecnologia transformaram permanentemente o equilíbrio ecológico da natureza e os meios de subsistência econômica dos habitantes dos pântanos.[74]

Antes dos séculos de drenagem, os pântanos eram bem abastecidos com peixes e aves que forneciam alimento para

74. As considerações seguintes sobre os pântanos ingleses foram extraídas de: DARBY, H.C., *The Draining of the Fens* (Cambridge/Inglaterra, Cambridge University Press, 1956), p. 27-155; THIRSK, Joan, *English Peasant Farming: The Agrarian History of Lincolnshire from Tudor to Recent Times* (Londres Routledge & Kegan Paul, 1957), p. 6-7,111-129.

as pessoas que se estabeleciam na região. À medida que os projetos de drenagem avançavam, a abundante vida selvagem diminuía drasticamente e as aves tornavam-se ressabiadas. No final do século XVII, tornou-se necessário enganá-las com armadilhas em canais cobertos por redes, enquanto antes bastava que os caçadores e seus ajudantes as conduzissem diretamente para as redes. Entre as aves de pântanos não drenados estavam o pato olho-dourado-de-touca, o pernilongo ou perna-de-pau, o papagaio-do-mar, o ganso selvagem, o grou, a narceja, o maçarico, a águia-pescadora, o cormorão, a garça-real, o ostraceiro e muitas outras. "Galeirões, mergulhões e galinhas d'água, junto com seus ovos, enchiam as panelas" dos habitantes dos pântanos, enquanto maçaricos eram engordados para abastecer os mercados londrinos.

Uma lei de 1534 restringiu a caça nos pântanos e proibiu a coleta de ovos de pato selvagem, marreca, marrequinha-comum e ganso selvagem, bem como a captura dessas aves com "redes e outros engenhos" de junho a agosto, período em que os adultos estavam na muda e não podiam voar para escapar de seus captores. Como a última restrição caiu como um fardo sobre os pobres, que muitas vezes viviam da sua astúcia em capturar aves aquáticas de surpresa, acabou por ser revogada dezesseis anos depois.

Durante centenas de anos de tradição camponesa, a economia dos pântanos se manteve graças a um equilíbrio ecológico entre necessidades humanas, pastoreio de animais, produtividade dos cultivos e fertilidade do solo. Cada camponês tinha livre acesso às terras comunais, independentemente da sua riqueza. A drenagem destruiu esse equilíbrio e ameaçou os meios de subsistência dos habitantes dos pântanos sem fornecer nenhuma alternativa. Embora a pequena nobreza geralmente apoiasse a drenagem, pois ela ampliava as terras disponíveis para arrendamento e, por conseguinte, a renda, ocasionalmente algum senhor reconhecia que a drenagem "em vez de ajudar os pobres [...] iria arruiná-los e tornar os ricos ainda mais ricos".[75]

A escassez de áreas comuns para pastagem já era sentida no Pântano Holland (na Inglaterra) na época da Rainha Elizabeth, e difundiu-se para outras áreas de pântanos nas décadas de 1620 e 1630. O aumento do número de camponeses que utilizavam as terras comunais, combinado com o crescente exercício dos direitos de pastoreio pelos senhores, aumentou a pressão sobre a terra. Depois das operações de drenagem, o problema se agravou drasticamente, pois as terras comuns foram reduzidas a um terço do seu tamanho anterior. A terra mais seca próxima às aldeias, antes reservada para o corte da forragem de inverno, era agora utilizada para pastagens de verão. Com isso, menos animais podiam ser sustentados durante o inverno, o que resultava na produção de menos estrume para fertilizar os campos no ano seguinte. Em consequência, a fertilidade do solo e a produtividade dos cultivos entraram em declínio.

As terras arrendadas após a drenagem beneficiavam o senhor de terra e aqueles que investiam capital nas próprias operações de drenagem. Na maior parte dessas terras, plantava-se colza, para produção de óleo de lâmpadas, e aveia, ambos novos e importantes produtos dos pântanos. Apenas os camponeses mais abastados tinham condições para arrendar as pastagens recém-drenadas. Segundo um panfleto do século XVII, os projetos de drenagem dos pântanos tiveram efeitos irreversíveis, visíveis nos "rostos de milhares de pessoas pobres".[76]

Antes do século XVII, a falta de capital e de tecnologia adequada constituíam os principais obstáculos à drenagem dos pântanos ingleses. Embora Jaime I apoiasse a proposta, vários projetos de lei orientados para a drenagem foram derrotados. Charles I, que o sucedeu no trono, preferiu deixar o projeto

---

75. Thirsk, *English Peasant Farming*, p. 111, 121, 123.

76. *Ibid.*, p. 9, 125, 127, 129; Darby, p. 53.

a cargo dos habitantes da região, mas a maioria das tentativas iniciais fracassaram. Então, em 1634, apesar dos protestos dos habitantes dos pântanos, contrários à drenagem de suas terras, o engenheiro holandês Cornelius Vermuyden foi convidado a elaborar um plano para reorientar o curso natural do rio Bedford. Vermuyden propôs uma série de canais, drenagens e eclusas para aumentar seu gradiente, produzindo, assim, pastagens de verão e diminuindo o impacto das enchentes de inverno.

Em 1631, um projeto de drenagem no norte, empreendido por Sir Anthony Thomas, enfrentou a oposição ativa dos habitantes despossuídos dos pântanos. Após sete anos de pastoreio e plantio pelos invasores, o povo do pântano se rebelou, pegou em armas contra os drenadores, "quebrou eclusas, devastou suas terras, derrubou suas cercas, estragou seu milho, demoliu suas casas e retomou à força a posse da terra".[77] Em outro caso, o Conde de Lindsey, junto a seus cúmplices, drenou e cercou pântanos, construiu casas e cultivou as pastagens drenadas, mas os comuneiros e os pantaneiros, sem conseguir obter compensação através de petições, destruíram os "drenos e instalações" e os "cultivos que estavam prontos para a colheita".

A oposição intelectual aos projetos dos pântanos baseava-se em argumentos ecológicos e sociais. Algumas pessoas sustentaram que era errado interferir no desenho da natureza, porque "os pântanos foram feitos como pântanos e deviam continuar assim". William Camden, observando o exemplo infame das Lagunas Pontinas da Itália - assoladas por erosão periódica, inundações e malária -, advertia que "muitos sabem que o percurso mais sábio e melhor é [...] não se intrometer naquilo que Deus ordenou". (Na Itália, como na Inglaterra, os habitantes dos pântanos destruíram diques e eclusas). Argumentava-se que as inundações de inverno

---

77. Os excertos dos parágrafos seguintes são citados em DARBY, p. 46, 48, 49 (texto e nota 2), 51, 52, 69, 55, 58, 90, 68.

desempenhavam uma função útil ao tornar os campos de verão mais férteis: "As inundações enriquecem muito essas terras, de modo que drená-las ainda mais seria extremamente prejudicial. Essas terras [...] não podem ser conservadas ou melhoradas pela indústria dos empreendedores". Em alguns casos, a drenagem tornava os pântanos frios demais para as pastagens, reduzindo, na verdade, seu valor.

Os pântanos não drenados proporcionavam "grande abundância e variedade de peixes e aves, que aqui tinham seus refúgios e viveiros; e que serão destruídos pela drenagem". Além disso, forneciam às choupanas juncos, forragem e tufos, bem como "relvas para igrejas, aposentos, camas e muitos outros produtos de grande utilidade, tanto na cidade quanto no campo". Um panfleto de 1650 argumentava que, deixados como estavam, os pântanos produziam forragem no verão para alimentar o gado no inverno, o que, por sua vez, fornecia estrume para enriquecer as terras altas e melhorar o crescimento do milho. Nos verões secos, os pântanos salvavam a vida do gado das terras altas, aumentando, assim, a oferta de manteiga, queijo, carne, couro e sebo.

À medida que os projetos avançavam, os protestos se intensificavam. Rebeldes e sabotadores enchiam canais recém-escavados, demoliam diques, invertiam a direção do fluxo de drenagem reabrindo as eclusas durante a maré cheia e, com forquilhas e foices, impediam o gado dos administradores de forragear nas áreas comuns dos pântanos. A solidariedade entre os deslocados dos pântanos foi mantida nas tabernas, onde músicas para embalar a bebedeira eram compostas para a ocasião:

> Vinde, Irmãos da água, e sigamos todos juntos
> Para tratar deste assunto que nos faz tremer e temer,
> Pois lamentaremos, se for verdade, que os Pântanos serão tomados por empreendimentos,
> E que, nos pântanos e juncais onde nos alimentamos, engordarão bois e toucinhos.
> ...
> As aves emplumadas têm asas para voar para outras nações;

> Mas nós não temos nada que nos ajude em nossa migração;
> Cederemos nosso lugar (oh grave situação) ao gado e às bestas chifrudas
> A menos que possamos todos concordar em expulsá-los pela luta.

Os encarregados das drenagens replicavam a tais argumentos sustentando a superioridade das ovelhas domesticadas em relação às aves silvestres, do gado bem alimentado em relação às maiores enguias, e dos grãos em relação aos juncos. Além disso, argumentavam que o ar do pântano era úmido e insalubre, a água, pútrida, e a terra, lamacenta, enquanto "enxames de mosquitos picadores e moscas atormentadoras" incomodavam moradores e viajantes. Finalmente, em 1637, em consonância com as instruções de Charles I, foi dada a ordem às autoridades locais para reprimir os manifestantes e "aprisionar alguns dos infratores". Mas, em 1638, Oliver Cromwell, "Senhor dos Pântanos" e líder das forças parlamentares durante a Guerra Civil Inglesa, deu um passo à frente para protestar contra as injustiças cometidas contra o povo dos pântanos por senhores e aventureiros empreendedores privados.

Após a Guerra Civil (1642-1646), os trabalhos foram retomados e, apesar dos contratempos, continuaram ao longo dos três séculos seguintes, em nome do progresso, do crescimento comercial e da supremacia nacional. Os pântanos drenados promoveriam agora "o comércio de roupas e a fiação de lã", "aumentariam as manufaturas, o comércio e as transações nacionais e internacionais, aliviariam os pobres, dando-lhes trabalho e, de muitas outras formas, contribuiriam para o fortalecimento da nação".

Tal como no caso da melhoria do solo, a drenagem dos pântanos ingleses beneficiou principalmente as classes latifundiárias e endinheiradas. A ruptura dos equilíbrios ecológicos naturais perturbou também a ecologia humana. As melhorias na produtividade da terra não foram compartilhadas nem com os pobres nem com os moradores originais dos pântanos – os peixes, aves e plantas do pântano que, ao longo de milhares de anos, desenvolveram um conjunto complexo de interdependências ecológicas.

O pântano – drenado para pastagem, acusado de provocar doenças e explorado por suas aves silvestres – tornou-se uma *cause célèbre* para a ecologia atual. A diversidade e a interdependência das suas complexas cadeias alimentares, os equilíbrios salinos, e a flora e fauna insubstituíveis são elementos centrais no argumento dos ecologistas de que a preservação da diversidade e da variabilidade genética é essencial para a sobrevivência da vida no planeta. Os Everglades, na Flórida, o Pântano Horicon, em Wisconsin e o Pântano Suisun, na Baía de São Francisco, são os lares de espécies únicas que continuam sob ameaça dos mesmos valores tecnológicos e mercadológicos que alteraram irreversivelmente os pântanos ingleses.

FLORESTAS

Como nos casos dos ecossistemas das fazendas e dos pântanos, o início do modo capitalista de produção acentuou o impacto humano sobre as florestas para além dos efeitos atribuíveis unicamente à pressão populacional. As melhorias tecnológicas associadas a uma economia em expansão baseada na riqueza metálica, inorgânica e não renovável, aumentaram o potencial de exploração humana das florestas. Embora a pressão populacional tenha afetado o ecossistema florestal antes do colapso demográfico do século XIV, o capitalismo mercantil, depois da recuperação do ecossistema, acelerou drasticamente a redução dos recursos madeireiros no século XVI.

Na Inglaterra, no início da era moderna, as densas florestas dos tempos pré-romanos deram lugar a bosques e matas, acompanhando a criação de pastagens para ovelhas e de campos para grãos por meio da queima ou corte de madeira e arrancamento dos tocos – um processo conhecido como abrir a mata (*assarting*). Nos períodos anteriores, a abertura de terras para campos e casas havia fortalecido a formação de comunidades e o vínculo entre os habitantes em regiões outrora densamente arborizadas.[78]

Na época da conquista normanda (1066), "uma grande floresta com clareiras arborizadas, [...] refúgios de animais selvagens, veados vermelhos, javalis e touros", ainda existia nos arredores de Londres.[79] Em 1253, "a floresta de Leicester era tão grande, densa e ampla que um homem dificilmente poderia transitar por seus caminhos por causa da multidão de madeira morta e galhos derrubados pelo vento".[80] Na França e na Inglaterra, as áreas arborizadas foram inicialmente preservadas como terras de mosteiros e áreas de caça para a aristocracia, sendo o termo legal "floresta (*forest*)" utilizado para designar terras onde a caça era reservada aos reis e à nobreza. As terras arborizadas também eram cultivadas e colonizadas por mosteiros, que vendiam a madeira a título de dízimo. Diversos regulamentos do século XIII que concediam direitos sobre florestas e água ao rei e às pessoas de *status* elevado tentaram controlar os abusos.

Nos séculos XII e XIII, quando o rápido crescimento da população em toda a Europa iniciou uma era de recuperação de terras (*land reclamation*), as florestas foram convertidas em campos aráveis e os pântanos foram drenados para

---

78. A discussão a seguir baseia-se em: ALBION, Robert G., *Forests and Sea Power: The Timber Problem of the Royal Navy, 1652-1852* (Cambridge, Harvard University Press, 1926): p. 97, 118, 121; DARBY, H.C., "The Clearing of the Woodland in Europe", em THOMAS Jr., W. L. (ed.), *Man's Role*, v. 1, p. 183-216; HOSKINS, W.G., *The Making of the English Landscape* (Londres, Hodder and Stoughton, 1955), cap. 1-6; EMERY, F.V., "England Circa 1600", em DARBY, H.C. (ed.), *The New Historical Geography of England* (Cambridge/Inglaterra, Cambridge University Press, 1973), p. 248-301; DARBY, H.C., "The Age of the Improver, 1600-1800", em *New Historical Geography*, p. 302-88; PETIT-DUTAILLIS, Charles, "The Forest", em *Studies and Notes Supplementary to Stubbes Constitutional History* (Manchester, Inglaterra, Manchester University Press, 1915), v. 2, p. 147-304.

79. Citado em TE BRAKE, p. 345.

80. Citado em COULTON, G.G., *Social Life in Britain from the Conquest to the Reformation* (Cambridge/Inglaterra, Cambridge University Press, 1918), p. 333.

pastagens destinadas a animais de tração. As áreas florestais na Inglaterra, França, Alemanha e Itália diminuíram drasticamente. A indústria siderúrgica da região de Weald, no sudeste da Inglaterra, que dependia do carvalho para produzir carvão vegetal para fundição, já havia consumido grandes quantidades de madeira no século XIII. Nas áreas povoadas, a escassez de lenha causou uma inflação em seus preços de até 780%, em comparação com a inflação geral de 291%, gerando uma crise nas fontes de energia. No final do século XIII, em Londres, tornou-se necessário importar carvão marinho de Newcastle, um carvão com alto teor de enxofre que, quando queimado, poluía o ar com fuligem preta e fumaça irritante e sufocante.[81]

Durante o período de colapso demográfico, quando as terras aráveis marginais foram abandonadas, as florestas se regeneraram e os solos recuperaram sua fertilidade, facilitando a restauração do ecossistema medieval. A lenta recuperação demográfica ao longo do século XV e início do século XVI elevou a população inglesa a 2,3 milhões em 1525 e a 2,8 milhões em meados do século XVI. Entre 1550 e 1600, o crescimento foi mais rápido, de modo que a população chegou a 4 milhões em 1600 e a 6 milhões em 1700.[82]

Na Inglaterra, as pessoas que ficaram sem terra, devido ao movimento de cercamento ou à incapacidade de pagar a renda ao senhor de terra, se estabeleceram na floresta. Um relatório de 1578 sobre a Crown Forest de Inglewood registrou 178 ocupações, de um acre ou menos, por pobres, número que se elevou para 757 em 1619. Em 1569, novas cercas na floresta de Westwood foram derrubadas em uma revolta que reuniu cerca de 300-400 trabalhadores e servos pobres que precisavam da floresta para pastar seus animais e que, por

81. Slicher Van Bath, p. 72-73; Te Brake, p. 157; Nef, John U., *The Rise of the British Coal Industry* (Hamden, Archon, 1966), v. l, p. 156-64.

82. Darby, "Age of the Improver", em *New Historical Geography*, p. 304; Emery, "England Circa 1600", em *New Historical Geography*, p. 250; Te Brake, p. 356.

meio da combinação de rendimentos, do compartilhamento de colheitas e da utilização da floresta, conseguiam sustentar, quando muito, uma vida precária. Eles foram, contudo, rapidamente levados a julgamento, e as cercas, repostas.[83]

Embora a pressão do aumento demográfico tenha contribuído para a invasão das florestas em busca de pastagens e lenha, a causa mais significativa do seu desaparecimento foi o crescimento da indústria emergente. As indústrias de construção naval, sabão, vidro, ferro e refinamento de cobre dependiam das florestas como fonte de energia. Embora as reservas florestais do início dos anos 1500 tenham sido ampliadas na Inglaterra com a dissolução dos mosteiros em 1535, no final do século XVI, a escassez de madeira tornou-se aguda, e o carvão mineral, novamente, passou a ter uma importância crescente como combustível substituto. Durante os cem anos seguintes, a Inglaterra foi forçada a substituir a madeira pelo carvão como sua principal fonte de energia industrial. Nenhum outro país europeu, exceto a Holanda, desenvolveu a sua indústria carbonífera em escala tão ampla.[84]

Em contraste com a economia medieval, que se baseava em produtos orgânicos e fontes de energia renováveis, como madeira, água e vento, a economia capitalista emergente que se consolidava na maior parte da Europa Ocidental se estruturava não apenas em uma fonte de energia não renovável – o carvão –, mas também em um núcleo econômico inorgânico – os metais, como ferro, cobre, prata, ouro, estanho e mercúrio –, cujo refinamento e processamento, em última análise, dependiam das mesmas florestas que esgotavam cada vez mais. Ao longo do século XVI, as operações de mineração quadruplicaram à medida que o comércio de metais se

83. APPLEBY, Andrew B., "Common Land and Peasant Unrest in Sixteenth Century England: A Comparative Note", *Peasant Studies Newsletter* 4, n. 3 (1975), p. 20.

84. ALBION, p. 119; NEF, J. U., "The Progress of Technology and the Growth of Large-Scale Industry in Great Britain, 1540-1640", *Economic History Review* 5 (1934), pp. 3-24.

expandia. Grandes organizações bancárias comerciais, como a Fugger Company, de Augsburgo, possuíam e operavam minas de prata no Tirol, minas de ouro na Silésia, mercúrio na Espanha e cobre na Hungria. Os Fugger tinham vinte e cinco escritórios diferentes e obtinham lucros de até 50% sobre os seus investimentos, dez vezes mais do que os Médicis, que apenas um século antes, em 1460, tinham oito escritórios.[85]

Os banqueiros comerciais representavam um alto grau de organização capitalista e eram extremamente poderosos. Mas, como sua base era a indústria de mineração, dependiam das florestas para obter o carvão utilizado na fundição de minérios. As indústrias metalúrgicas que processavam ferro, chumbo, estanho e cobre requeriam volumes enormes de madeira para produzir uma única tonelada de carvão vegetal. A abundância de árvores e madeira influenciava a localização das operações de fundição e refinamento, pois era mais barato transportar o minério até a floresta do que o contrário. Na Inglaterra, desenvolveram-se indústrias de ferro nas regiões de Sussex e Kent, onde havia vastas áreas florestais. O ferro era fundido em alto-forno, e o metal derretido era despejado em moldes para formar ferro-gusa. Depois, nas forjas, era aquecido e transformado em ferro forjado. Em seguida, passava por uma laminadora, onde era trefilado em hastes finas. O ferro forjado maleável era utilizado na fabricação de ferraduras, instrumentos agrícolas, fechaduras, ferrolhos e ferramentas. O ferro fundido que não passava por esse tratamento era quebradiço e usado em tachos e panelas, canhões, balas e armas. Os fornos, forjas e laminadoras estavam todos em lugares diferentes, porque, em cada caso, era necessária uma fonte de madeira para combustível. A partir de aproximadamente 1540, fábricas e fundições de larga escala que produziam papel, pólvora, canhões, cobre, latão, açúcar e salitre come-

85. Rice, Eugene F., *The Foundations of Early Modern Europe, 1450-1559* (Nova Iorque, Norton, 1970), p. 45-6. Ver também: Jeanin, Pierre, *Merchants of the Sixteenth Century* (Nova Iorque, Harper & Row, 1972).

çaram a complementar a produção das oficinas domésticas. Elas empregavam entre 60 e 200 pessoas e, em casos raros, até 600. Esses novos estabelecimentos industriais utilizavam canos, chaleiras, panelas, cubas e cisternas, bem como fornos, caldeiras e edifícios, o que exigia grandes investimentos de capital, em contraste com os teares, rebolos e forjas das oficinas domésticas.[86]

Os fornos utilizados na fundição de minério de ferro tornaram-se muito maiores depois de meados do século XVI, frequentemente com cerca de 9 metros de altura e com paredes de cerca de 1,80 metros de espessura. Grandes foles de 6 metros, acionados por roda d'água, ajudaram a aumentar a produção de ferro de um forno, que alcançava entre 100 e 500 toneladas por ano. O crescimento da indústria de mineração durante os reinados de Elizabeth, Jaime I e Charles I exigiu a construção de poços de mineração e de bombas acionadas por força de cavalos, quando os minérios começaram a ser extraídos de profundidades de 40 a 100 metros, em contraste com as extrações anteriores de apenas alguns metros. Durante a Guerra Civil, milhares de homens e mulheres foram empregados como trabalhadores assalariados nas novas indústrias mineradoras e metalúrgicas.

Além das indústrias metalúrgicas, diversos outros usos da madeira contribuíram para o esgotamento das reservas. O carvalho era necessário para vigas, pilares e pisos de casas, edifícios públicos e fortificações, bem como para a construção de docas, pontes, eclusas e barcaças necessárias para transporte comercial em hidrovias navegáveis. A indústria cervejeira exigia barris de carvalho, enquanto as indústrias de sabão e vidro precisavam de carvão e cinzas de madeira. A indústria naval era, no entanto, a mais dependente da madeira e a mais central para a expansão comercial do século XVI e a supremacia nacional. O carvalho maduro de 80 a 120 anos era

86. NEF, "Progress of Technology", passim. ASHTON, T.S. *The Industrial Revolution 1760-1830* (Nova Iorque, Oxford University Press), p. 29.

necessário para os cascos dos navios, abetos eram usados nos mastros, e piche e alcatrão para vedação. As famosas reservas de carvalho da Inglaterra incluíam as florestas reais de Dean, New e Alice Holt, áreas que foram reservadas exclusivamente para madeira naval após a Restauração de 1660.[87]

As indústrias de construção naval da Itália, Inglaterra e Países Baixos foram organizadas segundo linhas capitalistas, exigindo uma variedade de trabalhadores assalariados, grandes investimentos de capital e imensos guindastes e serrarias para a construção de navios. O maior estaleiro da Europa, o Arsenal Veneziano, cobria sessenta acres e era propriedade do Estado. Empregava todo tipo de artesãos, como carpinteiros, calafetadores, fabricantes de velas, fabricantes de polias e ferreiros. O Estado não apenas era proprietário da indústria, mas também controlava o capital, além de fixar os salários e as jornadas de trabalho. Durante o século XV, o fornecimento de carvalho para as estruturas dos navios diminuiu de forma alarmante à medida que se esgotavam as árvores transportadas por via fluvial, oriundas das florestas de Trevisana e Friuli. Embora os suprimentos de abetos e pinheiros-larícios para os mastros e tábuas internas tenham permanecido em níveis adequados durante o século XVI, o esgotamento progressivo do carvalho forçou a indústria de construção de barcaças a deslocar-se de Veneza para o interior. No final do século XVI, o Mediterrâneo, com exceção de Ragusa (atual Dubrovnik, Croácia[88]), tinha sido, em grande parte, despojado de suas reservas de carvalho.

Por volta de 1470, o Arsenal Veneziano desenvolveu uma primeira consciência conservacionista. Novos regulamentos previam que o Arsenal, e não as autoridades locais, determinaria o corte dos carvalhos. Posteriormente, a partir de 1520, empresas madeireiras e navais privadas foram impedidas de

---

87. Albion, p. 99, 120; Chapin Lane, Frederic, *Venetian Ships and Shipbuilders of the Renaissance* (Baltimore/ Md.: Johns Hopkins University Press, 1934), cap. 8, 9, 12.

88. [N.T.] No original, Iugoslávia. Referência atualizada.

realizar os cortes, embora a aplicação de penalidades estivesse repleta de dificuldades burocráticas. Inspeções regulares dos carvalhos foram instituídas em 1568, acompanhadas de uma política de marcar as árvores reservadas ao Arsenal com selo próprio, enquanto àquelas atribuídas aos construtores navais privados, com selo duplo. Valas, pilares de pedra e sebes destinados a impedir a entrada de carroças e gado foram construídos ao redor dos bosques de madeira madura. O Arsenal escolheu entre os seus carpinteiros alguns "capitães" especiais para viver nos bosques com o intuito de prender os camponeses que recolhessem madeira e os caçadores furtivos, bem como de supervisionar o corte realizado por funcionários estatais autorizados. Qualquer pessoa não autorizada portando um machado em uma das reservas de madeira do Arsenal poderia ser chicoteada e multada. Na região que circunda Montello, uma das florestas mais importantes, todos os fornos de carvoaria foram destruídos e os camponeses foram proibidos de receber esmolas de um mosteiro dentro de seus limites, por medo de que roubassem madeira durante a visita.

Na Inglaterra, durante o reinado da Rainha Elizabeth (1558-1603), a preocupação com a madeira para construção naval resultou em uma lei que proibia o corte de carvalhos com mais de 30 centímetros de diâmetro em áreas próximas à costa, onde a marinha poderia facilmente coletá-los e transportá-los. Apesar da conservação da madeira para o uso naval, a exploração madeireira continuou sem interrupção durante o reinado de Elizabeth, devido à concessão de extensos direitos de corte.[89]

Como consequência da exploração madeireira inglesa, a mineração de carvão aumentou exponencialmente. Entre 1540 e 1640, a produção das minas de carvão passou de algumas centenas de toneladas por ano, extraídas por fazendeiros arrendatários e pequenos agricultores em jornadas de meio

89. ALBION, p. 117-23. As leis madeireiras relevantes eram 35 Hen. VIII, c. 17; I Eliz. c. 15.

período, para 10.000-15.000 toneladas, extraídas por centenas de mineiros que trabalhavam em tempo integral. O carvão enviado de Newcastle-Upon-Tyne para outras partes da Inglaterra aumentou dezesseis vezes durante esse período. À medida que Londres necessitava cada vez mais de carvão para substituir o fornecimento de madeira em declínio, as importações aumentaram de vinte a vinte e cinco vezes.[90]

O carvão marinho exalava fuligem preta densa e nuvens de fumaça sufocante onde quer que fosse queimado. Dizia-se que a Rainha Elizabeth estava "tão perturbada e irritada com o gosto da fumaça do carvão marinho" que, em 1578, ela pediu aos cervejeiros e outras indústrias de Londres que não utilizassem este combustível em suas operações e empregassem apenas madeira. Como a madeira geralmente só estava disponível a preços elevados, esse pedido não pôde ser atendido. As reclamações em relação ao carvão marinho aumentaram dramaticamente durante o século XVII. Uma petição de 1627 contra os trabalhadores do alume afirmava que a fumaça contaminava as pastagens e envenenava os peixes do Tâmisa. As mulheres de Londres reclamavam "do cheiro da fumaça do carvão marinho da cidade".[91]

Apesar da crise madeireira do século XVI, os Stuarts, Jaime I e Charles I estenderam as concessões de corte dentro das reservas reais, iniciadas por Elizabeth. Uma inspeção dessas reservas realizada em 1608 por Jaime I, que registrou um total de 784.748 árvores de madeira madura adequadas para uso naval, teve como resultado apenas a liberação comercial de ainda mais madeira real para aumentar os rendimentos. Na época da Restauração de 1660, restavam apenas 68 áreas de caça preservadas pela nobreza, sendo que as maiores raramente ultrapassavam 20 milhas quadradas. A situação tornou-se

90. Nef, "The Progress of Technology", p. 10, 15; Nef, J.U., "Coal Mining and Utilization", em Singer, Charles *et al.* (ed.), *A History of Technology* (Nova Iorque, Oxford University Press, 1957), v. 3, p. 72-88, ver p. 77; Nef, J.U., *The Rise of the British Coal Industry*, v. I, p. 19-22, 190-223.

91. Nef, *Rise of the British Coal lndustry*, v. 1, p. 247.

crítica, e o país nunca se recuperou totalmente da destruição causada por suas práticas e políticas insustentáveis.[92]

A perturbação do ecossistema florestal pela ascensão da indústria moderna, aliada ao uso descuidado e a má gestão de recursos, tem paralelos impressionantes com as atuais questões ambientais e ilustra o fato de que a crise ambiental de hoje não é de um novo tipo, mas de um novo grau. Tal como no século XVI, devemos procurar fontes alternativas de energia. Uma delas seria o carvão, com a sua inevitável poluição atmosférica, ou seja, a mesma alternativa disponível aos nossos antecessores do século XVI. Outra, que pode parecer estranha a uma sociedade fortemente ligada à ideologia do progresso, seria retornar à economia baseada em recursos renováveis do período pré-industrial. O uso da água, do vento, do sol, da madeira e das tecnologias intermediadas com o uso intensivo de trabalho poderia contribuir para restaurar os equilíbrios ecológicos rompidos pela industrialização moderna. Reconhecer essa necessidade não significa que a inovação tecnológica deva ser sacrificada ou que devemos regressar ao moinho de água medieval. Ao contrário, significa que precisamos desenvolver tecnologias que, em vez de explorar os recursos, estejam em harmonia com os ciclos naturais.

Encarar a mudança histórica como uma mudança ecológica, no entanto, vai além do simples reconhecimento de que a nossa atual situação ambiental tem uma história. A integração da história dos ecossistemas com a cultura humana revela, por um lado, os limites impostos à expansão demográfica e nacional como resultado da alteração ecológica do solo e da floresta, e, por outro, a necessidade de modificação das instituições e leis humanas para restaurar o equilíbrio do ecossistema mediante a conservação. Além disso, essa perspectiva introduz uma nova camada de complexidade à interpretação histórica. Um modelo ecossistêmico revela os limites das explicações históricas baseadas exclusivamente em fatores

---

92. ALBION, p. 97, 124-125.

demográficos, econômicos ou políticos. Uma análise histórica da transição do feudalismo para o capitalismo inicial torna-se insuficiente se não é capaz de considerar como a fertilidade do solo afeta o crescimento e o declínio populacional, o conflito entre camponeses e senhores de terra e a expansão do mercado. A ascensão da democracia e das instituições econômicas capitalistas na Europa e na América estiveram diretamente ligadas à exploração dos recursos naturais, como metais, terras, pastagens, madeira, peles etc. A ruptura dos ecossistemas associados (florestas, pradarias, pântanos, lagos, oceanos) e seus componentes humanos afeta o curso da história por meio de revoltas sociais, guerras, leis e inovações tecnológicas, e tem um impacto importante na saúde, nutrição e bem-estar humanos.

Em contrapartida, a adaptação psicológica a ambientes alterados ajuda a explicar a ascensão de movimentos intelectuais, estruturas conceituais e novos comportamentos humanos. À medida que as cidades europeias cresciam e as áreas florestais se tornavam mais remotas, à medida que os pântanos eram drenados e os padrões geométricos dos canais eram impostos à paisagem, à medida que grandes e poderosas rodas d'água, fornalhas, forjas, guindastes e esteiras começavam a dominar cada vez mais o ambiente de trabalho, mais e mais pessoas experimentaram a natureza como algo alterado e manipulado pela tecnologia da máquina. Estava em processo uma lenta, mas unidirecional, alienação daquela relação orgânica cotidiana que havia estado na base da experiência humana desde os tempos mais remotos. Essas mudanças foram acompanhadas por alterações tanto nas teorias quanto nas práticas de organização social, até então parte integral do cosmos orgânico.

CAPÍTULO 3

SOCIEDADE ORGÂNICA E UTOPIA

SOCIEDADE ORGÂNICA E UTOPIA

As teorias sobre a natureza e a sociedade sempre estiveram conectadas. A visão que temos de natureza pode ser considerada como uma projeção no cosmos da própria percepção humana sobre o sujeito e sobre a sociedade. Mas, também, pode ser utilizada para justificar o comportamento dos indivíduos ou grupos sociais, seja no sentido de descrever como agem, seja no de prescrever como deveriam agir. Nesse sentido, a força da metáfora orgânica residia na estrutura unificadora que impunha à realidade cósmica e social. À medida que a ecologia e a economia da fazenda, da floresta e das áreas úmidas (pântanos e charcos) foram alteradas por novas formas de interação humana com a natureza, os modelos tradicionais da sociedade orgânica e os modos de organização social acabaram igualmente afetados e transformados.

Três variantes da teoria orgânica da sociedade são cruciais para compreender a transição do organicismo ao mecanicismo. A primeira baseava-se na hierarquia própria da sociedade medieval. O corpo político estava metaforicamente modelado sobre a unidade orgânica do corpo humano e, da mesma forma que a hierarquia dos estamentos, representava uma visão conservadora da ordem social em acordo com a perspectiva dos senhores feudais e da igreja medieval. A segunda variante tendia a uma nivelação das hierarquias e se baseava na perspectiva da comunidade de aldeias. A terceira era uma forma revolucionária da teoria orgânica e postulava a derrubada total das hierarquias sociais. Esta última simboliza as aspirações utópicas de grupos medievais e modernos por um rompimento com a ordem estabelecida e sua substituição por uma sociedade igualitária em que as pessoas retornassem a uma Idade Dourada de harmonia com a natureza. As três variantes da teoria orgânica – hierárquica, comunal e revolucionária – eram tanto ideologias próprias das estruturas sociais existentes como também representações ideais que chamavam às transformações dessas estruturas.

SOCIEDADE ORGÂNICA

O modelo hierárquico da sociedade orgânica foi articulado por João de Salisbury, em seu *Policraticus* (1159), a partir de uma obra perdida atribuída a Plutarco (350-430) e escrita antes da *Política,* de Aristóteles, ser recuperada no século XIII.[93] A obra refletia a perspectiva dos senhores feudais e dos príncipes territoriais concebendo o estado como uma versão ampliada de uma pessoa. O corpo do estado era dotado de vida e governado por meio da razão, na forma de um príncipe, que, aliado ao clero, desempenhava o papel da alma. Os juízes e governadores que comunicavam suas ordens às províncias eram seus órgãos sensoriais: os olhos, os ouvidos e a língua. O bem público era atribuído ao Senado, que ocupava a posição do coração. Quanto às mãos, uma estava armada e protegia a cidadania dos ataques externos, enquanto a outra, desarmada, disciplinava a cidadania desde o interior. Ambas eram moderadas pela razão e justiça do príncipe. Os guardiães das finanças do estado estavam confinados no estômago

93. Salisbury, João de, *The Statesman's Book*, [Seleções] *From the Policraticus*, 1159, Dickinson, John (trad.) (Nova Iorque, Knopf, 1927). Algumas discussões relevantes sobre teorias orgânicas da sociedade podem ser encontradas em Gierke, Otto, *Political Theories of the Middle Ages*, Maitland, Frederic William (trad.) (Cambridge/Inglaterra: Cambridge University Press, 1900); Barnes, Harry Elmer, "Representative Biological Theories of Society". *Sociological Review* 17 (1925), pp. 121-30,183-95, 294-300; Coker, F.W., "Organismic Theories of the State", em *Studies in History, Economics, and Public Law, Columbia Studies in the Social Sciences* 38, n. 2, (1910), pp. 1-209; McCloskey H.J., "The State as an organism, as a Person, and as an End in Itself", *Philosophical Review* 72, (1963) pp. 306-25; Weldon, T.D., *States and Morals: A Study in Political Conflicts* (Nova Iorque, McGraw-Hill, 1947); Tönnies, Ferdinand, *Community and Society*, Loomis, Charles P. (trad.) (East Lansing, Michigan State University Press, 1957); Redfield, Robert, *The Little Community and Peasant Society and Culture* (Chicago, University of Chicago Press, 1973); as críticas de Redfield enfatizam variações na estratificação social no interior das comunidades camponesas. Durkheim, Émile, *A divisão do trabalho social* (São Paulo, WMF Martins Fontes, 2010), cap. 2 e 7: Durkheim utiliza os termos solidariedade orgânica e mecânica em um sentido diferente do utilizado aqui. A solidariedade mecânica se refere à falta de diferenciação em uma sociedade enquanto a solidariedade orgânica resulta da diferenciação acarretada pela divisão do trabalho característica da sociedade moderna.

e intestinos e, com suas possessões, deveriam evitar a retenção anal e a constipação para manter a saúde do corpo. Os pés eram os camponeses, artesãos e trabalhadores não especializados, tão numerosos que faziam o organismo parecer mais uma centopeia do que um humano.[94]

Cada parte dessa vasta sociedade era indispensável para atingir os propósitos e funções do conjunto. Assim, "se lhe são tirados os pés, que são seu ponto de apoio, não poderá avançar por sua própria força e terá que se arrastar dolorosamente sobre as mãos, ou ser movido por animais brutos". Segundo Salisbury, os cidadãos formavam uma comunidade coesa que desejava preservar o príncipe porque ele, em sua função, os protegia e amava. Só poderia existir uma "coesão fiel e firme" caso houvesse, simultaneamente, uma "união duradoura das vontades e [...] uma cimentação das almas". Se os príncipes ou magistrados se tornassem tiranos, a cabeça pesaria tanto que o corpo não conseguiria sustentá-la e sofreria com uma degolação autoinfligida. "A felicidade de um corpo político não pode ser duradoura se não mantiver o vigor e a segurança da cabeça". Devido à interconexão e dependência mútua entre as partes, "uma lesão na cabeça [...] repercutirá sobre todos os membros, e [...] um ferimento, injustamente infligido a qualquer membro, lastimará a própria cabeça".

A teoria medieval da sociedade, portanto, enfatizava a importância do todo em relação às partes, ao mesmo tempo que ressaltava o valor inerente de cada uma delas. A unidade do conjunto possuía mais valor do que os objetivos das muitas partes. A conexão entre as partes se realizava por meio de uma harmonia universal que impregnava o todo. Um cimento orgânico unia o macrocosmo, a comunidade e as partes de cada indivíduo, ou microcosmo. João de Salisbury ilustrou esses vínculos harmônicos do estado comparando a estabilidade da comunidade à harmonia de um instrumento musical.

---

94. SALISBURY, *Policraticus*, DICKINSON (trad.), discussão e citações em pp. 65, 243, 67, 95, 247, 259, 39, 245-47, 251.

Assim como músicos afinam suas cordas com habilidade e delicadeza para produzir harmonia a partir da dissonância – em vez de rompê-las com excesso de tensão –, também o príncipe, como alma do estado, deveria encontrar uma afinação entre o rigor e a indulgência, para que as mentes de todos os sujeitos se unissem em uma harmonia perfeita. E, da mesma forma que a alma do mundo mantinha unida a esfera cósmica, a alma humana também representava a unidade entre as partes do corpo. Na hierarquia cósmica, cada todo subordinado era um sistema interconectado de partes, unido, por sua vez, a um todo mais completo que estava acima dele.

A sociedade orgânica era modelada segundo os excelentes exemplos representados pelas colônias comunitárias, como as das abelhas e formigas. A vida civil deveria imitar a natureza, seguindo o exemplo da constituição política das abelhas. Todos os trabalhadores deveriam se unir em comunidade e, sob a supervisão da rainha, produzir o bem-estar do todo e a doçura do mel. Era necessário ter cuidado para que os trabalhadores seguissem produzindo diligentemente e não se distraíssem com o supérfluo nem se tornassem "afeminados e renunciassem aos valores viris". Ao articular a analogia entre o estado e a pessoa, a teoria da sociedade de Salisbury enfatizava a interdependência política e psicológica e a integração dos cidadãos dentro do todo, assim como as relações hierárquicas entre as partes do corpo humano e o corpo político.

A tradução de *A política* de Aristóteles, do ano de 1260, e sua incorporação à filosofia sistemática de Tomás de Aquino (1224/25-1274) amplificaram o conceito de estado orgânico de Salisbury. Aquino apresentou um sistema integrado entre natureza e sociedade baseado, assim como em Salisbury, em uma gradação hierárquica. Cada parte tinha seu lugar designado, direitos, obrigações e valores, enquanto o conjunto das partes contribuía para a perfeição de toda a comunidade universal. Tanto a natureza como a sociedade eram compostas por diferentes partes, de forma que o objetivo ou finalidade das partes inferiores era servir às mais elevadas, enquanto a finalidade das mais elevadas era guiar as inferiores até o bem moral comum. Cada parte buscava a perfeição de sua natureza particular crescendo e se desenvolvendo a partir de seu interior.[95]

Nesse modelo, a monarquia era a forma de organização política mais natural para atingir a ordem cósmica e divina. A monarquia obtinha a sua autoridade por direito divino e a distribuía aos distintos estamentos mediante a lei civil. O soberano medieval representava Deus no reino temporal, e a igreja, sua vontade no reino espiritual. Para o filósofo Nicolás de Cusa (1401-1464), a igreja era o corpo de Deus, o clero, sua alma, e Deus, seu espírito unificador onipresente. O clero permanecia junto ao corpo físico da igreja, onde cada parte possuía sua porção de alma, segundo uma ordem hierárquica. O papado representava a alma no cérebro, o patriarcado, a alma nas orelhas e nos olhos, o arcebispado, a alma nos braços, o episcopado, a alma nos dedos e assim por diante.

Na Inglaterra do século XVI, onde a metáfora orgânica era onipresente, a analogia entre as partes do corpo e o corpo político foi explorada de todas as formas possíveis. Pulmões, fígado, vesícula biliar e rins, todos tinham suas correspondências. O ventre, na tragédia *Coriolano,* de Shakespeare (encenada pela primeira vez em 1607), discute em detalhes a importância de fazer as refeições, digerir e distribuir os alimentos a todas as partes do corpo, assim como os senadores romanos digerem assuntos que afetam o estado para proveito público. Em *Henrique V* (encenada em 1598), o arcebispo de Waterbury compara a sociedade civil a uma colmeia, com

95. Aristóteles, *Politics,* Jowett, Benjamin (trad.) em McKean, Richard (ed.), *The Basic Works of Aristotle* (Nova Iorque, Random House, 1941), ver esp. livro I, cap. 3, linhas 1253, 19-27; livro VII, cap. 9 (versão em português: Kury, Mário da Gama (trad.) (São Paulo, Madamu, 2021); Barker, E. *The Political Thought of Plato and Aristotle* (Londres, Methuen, 1906), pp. 276-81. Sobre Aquinas, ver Sabine, George H. *A History of Political Theory* (Nova Iorque, Holt, 1937), pp. 247-51.

a qual se pode aprender a ordem social. Para muitos isabelinos, a democracia era uma "hidra asquerosa", um "monstro de muitas cabeças", a quem os pés da multidão haviam atacado a cabeça.[96]

A forma hierárquica do modelo orgânico era consistente com uma hierarquia política que enfatizava a ordem e a estabilidade, posicionando-se no extremo conservador ou à direita do espectro político. O interesse do estado assumiu uma importância central em relação às partes individuais. O todo era maior que a soma das partes, mas poderia também ser ontologicamente diferente delas; o interesse comum e a felicidade do estado poderiam ser diferentes do interesse e da felicidade de cada membro particular.

A variante hierárquica dependia das desigualdades entre os membros e não se ocupava da igualdade de direitos ou de padrões econômicos, já que diferentes partes do organismo social tinham diferentes funções econômicas, cada uma com um grau distinto de importância para o conjunto. Cada grupo de *status* ou posição social desempenhava sua própria função e recebia uma recompensa adequada, sem a expectativa de que isso implicasse alguma mudança de poder ou de posição. A força de trabalho, caracterizada pelos pés do organismo, estava intimamente ligada à terra, enquanto a terra em si circulava entre as famílias nobres, consolidando uma aristocracia proprietária de terras, por meio do direito do primogênito na sucessão como filho mais velho (fig. 8). Os vínculos orgânicos

---

96. Sobre Nicolas de Cusa ver Gierke, pp. 23-24. Sobre analogias orgânicas na Inglaterra Elizabethana ver Phillips, Jr., James Emerson, *The State in Shakespearean Greek and Roman Plays* (Nova Iorque, Octagon Books, 1972), esp. pp. 3, 8-10, 66, 68, 70-71, 155; fontes citadas podem ser encontrados em Forset, Edward, *A Comparative Discourse of the Bodies Natural and Politique* (Londres, 1606), pp. 35-36; Floyd, Thomas, *The Picture of a Perfit Commonwealth* (Londres, 1600), p. 19; Fulbecke, William, *The Pandectes of the Law of Nations* (Londres, 1602); Shakespeare, William, *Coriolanus*, ato 1, cena 1, linhas 99-158; Shakespeare, William, Henry V, ato l, cena 2, linhas 183-213 (tradução ao português de Heliodora, Barbara, Rio de Janeiro, Lacerda, 2006).

com uma família dona de terras não se baseavam nos afetos familiares ou satisfações emocionais, mas exclusivamente na economia dada pelo vínculo parental. As relações genéticas mantinham redes de parentesco unidas, cujo interesse mútuo residia na manutenção do *status* econômico e social do grupo familiar no longo prazo. O poder interior da família era hierárquico e, frequentemente, o filho mais velho simplesmente esperava que o pai falecesse para assumir o controle, enquanto o mais jovem tinha escassas possibilidades de herdar a terra.[97]

No entanto, as mudanças sociais do século XVI já haviam começado a despedaçar esse modelo hierárquico. Ainda que a mobilidade não estivesse ausente da sociedade medieval, o crescimento de uma economia de mercado - tanto do trabalho assalariado quanto da produção de bens - contribuiu para o aumento do número de indivíduos com mobilidade tanto para cima como para baixo, minando a ideologia do modelo hierárquico. O aumento do poder do pai dentro da família nuclear foi simultâneo ao declínio das funções econômicas de parentesco na família mais ampla. A ascensão dos estados-nação politicamente poderosos amplificou o papel do chefe de Estado, distorcendo o modelo ideal estabelecido por Salisbury.[98]

---

97. STONE, Lawrence, *The Family, Sex, and Marriage in England: 1500-1800* (Nova Iorque, Harper & Row, 1977), pp. 85-93, 116-118. Sobre a mobilidade, ver STONE, L. "Mobility in England, 1500-1700", *Past and Present*, n. 33 (1966), pp. 16-55; EVERITT, Alan, "Social Mobility in Early Modern England", *Past and Present*, n. 33 (1966), pp. 56-73; HERLIHY, David, "Three Patterns of Social Mobility in Medieval Society", *The Journal of Interdisciplinary History 3* (1973), pp. 623-48. Sobre o declínio da aristocracia, ver STONE, L., *The Crisis of the Aristocracy, 1558-1641* (Nova Iorque, Oxford University Press, 1967) e BRITTON, Davis, *The French Nobility in Crisis, 1560-1640* (Stanford, Stanford University Press, 1969). Sobre o surgimento da classe mercante, ver JEANIN, Pierre, *Merchants of the Sixteenth Century* (Nova Iorque, Harper & Row, 1972) e NEF, John U., *Industry and Government in France and England, 1540-1640* (Filadélfia, American Philosophical Society, 1940).

98. MACPHERSON, C.B., *The Political Theory of Possessive Individualism: Hobbes to Locke* (Oxford/Inglaterra, Oxford University Press, 1962), p. 49; STONE, pp. 123-35.

Figura 8: *As Classes dos Homens*, xilogravura de Hans Weiditz (c. 1530). A sociedade hierárquica orgânica é representada como uma árvore, e os camponeses, como suas raízes. No segundo nível estão artesãos, jornaleiros e mercadores; no terceiro nível, bispos, cardeais, nobres e príncipes; no quarto, rei, papa e imperador; e, no topo, novamente dois camponeses, dos quais a sociedade orgânica depende para seu sustento.

Tanto o teórico político francês Jean Bodin (1530-1596) quanto o rei Jaime I da Inglaterra (1566-1625; Rei da Inglaterra e Irlanda desde 1603) modificaram o modelo de Salisbury instaurando a nova autoridade da cabeça nas nações emergentes. Bodin ampliou o poder perpétuo e absoluto do soberano sobre os cidadãos e súditos. Nobres e mercadores tinham direito à cidadania; artesãos e pequenos comerciantes, não. No entanto, não existia igualdade até entre os que eram cidadãos. As mulheres estavam sujeitas à autoridade do pai e não eram consideradas aptas para os assuntos públicos. As mulheres que governaram, como Maria I da Inglaterra, teriam alterado a ordem natural. A sucessão ao trono deveria seguir a linha masculina, já que a natureza privara as mulheres de "força, visão, belicosidade (e) autoridade". O tratado de Bodin foi uma defesa conservadora da autoridade da monarquia absoluta em resposta às tendências sociais disruptivas das Guerras Religiosas na França.[99]

Jaime I da Inglaterra também incrementou a autoridade patriarcal da cabeça do reino: "O rei em relação ao seu povo é justamente comparado a um pai em relação aos filhos, ou à cabeça de um corpo composto por vários membros [...] Da mesma forma que o discurso e as ordens fluem da cabeça [...] assim deve ser também entre um príncipe sábio e seu povo". Se a enfermidade em uma parte do corpo afetasse outros órgãos, a cabeça estaria obrigada a "remover alguns membros podres [...] para manter íntegro o restante do corpo". Como um irônico presságio da decapitação de seu sucessor Charles I, Jaime afirmou: "Mas deixo ao leitor julgar em que condições ficaria um corpo se a cabeça [...] fosse decepada".[100] A amplificação

99. Bodin, Jean, *Six Books of the Commonwealth*, (primeira publicação em 1576), Tooley, M.J. (trad.) (Nova Iorque, Macmillan, 1955), livro I, cap. 2, 6, 7 e 8, e livro VI, cap. 5; Dunning, William Archibald, *A History of Political Theories from Luther to Montesquieu* (Nova Iorque, Macmillan, 1931), pp. 81-82, 94-96.

100. James I, *The Trew Law of Free Monarchies*, (primeira publicação em 1616), em *The Political Works of James I* (Cambridge/Mass, Harvard University Press, 1918), pp. 54, 64-65; Dunning, pp. 215-16.

do papel e poder da cabeça debilitou os vínculos integradores próprios da analogia orgânica e foi sintomática das transformações sociais que aceleraram a dissolução de sua primazia como metáfora. Já em meados do século XVIII, o teórico político Thomas Hobbes (1588-1679) a utilizará para descrever o estado como uma pessoa que, na realidade, era uma máquina inteligentemente construída (ver capítulo 8). Embora o pensamento social organicista não tenha desaparecido como um todo, após o século XVII, as metáforas atomistas e mecânicas começaram a descrever o surgimento de sociedades democráticas compostas por grupos com pluralidade de interesses.

A ecologia do século XX surgiu a partir do marco intelectual historicamente associado ao enfoque orgânico da natureza e da sociedade. Seguindo a variante hierárquica do modelo orgânico, os ecologistas das primeiras décadas do século trabalharam com conceitos como "comunidade orgânica", "interdependência mútua", e "evolução para formas superiores" em uma escala hierárquica para compreender não apenas a organização das colônias de bactérias, a comunidade clímax de um espaço ou as comunidades de abelhas e formigas, mas também a organização das sociedades tribais humanas e a economia mundial. Insistiram na evolução para uma maior cooperação em escala global e sustentaram que a natureza poderia proporcionar um modelo adequado para uma ética de compartilhamento humano, de integração e unidade. No entanto, o surgimento da tirania fascista, baseada no modelo do organismo centralizado que glorificava o pai como ditador absoluto, minou o componente hierárquico evolucionista desse argumento, levando a ecologia a se voltar para um caminho matematicamente reducionista.[101]

101. Worster, Donald, *Nature's Economy: The Roots of Ecology* (São Francisco, Sierra Club Books, 1977), cap. 11, 15; Weldon, pp. 30-34; Gasman, Daniel, *The Scientific Origins of National Socialism* (Nova Iorque, Elsevier, 1971).

COMUNIDADE ORGÂNICA

Enquanto o modelo hierárquico medieval enfatizava as distinções de *status* e estamento, uma segunda variante da teoria orgânica, que emergiu da experiência camponesa e da cultura aldeã, baseava-se na nivelação das diferenças e na primazia da comunidade, na vontade do povo e na ideia de autorregulação e consentimento interno. Nesse sentido, ainda que o conjunto da comunidade continuasse a ser considerado mais importante que a soma das partes, estas tinham um valor similar ou quase igual àquela. As ideias de consentimento comum do povo e vontade mútua da comunidade representavam uma formulação da teoria orgânica alinhada ao extremo comunal ou socialista do espectro político. Apesar das inúmeras variações na estratificação social das áreas rurais, a sociedade camponesa de grande parte da Europa ocidental pode ser descrita com precisão em termos de responsabilidades comunais coesas e tradições compartilhadas, exemplificando a variante comunal do modelo orgânico.

Na variante comunal, tanto a lei de Deus quanto a natureza estabeleciam uma igualdade original entre as partes da comunidade aldeã, o uso cooperativo da terra e a partilha comunal de ferramentas e bens. Além disso, o corpo do povo tinha direito a eleger sua própria cabeça, por meio do direito eletivo. O consentimento da comunidade devia validar as ações dos representantes da aldeia, que eram parte do todo e estavam submetidos a ele. Os princípios da soberania do povo, a autorregulação interna e a tomada de decisões estão na raiz de rebeliões camponesas que desafiaram a reafirmação da autoridade dos senhores quando os equilíbrios tradicionais entre terra e camponeses foram transformados.[102]

102. As discussões sobre o modelo comunal se baseiam em: BLUM, Jerome, "The European Village as Community: Origins and Functions", *Agricultural History* 45, n. 3 (1971), pp. 158-60. 164-65; 171-74; GIERKE, O., *Political Theories*, pp. 37-60; GIERKE, O., *The Development of Political Theory*, FREYD, Bernard (trad.) (Nova Iorque, Norton, 1939), pp. 143-63; POWELL, John Duncan, "On Defining Peasants and Peasant Society",

Ainda que existisse um espectro de formas comunais concretas nas milhares de comunidades rurais europeias, o princípio unificador comum a todas era a primazia do bem do grupo sobre o bem do indivíduo. As primeiras comunas territoriais compostas por famílias que viviam em parcelas de terra individuais próximas umas das outras compartilhavam recursos naturais que eram supervisionados pelos representantes locais eleitos. As comunidades aldeãs que gradualmente as substituíram reforçaram ainda mais a cooperação e a unidade do grupo, ao incorporar as terras e os animais de tração aos recursos compartilhados, além de regulamentar o pastoreio e o arado como deveres dos representantes comunitários. A tradição de coesão aldeã superava as divisões e disputas entre os habitantes individuais.

O comunismo agrário alcançou nessas aldeias um novo nível de cooperação com a introdução da plantação obrigatória enquanto resposta ao aumento da população e à escassez de terras. Todas as pessoas da aldeia aravam, plantavam e colhiam simultaneamente para aumentar a produtividade. Em muitas comunidades da Europa central, à medida que as famílias se dividiam, a terra era redistribuída periodicamente, para garantir igualdade de fertilidade, produtividade e acesso às parcelas. Essas variações do modelo de comunidade orgânica se estabeleceram amplamente na maior parte da Europa medieval e moderna, sobrevivendo em muitos territórios da Europa central e oriental até os séculos XVIII e XIX.

Entre os dois extremos – a hierarquia orgânica e a cooperação comunal – se estendiam toda uma série de possibilidades políticas, exemplificadas em doutrinas eclesiásticas, estatais e intelectuais. Uma dessas variantes, por exemplo, minimizava a importância do governo da cabeça e defendia que a comunidade ou o povo deveria ser composto por cidadãos qualificados,

Peasant Studies Newsletter 1, n. 3 (1972), pp. 94-99; Byres, T.J. e Curwen, C.A., "Summary of Eric Hobsbawm, 'Peasants and Politics'" *Peasant Studies Newsletter* 1, n. 3 (1972), pp. 109-14.

excluindo-se as massas indiferenciadas. Uma assembleia de representantes tomaria decisões em nome da comunidade e assumiria a responsabilidade por ela. Diferentes ramos reformistas também se basearam na teoria orgânica para formular o ideal de uma comunidade cristã coletiva.

Assim como a variante hierárquica, o modelo comunal foi gradualmente minado pelo crescimento da economia de mercado baseada nos direitos de propriedade e no intercâmbio de terras e dinheiro. Os avanços na agricultura e o crescimento da indústria rural eliminaram as práticas agrícolas comunais e o controle coletivo dos recursos.[103]

No século XVII, a teoria referente aos direitos de propriedade de John Locke (1632-1704) desafiaria a ideia de que a posse comunal da terra era um direito perpétuo outorgado pelas leis da natureza e da sagrada escritura. Segundo Locke, a terra trabalhada por um indivíduo tornava-se sua propriedade: "A quantidade de terra que um homem lavra, semeia, melhora e cultiva, e cuja produção ele utiliza, converte-se em sua propriedade. De alguma maneira, mediante seu trabalho, ele delimita essa terra, extraindo-a do comum". Ao mesclar o trabalho humano com as sementes, as maçãs, os animais e a terra que a "natureza, mãe de todos", teria concedido, os indivíduos removiam esses "produtos espontâneos" do domínio coletivo e os "convertiam, junto com a terra, em sua propriedade". Ao criar o mundo, Deus ordenara que o "homem [...] dominasse a terra", e, ao fazê-lo, "lhe deu autoridade [...] para se apropriar" dela e formar propriedades privadas. "E dessa maneira, como se pode ver, submeter, cultivar e dominar a terra são a mesma coisa. Um confere direito ao outro".[104]

---

103. Sobre a dissolução da vila comunal na Europa rural, ver BLUM, Jerome, "The Internal Structure and Polity of the European Village Community from the Fifteenth to the Nineteenth Century", *The Journal of Modern History* 43, n. 4 (1971), pp. 541-76, esp. p. 569, e BLUM, J, *The End of the Old Order in Rural Europe* (Princeton/NJ, Princeton University Press, 1978), esp. caps. 10-15.

104. LOCKE, John, "An Essay Concerning the True Original Extent and End of Civil Government" (primeira publicação em 1690), *Two Treatises*

Se não fosse pelo dinheiro – "ouro, prata, diamantes [...] cujo valor é atribuído pela imaginação ou consenso comum" – qualquer excedente se perderia e a terra não seria melhorada. A troca de ouro e prata por terras e produtos era preferível ao simples escambo, pois esses metais "poderiam ser armazenados sem prejuízo a ninguém, já que não se degradariam nem se corromperiam nas mãos de seu possuidor". Ainda que a terra cultivada com produtos úteis – trigo, cevada, tabaco e açúcar – tivesse muito mais valor que a terra não cultivada, também era necessário que esses produtos tivessem um mercado. "Me pergunto, de que lhe serviriam a alguém dez mil ou cem mil acres de excelente terra, de fácil cultivo, bem provida de gado, e situada na parte central do interior das terras americanas, sem a esperança de comercializar com outras partes do mundo e obter dinheiro com a venda do produto?". Sem um mercado, não valeria a pena investir tempo e trabalho para cultivar nada além do necessário para a subsistência. Uma economia de mercado baseada na troca de dinheiro, direitos de propriedade, melhorias agrícolas e domínio da terra minaria tanto a teoria como a prática da comunidade orgânica.

UTOPIAS ORGÂNICAS

Uma terceira variante do modelo orgânico expressava a necessidade de uma revolução social de camponeses e artesãos. A tradição milenarista utópica exigia uma derrocada total da ordem social estabelecida e sua substituição por uma sociedade comunal igualitária e um estado de natureza similar ao antecipado durante o milênio – um período de mil anos em que Cristo reinaria na terra e Satã seria banido. Os movimentos milenaristas possuíam uma continuidade histórica que remontava tanto às "cruzadas dos pobres"

---

of Government, Laslett, Peter (ed.) (Cambridge/Inglaterra, Cambridge University Press, 1960), Segundo tratado, cap. V, seções. 32, 28, 37, 35. Citações subsequentes nas seções 46, 48. Ver também MacPherson, pp. 201-2.

medievais, a Joaquim de Fiore, aos Irmãos do Livre Espírito, aos Amalricanos, a Thomas Muntzer e aos Anabatistas, quanto às dissidências religiosas da Guerra Civil Inglesa, como os *Seekers* (Buscadores), *Ranters* (Extravagantes), *Levelers* (Niveladores), *Antinomians* (Antinomistas) e *Muggeltonians* (Muggeltonianos). Esses grupos, ao lado dos intelectuais que se identificavam com suas ideias, tinham a convicção que uma nova era de liberdade e amor surgiria, na qual Deus se manifestaria a partir do interior dos indivíduos e haveria uma repartição igualitária de comida, roupas e bens. Em diferentes momentos e lugares, líderes e grupos tentaram acelerar a chegada dessa era milenar e criar comunidades baseadas em um estado de natureza igualitário e na propriedade comunal da riqueza. As razões pelas quais essas rebeliões acabaram fracassando são diversas, indo, por exemplo, desde a derrota por meio da força militar da igreja ou do estado até traições internas cometidas pelos próprios líderes da rebelião.[105]

O milenarismo constituiu uma forma pré-industrial de revolução social. Ele se diferenciava dos movimentos surgidos durante a Revolução Industrial, por preparar as pessoas para aceitar as mudanças revolucionárias por meio da revelação, no lugar de fazê-lo politizando a classe trabalhadora. Sinais nos céus, profetas e salvadores apareceriam para predizer a chegada do Milênio. Por exemplo, desde a Idade Média persistia a profecia de que Frederico I (Barba Ruiva), rei da Alemanha, ressuscitaria. Ele havia falecido em 1190 durante a Terceira Cruzada e era idealizado como um salvador dos pobres, que traria consigo um estado comunal. Expulsaria o Papa, visto como o Anticristo, e destruiria a sua corte – o clero perverso,

---

105. COHN, Norman, *The Pursuit of the Millennium: Revolutionary Millenarians and Mystical Anarchists of the Middle Ages* (Nova Iorque, Oxford University Press, 1970); MORTON, Arthur Leslie, *The Everlasting Gospel: A Study in the Sources of William Blake* (Nova Iorque, Haskell House, 1966); HILL, Christopher, *The World Turned Upside Down* (Nova Iorque, Viking Press, 1972); HOBSBAWM, Eric, *Primitive Rebels* (Nova Iorque, Norton, 1959), pp. 58-59 (tradução ao português por GARSCHAGEN, Donaldson M., *Bandidos*, São Paulo, Paz e Terra, 2012).

os ímpios, e os leigos ricos e bem alimentados. Ao longo da Idade Média, profetas e manifestos escritos mantiveram vivas as influências revolucionárias e as esperanças concretas dos pobres na chegada de uma nova ordem social.

No início do século XVII, dois programas utópicos, *City of Sun* [Cidade do Sol], de Tommaso Campanella (1602), e *Christianopolis,* de Johann Valentin Andreae (1619), articularam uma filosofia baseada no compartilhamento comunal que respondia aos interesses dos artesãos e dos pobres em busca de uma distribuição mais equitativa da riqueza, sustentada na harmonia original entre pessoas e natureza.[106] Essas obras contrastavam significativamente com uma terceira utopia, *A Nova Atlântida,* de Francis Bacon (1672), que minou e transformou o conceito de comunidade utópica orgânica. Ainda assim, historiadores frequentemente têm enfatizado as similitudes entre as três obras, relacionando-as ao surgimento da ciência moderna e à uma nova teoria da educação. Como veremos adiante, as ideias de Bacon estavam profundamente ligadas à ascensão da economia de mercado, que tendia a alargar a distância entre as classes sociais ao concentrar

106. Campanella, Tommaso, *La Cittá del Sole* (escrito em 1602), (Roma, Colombo Editore, 1953, primeira publicação em 1623). As citações se referem à tradução inglesa de Halliday, Thomas, "The City of the Sun", em Morley, Henry (ed.), *Ideal Commonwealths* (Nova Iorque, Colonial Press, 1901), pp. 141-79. A tradução para o inglês de Halliday é ligeiramente abreviada. Uma tradução completa para o francês por Jules Rosset pode ser encontrada em *Oeuvres Choisies* de Campanella, précédées d'une Notice par Mme. Louise Colet (Paris, 1844); Andrea, Johann Valentin, *Christianopolis: An Ideal State of the Seventeenth Century.* Held, Felix Emil (ed. e trad.) (Urbana, University of Illinois Press, 1914; primeira publicação em 1619), pp. 133-280. Comentários importantes sobre essas utopias podem ser encontrados em Berneri, Marie Louise, *Journey Through Utopia* (Boston, Beacon Press, 1950), cap. 2; Blodgett, Eleanor, "Bacon's New Atlantis and Campanella's Civitas Solis: A Study in Relationships", *PMLA* 46 (1931), pp. 763-80; Eurich, Nell, *Science in Utopia: A Mighty Design* (Cambridge, Mass, Harvard University Press, 1967); Held, Felix Emil, "Introductory Essay", em Andrea, *Christianopolis,* pp. 3-128; Mumford, Lewis, *The Story of Utopias* (Nova Iorque: Boni and Liveright, 1922), caps. 4, 5 (traduzido ao português por Botto, Isabel Donas, *História das Utopias*, Lisboa, Antígona, 2007).

a riqueza – mediante a exploração e transformação da natureza em nome do progresso – nas mãos de mercadores, alfaiates, empreendedores aventureiros e os fazendeiros *yeomen*. As comunidades utópicas de Andreae e Campanella continham uma visão mais igualitária entre mulher e homem e entre artesão e patrão, se as comparamos com comunidades mais hierárquicas e patriarcais de Bacon. De todos os modos, a metodologia indutiva de Bacon, que permitiu estabelecer um precedente segundo o qual todas as pessoas poderiam verificar a verdade por si mesmas, também foi fundamental para o desenvolvimento do igualitarismo.

Sob a perspectiva contemporânea, as utopias de Campanella e Andreae contêm alguns aspectos positivos e outros, nem tanto. Algumas de suas ideias serviram de base para movimentos utópicos de "regresso à terra", que recusavam a divisão de trabalho e a alienação do indivíduo em relação ao trabalho produtivo, consequências dos modos de organização econômica do capitalismo. No entanto, Campanella defendia um programa de eugenia, posteriormente considerado repressor à luz do holocausto de base genética de Hitler, enquanto a sociedade ideal de Andreae se fundamentava em um rígido moralismo calvinista.

Tommaso Campanella (1568-1639) inspirou-se no filósofo renascentista Bernardino Telesio (1509-1588) para formular a teoria de que Deus era imanente à natureza e que toda a matéria estava viva. Ele explicava as mudanças na matéria como resultado das disputas entre os opostos, como calor e frio, que era a origem do próprio movimento dinâmico da matéria (ver capítulo 4). Na sua tentativa de estabelecer uma sociedade ideal baseada em pressuposições holísticas, Campanella liderou, em 1599, um movimento revolucionário para derrubar o domínio espanhol em Nápoles e em toda a província da Calábria, no sul da Itália. Fenômenos celestes interpretados como presságios do advento do Milênio indicaram-lhe a necessidade de uma revolução política imediata, bem como de uma fusão de todos os ramos religiosos para que o mundo pudesse regressar à uma fé simples, natural e primitiva, característica da Era Dourada. A nova sociedade libertaria o povo da escravidão tirânica instaurada por usurpadores políticos e religiosos, estabelecendo a propriedade comunal e o governo da irmandade. Um novo e único Deus, imanente à natureza, se revelaria junto à verdadeira religião espiritual, que, no lugar de rebaixar a natureza, a elevaria, tal qual o faria um artesão divino. Sob essa nova norma social, corpo e espírito funcionariam em harmonia.[107]

Os signos do céu indicavam que o Milênio se aproximava, e era importante preparar as pessoas da Calábria para uma nova cidade de Deus, onde toda a humanidade viveria com saúde e em santidade. De acordo com essa previsão, a comunidade teria que se libertar do domínio espanhol. Assim, inspirados pelas palavras de Campanella, o povo e os nobres se uniram e deram início a uma rebelião armada.

Em Nápoles, as condições para uma revolta eram ainda mais propícias. Todas as camadas sociais estavam em tensão, e as pessoas, enfurecidas com as desigualdades sociais e as medidas fiscais. Os senhores estavam descontentes com o governo do Vice-rei, enquanto o papado e o bispado lidavam com complexas disputas jurídicas. Das aproximadamente 70 mil pessoas que viviam em Nápoles, entre 10 e 15 mil eram trabalhadores exaustos e esgotados pelo trabalho árduo.

---

107. Sobre a filosofia da natureza de Campanella, ver Campanella, Tommaso, *De Sensu Rerum et Magica*, (escrito em 1591) (Frankfurt, 1620); Telesio, Bernardino, *De Rerum Natura*, 1565 (Nápoles, 1587; primeira publicação em 1565); seleções em Fallico, Arturo B. e Shapiro, Herman (ed. e trad.), *Renaissance Philosophy* (Nova Iorque, Modern Library, 1967), vol. 1; sobre Telesio, ver pp. 302-38, sobre Campanella, ver pp. 338-79; Blanchet, Leon, *Campanella* (Nova Iorque, Franklin, 1920), pp. 30, 33-36, 38, 40; Walker, D. P., *Spiritual and Demonic Magic from Ficino to Campanella* (Nova Iorque, Kraus Reprints, 1958), pp. 203-36; Yates, Frances, *Giordano Bruno and the Hermetic Tradition* (Nova Iorque, Vintage Books,1969), pp. 360-97; e Yates, F., *The Art of Memory* (Chicago, University of Chicago Press, 1966); Bonansea, Bernardino M., *Tommaso Campanella* (Washington, D. C.: Catholic University of America Press, 1969), p. 29.

Para preparar a revolta, Campanella começou a pregar para grandes audiências, descrevendo com eloquência o significado dos sinais que apareciam nos céus. Seu objetivo era converter as pessoas a uma verdadeira religião espiritual, que estaria na base de sua república ideal. Com o apoio de seu amigo Dionísio Ponzio e a determinação do nobre Maurício de Rinalis, os conspiradores se prepararam para libertar o país da tirania espanhola com um levante em Catanzaro, perto da ponta da Itália, precipitando um ataque armado contra o Chateau d'Arena.

No final de agosto de 1599, tudo estava pronto para a revolta. Em um discurso inflamado a seus companheiros na montanha de Stilo, Campanella proclamou que a vitória estava próxima e descreveu a felicidade que todos desfrutariam na cidade perfeita, construída pelo esforço comunal. No entanto, os planos foram frustrados com a chegada das tropas do vice-rei espanhol que, em 6 de setembro de 1599, prendeu Campanella e o resto dos conspiradores. Campanella foi capturado, encarcerado e levado a Nápoles, onde foi acusado de heresia e conspiração, e encarcerado. Permaneceu nessa condição por 27 anos, ao longo dos quais sofreu torturas em quatro ocasiões.

A maior parte de suas volumosas obras, incluindo a utópica *Cidade do Sol*, foi escrita no cárcere, sem acesso a livros e sob condições físicas deploráveis. Durante a primeira parte de sua vida, Campanella foi um revolucionário que desenvolveu planos concretos para alcançar uma sociedade melhor e buscou realizá-los ativamente. Após anos de encarceramento pela Inquisição Espanhola, ele foi libertado por um curto período em 1626, mas, em menos de um mês, foi novamente preso e mantido recluso no Vaticano até 1629. Campanella passou os últimos anos de sua vida na França (1633-1639), onde recebeu proteção do cardeal Richelieu, em quem depositou suas esperanças para unificar o mundo naquele momento. Sua aliança final com o Papa Urbano VIII (Papa entre

1623 e 1644) e a monarquia francesa, em um arranjo no qual trocou a rebelião pela proteção e pela liberdade de publicar e ensinar, representou uma guinada conservadora para a sua trajetória revolucionária.

Valentin Andreae (1586-1650) era um reformista mais que um revolucionário, ainda que suas reformas, assim como as de Campanella, se voltassem à criação de uma sociedade igualitária. Seu *Christianópolis* (1619) descrevia uma sociedade utópica na qual o trabalho era equitativamente distribuído entre todos e a formação educacional estava acessível para ambos os sexos.

Como Campanella, Andreae queria converter sua utópica *Christianópolis* em uma realidade social. Em 1620, mudou-se para Calw, na Floresta Negra, onde, como pastor luterano, formou um sistema social que se expandiu a partir de um núcleo da congregação até formar uma comunidade mais ampla. Na base de sua sociedade estava uma união de trabalhadores têxteis e tintureiros da indústria de Calw, composta inicialmente por treze famílias. Essas famílias, conhecidas como *Fäberstift* [Lápis de Colorir], contribuíam coletivamente para financiar a educação dos jovens, especialmente os órfãos e as crianças pobres, o funcionamento de uma biblioteca, o cuidado com os doentes, idosos e viúvos, além do apoio à comunidade e aos serviços da igreja. A ênfase no avanço educacional por parte de reformadores como Andreae e o tcheco Jan Amos Comenius (1592-1670) logo se expandiu para a Inglaterra, onde influenciou o círculo conhecido como *Invisible College* [Faculdade Invisível], que reunia cientistas e educadores do século XVII, como Samuel Hartlib, John Dury, Theodore Haak e Robert Boyle. Esse movimento preparou o caminho para a fundação da primeira sociedade científica inglesa, a *Royal Society of London* [Sociedade Real de Londres], em 1660.[108]

108. Montgomery, John Warwick, *Cross and Crucible: Johann Valentin Andreae (1586-1654), Phoenix of the Theologians* (Haia, Nijhoff, 1973), vol. 1, pp. 63, 68; Held, "Introduction" a *Christianopolis* de Andrea, p. 13;

O contexto social em que Campanella e Andreae inicialmente propuseram suas comunidades utópicas sugere que essas sociedades eram respostas diretas às necessidades reais das pessoas do século XVII, e que ambos os autores postularam essas ideias como alternativas concretas às condições sociais existentes. Essas sociedades comunais encarnavam uma filosofia orgânica que situava as pessoas *no interior* da natureza, em vez de *acima* dela. Elas representavam ideais que, de muitas formas, podem ser uma inspiração ainda hoje em dia – em nossa busca por antídotos aos problemas derivados da urbanização e da industrialização –, assim como o eram para os reformadores que buscavam alterar as relações de poder na sociedade hierárquica.

HOLISMO

Os habitantes da *Cidade do Sol,* de Campanella, viviam em um cosmos holístico orgânico. Sua terra era como um animal que possuía em seu interior a fonte do movimento e que vivia do sangue de suas próprias entranhas. Como na hermética Tábua de Esmeralda, a Terra era considerada uma mãe e o Sol, um pai:

> Definem que as coisas inferiores têm dois princípios físicos, o Sol é o pai e a Terra, a mãe; o ar é uma porção impura dos céus; todo o fogo deriva do Sol. O mar é o suor da terra e o fluido da combustão e fusão em suas entranhas, assim como o vínculo de união entre o ar e a terra e como o sangue entre o espírito e a carne dos animais. O mundo é um grande animal, e nós vivemos em seu interior da mesma forma que os vermes vivem em nosso interior.[109]

Atualmente, reconhecemos que as inter-relações e a unidade orgânica entre as partes de um sistema, bem como a manutenção da diversidade ecológica, são fundamentais para que

---

EURICH, *Science in Utopia*, pp. 147-52; JONES, Richard Foster, *Ancients and Moderns* (Berkeley, University of California Press, 1965), pp. 88, 131-32.

109. CAMPANELLA, "City of the Sun", p. 178.

os ecossistemas sejam viáveis na natureza. Em culturas nativas e tradicionais que mantêm um equilíbrio com seus ambientes, normas, rituais e práticas religiosas exercem a função latente de prevenir a superpopulação e a superexploração dos recursos. Na *Cidade do Sol*, esses princípios guiavam sutilmente as normas e práticas da comunidade. A natureza era um todo orgânico no qual os ciclos humanos e naturais estavam integrados. As práticas agrícolas e a criação de animais eram realizadas em harmonia com os ciclos das estações – um forte contraste, como veremos, com *A Nova Atlântida* de Bacon. A terra era cultivada somente para a sobrevivência; bosques e florestas eram deixados para os animais selvagens. A criação de bois, ovelhas, galinhas, patos e gansos era desenvolvida em harmonia com os ciclos naturais dos ventos e com o surgimento sazonal das estrelas e constelações favoráveis. Os princípios holísticos sobre os quais a comunidade baseava sua vida também se aplicavam à escala individual. A diversidade alimentar era considerada essencial para manter o corpo saudável. A dieta alternava entre carne e peixe para que as reservas de alimentos não se esgotassem e a natureza jamais fosse "incomodada ou debilitada".[110] O número de refeições diárias variava conforme a idade, garantindo que as necessidades naturais fossem atendidas:

> Havia em sua dieta carne, manteiga, mel, queijo, vegetais e verduras de vários tipos. Em princípio, recusavam matar animais porque lhes parecia cruel. No entanto, considerando que também era cruel cortar as ervas com quem compartilhavam os sentidos, consideravam que morreriam de fome, a menos que tomassem alguma ação injustificável, ainda que de acordo com motivos justificáveis, de maneira que todos passaram a comer carne. No entanto, eles não matavam voluntariamente animais úteis, como bois e cavalos.[111]

De maneira semelhante a teorias contemporâneas de saúde holística, que se valem de princípios organicistas antigos e

110. *Ibid.*, p. 169.

111. *Ibid.*

renascentistas, a *Cidade do Sol* preservava a harmonia natural do corpo por meio de remédios naturais. Ervas eram utilizadas como tratamentos suaves para as enfermidades, enquanto purgativos mais fortes eram recomendados apenas em casos raros. O corpo era tratado como um todo mais que como uma soma das partes separadas, e se mantinha tonificado mediante um programa regular de ginástica. A saúde, que dependia do delicado equilíbrio dos quatro humores, podia ser fortalecida mediante o uso de infusões naturais preparadas com tomilho selvagem, hortelã, manjericão, alho amassado ou vinagre. Para curar a febre eram recomendados banhos relaxantes, idas ao campo e exercícios moderados.

As pessoas comiam de acordo com as necessidades de seu próprio corpo, tal como determinava sua idade e nível de atividade. Assim, a população em geral comia duas vezes ao dia, enquanto os anciãos, três, consumindo alimentos de fácil digestão. Os jovens e ativos necessitavam de quatro refeições diárias. Uma dieta apropriada, exercícios suficientes e higiene constituíam as bases de um programa de atenção à saúde fundamentado na medicina preventiva.

A ênfase sobre a unidade orgânica na agricultura, a comunidade e o corpo humano se manifestava também na relação entre o cosmo e a cidade. O planejamento urbano e o desenho ambiental eram aspectos essenciais do caráter holístico da *Cidade do Sol*. A própria cidade era uma réplica em miniatura de um macrocosmo mais amplo. O templo do sol, situado no alto de uma colina e no centro da cidade, era rodeado por sete muralhas concêntricas que representavam os sete planetas e levavam seus nomes. Quatro ruas e quatro portões se orientavam na direção dos quatro pontos cardeais. O templo circular central era uma pequena representação do plano dos céus.

A ciência, frequentemente considerada hoje como uma disciplina autônoma e isolada, era uma parte integrante da vida cotidiana e da educação dos solarianos. As fachadas das muralhas da cidade possuíam pinturas com representações e diagramas das ciências naturais. As artes mecânicas, seus usos e inventores eram retratados na muralha mais interna, enquanto proporções e definições matemáticas apareciam na muralha externa. Os muros intermediários possuíam pinturas de todos os metais e pedras preciosas conhecidos, de árvores e ervas, de peixes de água doce e salgada, de aves, mamíferos, insetos, minhocas e serpentes. A ilustração de cada exemplar era acompanhada de uma descrição de suas propriedades, localização, costumes, métodos de produção e de reprodução, usos medicinais e importância para a humanidade.

Cada indivíduo podia absorver as harmonias e influências do macrocosmo, não só durante as visitas ao templo, mas no cotidiano da própria cidade. Segundo a teoria neoplatônica renascentista, as representações pictóricas e simbólicas dos corpos celestes, impregnadas das influências das estrelas por meio do *spiritus mundi* (espírito do mundo), podiam transmitir seus poderes a quem as observasse.[112] Dessa maneira, a alma de cada indivíduo podia estar em consonância com o cosmos e integrada ao universo maior. O plano da cidade era desenhado para que as pessoas vivessem em harmonia com seu ambiente orgânico mais amplo.

Esses mesmos princípios holísticos integravam a cidade ideal de Valentin Andreae, *Christianópolis*. Situava em uma ilha triangular, *Christianópolis*, assim como a *Cidade do Sol*, era um "mundo em miniatura", habitado por pessoas com ideais e princípios comuns. A ilha era "[...] rica em grãos e pastagens, irrigada por rios e riachos, adornada com bosques e vinhas, repleta de animais, exatamente como se fosse um mundo inteiro em miniatura. Poder-se-ia pensar que aqui o céu e a Terra se casaram e viveram juntos em paz eterna".[113]

112. YATES, Bruno, cap. 4, pp. 62-83; WALKER, D.P., *Spiritual and Demonic Magic from Ficino to Campanella* (reedição Nendeln/Liechtenstein, Alemanha, Kraus Reprint, 1969; primeira publicação em 1958), cap. 1 e 2, pp. 3-59.

113. ANDREA, *Christianopolis*, p. 143.

Em contraste com o plano circular da *Cidade do Sol*, *Christianópolis* foi planejada na forma de um quadrado, orientado pelos quatro pontos cardeais. O ar fresco e a ventilação, a água corrente e os mananciais contribuíam para uma atmosfera saudável. Os fossos eram armazenados com peixes, e espaços abertos eram preservados para os animais selvagens. A cidade em si era uma unidade compacta, na qual cada parte cumpria uma função específica para o bem do todo. A água clara e limpa fluía pela cidade, abastecendo as casas. Canais subterrâneos removiam os resíduos diários das residências, promovendo a saúde pública e proporcionando um ambiente agradável.

Segundo Andreae, as pessoas não eram bestas enviadas ao mundo "somente para devorar os pastos da terra",[114] e por essa razão eram incentivadas a utilizá-los com moderação, gratidão e precisão. Assim, os laboratórios científicos ensinavam os detalhes da história natural por meio de um sistema de memória visual. Nas paredes do vestíbulo de física, eram representadas imagens detalhadas de animais, plantas, rochas, gemas, sociedades humanas e regiões naturais da Terra. As crianças aprendiam os nomes, tipos e usos das ervas por meio de jogos e, por meio de uma observação precisa, tornavam-se capazes de reconhecê-las na natureza.

Outras imagens pintadas nas paredes do ateliê de artes pictóricas retratavam as diferentes regiões da Terra, esboços de máquinas e estatísticas, estudos de perspectivas e fortificações elaboradas por engenheiros militares. Instrumentos astronômicos, como os desenvolvidos por Tycho Brahe, eram utilizados para a observação das estrelas. Diagramas celestes ilustravam os movimentos, harmonias, posições e formatos de planetas e estrelas específicas. No laboratório de ciência química, estudavam-se as propriedades dos metais, minerais e vegetais, para que fossem empregados na melhoria da saúde e no benefício da humanidade. A escola era rodeada por jardins

114. *Ibid.*, p. 231.

que abrigavam o "herbário vivo", com as milhares de plantas usadas para fazer remédios, cozinhar e decorar, assim como, fora das muralhas, se localizavam os campos onde os alimentos eram cultivados.

Na comunidade de Andreae, a natureza era imitada para que seus princípios pudessem ser emulados, unindo a Terra e o céu em matrimônio. Em *Christianópolis*, a ciência servia ao interesse humano porque era ensinada a todos os membros da comunidade e usada em harmonia com a natureza, e não para fins de exploração. A natureza não era transformada ou torturada, como nos laboratórios d'*A nova Atlântida* de Bacon, mas simplesmente observada e emulada. As ciências naturais e as artes mecânicas, tanto na *Cidade do Sol* quanto em *Christianópolis,* serviam a artesãos e camponeses devido ao elevado *status* que possuíam na comunidade e à grande valorização do artesanato e das artes manuais.

TRABALHO

Um dos mais graves problemas humanos do capitalismo industrial tem sido a alienação psicológica causada pelo trabalho assalariado diário de uma pessoa empregada em uma empresa ou indústria, que é propriedade de outra pessoa que, por sua vez, é quem obtém o dinheiro e o *status* de vida mais elevado. Um tipo de alienação não muito diferente pode ser encontrada nas sociedades modernas comunistas e socialistas, nas quais a extensa burocracia requerida para administrar a indústria também se interpõe entre trabalhador e produto. A unidade entre uma vida significativa e um trabalho produtivo prático, que se perdeu hoje em dia para milhares de pessoas nos estratos mais baixos da sociedade, era parte fundamental da cidade ideal orgânica de Andreae. Em *Christianópolis*, o trabalho manual era chamado de "ocupação das mãos". Todas as pessoas dedicavam a mesma quantidade de tempo ao trabalho e ao lazer. O trabalho não prejudicava, mas sim beneficiava o corpo. "Porque entre nós – os forasteiros – reina a fadiga do esforço, enquanto neles as energias se fortalecem pelo perfeito equilíbrio entre trabalho e lazer, de modo que nunca empreendem uma tarefa laboral sem entusiasmo. Trabalham poucas horas, mas realizam tanto quanto em outros lugares, porque todos consideram vergonhoso que alguém descanse e tenha mais tempo de lazer do que o permitido".[115]

O advento da ciência moderna foi atribuído por alguns historiadores à atenção dada por eruditos da Renascença às habilidades empíricas e mecânicas da classe artesã. A *Christianópolis* de Andreae reflete tais interesses, mas vai além da ideia de meramente fazer uso das técnicas disponíveis, ao honrar as próprias pessoas. Artesãos eram a coluna vertebral da comunidade, tratados com muito respeito. Entre eles estavam:

> Trabalhadores de latão, estanho, ferro; fazedores de talheres, torneiros, fabricantes de caixas de joias, escultores, trabalhadores de gesso, assentadores, tecelões, peleiros, sapateiros e, entre as artes mais nobres, escultores, relojoeiros, ourives, fabricantes de órgãos musicais, gravadores, joalheiros, e um número incontável de outras profissões não depreciáveis. Curtidores, fabricantes de arreios, ferreiros, fabricantes de carroças e baús, cortadores de pedras, vidreiros – todos eles você vai encontrar aqui.[116]

O próprio plano da cidade se baseava na integração de todos os aspectos da vida com o trabalho produtivo. Um terço da cidade era designado para a produção e armazenagem dos alimentos, um terço para o exercício físico e um terço estava reservado para a beleza cênica. Na porção dedicada à produção, as terras agrícolas ficavam voltadas para o leste, os moinhos e fornos para o sul, a preparação da carne e as cozinhas situavam-se ao norte e as forjas de metal, a oeste. "A cidade inteira funcionava, pode-se dizer, como uma única oficina, mas que incluía todos os tipos de ofícios".[117]

115. *Ibid.*, p. 161.

116. *Ibid.*, p. 157.

117. *Ibid.*, p. 160.

Em *Christianópolis,* todos os cidadãos, incluindo os artesãos e trabalhadores, recebiam a mesma educação para que entendessem os fundamentos teóricos de seu próprio trabalho. Uma vez instruídos nas bases científicas da sua profissão, compreendiam e encontravam "prazer nas partes mais íntimas da natureza". Cada indivíduo participava de atividades tanto manuais como mentais. Mente e corpo tinham a mesma importância, e os trabalhos manuais e intelectuais eram inseparáveis:

> Essa característica [...] é exclusiva deles, ou seja, seus artesãos são quase inteiramente homens instruídos. Aquilo que algumas pessoas acreditam ser privilégio de poucos, [...] os habitantes pensam que deveria ser acessível a todos. Dizem que nem a sutileza das letras, nem a dificuldade do trabalho, são tão grandes para que um só homem, se oferece-lhe o suficiente, não possa dominar a ambos. Ainda assim, há aqueles que se inclinam a uma ou outra ocupação e preferem se especializar em uma profissão determinada, convertendo-se em professores em comparação aos seus companheiros, para então ensinar os demais.[118]

No contexto da sociedade do século XVI, na qual o acesso às habilidades literárias e à educação era restrito às classes altas e parte da burguesia, advogar por uma educação igualitária entre trabalhadores e intelectuais constituía um ideal revolucionário e inovador.

Dentro de um cenário no qual o bem comum se sobrepunha aos benefícios econômicos individuais, Andreae reconheceu a importância do incentivo individual, do orgulho pelo próprio trabalho e da recompensa da competição. Assim, alguns trabalhadores eram reconhecidos como mestres artesãos. O gênio inventivo era valorizado e incentivado e a necessidade humana que os artesãos possuíam de competir e ser recompensados era reconhecida e contemplada.

Na *Cidade do Sol,* da mesma maneira que em *Christianópolis,* as artes manuais eram tidas em alta consideração. O maior

118. *Ibid.*, citações em p.154,157.

prestígio era atribuído às ocupações ligadas aos metais e à construção, porque requeriam mais trabalho. Logo abaixo estavam aqueles habilidosos nas artes manuais, e em último, ainda que considerados de nobre importância, estavam aqueles com conhecimentos de assuntos agrícolas e militares.

Todos os habitantes participavam da produção de alimentos e bens, e trabalhavam no campo para que compreendessem a importância de cuidar e criar os animais. Se ridicularizava a nobreza europeia, por não dominar nenhum talento e por considerar desprezível o trabalho manual.

A divisão equitativa do trabalho na *Cidade do Sol* permitia que cada pessoa pudesse se dedicar a atividades literárias e culturais. As jornadas de trabalho eram de apenas quatro horas por dia, o que possibilitava que o restante do tempo fosse empregado para "aprender alegremente, por meio de debates, leituras, recitais, escritas, caminhadas, exercícios para a mente e o corpo, e brincadeiras".[119] Assim como em *Christianópolis*, a democratização do trabalho, da educação e do lazer para todas as pessoas contrastava fortemente com as práticas e normas predominantes no século XVI.

O COMPARTILHAMENTO COMUNAL

Tanto *Christianópolis* quanto a *Cidade do Sol* eram comunidades onde os bens, a propriedade e o conhecimento eram compartilhados por todos os habitantes. Não havia diferenças entre ricos e pobres, pois a riqueza não tinha um significado em termos econômicos reais, mas sim um significado dialético em termos de valor. "Mas entre eles (os habitantes da *Cidade do Sol*), a comunidade lhes converte a todos em ricos e pobres, ao mesmo tempo. Todos são ricos porque nada querem e pobres porque nada possuem; por conseguinte, não são servos das coisas, mas sim as coisas que lhes servem".[120]

119. Campanella, "City of the Sun", p. 158.

120. *Ibid.*, pp. 158-59.

Tanto a *Cidade do Sol* como *Christianópolis* encarnavam a necessidade dos pobres em obter uma distribuição equitativa da riqueza e também a filosofia segundo a qual o todo é maior que a soma das partes. Na *Cidade do Sol* "ninguém deseja necessidade ou luxo". A propriedade privada e a posse eram consideradas produtoras de vaidade e ganhos individuais. Ao renunciar à propriedade privada, o amor se dirigia para toda a comunidade, em vez de centrado no indivíduo. Assim, em *Christianópolis*, "ninguém tem dinheiro e, no entanto, a república possui seu próprio tesouro. Nesse sentido, os habitantes são especialmente abençoados, porque ninguém pode ser superior a outro pela quantidade de riquezas que possui".[121]

Em ambas as sociedades comunais, os recursos naturais eram utilizados somente para suprir as necessidades da comunidade como um todo. A natureza não era violada para obtenção de lucros, método do qual a crescente economia capitalista era cada vez mais dependente. As necessidades da comunidade prevaleciam sobre os interesses particulares da classe mercantil.

Por um lado, em *Christianópolis* os bens eram produzidos para serem usados, mais do que para a obtenção de lucro. As matérias-primas – "metais, pedras, madeiras e as coisas necessários à tecelagem" – eram reunidas para a produção de bens comunais:

> Toda a produção era trazida ao armazém público. A partir daí, cada trabalhador recebia em mãos todo o necessário para o trabalho da semana seguinte. A cidade inteira funcionava, por assim dizer, como uma única oficina, que incluía todo tipo de arte. Ninguém possuía dinheiro e sequer havia usos para o dinheiro privado: ainda assim, a república possuía seu próprio tesouro.[122]

---

121. *Ibid.*, p. 150, 147; Andrea, *Christianopolis*, p. 161.

122. Andrea, p. 157, 161.

MULHERES

Tanto em *Christianópolis* quanto na *Cidade do Sol*, as mulheres possuíam mais liberdade do que na sociedade real do século XVI, ainda que isso se devesse a diversos fatores, e em ambos os lugares houvesse aspectos que podemos considerar discutíveis.

Na *Cidade do Sol*, as mulheres eram instruídas em defesa pessoal e estratégia militar, assim como as espartanas e amazonas, por instrutoras e magistrados. Assim como os homens, elas vestiam togas apropriadas para a guerra, ainda que as suas fossem de um comprimento menor, mais abaixo dos joelhos. Aprendiam a fabricar e a disparar balas de canhão, jogar pedras desde um precipício e métodos de ataque por terra. Qualquer mulher que demonstrasse medo era severamente castigada. Quando as batalhas chegavam a um ponto de muita belicosidade, permitia-se que as mulheres armadas e os jovens em formação se retirassem para se resguardar, mas com o dever de ajudar cuidando e atendendo os feridos.

Ainda assim, o papel da mulher na *Cidade do Sol* era bastante limitado. Tanto os homens como as mulheres realizavam trabalhos mecânicos e intelectuais, mas as tarefas fisicamente mais exigentes eram atribuídas aos homens. As mulheres se ocupavam de tecer, fiar, coser, ordenhar, fazer queijo, cortar cabelo, tocar música e oferecer cuidados médicos. Essa lista excluía atividades como "trabalho com a madeira" e "fabrico de armas".[123]

Uma vez que o trabalho, o exercício e o treinamento militar garantiam excelente força física e forma às mulheres da *Cidade do Sol*, elas não "perdiam sua cor, ficavam pálidas, fracas ou pequenas", como ocorria com as mulheres da sociedade ociosa do século XVI. Os padrões de beleza valorizavam a força, a agilidade e a altura em vez do uso do ruge facial, dos saltos altos e dos vestidos de cauda longa, comuns no mundo

123. Campanella, "City of the Sun", p. 153.

real. Ainda que enfatizasse a beleza natural em detrimento aos truques artificiais, Campanella era demasiadamente fanático a esse respeito: mulheres que usassem tais métodos artificiais para atingir a beleza eram "condenadas à pena capital".[124]

Os autores utópicos queriam que o conhecimento científico estivesse disponível para todas as mulheres da sociedade, não só para aquelas que pertenciam às classes altas ou aos salões da corte. Na *Cidade do Sol* de Campanella, crianças de ambos os sexos eram educadas, quando cumpriam seis anos, nas ciências naturais e mecânicas:

> Uma vez desmamado (aos dois anos), o infante era entregue aos cuidados das Mestras, se fosse menina; aos Mestres, se fosse menino. E assim, junto com as outras crianças, era instruído de forma amável no conhecimento do alfabeto, na corrida, caminhada e luta; assim como nos desenhos históricos e nas línguas; e eram vestidos com roupas de cores diferentes. A partir do seu sexto ano, eram ensinados em ciência natural e, depois, em ciências mecânicas.[125]

As crianças de *Christianópolis* deveriam ser entregues ao estado aos seis anos, momento em que eram divididas em turmas para receber educação. Eram instruídas tanto por homens quanto por mulheres; os meninos eram ensinados pela manhã; as meninas, à tarde. "Não sei por que esse sexo (feminino), não menos educável por natureza, é excluído da aprendizagem em outros lugares. O restante do tempo era dedicado à formação manual e às artes e ciências domésticas, atribuindo a cada indivíduo uma ocupação de acordo com sua própria inclinação natural".[126] As jovens deveriam receber uma educação ampla, ensinadas pelas esposas dos homens responsáveis pelos meninos e viúvas, as quais, em *Christianópolis*, eram honradas como mães.

---

124. *Ibid.*, p. 157.

125. *Ibid.*, p. 155.

126. Andrea, *Christianopolis.* p. 210.

Era esperado que as mulheres casadas empregassem o conhecimento aprendido na escola; no entanto, não possuíam voz na política:

> Quaisquer que sejam seus estudos, sendo mentalmente dotadas, melhoram diligentemente, não só para expandirem seu próprio conhecimento, mas também para que algum dia possam ensiná-lo. Na igreja e no conselho não têm voz, ainda assim brilham com seus dons do céu. Deus nada negou a esse sexo, prova desse piedoso fato é o exemplo mais glorioso da eternamente abençoada Maria.[127]

Se os homens se casassem com mulheres demasiadamente dominadoras, a culpa era deles, por serem demasiado fracos. Cada um dos dois deveria ser igualmente responsável por seus próprios deveres, e não poderia existir regras secretas para a mulher. O maltrato à mulher em *Christianópolis* era considerado uma desonra e uma raridade.

Parteiras eram tidas na mais alta estima e somente as que eram muito versadas em conhecimentos científicos, capacidades médicas e religiosidade eram consideradas aptas para ocupar essa estimada posição. As conquistas das mulheres durante o parto e a força com a qual suportavam as dores eram mais valorizadas do que as façanhas de todos os atletas do mundo.

Dos dois autores, as perspectivas de Campanella sobre a família eram as mais radicais. As pessoas compartilhavam dormitórios e comiam em mesas comunais. Aos dois anos as crianças eram desmamadas e entregues aos cuidados das mestras e mestres. Andreae, por outro lado, manteve a estrutura familiar. Os habitantes de *Christianópolis* viviam em 264 casas separadas e mobiliadas de forma simples, cada uma contendo três quartos, um jardim perfumado e uma pequena dispensa privada. Todas as casas eram propriedade da comunidade.

127. *Ibid.*, p. 260.

POLÍTICA E COMUNIDADE

As utopias de Andreae e Campanella podem ser consideradas respostas políticas e religiosas à quebra da comunidade que ocorria diante da expansão comercial e à contínua desintegração feudal do século XVI. Ambas as utopias estavam inseridas em um contexto religioso de comunidade cristã corporativa. Campanella, um membro da ordem católica dominicana, era influenciado por ideias platônicas. E o protestante Andreae, embora fosse pastor luterano, advogou por uma ordem social guiada pela moralidade calvinista. Ambos recusaram a monarquia como forma política e planejaram seus governos sob mando coletivo.

Ainda que não abraçasse os ensinamentos religiosos calvinistas, Andreae era muito influenciado pela moralidade e costumes da Genebra calvinista que ele visitou em 1610. Calvino legou a Andreae a necessidade de restabelecer, com um governo religioso forte, o sentido de comunidade. Para sobreviver, a igreja protestante necessitava de uma organização institucionalizada e coesa. A contribuição de Calvino foi reconhecer as possibilidades políticas da participação prescindindo de uma cabeça papal. A necessidade de ordem e estrutura converteu a igreja calvinista em uma sociedade política; o sacerdócio de todos os crentes configurou o sentido de igualdade em um movimento de massas contra a ordem estabelecida.[128] No sistema de governo eclesiástico de Genebra, tanto os leigos eleitos quanto os ministros formavam o consistório, no qual os ministros detinham maior poder. A congregação aprovava ou recusava as decisões do consistório, mas não tinha o poder de formular políticas.

Em *Christianópolis*, estavam presentes tanto os elementos de participação de cidadãos quanto os de tomada de decisões por parte de um grupo governante. Na utopia de Andreae

---

128. Held, "Introduction", p. 27; Wolin, Sheldon, *Politics and Vision* (Boston, Little, Brown, 1960), pp. 189, 191, 177.

governava um triunvirato: um sacerdote cristão, um juiz e um diretor da educação. Esses três líderes exerciam funções separadas, executadas com o conhecimento e consentimento comum dos demais. Cada um era responsável por um senado próprio e anunciava seus decretos ao restante dos cidadãos. Os líderes que se qualificavam para o cargo obtinham sua ascensão mediante as virtudes de lealdade, prudência e sabedoria. Andreae considerava essa forma de governo mais segura do que a monarquia.

No entanto, o fervor de Andreae pela reforma moral calvinista revelou-se um dos aspectos mais frágeis de sua utopia. A atmosfera de liberdade dos artesãos em *Christianópolis* foi manchada por rígidos controles morais que, em Andreae, substituíram os castigos corporais. Ele considerava mais humano prevenir o vício do que infligir penas severas. "Como os cidadãos cristãos são sempre cautelosos ao derramar sangue, também não aceitam de bom grado a pena de morte como forma de castigo". O mundo real tendia a transformar indesejáveis em bodes expiatórios para apaziguar a Deus – "ladrões feitos a partir de personagens dissolutos, adúlteros a partir dos intemperantes, homicidas a partir dos vagabundos e bruxas a partir das cortesãs. Mas, na sua tentativa de prevenir delitos, tanto dos cidadãos como dos executores das leis, Andreae recorreu a um moralismo rígido. Os crimes contra a propriedade eram castigados com leveza, os contra pessoas, com severidade, e os contra Deus recebiam os castigos mais duros. A infidelidade era severamente punida, e as casas de propriedade do estado eram inspecionadas para assegurar que nada fosse destruído ou danificado. Os visitantes eram examinados quanto à sua moralidade, seu passado e sua cultura pessoal, assim como a participação nos sermões era obrigatória. Ao longo de seu tratado, Andreae exortava sobre os males de Satanás e a maldade da natureza humana.[129]

129. Andrea, *Christianopolis*, pp. 165, 170,145-47.

O modelo para essas restrições morais era Genebra. Em sua visita de 1610, Andreae ficou impressionado pelo fato de que "todos os insultos, jogos de azar, luxo, disputas, ódio, soberba, engano, extravagância e afins – para não mencionar os pecados mais graves – eram passíveis de prevenção". No entanto, esse "adorno glorioso" era obtido em Genebra por meio de uma "censura moral, na qual investigações semanais eram conduzidas sobre a moralidade, incluindo até mesmo as mais sutis transgressões, dos cidadãos".[130] O uso de restrições morais para manter a ordem política foi a principal causa do fracasso do modelo utópico de Andreae e derivou, em parte, das dificuldades inerentes à conciliação entre os desafios do poder e da ordem com a comunidade.

Enquanto a utopia de Andreae era marcada pelo selo teórico do calvinismo, a de Campanella era influenciada pelo platonismo. Para Platão, o governo ideal se expressava na unidade da tríade composta por virtude, conhecimento e poder. A *Cidade do Sol* era governada por um rei filósofo, o Metafísico (Hoh), assistido por uma trindade: Poder, Sabedoria e Amor (Pon, Sin e Mor). Os quatro tomavam decisões e resolviam assuntos, mas recorriam a Hoh em casos de desacordo. O povo elegia nove magistrados, responsáveis por cada um dos três ministérios. Periodicamente, um conselho composto por todos os cidadãos maiores de vinte anos era convocado, durante o qual cada pessoa era questionada sobre "quais (eram) as deficiências do estado e quais magistrados haviam cumprido corretamente seus ofícios, e quais não".[131]

Mor (Amor) era encarregado da reprodução tanto de animais como de seres humanos. Controles eugênicos eram realizados para produzir a "melhor descendência" e garantir a "preservação das espécies".[132] As qualidades mais desejáveis eram aquelas que exaltavam a força e a beleza natural das

130. Held, "Introduction", pp. 27, 106.

131. Campanella, "City of the Sun", p. 171.

132. *Ibid.*, pp. 147, 156.

pessoas e as faziam estar em mais consonância com o entorno natural. Como a guerra era enfatizada como uma medida de proteção fundamental, os critérios reprodutivos privilegiavam mais as qualidades físicas do que as intelectuais. Portanto, nos casos em que a união de duas pessoas fosse considerada perigosa para o futuro da raça, substituía-se o amor sexual pela amizade, a conversação, as flores e os versos.

Os males dos programas eugênicos para a reprodução de pessoas de inteligência superior tornaram-se evidentes no século XX. Ainda que os controles de Campanella se dirigissem à melhora das qualidades naturais mais do que as intelectuais, o programa eugênico era um dos aspectos mais frágeis de seu projeto utópico.

As utopias de Campanella e Andreae apresentavam diversas falhas em meio aos seus importantes planos de reforma social. Ainda assim, vale a pena examinar suas ideias porque propuseram estratégias concretas para melhorar a sociedade em tempos de desespero e opressão. Eles não eram meros visionários, mas também ativistas que buscaram traduzir suas ideias em transformações reais para a comunidade. Mais importante ainda, conceberam sociedades nas quais as filosofias da ciência eram compatíveis tanto com a integridade do meio ambiente quanto com a igualdade humana.

Nessas utopias, todas as partes da comunidade social e natural estavam inter-relacionadas em uma unidade orgânica, na qual os componentes humanos e naturais tinham igual valor para o funcionamento do todo. O organismo em sua totalidade era mais importante do que a soma de suas partes individuais; o bem coletivo era mais importante do que o avanço de cada uma das partes sobre as outras. A mudança vinha de dentro da própria comunidade mais do que a partir de uma direção externa, e era determinada pelas necessidades do sistema humano-natureza como um todo.

ECOLOGIA E UTOPIA

Seguindo a tradição das antigas concepções sobre as supostas conexões entre natureza e sociedade, os movimentos ecologistas dos últimos anos têm enfatizado a pequena comunidade ecologicamente equilibrada em oposição ao modelo hierárquico mais conservador. Ao considerar as pessoas como componentes integrantes de um ecossistema mais amplo, esses movimentos têm tentado romper o dualismo entre humanos e natureza, e desafiado a ideia da superioridade humana e sua independência em relação à natureza. Sustentam que as crises ambientais são resultado da arrogância humana diante da natureza e do uso contínuo de seus recursos sem a devida reposição.

As variantes comunais e utópicas do modelo orgânico são compatíveis com a ênfase dos movimentos ecologistas sobre os aspectos integrantes das comunidades pequenas, onde as pessoas observam os limites dos recursos ecossistêmicos. Empregando o conceito de equilíbrio harmônico da comunidade natural, as casas comunais urbanas e as comunas agrícolas ecotópicas têm desafiado os ideais competitivos da sociedade capitalista e buscado viver dentro das normas prescritas pela ecologia. As "casas holísticas", construídas em madeira e movidas a energia solar e eólica, demonstram as possibilidades de uma vida urbana baseada em fontes de energia renovável e na reciclagem de resíduos. O movimento de "retorno à terra" cria comunidades rurais que compartilham recursos humanos e naturais e tecnologias "apropriadas", ao mesmo tempo em que adota técnicas agrícolas orgânicas e controle biológico de pragas.

Alguns ambientalistas têm atribuído à ecologia uma ética intrínseca. Ao romper com a distinção entre declarações descritivas e prescritivas, ou seja, entre "o que é" e "o que deveria ser", a ética ecológica sustenta, de forma audaciosa, que não apenas é moralmente correto reciclar recursos para o bem das futuras gerações, mas que também é uma obrigação viver sob o marco da lei ecológica, uma vez que os seres humanos são parte integrante do meio ambiente e sua sobrevivência depende do tecido ambiental. O próprio meio ambiente define o comportamento humano e seus limites, já que a exploração nos levará inevitavelmente à extinção. A ética ambiental não é, pois, apenas uma ética sobre o meio ambiente, mas também uma ética determinada por ele.[133]

Antes da aparição de *Ecotopia,* de Ernest Callenbach, em 1976, os autores utópicos modernos ainda não haviam explorado as possibilidades de uma sociedade que pudesse viver em harmonia com seu ambiente e utilizar, ao mesmo tempo, muitos dos avanços obtidos pela tecnologia moderna.[134] Muitas utopias, concebidas como reações às consequências opressivas da tecnologia, se tornaram, de fato, distopias tecnológicas, tal como *Admirável Mundo Novo,* de Aldous Huxley, e *1984,* de George Orwell. Já as utopias positivas, como *A ilha,* de Huxley, e *Islandia,* de A. T. Wright (com exceção de *Walden II – Uma sociedade do futuro,* de B.F. Skinner, 1948), recusaram a tecnologia em favor de um regresso a uma vida mais simples, característica da era pré-tecnológica. Ambos os tipos refletiam a pouca esperança de seus autores nas máquinas e suas implicações para a sociedade do futuro.

Em *Ecotopia,* de Callenbach, que tem como base os ideais dos movimentos ecologistas, o norte da Califórnia, Oregon e Washington se separam dos Estados Unidos em 1980 e permanecem isolados até o ano 2000, quando um jornalista de Nova Iorque recebe permissão para visitar essa sociedade regida por uma economia de estado estacionário. Em *Ecotopia,* a estrutura social se baseia na filosofia ecológica da natureza. Significativamente, nessa sociedade que retorna à natureza, são as mulheres que organizam a secessão e detêm as posições de poder no maior partido político, na presidência e

---

133. Rolston III, Holmes, "Is There an Ecological Ethics?" *Ethics* 85 (1975), pp. 93-109.

134. Callenbach, Ernest, *Ecotopia* (Berkeley, Banyan Tree Books, 1975).

no ministério. As fazendas, fábricas e lojas pertencem e são dirigidas pela coletividade, a propriedade privada foi abolida, e os antigos escritórios corporativos do centro de São Francisco foram convertidos em apartamentos residenciais. As pessoas vivem em minicidades separadas por áreas selvagens reflorestadas, conectadas entre si por sistemas elétricos de transporte em massa de alta velocidade, ou em pequenas comunidades rurais. As ruas da cidade foram convertidas em jardins com árvores, flores, samambaias e bambus, por onde correm riachos que caem em pequenas cachoeiras (formadas por águas residuais depuradas). O transporte urbano gratuito inclui bicicletas, táxis elétricos e micro-ônibus, enquanto trens interurbanos conectam *Ecotopia* ao restante do país. Trens, cargueiros, caminhões elétricos e alguns a diesel são empregados para transportar os produtos agrícolas e manufaturados.

Os edifícios são construídos principalmente com madeira proveniente de florestas cuidadosamente replantadas no noroeste do Pacífico, embora também tenham sido desenvolvidos alguns plásticos biodegradáveis, utilizados na criação de módulos no estilo "faça você mesmo", para a construção de casas. Todas as fibras sintéticas foram proibidas depois da independência e substituídas por algodão, lã, couro e pele recicláveis. Os metais remanescentes dos tempos anteriores à secessão foram coletados e reutilizados em veículos de transporte e motores elétricos. Uma pequena quantidade ainda é importada para substituir a maquinaria elétrica exportada.

Em *Ecotopia*, a energia elétrica é produzida a partir de fontes geotérmicas, hidroelétricas e solares, além de algumas poucas centrais nucleares herdadas, temporariamente toleradas, e rigorosamente controladas. No geral, a tecnologia é altamente sofisticada: telefones visuais, televisão e computadores usados para as comunicações, dispositivos para monitoramento ecológico para controle dos níveis de poluição, foguetes guiados por radar, mísseis infravermelhos teleguiados e minas escondidas nas principais cidades americanas para a defesa.

Nessa sociedade ecológica, a reverência pelas árvores, pela água e pela vida selvagem constitui a base de uma religião ecológica que se manifesta nas orações, na poesia e nos pequenos santuários dos ecotopianos. Comunidades descentralizadas, famílias extensas, espontaneidade, liberdade de expressão das emoções e a prática ritual de jogos de guerra para lidar com os instintos de competição caracterizam as normas e valores culturais. Assim como em *Christianópolis* e na *Cidade do Sol*, a estrutura social de *Ecotopia* reflete sua filosofia holística da natureza. Como elas, também expressa a necessidade de mudanças sociais e as aspirações mais idealistas da sociedade contemporânea.

À medida que as mudanças econômicas alteravam irrevogavelmente a ecologia das fazendas, pântanos e florestas da Europa, que a ordem hierárquica orgânica era minada pela mobilidade social, que as entranhas da terra e os recursos comuns eram convertidos nos fundamentos de um mercado monetário e de propriedade privada, o próprio cosmos, concebido como um organismo vivo, também se transformava. Como projeção do indivíduo e da sociedade nas esferas celestes, o macrocosmos, assim como o microcosmos humano, era considerado pela maioria dos filósofos renascentistas uma unidade firmemente tecida de corpo, alma e espírito, dentro da qual todas as coisas estavam organizadas segundo uma ordem hierárquica. O desafio do capítulo seguinte será compreender como esses elementos foram reordenados, assimilados ou radicalmente rejeitados por uma estrutura mecanicista emergente.

CAPÍTULO **4**

O MUNDO COMO UM ORGANISMO

A maioria dos historiadores têm tratado a Revolução Científica dos séculos XVI e XVII como um período de iluminação intelectual em que uma nova ciência da mecânica e uma visão mecanicista do mundo lançaram as bases para o progresso científico, tecnológico e social modernos. No entanto, perante a atual crise de esgotamento dos recursos naturais, a sociedade ocidental começa a apreciar novamente os valores ambientais perdidos do mundo pré-mecânico. Hoje, começamos a reconhecer as consequências ecológicas das atitudes exploratórias em relação aos quatro elementos – terra, ar, água e fogo –, que eram as antigas fontes de vida e de energia.

Além dos atuais desafios que a tecnologia mecanicista enfrenta, suposições holísticas sobre a natureza estão sendo reavivadas sob a premissa ecológica de que tudo está interconectado, com ênfase na primazia dos processos interativos na natureza. Todas as partes são dependentes umas das outras e afetam-se mutuamente e ao todo. Cada porção de uma comunidade ecológica, cada nicho, existe dentro de uma relação dinâmica com o ecossistema circundante. O organismo que ocupa um determinado nicho afeta e é afetado por toda a rede de componentes ambientais vivos e não vivos. A ecologia, enquanto filosofia da natureza, tem suas raízes no organicismo – a ideia de que o cosmos é uma entidade orgânica, que cresce e se desenvolve a partir do seu interior, numa unidade integrada de estrutura e função.

O pensamento organicista contribuiu com o quadro filosófico rudimentar a partir do qual se desenvolveram tanto a ciência ecológica quanto a conservação dos recursos naturais. Os românticos do início do século XIX retornaram à ideia organicista de um princípio vital animador que conecta todo o mundo criado, em reação ao mecanicismo da Revolução Científica e do Iluminismo. Os românticos dos Estados Unidos, como Emerson, olharam para a natureza selvagem como uma fonte de inspiração espiritual, enquanto

Thoreau encontrou, no animismo pagão e indígena estadunidenses, provas de uma vida vital que permeia as rochas, lagos e montanhas. Essas influências inspiraram o movimento de preservação liderado por John Muir no final do século XIX e os primeiros ecologistas, como Frederic Clements, cuja teoria da sucessão vegetal defendia que uma comunidade vegetal cresce, se desenvolve e amadurece de forma muito semelhante a um organismo individual.[135]

Diferentes concepções do quadro orgânico do Renascimento partilhavam certos pressupostos sobre a natureza. O cosmos renascentista era uma unidade viva, na qual todas as partes estavam interligadas em um sistema fortemente organizado. A visão ortodoxa herdada da interpretação medieval de Aristóteles concebia um cosmos hierárquico centrado na Terra, estendendo-se desde os quatro elementos inanimados, que eram misturados para formar os minerais, os vegetais e os animais encontrados na região sublunar da transformação, até as imutáveis esferas preenchidas pelo éter dos sete planetas, com sua hierarquia associada de anjos, acima da Lua. Para além dos planetas, havia a esfera do *primum mobile*, fonte da rotação diária dos céus, seguida pela esfera das estrelas fixas

---

135. Para uma crítica recente à metodologia mecanicista e científica aplicada à deterioração ambiental dos quatro elementos da Antiguidade, ver Commoner, Barry, *The Closing Circle* (Nova Iorque, Knopf, 1972), esp. caps. 1-6 e 10. Para uma crítica do holismo, ver Phillips, D.C., *Holistic Thought in Social Science* (Stanford, Cal, Stanford University Press, 1976). Sobre as raízes históricas da ecologia, suas origens nas filosofias organicistas e as abordagens sistemáticas da nova ecologia, ver Worster, Donald, *Nature's Economy* (São Francisco, Sierra Club Books, 1977), esp. caps. 3, 4 e 14. Sobre o romantismo e o preservacionismo nos EUA, ver Nash, Roderick, *Wilderness and the American Mind* (New Haven, Conn, Yale University Press, 1967), caps. 3-8. Para uma análise das diferenças filosóficas e pontos de convergência entre as filosofias da natureza no mecanicismo e no organicismo, ver Pepper, Steven, *World Hypotheses* (Berkeley, University of California Press, 1970), esp. caps. 9 e 11. Entre as discussões mais recentes que argumentam pela incomensurabilidade desses sistemas-mundo podemos encontrar Overton, William e Reese, Hayne, "Models of Development: Methodological Implications", em Nesselroade, John R. e Reese, Hayne (ed.), *Life Span Developmental Psychology* (Nova Iorque, Academic Press, 1973), pp. 65-86.

e das constelações zodiacais e, finalmente, o céu Empíreo de Deus. Juntos, eles compreendiam uma cadeia viva de seres, onde cada membro representava um degrau de um mundo estável, ordenado e esfericamente fechado. Cada membro compartilhava alguma caraterística particular com os que estavam nos degraus abaixo e acima, mas destacava-se com alguma caraterística única. O homem estava ligado ao mundo animal abaixo, com o qual partilhava sensações, e aos anjos acima, com os quais partilhava a racionalidade. Cada parte do seu corpo era regida por um dos signos zodiacais, de modo que, como um microcosmo, ele era uma réplica em miniatura das esferas celestes, ou do macrocosmo. A sociedade humana, conforme discutido no capítulo anterior, também estava estratificada de acordo com o *status*, com os camponeses na base, o rei e o papa no topo, e as mulheres abaixo dos homens de seu respectivo grupo. A natureza era a manifestação imanente da lei de Deus e seu agente involuntário no mundo (Fig. 9).[136]

No âmbito desse sistema hierárquico, o neoplatonismo renascentista reavivou uma interpretação ligeiramente menos ortodoxa, mas amplamente difundida, da natureza como a alma do mundo, uma fonte voluntária e imanente de transformação. Magos neoplatônicos como Marsilio Ficino (1433-1499), Giovanni Pico della Mirandola (1463-1494) e Henry Cornelius Agrippa (1486-1535) tentaram atrair influências celestiais para produzir mudanças na Terra e determinaram um sistema hierárquico baseado na distinção entre matéria, alma e espírito. O espírito do mundo (*spiritus*

136. Sobre as ideias organicista entre os gregos e na renascença, ver Collingwood, R. J., *The Idea of Nature* (Oxford/ Inglaterra, Clarendon Press,1945); Cassirer, Ernst, *Individuum und Kosmos in der Philosophie der Renaissance* (Leipzig, Teubner, 1927); Zeller, Eduard, *The Stoics, Epicureans, and Sceptics* (Londres, Longmans Green, 1870), pp. 134-94; Aller, Rudolph, "Microcosmus from Anaximandros to Paracelsus", *Traditio* 2 (1944), pp. 319-407. Sobre a visão de mundo do século XVI, ver Tillyard, Eustace M. W., *The Elizabethan World Picture* (Nova Iorque, Random House, 1959), caps. 1, 2 e 4; Lovejoy, Arthur O., *The Great Chain of Being* (Cambridge, Mass, Harvard University Press, 1936).

mundi) transmitia a atividade da alma do mundo (*anima mundi*) à matéria passiva, infundindo vida e forma aos objetos materiais.

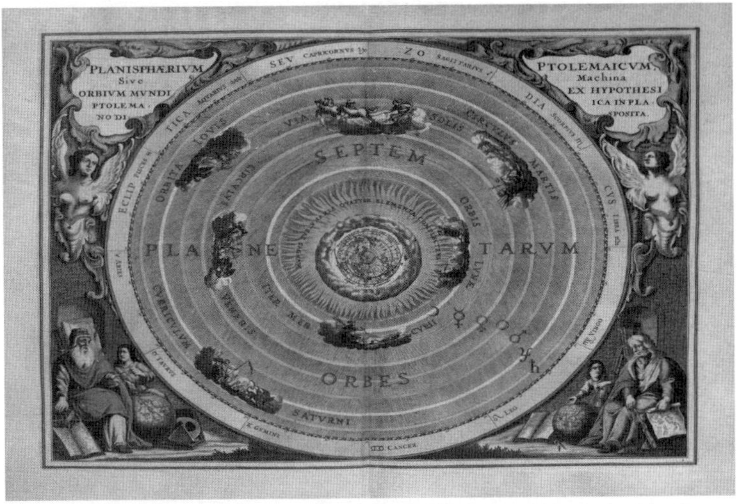

Figura 9: O Cosmos Hierárquico Centrado na Terra, de Andreas Cellarius, *Harmonia Macrocosmica* (Amsterdam, 1661). No cosmos hierárquico, a Terra estava no centro de uma série de esferas aninhadas. As estrelas e os planetas afetavam a vida na Terra, assim como a manipulação mágica dos objetos naturais pelos seres humanos.

À medida que o desenvolvimento cultural desafiava a autoridade aristotélica e as mudanças econômicas minavam a ordem social estabelecida, surgiram filosofias orgânicas mais radicais, que enfatizavam a transformação em detrimento da estrutura, e a força em detrimento da forma. Os naturalistas, incluindo Bernardino Telesio (1509-1588), Tommaso Campanella (1568-1639) e Giordano Bruno (1548-1600), unificaram a alma e o espírito do mundo em uma única entidade viva onipresente, distinta da matéria, mas eternamente ligada a ela, e afirmaram a transformação como uma oposição dialética dos contrários. A visão vitalista formulada um pouco antes por Paracelso (1490-1541) reduziu ainda mais a explicação da transformação a uma unidade monista de espírito vital e matéria fenomenal. O neoplatonismo e o naturalismo faziam, assim, uma distinção entre a matéria e sua atividade, enquanto o vitalismo unificava a matéria e o espírito em uma única substância ativa, e em evolução.

Mas o conjunto de transformações ecológicas, comerciais, tecnológicas e sociais que ocorreram durante os séculos XVI e XVII contribuiu para a diferenciação entre essas filosofias, com o resultado de que algumas das suposições acima sobre o mundo orgânico foram criticadas e transformadas pela filosofia mecânica emergente de meados do século XVII, enquanto outras foram consideradas implausíveis e rejeitadas. O mecanicismo, que substituiu a estrutura orgânica, baseava-se na lógica de que o conhecimento do mundo podia ser certo e consistente e de que as leis da natureza eram impostas por Deus na criação. A primazia do processo orgânico deu lugar à estabilidade das leis e identidades matemáticas. A força era externa à matéria e não imanente a ela. A matéria era corpuscular, passiva e inerte; a transformação era simplesmente o rearranjo das partículas à medida que o movimento era transmitido de uma parte a outra em um nexo causal. Como percebia a natureza como morta e a matéria como passiva, o mecanicismo podia funcionar como uma sanção sutil para a exploração e a manipulação da natureza e seus recursos (ver capítulos 8 e 9). No final do século XVII, contudo, o organicismo do Renascimento começou a se misturar à filosofia mecânica de meados do século, resultando em uma perspectiva de gestão do uso futuro de recursos (ver capítulo 10).

Essa filosofia mecânica e sua perspectiva gerencial também contribuíram para a ciência da ecologia. O conceito de ecossistema, que nos anos 50 substituiu a ideia de comunidade biótica (rejeitada por ser considerada excessivamente antropomórfica), baseia-se na modelação matemática da natureza. Os dados são abstraídos do contexto orgânico na forma de fragmentos de informação e, depois, manipulados de acordo com um conjunto de equações diferenciais, permitindo a previsão de transformações ecológicas e a gestão racional do ecossistema e de seus recursos como um todo. As filosofias orgânica e mecânica da natureza não podem, portanto, ser vistas como dicotomias rígidas, nem a maioria dos filósofos pode ser classificada de forma absoluta em um ou outro campo. As tensões entre essas duas perspectivas sobre a natureza continuam a exercer influência desde a Revolução Científica.

UNIDADE ORGÂNICA

O pensamento orgânico na Renascença tinha suas raízes nos conceitos gregos do cosmos como um organismo inteligente, que, ao serem revividos e modificados, acabaram assimilados à consciência dos séculos XV e XVI. Três tradições fundamentais tornaram-se a base para as posteriores formas sincréticas de organicismo – o platonismo, o aristotelismo e o estoicismo. Cada uma dessas tradições orgânicas diferia em aspectos importantes, de modo que, quando sintetizadas com outros sistemas, como o hermetismo, o gnosticismo, o neoplatonismo e o cristianismo, deram origem a um espectro de filosofias organísmicas renascentistas.

Essas variantes compartilhavam a premissa de que todas as partes do cosmos estavam ligadas e inter-relacionadas em uma unidade viva. Dessa "afinidade da natureza" resultava a união entre todas as coisas mediante atração mútua ou do amor. Todas as partes da natureza eram mutuamente interdependentes e cada uma delas refletia transformações no restante do cosmos. Essa interconexão universal implicava não apenas alimentação e crescimento mútuos, mas também sofrimento mútuo. "Quando uma parte sofre, as outras também sofrem com ela", escreveu Giambattista della Porta (1535-1615).[137] Ou, como Paracelso expressou a ideia: "Se alguma

137. Della Porta, Giovanni Battista, *Magiae Naturalis* (Nápoles, 1558). Tradução para o inglês: Della Porta, G.B., *Natural Magic*, edição fac-símile, Price, Derek J. (ed.) (Nova Iorque, Basic Books, 1957; primeira publicação em 1658), p. 13.

coisa sofre com o erro dos elementos, outras coisas também se tornam incertas... e os defeitos e erros do firmamento podem ser observados por nós, assim como o firmamento observa os nossos defeitos".[138]

O astrólogo John Dee (1527-1628) pressupunha um universo harmonioso no qual os raios celestes das estrelas e dos signos zodiacais interagiam entre si para produzir efeitos diferentes em cada objeto natural. À medida que fluíam para cada corpo, a coalescência e a unificação das forças naturais produziam um efeito único nesse objeto, dependendo tanto da fonte como do receptor.

A unidade orgânica do cosmos advém da sua conceção como um animal vivo. Um grande organismo, rápido e vital, no qual corpo, alma e espírito estão firmemente unidos. Como disse Della Porta: "O mundo inteiro é entrelaçado e ligado em si mesmo: pois o mundo é uma criatura viva, macho e fêmea, e suas partes se unem... por causa do amor mútuo".[139] Todas as partes desse mundo, até mesmo os metais, eram vivas e nutridas pela terra e pelo sol. Bernardino Telesio escreveu que:

> aquelas coisas que são feitas nas profundezas da terra, ou as que derivam ou crescem a partir dela: os metais, as rochas sulfúricas, betuminosas ou nitrogenadas; e, além disso, aquelas águas doces e suaves, bem como as plantas e os animais – se não fossem feitos da Terra pelo Sol, não se pode imaginar de que outra coisa ou por qual outro agente poderiam ter sido feitas.[140]

---

138. PARACELSUS, Theophrast von Hohenheim, "Philosophia ad Atheniensis", em *Samtliche Werke*, SUDHOFF, Karl e MATTHIESSEN, Wilhelm (ed.) (Munique, Barth, 1922-1933), Abt. I, vol. 13, p. 409. Tradução para o inglês: PARACELSUS, "The Philosophy Addressed to the Athenians", em *The Hermetic and Alchemical Writings*, WAITE, Arthur E. (ed. e trad.) (Londres, Elliott, 1894), vol. 2, p. 268; FRENCH, Peter J., *John Dee: The World of an Elizabethan Magus* (Londres, Routledge & Kegan Paul, 1972), p. 93.

139. DELLA PORTA, 1658 fac-símile, p. 14.

140. TELESIO, Bernardino, *De Rerum Natura Juxta Propia Principia* (Nápoles, 1587; primeira publicação em 1565). Citações dos excertos traduzidos por FALLICO, Arturo B. e SHAPIRO, Herman em *Renaissance Philosophy*, vol. I, *The Italian Philosophers* (Nova Iorque, Modern Library, 1967), p. 309.

Seu discípulo, Campanella, declarava a vitalidade dos elementos, a vida e o sentimento presentes em todo o cosmos:

> Ora, se os animais têm, como todos concordamos, o que se chama sensação ou sentimento, e se é verdade que a sensação e o sentimento não vêm do nada, então parece-me que devemos admitir que a sensação e o sentimento pertencem a todos os elementos e que funcionam como a sua causa, uma vez que se pode demonstrar que o que está presente no efeito também está presente na causa. Consideremos, então, o céu e a terra e o mundo inteiro como contendo animais da mesma forma que os vermes estão por vezes contidos nos intestinos humanos – vermes ou homens, se preferirem, que ignoram a sensação e o sentimento em outras coisas porque os consideram irrelevantes no que diz respeito ao chamado conhecimento das entidades.[141]

À medida que o cosmos orgânico do século XVI foi sendo transformado no universo mecanicista do século XVII, sua vida e vitalidade foram sacrificadas por um mundo cheio de matéria morta e passiva. Ao examinar as variações nas filosofias renascentistas da natureza e os seus contextos sociais, podemos ver o processo pelo qual algumas suposições foram transformadas e mantidas, enquanto outras foram criticadas e rejeitadas.

MAGIA NATURAL NEOPLATÔNICA

A magia natural neoplatônica pressupunha uma estrutura cósmica hierárquica, na qual as mudanças terrenas eram influenciadas pelos céus e podiam ser produzidas artificialmente por meio da manipulação humana de objetos naturais que continham essas influências. Essa visão de mundo mágica teve origem nas práticas da elite aristocrática na Academia Platônica de Florença, no final do século XV.

O renascimento da filosofia neoplatônica e o interesse pelos escritos de Hermes Trismegistus aconteceram sob o

141. Campanella, Tommaso, *De Sensu Rerum et Magia* (escrito em 1591) (Frankfurt, 1620) Citações dos excertos Fallico e Shapiro, p. 340.

patrocínio da abastada família Médici, que havia conquistado *status* aristocrático por meio do comércio de lã e seda, operações bancárias e administração de minas. A Academia Florentina, por eles financiada, era uma comunidade privada de acadêmicos que se dedicavam (fora da estrutura universitária tradicional) aos estudos sobre o cosmos hierárquico enquanto lugar onde transformações podiam ser efetuadas por meio da manipulação de objetos naturais. A academia apoiava Ficino e estudiosos neoplatônicos visitantes, como Pico della Mirandola.[142]

O estudo da magia neoplatônica estava de acordo com o interesse conservador de uma classe prestigiosa e poderosa formada pelas ricas famílias florentinas de banqueiros, mercadores e comerciantes internacionais, que queriam recuperar o *status* no contexto de uma economia que atingira o seu auge e deixara de se expandir a partir de meados do século XV. À medida que a crescente concorrência nos mercados estrangeiros começou a reduzir os lucros, a elite começou a demonstrar uma preferência por estilos de vida aristocráticos em vez de empresariais. Romperam com as tradicionais restrições ascéticas e passaram às extravagâncias, que afirmavam seu *status* social. A academia dos Médici refletia uma tendência crescente na cultura florentina do final do século XV: a da

142. BRUCKER, Gene A., *Renaissance Florence* (Nova Iorque, Wiley, 1969), pp. 68-78, 87,124, 228-9; YATES, Frances A., *Giordano Bruno and the Hermetic Tradition* (Nova Iorque, Vintage, 1964), caps. 2-5. Yates enfatiza a síntese entre o Neoplatonismo e o Hermeticismo na tradição da magia natural. Os textos Herméticos foram compilados em *Corpus Hermeticum*, Nock, A. D. (ed.) Festugiere, A. J. (trad.), 4 vols. (Paris, 1945-54). Sobre o neoplatonismo e o hermetismo na renascença, ver FESTUGIERE, A.J., *La Revelation d'Hermes Trismegiste*, 4 vols. (Paris, 1950-54); KRISTELLER, Paul Oskar, *The Philosophy of Marsilio Ficino*, CONANT, Virginia (trad.) (Nova Iorque, Columbia University Press, 1943); KRISTELLER, P.O., *Renaissance Thought: The Classic, Scholastic, and Humanist Strains* (Nova Iorque, Harper & Row, 1961); YATES, Frances, "The Hermetic Tradition in RenaissanceScience", em SINGER, Charles (ed.), *Art, Science, and History in the Renaissance* (Baltimore, Johns Hopkins University Press, 1968), pp. 255-74.

aprendizagem apoiada pelo setor privado – em vez do setor público – e uma busca pela educação exclusiva e aristocrática.

A magia neoplatônica postulava um universo hierárquico que se estendia da matéria base da terra até a inteligência divina. Aceitava a divisão tripartite do mundo macrocósmico em corpo, alma e espírito, concebidos como componentes de um organismo vivo. A mente divina, situada além do cosmos visível, era a sede das formas platônicas, das Ideias puras das quais os objetos corpóreos sensíveis eram meras cópias imperfeitas. A alma feminina do mundo estava presente em todas as partes e, tal como no *Timeu* de Platão, era a fonte do movimento e da atividade no macrocosmo. Ela continha as imagens celestiais das Ideias divinas. O corpo do mundo era a sua matéria, os elementos a partir dos quais os objetos corpóreos eram gerados. O espírito do mundo ligava as imagens celestiais da alma do mundo à matéria do corpo. O *spiritus mundi* era o veículo por meio do qual as influências dos poderes superiores no reino celestial podiam ser trazidas para baixo, unidas aos poderes inferiores da região terrestre. Como disse Agripa,

> Na alma do mundo havia tantas formas seminais quanto ideias na mente de Deus, formas pelas quais as estrelas foram criadas nos céus, cada uma delas impregnada de algumas propriedades. Dessas estrelas, portanto, dependem as formas e propriedades, assim como todas as virtudes das espécies inferiores e suas características; de modo que cada espécie tem a sua forma celestial, ou figura que lhe é adequada, da qual também provém um maravilhoso poder de operar – dom que recebe da sua própria ideia, por meio das formas seminais da alma do mundo.[143]

Esse esquema conceitual neoplatônico era comum a filósofos naturais como Ficino, Pico della Mirandola, Agrippa, Della Porta e Thomas Vaughan. A estrutura hierárquica do

143. Agrippa, Henry Cornelius, *De Occulta Philosophia Libri Tres* (Antuérpia, 1531). Tradução em inglês: Agrippa, *Natural Magic*, Whitehead, Willis F. (trad.) (reedição: Nova Iorque, Weiser, 1971; primeira publicação em 1651), pp. 62-63.

universo era uma grande cadeia que ligava os inferiores aos superiores: "Porque os inferiores estão sucessivamente unidos aos superiores, de tal modo que da cabeça, a causa primeira, procede uma influência, como um cordão estendido até as coisas mais baixas; e se uma de suas extremidades for tocada, toda a estrutura estremecerá imediatamente".[144]

Della Porta ilustrou o papel da corrente de ouro nas operações do mago que "une e acopla coisas inferiores" por meio dos poderes que recebem de seus superiores:

> Visto que o espírito vem de Deus, e do espírito vem a alma, e a alma anima e vivifica todas as outras coisas à sua maneira [...] de modo que o poder superior desce da primeira causa às inferiores, dirigindo sua força a elas, como se fosse um cordão entrelaçado e esticado do céu à terra. Assim, se uma extremidade desse cordão for tocada, ela balançará o todo; portanto, podemos chamar esse entrelaçamento de coisas de uma corrente [...] na qual se diz que todos os deuses e deusas criaram uma corrente de ouro, suspensa nos céus e estendida até a própria Terra.[145]

Thomas Vaughan, alquimista neoplatônico do século XVII, também defendia que a alma, o espírito e a água etérea do mundo estavam interligados como os elos de uma corrente. A atração do espírito pela alma movia o primeiro elo, seguida da atração da água pelo espírito. Assim, a alma ficava aprisionada no cristal líquido das águas.

> Em cada estrutura há três princípios condutores. O primeiro é a alma, da qual já falamos. O segundo é o que chamamos de espírito do mundo, que é "o meio pelo qual a alma se difunde e move seu corpo". O terceiro é uma água oleosa e etérea, o *menstruum* e a matriz do mundo, pois nela todas as coisas são moldadas e preservadas.[146]

Na base da magia hierárquica neoplatônica estava, portanto, uma cadeia causal que ligava os objetos elementares e

144. *Ibid.*, p. 120.

145. DELLA PORTA, 1658 fac-símile, p. 8.

146. VAUGHAN, Thomas (Eugenius Philalethes), *Works*, WAITE, A. E. (ed.), (Nova Iorque, University Books, 1968), p. 79.

celestes, permitindo que os corpos acima da esfera terrestre afetassem e alterassem os da Terra.

No esquema platônico, a alma do mundo cósmico era a fonte da vida e da atividade no mundo natural. Era imanente à natureza, vivificando-a como um animal cósmico. A matéria, por sua vez, era distinta tanto da alma do mundo como do seu espírito. Agripa defendia que a alma era a fonte de poder do mundo, enquanto a matéria era inativa: "Ora, a alma é a primeira coisa que se move e, como se diz, é movida por si mesma; mas o corpo ou a matéria, por si só, é incapaz e inadequada para o movimento instigado, de forma degenerada, pela alma".[147]

De maneira similar, para Thomas Vaughan, o princípio do movimento era a alma do mundo, aprisionada na matéria e em luta para se libertar. Ele considerava a noção aristotélica de uma forma substancial muito limitante e absurda para ser considerada a fonte do poder motriz. O movimento era causado por um princípio interno ao mundo macrocósmico, o *anima mundi*. Mas, como os outros neoplatônicos, Vaughan considerava que a matéria era "meramente passiva e não dotada de qualquer faculdade motriz".[148]

Na visão de mundo neoplatônico, ainda que a fonte última de atividade fosse a *anima mundi*, que estava ligada aos objetos terrestres pelo *spiritus mundi*, as mudanças em objetos naturais particulares eram induzidas por meio de propriedades ocultas. O mago natural fazia uma distinção entre qualidades *elementares*, propriedades da matéria, e propriedades *ocultas*, derivadas das estrelas e infusionadas em objetos naturais pelo *spiritus mundi*. Essas virtudes ocultas eram mais poderosas que as elementares, pois continham mais forma e

---

147. Agrippa, traduzido por Whitehead, p. 69. Ver também Nauert, Charles G., *Agrippa and the Crisis of Renaissance Thought* (Urbana, University of Illinois Press, 1965), p. 267. Também é útil conferir Nauert, C. G., "Magic and Scepticism in Agrippa's Thought", *Journal of the History of Ideas* 18 (1957), pp. 161-82.

148. Vaughan, p. 78.

menos materialidade. Além disso, tinham o poder de "gerar o seu semelhante", tornando os objetos "adequados e similares" a eles próprios.[149] Uma vez que o excesso de virtude oculta em qualquer objeto poderia gerar uma qualidade semelhante em outro, as plantas ou os animais que continham virtudes fortes poderiam ser utilizados para produzir a propriedade desejada. Por exemplo:

> Qualquer animal estéril faz com que outro seja estéril, especialmente por meio de suas partes reprodutivas... se em algum momento quisermos promover o amor, procuremos algum animal que seja amoroso, como pombos, tartarugas, pardais, andorinhas, alvéolas e tomemos os membros ou partes em que a virtude vital é mais vigorosa, tais como o coração, o peito etc... Da mesma forma, se quisermos ser mais ousados, podemos procurar um leão ou um galo, e deles tomar o coração, os olhos ou a testa.

Uma propriedade oculta tinha o poder não só de converter o seu semelhante em um outro objeto, mas também de "evitar o seu contrário e afastá-lo da sua presença". Essas inimizades ou antipatias entre propriedades ocultas podiam ser usadas pelo mago para efetuar curas e produzir mudanças em objetos naturais. De acordo com Della Porta, "entre todos os segredos da natureza, não há nada que não tenha alguma propriedade oculta e especial; e, além disso, através de consentimentos e desacordos, podemos conjecturar e, na prática, comprovar que um deles pode ser usado como remédio contra os danos pelo outro".[150]

Portanto, para os neoplatônicos, os opostos, ou as simpatias e antipatias, eram propriedades dos objetos naturais. Eram poderes ou forças contidas no objeto material, mas distintos dele, provenientes da alma do mundo nos céus e, em última análise, das ideias na mente divina. A distinção tripartite entre matéria, espírito e alma estava na base da estrutura hierárquica neoplatônica. Dentro dessa hierarquia, o mago podia

149. AGRIPPA, traduzido por WHITEHEAD, citações em pp. 70, 71, 72, 78.

150. DELLA PORTA, 1658 fac-símile, p. 8.

atrair os poderes celestiais para unir inferiores e superiores e, assim, manipular a natureza para benefício próprio.

Condenada como herética pela Igreja Católica no século XVI, a magia natural baseava-se em pressupostos como a manipulação da natureza e a passividade da matéria. Essas ideias acabaram sendo assimiladas à estrutura mecanicista baseada no domínio tecnológico sobre a natureza para benefício coletivo da sociedade. Operador e organizador de objetos naturais, o mago renascentista tornou-se símbolo de um novo otimismo, no qual a natureza podia ser alterada para a promoção do progresso humano.

Na visão orgânica do mundo, o conceito de natureza como entidade viva limitava o poder às necessidades individuais e aos benefícios do grupo, tais como a realização espiritual, a cura, o cultivo de colheitas e a manufatura de ferramentas. Para o mago neoplatônico, a ascensão gnóstica apontava para uma maior inspiração intelectual e regeneração espiritual. O conhecimento e o poder podiam ser obtidos por meio de uma união entre o entendimento e o intelecto de Deus: "Ninguém possui tais poderes, senão aquele que coabitou com os elementos, dominou a natureza, elevou-se acima dos céus e dos anjos até alcançar o próprio arquétipo, tornando-se seu cooperador e, assim, capaz de fazer tudo".[151] "Mas o poder obtido por tais métodos era restrito a cada indivíduo; uma experiência que não podia ser partilhada ou transferida, exceto através da iniciação".

Della Porta retrata o mago como assistente da natureza no cultivo das colheitas e criação de animais. A natureza era a operadora e o mago preparava o caminho:

> Portanto, todos os que contemplarem a magia devem ser persuadidos de que suas não são mais do que obras da natureza, cuja serva obediente é a própria magia... tal como na agricultura, a natureza produz os grãos e as ervas, mas é a arte que os prepara e abre caminho. Foi por isso que o poeta Antifonte

---

151. Agrippa, *De Occulta Philosophia*, Livro II, citação em Yates, Bruno, p. 136.

> disse que, pela arte, vencemos onde a natureza nos vence, e Plotino chamou de mago aquele que trabalha apenas com a ajuda da natureza, e não com a ajuda da arte.[152]

Embora o mago seja representado como ajudante da natureza, a ideia de alterá-la e transformá-la também era central na magia natural de Della Porta (Fig. 10). Grande parte do seu livro é dedicada à produção de novas plantas, à geração de animais e à transformação de metais: como "um carvalho pode ser transformado numa videira", como criar "uma maçã a partir de um pêssego-maçã e uma noz-pêssego" e como gerar "novos tipos de criaturas vivas [...] a partir da cópula carnal entre diferentes animais". Ele escreve:

> A arte, sendo, por assim dizer, a imitadora da natureza, mesmo em sua imitação, efetiva coisas maiores do que a própria natureza. Por isso um mago, quando é dotado de arte, investiga minuciosamente as obras que a natureza realiza por meios secretos e operações sutis, trabalhando sobre ela..., ora apressando, ora dificultando seu trabalho, fazendo com que as coisas amadureçam antes ou depois do tempo, fazendo, assim, da natureza o seu instrumento.

Ainda que Della Porta se considerasse um humilde servo da natureza, trabalhando em sintonia com suas estações e períodos de crescimento, e imitando e emulando seus processos orgânicos para aperfeiçoá-los e acelerá-los, tais manipulações, quando assimiladas pela estrutura utilitária de Francis Bacon, tornavam-se, ao contrário, técnicas de controle. O mecanicismo removeu o substrato orgânico e substituiu-o por uma estrutura mecânica para realizar as mesmas operações. E, embora os mecanicistas também estivessem limitados pelas leis da natureza e operassem dentro delas, "comandando a natureza obedecendo-a", estavam livres das restrições éticas associadas à visão da natureza como um ser vivo.

152. DELLA PORTA, 1658 fac-símile, citações em pp. 2, 33, 63, 64, 73.

Figura 10: O filósofo hermético seguindo os passos da natureza, gravura de Johann Theodore de Bry, de Atalanta Fugiens, *Hoc Est, Emblemata Nova de Secret is Chymica* (1618). O mago, como modelo de relação humana com a natureza, passou de seguidor, estudante e ajudante à posição de manipulador. Note-se o bastão e a luz – ambos podem ajudar um viajante a encontrar um caminho, mas o bastão também pode ser usado para cutucar, e a luz, para sondar.

O processo de mecanização da imagem do mundo eliminou os controles sobre a exploração ambiental que faziam parte da visão orgânica da natureza como algo vivo, sensível e reativo à ação humana. O mecanicismo tomou da tradição mágica o conceito de manipulação da matéria, mas despojou-a de vida e ação vital. A passividade da matéria, a exterioridade do movimento e a eliminação da alma feminina do mundo alteraram o caráter da cosmologia e as restrições normativas associadas a ela. Na filosofia mecânica, a manipulação da natureza deixou de ser questão de esforço individual e passou a ser associada a interesses sociais gerais, que sancionaram a expansão do capitalismo comercial. Cada vez mais, a filosofia mecanicista beneficiava pessoas e classes sociais que controlavam seu desenvolvimento, em vez de promover o progresso universal para todos. Ela estava intimamente ligada à filosofia empírica da ciência e à concepção do ser humano como um projetista de experiências que, ao desvendar os segredos da natureza, conquistava o domínio sobre seus processos.

NATURALISMO

Enquanto a magia natural tendia a operar dentro de uma estrutura que conservava a ordem cósmica na forma de hierarquia, a segunda variante orgânica, o naturalismo, enfatizava a concepção de transformação que desafiava a estrutura hierárquica, tanto da natureza como da sociedade. O naturalismo renascentista se desenvolveu a partir do quadro aristotélico e, no entanto, também o expôs a uma crítica radical.[153] Em última instância, a explicação filosófica foi reduzida a apenas dois conceitos: o substrato material e a oposição dialética dos contrários. O naturalismo se diferenciava do neoplatonismo pelo fato de considerar os contrários enquanto princípios

153. Para a crítica de Aristóteles, ver PAGEL, Walter, "The Reaction to Aristotle in Seventeenth Century Biological Thought", em UNDERWOOD, E. Ashworth (ed.), *Science, Medicine and History* (Londres, Oxford University Press, 1953), vol. 1, pp. 489-509. Sobre a divergências entre a abordagem da tradição escolástica aristotélica e as críticas dos naturalistas italianos Telesio, Bruno e Campanella, ver SCHMITT, Charles, "Towards a Reassessment of Renaissance Aristotelianism", *History of Science* 11 (1973), pp. 159-73, esp. p. 164. Sobre a reação de Telesio contra Aristóteles, ver DEBUS, Allen, *The Chemical Dream of the Renaissance* (Cambridge, Inglaterra, Helfer, 1968), pp. 8-13, 24-25. Sobre o tema complexo do aristotelismo e sua influências na Renascença tardia, ver Gilbert, Neal Ward, "Renaissance Aristotelianism and its Fate: Some Observations and Problems", em ANTON, John P. (ed.), *Naturalism and Historical Understanding, Essays on the Philosophy of John Herman Randall, Jr.* (Albany, State University of New York Press, 1967), pp. 42-52; SCHMITT, Charles, *Critical Survey and Bibliography of Studies on Renaissance Aristotelianism* (Pádua, Editrice Antenore, 1971), SCHMITT, C., "John Case on Art and Nature", *Annals of Science* 33 (1976), pp. 543-59; RANDALL JR., John Herman, *The School of Padua and the Emergence of Modern Science* (Pádua, Editrice Antenore, 1961); CRANZ, Edward F., *A Bibliography of Aristotle Editions*, 1501-1600 (Baden Baden, Koerner, 1971).

de transformação mais do que apenas propriedades da matéria. A ausência de uma distinção entre a alma e o espírito do mundo rompeu as hierarquias neoplatônicas, utilizando apenas uma categoria para explicar as transformações naturais.

O naturalismo também se diferenciava do aristotelismo tradicional pois a atividade não era explicada pela atualização do potencial por meio da forma; em vez disso, os princípios contrários eram considerados os agentes da transformação. Eles atuavam como princípios ativos, enquanto a matéria era um princípio passivo, que possuía a sua especificidade por meio da ação dos contrários.

Telesio, em seu livro *De Rerum Natura Iuxta Propria Principia* [Da natureza das coisas segundo seus próprios princípios], (1565) reduziu as entidades explicativas a duas substâncias ou naturezas: a matéria ou substrato corpóreo e a atividade incorpórea dialética, responsável pela individualização na matéria. Ao longo das transformações em objetos individuais, o corpo e a matéria permaneciam os mesmos. Para Telesio, a matéria era morta e passiva, completamente uniforme e incapaz de agir ou operar. Sua função consistia em receber e conservar a atividade da substância incorpórea.[154]

A característica distintiva da filosofia natural de Telesio era definir a atividade como dialética, um conflito entre contrários. Os agentes ativos "se opõem permanentemente um ao outro; perturbando-se e destruindo-se constantemente. Não desejam estar juntos, nem podem permanecer unidos de qualquer maneira". Os princípios contrários fundamentais

154. Telesio, Bernardino, *De Rerum Natura*, traduzido por Fallico e Shapiro, citações em pp. 316, 318, 315, 319, 312. Sobre a vida e o pensamento de Telesio, ver Fiorentino, F., *Bernardino Telesio*, 2 vols. (Florença, 1872-1874). Alguns comentários úteis sobre Telesio podem ser encontrados em Deusen, Neil Van, "The Place of Telesio in the History of Philosophy", *Philosophical Review* 44 (1935), pp. 317-34 e Deusen, N. Van, *Telesio: First of the Moderns* (Nova Iorque, 1930). Devo às discussões com David Kubrin e ao seu livro Kubrin, D. *How Sir Isaac Newton Helped Restore Law and Order to the West* (São Francisco, Kubrin, 1972) a compreensão de que o conceito de dialética foi fundamental para as filosofias do pensamento mágico e organicista da renascença.

eram o calor e o frio, dos quais derivam os demais: densidade e rarefação, escuridão e brancura, luminosidade e obscuridade, mobilidade e imobilidade, levando as "substâncias ativas a um perpétuo conflito".

Os dois princípios contrários fundamentais, o calor e o frio, se manifestavam em seus trajes corpóreos como o Sol e a Terra, as manifestações sensíveis dos opostos. O Sol era "calor supremo, brancura, luz e movimento", a Terra era "frio supremo, escuridão e imobilidade". Esses princípios também apareciam, de forma reduzida ou diminuída, em todas as coisas geradas pela Terra e o Sol (ou o céu). Nos objetos gerados, os contrários interpenetravam-se e causavam a transformação, ao passo que, no Sol e na Terra, eram primários supremos, autoconstituídos e independentes. Cada organismo natural desenvolvia-se segundo sua própria natureza, e seu movimento beneficiava e mantinha a harmonia do todo.

O naturalismo de Telesio teve uma importante influência formativa nas ideias iniciais de Campanella. Campanella afirmava que a terra, as plantas e os metais eram seres vivos dotados de sentimentos e sensações. Plantas e animais derivavam sua matéria da terra, e sua atividade e movimento do Sol. Ele afirmava que o Sol era um "poder ativo, difuso e incorpóreo". Sentimentos e sensações eram características das causas ativas. "É inquestionável que o Sol e a Terra sintam", afirmava ele.[155]

Segundo Telesio, Campanella defendia que a transformação ocorria mediante oposição de contrários ativos. "Digo que o calor e o frio, entendidos como ativos e totalmente livres

155. CAMPANELLA, Tommaso, *De Sensu Rerum et Magia*, traduzido por FALLICO e SHAPIRO, citações em pp. 341-42, 345. A filosofia da natureza de Campanella também foi elaborada em seu livro *Philosophia Sensibus Demonstrata* (Nápoles, 1591). Ver também CAMPANELLA, T., [...] *Epilogo Magno* (Roma, Reale Accademia d'Italia, 1939). Comentários relevantes sobre a vida e o pensamento de Campanella podem ser encontrados em BLANCHET, Leon, *Campanella* (Paris, Alcan, 1920); BONANSEA, Bernardo M., *Tommaso Campanella* (Washington DC, Catholic University of America Press, 1969); AMABILE, Luigi, *Fra Tommaso Campanella*, 3 vols. (Nápoles, Morano, 1882).

de passividade atômica, não nasceram sem um poder ativo". Os modos de ser eram produzidos pelas ações opostas dessas causas dinâmicas. Todas as coisas eram produzidas a partir da matéria da Terra e da atividade do Sol, surgindo da oposição dos contrários, o calor e o frio.

Campanella criticou a teoria atomista dos filósofos antigos Demócrito e Lucrécio, argumentando que a mistura de partículas inconscientes, passivas e inertes não poderia dar origem a seres dotados de sentimentos e sensações. Ele observou que, para os atomistas, calor e frio não eram princípios ativos internos à matéria, mas surgiam apenas do acoplamento mecânico: "O calor nasce daqueles átomos que são mais agudos, o frio, daqueles que são obtusos, ao passo que a alma provém dos redondos".

A dinâmica básica da oposição entre calor e frio foi estendida a uma teoria geral do processo dialético na filosofia de Giordano Bruno, que sintetizou ideias neoplatônicas e estoicas. Em sua fase inicial neoplatônica, ele avançou para uma visão, expressa em *Expulsão da besta triunfante* (1584), segundo a qual a transformação se explicava por duas substâncias universais: uma corpórea e material, a outra incorpórea e espiritual.[156] A alma e espírito dos neoplatônicos se fundiam em uma única substância ativa, uma alma do mundo ou prin-

156. Bruno, Giordano, *Spaccio de la Bestia Trionfante* (Paris, 1584). Tradução para o inglês: *The Expulsion of the Triumphant Beast,* Imerti, Arthur D. (trad e ed.) (New Brunswick, Rutgers University Press, 1964), citações em pp. 75-76, 90, 91. Ver também Yates, *Bruno*, capítulos de 11 a 20; Michel, Paul Henri, *The Cosmology of Giordano Bruno*, R.E.W., Maddison (trad.) (Ithaca, Cornell University Press, 1973), pp. 111-112; Gosselin, Edward e Lerner, Lawrence, "Galileo and the Long Shadow of Bruno", *Archives Internationales d'Histoire des Sciences*, 25 (December), pp. 223-46; Gosselin, E. e Lerner, L. "Giordano Bruno", *Scientific American* 228 (1973), pp. 84-94; Paterson, Antoinette Mann, *The Infinite Worlds of Giordano Bruno* (Springfield, Thomas, 1970); Singer, Dorothy, *Giordano Bruno: His Life and Thought* (Nova Iorque, Schumann, 1950); Westman, Robert, "Magical Reform and Astronomical Reform: The Yates Thesis Reconsidered", em Westman, R. e McGuire, J.E., *Hermeticism and the Scientific Revolution* (Los Angeles, University of California Press, 1977), pp. 3-91; Vedrine, Helene, *La Conception de la Nature chez Giordano Bruno* (Paris, Vrin, 1967).

cípio interno do movimento, sendo a matéria-prima o seu oposto corpóreo passivo. A matéria não era criada *ex nihilo*, tampouco poderia retornar ao nada; era "ingerável e incorruptível", "organizável e configurável" e mãe divina de todas as coisas. A substância ativa, ou espírito universal, não se misturava por composição com a matéria, mas tinha o poder de mantê-la intacta, preservar a união de suas partes e conservar sua composição: "É exatamente como o timoneiro de um barco, o pai de uma família no lar ou o artesão, que não é externo mas fabrica a partir de dentro, ajusta e preserva o edifício... Gira a viga, tece a tela, entrelaça o fio, contém, tempera e ordena, organiza e distribui os espíritos..." No nível mais alto, matéria e espírito alcançam uma unidade absoluta como uma substância universal única.

A transformação consistia na unificação e oposição dos contrários. Um princípio formativo eficiente dentro da substância espiritual universal atuava para unir os contrários e organizar harmonicamente as qualidades discordantes. Então, "impulsado pelo princípio da dissolução, ao abandonar sua arquitetura, [o princípio formativo eficiente] causa a ruína do edifício ao dissolver os elementos contrários, quebrar a união e remover a composição hipostática".

Sophia, a personagem de Bruno, antiga sacerdotisa da sabedoria gnóstica, apresenta suas ideias sobre a unificação e a dissolução dos contrários em *Expulsão da besta triunfante*. O trânsito entre estados define a realidade da transformação. Uma condição só tem significado em relação ao seu contrário. O prazer se torna significativo em relação ao tédio anterior, o caminhar em relação ao ato prévio de estar sentado, a saciedade em relação à fome: "Repetir um alimento, ainda que seja saboroso", diz Sophia, "ao final causa náuseas [...] O movimento de um contrário ao outro, ao longo de seus pontos intermediários, nos satisfaz; e, finalmente, vemos tanta familiaridade entre um contrário e outro que cada um se harmoniza mais com o oposto do que consigo mesmo". Ao responder a Sophia, Saulino pontuou que não era pouca coisa ter descoberto o princípio da coincidência de contrários e que o mago era aquele que sabia como buscá-los. Tudo advém "dos contrários, através dos contrários, nos contrários e para os contrários. E, ali onde há oposição, também há ação e reação, há movimento, há diversidade". A realidade era, portanto, definida em termos de atividade e processo. A unidade cósmica era mantida pela união e dissolução de opostos. A fonte de atividade na natureza era o espírito universal, a atividade imanente de Deus dentro da natureza.

A dialética de Bruno enfatizava a unidade mais do que a luta entre opostos, antecipando os idealistas, mais do que os materialistas dialéticos.[157] Ele enfatizava a harmonia do todo, sustentando que um todo orgânico é sempre maior do que a soma de suas partes. Sua pluralidade de mundos dentro de um universo infinito conformava um todo vivente. "Não é razoável", escreveu, "crer que alguma parte do mundo não possua alma, vida, sensação ou estrutura orgânica".[158] Em sua afirmação sobre a existência de inumeráveis outros mundos, Bruno não atribuía uma posição privilegiada à espécie humana e sustentava que a natureza era uniforme em todos os lugares. "O soberano de nossa terra não é o homem, mas o Sol, com a vida que ele sopra, comum a todo o universo". Ao questionar a singularidade do sistema Terra-Sol, enfatizar a mudança e unificar a alma e o espírito neoplatônicos em um único princípio ativo, Bruno desafiou a concepção hierárquica do cosmos.

Nas fases finais de sua filosofia, Bruno focou-se nas substâncias ativas particulares, ou unidades mínimas da natureza. Esses átomos ativados pela alma, ou mônadas de diferentes graus, não só se aplicavam aos corpúsculos da matéria, mas também aos sistemas planetários, à alma do mundo, Deus e todo o universo. As mônadas de um grau podiam incluir as de

157. Horowitz, Irving Louis, *The Renaissance Philosophy of Giordano Bruno* (Nova Iorque, Ross, 1952), p. 29, 31, 37-38, 41, 27.

158. Citações em Horowitz, p. 27, 25.

outro grau dentro de si, e todas eram parte da mesma substância subjacente.[159]

A principal característica da filosofia natural era o processo dialético, fundamental tanto para a unidade orgânica da natureza quanto para seu automovimento imanente. A natureza era um organismo que se transformava, crescia e evoluía constantemente. Portanto, o naturalismo postulava uma interpretação de transformação mais radical em relação ao neoplatonismo e refletia com força a ruptura da ordem social hierárquica e o questionamento da autoridade de Aristóteles.

Na Nápoles do final do século XVI, o desejo de derrotar a tirania espanhola e os emergentes conflitos de classe contribuíram para que os intelectuais napolitanos se interessassem pelos processos de transformação. A filosofia dos naturalistas surgiu na região da Calábria, no sul da Itália, durante uma turbulenta época de transformações. Telesio, Campanella e Bruno foram produtos de Nápoles e de seus arredores no contexto da dominação espanhola. O período de insegurança econômica, movimentos políticos populares e insurreições contra a opressão espanhola criaram a atmosfera propícia para o desenvolvimento e a aceitação das teorias radicais sobre a natureza adotadas pelos naturalistas. Segundo o historiador Rosario Villari,

> Distúrbios causados pela fome, apelos para seguir o exemplo de Flandres, desassossego religioso, bandoleirismo, visões messiânicas, livre pensamento e libertinagem – tudo isso expressava as tensões extraordinárias desses anos. Não eram manifestações isoladas de um único processo histórico conscientemente dirigido a um fim preciso. Mas havia algo em comum entre elas: uma rejeição radical a [toda ordem

159. BRUNO, Giordano, *De Monade, Numero et Figura*, escrito ca. 1590 (Frankfurt, 1614); também em *Opere Latine*, Fiorentino, F. *et al.* (ed.), 3 vols. (Nápoles, 1897-1901), vols. 1-2, pp. 323-473. Para uma discussão ver HOFFDING, Harold, *A History of Modern Philosophy*, Meyer, B.E. (trad.) (Londres, Macmillan, 1915), vol. 1, pp. 130, 138-39.

estabelecida] e o reflexo do sentimento de abandono dos 'oprimidos'.[160]

Nas últimas décadas do século XVI, a disponibilidade de postos de trabalho em Nápoles havia diminuído, os ganhos haviam baixado drasticamente em relação aos preços e, a partir de meados do século, todos os vagabundos foram classificados como delinquentes. As reformas introduzidas pelo vice-rei espanhol, em 1548, já haviam reduzido a habitual participação de artesãos e plebeus nos assuntos da cidade. Rentistas, mercadores e fazendeiros das classes médias privilegiadas foram gradualmente integrados à aristocracia que governava a cidade.

Durante os primeiros anos desse período de opressão e mal-estar, Bruno esteve em Nápoles, primeiro com um tio e depois, entre 1563 e 1576, estudando no claustro de Santo Domingo e frequentando as bibliotecas dos monastérios próximos. Telesio, que publicou três edições do seu *De Rerum Natura* entre 1565 e 1586, havia começado sua carreira de professor em Nápoles antes de fundar sua Academia em Cosenza, sua cidade natal e capital da província. Ali, ele estudou e difundiu seu sistema naturalista.

A situação de Nápoles sob o governo dos vice-reis espanhóis piorava a cada momento. Um aumento do preço do pão em 1585, provocado por uma aliança entre a nobreza dominante da cidade e os produtores provinciais de grãos, desencadeou uma insurreição. O organizador foi Giovanni Leonardo Pisano, boticário e professor de Della Porta. As pessoas se reuniam no "laboratório" de Pisano "e engajavam-se em diversas conversas sobre o vice-rei", e o próprio Pisano se associou aos círculos políticos e sociais em torno dos "naturalistas".

---

160. Villari, Rosario, "Naples: The Insurrection in Naples of 1585", em Cochrane, Eric (ed.), *The Late Italian Renaissance, 1525- 1630* (Nova Iorque, Macmillan, 1970), pp. 305-06. A discussão a seguir se baseia em Villari, pp. 311, 313-14, 323; Blanchet, Leon, *Campanella* (Nova Iorque, Franklin, 1920), pp. 33-40; Frith, I., *Life of Giordano Bruno the Nolan* (Londres, Trubner, 1887), pp. 12, 13, 28-30; Singer, *Bruno*; Yates, *Bruno*.

De 1585 até a revolta de 1599, planejada e executada por Campanella, a região inteira permaneceu em um estado constante de agitação, tensão e inquietude. Campanella preparou sua tentativa de derrotar a tirania espanhola fazendo palestras às pessoas, explicando sua visão de uma nova sociedade baseada na imanência espiritual de Deus na natureza, na posse comunal da propriedade e no governo pela irmandade. A revolta fracassou quando, como já assinalado anteriormente, Campanella foi detido e enviado ao cárcere em 1599. Em 1600, Bruno foi condenado à morte na fogueira pela inquisição em Roma por desafiar a cosmologia geocêntrica medieval, e por afirmar a existência de outros sistemas solares.

Assim como o idealismo dialético dos gnósticos, a personagem Cordélia de Shakespeare, os alquimistas e os milenaristas utópicos, também o naturalismo ansiava por uma sociedade mais igualitária, baseada no equilíbrio das hierarquias. O mecanicismo recusaria essa visão dialética radical de uma transformação entendida como algo interno ao cosmos, ao corpo humano e ao corpo político, substituindo-a pela ação de forças externas e por um novo sistema de hierarquias cósmicas e sociais. Ao mesmo tempo, os mecanicistas assimilaram e transformaram as ideias de magia manipuladora, como as de Campanella e Bruno, incorporando-as dentro de uma filosofia baseada no poder do homem sobre a natureza. Por fim, acabaram aceitando o cosmos heliocêntrico copernicano, a infinitude do universo, a existência de outros sistemas planetários solares e a uniformidade do espaço.

VITALISMO

A análise mais radical da atividade na natureza foi postulada por Paracelso e, mais tarde, refinada por Jean Baptiste Van Helmont (1577-1644), seu filho Francis Mercury Van Helmont e Anne Conway (1651-1679). Segundo o vitalismo, matéria e espírito estão unificados em uma substância única, vital e ativa. Ainda que para Paracelso o cosmos estivesse embebido com ideias neoplatônicas, estoicas e cristãs, sua filosofia sobre a matéria e a atividade seguia um idealismo monista. Aqui, o termo vitalismo designa a unidade da matéria e espírito como uma entidade com ação própria, cujo núcleo espiritual é a substância real, enquanto a "cobertura" material é um mero fenômeno.

A teoria de Paracelso sobre os quatro elementos, definidos como entidades ativas em vez de substratos passivos, foi explicada em *Archidoxis* (publicada em 1570). Mesmo que os quatro elementos pudessem existir dentro de um objeto, apenas um deles alcançaria a perfeição e se tornaria o "poder dominante" desse objeto, crescendo em seu interior, ainda que invisível. Os outros três eram tão imperfeitos que sequer mereceriam ser chamados de *elementos,* no sentido de "substâncias ativas". O objeto particular observado era só uma mera cobertura para a verdadeira alma ativa imanente.[161]

A teoria dos elementos foi elaborada em um tratado atribuído a Paracelso, e publicado postumamente em 1564, intitulado *A filosofia para os atenienses.* Ainda que a autenticidade deste tratado tenha sido questionada por razões estritamente textuais, a doutrina em si foi considerada genuína e aceita pela geração posterior como pertencente a Paracelso. Aqui,

---

161. Paracelsus, "Archidoxis" (primeira publicação em 1570), em *Sämtliche Werke*, Aschner, B. (ed.), (Jena, Fischer, 1930), vol. 3, pp. 1-87. Ver esp. pp. 9, 10, 12, 13. Tradução para o inglês: Paracelsus, *His Archidoxis Comprised in Ten Books Disclosing the Genuine Way of Making Quintessences, Arcanums, Magisteries, Elixirs* etc. Oxon, J. H. (trad.) (Londres, 1660). Comentários relevantes sobre a filosofia de Paracelso podem ser encontrados em Goldammer, Kurt, *Paracelsus: Natur und Offenbarung* (Hanover, Oppermann, 1953); Pagel, Walter, "Paracelsus and the Neoplatonic and Gnostic Tradition", *Ambix* 8 (1960), pp. 125-66; Pagel, W., "Paracelsus: Traditionalism and Medieval Sources", em Stevenson, Lloyd G. e Multhauf, Robert P. (ed.), *Medicine, Science, and Culture* (Baltimore, Johns Hopkins University Press, 1968), pp. 57-64; Temkin, Oswei, "The Elusiveness of Paracelsus", *Bulletin of the History of Medicine* 26 (1952), pp. 201-17. Sobre a teoria da matéria e dos elementos em Paracelso, ver Pagel, W., *Paracelsus* (Basiléia, Karger, 1958), pp. 38, 82-95, e Pagel, W., "The Prime Matter of Paracelsus", *Ambix* 9 (1961), pp. 117-35.

os quatro elementos eram forças com ação própria, dotadas de um princípio autodeterminado (*archeus*) que guiava o desenvolvimento de suas vidas ao longo do tempo. Os elementos sensíveis e os objetos materiais observáveis eram meras manifestações grosseiras da alma sutil do próprio elemento. Os elementos eram gerados pela separação cósmica a partir do eterno *mysterium magnum* – o grande mistério ou a "primeira mãe de todas as criaturas" – e reintegrados a ela ao fim do tempo criado.[162]

Cada um dos quatro elementos formava um mundo, e cada um dos quatro mundos se desenvolvia e evoluía por meio de um consenso de ações, independentemente dos demais. Os elementos não se mesclavam em uma composição, mas existiam simultânea e independentemente em cada objeto individual. O elemento predominante determinava a que mundo pertencia cada objeto e tornava-se o seu núcleo guia ou alma.

Cada elemento era uma matriz ou mãe de um dos quatro mundos que emanavam dele. Assim, da água se criava um mundo único, com peixes de todas as formas e tipos; animais carnudos, plantas marinhas como corais, *trinados* e *cidras*; monstros marinhos; os elementais (ninfas, sereias, dramas, *lorinds* e *nesders*); e pedras, como berilo, cristal, ametista e âmbar. Novos seres eram continuamente gerados à medida que a separação era aperfeiçoada. As águas não eram divididas em graus, mas existiam como tipos separados – mananciais,

162. PARACELSUS, "Philosophia ad Athenienses", SUDHOFF (ed.), *Samtliche Werke*, Abt. I, vol. 13, pp. 389-423. A discussão a seguir se baseia nas páginas pp. 390, 410-11, 403,407, 395-96, 398. Existem duas traduções para o inglês: PARACELSUS, *Three Books of Philosophy Written to the Athenians in Philosophy Reformed and Improved*, PINNELL, H. (trad.) (Londres, 1657), e PARACELSUS, "The Philosophy Addressed to the Athenians", em WAITE, (ed.), *Hermetic and Alchemical Writings*, vol. 2, pp. 247-81. Sobre a questão da autenticidade, ver PAGEL, *Paracelsus*, pp. 89-91, notas 237-38 e PAGEL, W., "Recent Paracelsian Studies", *History of Science* 12 (1974), p. 200-11. Allen Debus analisa o texto como se fosse o próprio livro de Paracelso, *The Chemical Philosophy: Paracelsian Science and Medicine in the Sixteenth and Seventeenth Centuries*, 2 vols. (Nova Iorque, Science History Publications, 1977), vol. 1, pp. 55-57.

arroios, rios e mares –, nenhum era exatamente como os demais.

A partir da terra surgia um segundo mundo – os minerais metálicos, as gemas de múltiplas formas, rochas, areias e calcário; frutas, flores, ervas e sementes, animais sensíveis e homens – os partícipes da eternidade. A separação da terra incluía os elementais terrestres: gnomos, espíritos dos bosques, lêmures e gigantes.

Assim como os outros elementos, o ar só gerava objetos de seu próprio tipo – invisíveis e impalpáveis, seguindo o princípio de que semelhante gera semelhante. Criaturas aéreas, como as bruxas, possuíam linguagem, pensamento e ações aéreas que, em última instância, retornavam ao elemento ar.

O quarto elemento, o fogo, criou as estrelas, os corpos celestes e o Sol, que, ao lado dos seres florais e produtos minerais, eram todos seus filhos. Como elemento, o fogo também era responsável pelo crescimento dos objetos. Na madeira verde, o fogo existia como uma alma elementar que produzia o crescimento, enquanto, na labareda de fogo, manifestava-se como uma alma eterna vivente. "Tudo o que cresce é do elemento fogo, ainda que sob outra forma. Tudo o que é fixo é do elemento terra. Tudo o que nutre é do elemento ar; e tudo o que consome é do elemento água".[163]

O desdobramento harmonioso dos quatro mundos formados a partir dos quatro elementos operava sob o princípio do consenso mútuo. Nesse sentido, os quatro elementos derivavam força e nutrição da harmonia entre si ou, ao contrário, poderiam ser enfraquecidos pelos "erros" dos outros.

Uma vez que os quatro mundos elementares de Paracelso continham tanto criaturas racionais quanto irracionais, a humanidade, n'*A filosofia para os atenienses*, era apenas uma entre as diversas formas de vida do mundo natural. Segundo esse texto, as pessoas existiam dentro da natureza em harmo-

163. PARACELSUS, "Philosophia ad Athenienses", SUDHOFF (ed.), vol. 13, p. 406; trad. WAITE, vol. 2, p. 266.

nia com o todo, mas acima dele: "Tola e vã é a filosofia que nos leva a atribuir toda a felicidade e eternidade apenas ao nosso elemento, ou seja, à terra, e ainda mais tolo é aquele que se vangloria de sermos as criaturas mais nobres. Existem muitos mundos, e nós não somos os únicos seres do nosso mundo".[164]

A epistemologia de Paracelso, como reflexo de uma cosmologia holística, baseava-se no poder da imaginação, que funcionava como elo entre corpo e espírito. Como microcosmo, os seres humanos eram réplicas em miniatura de um macrocosmo maior; ambos eram compostos de um corpo físico, uma alma - que era a vida e o sopro recebido de Deus - e, unindo os dois, um espírito sideral ou astral. O espírito astral provinha inicialmente das estrelas, e era a fonte do divino em toda a vida sublunar, incluindo animais, plantas, minerais e rochas. Em seres humanos, o espírito astral localizava-se no coração, circulava por todo o corpo e formava a faculdade imaginativa que unia o mundo físico ao espiritual.[165]

A imaginação, como soma do *astra* dentro de cada indivíduo, conferia o poder de criar imagens visíveis dos astros por meio da aplicação da arte. Era uma fonte interior de conhecimento do plano divino, uma ação vital no mundo ordinário e tão potente que podia afetar reciprocamente os céus, de onde o *astra* se originava. No entanto, porque o *astra* agia por necessidade, a razão deveria controlar seu poder para que, assim, a natureza pudesse ser utilizada com propósito.

No mundo orgânico, magos, metalúrgicos e curadores se consideravam servidores da natureza, auxiliando, imitando e aperfeiçoando os processos naturais por meio da arte (*techné*), em benefício da humanidade. Assim, Paracelso escreveu em

164. Idem, *Ibid.*, p. 269.

165. HANNAWAY, Owen, *The Chemists and the Word: The Didactic Origins of Chemistry* (Baltimore, Johns Hopkins University Press, 1975), pp. 26, 30-31, 32. Ver também WALKER, D.P., "The Astral Body in Renaissance Medicine", *Journal of the Warburg and Courtauld Institutes* 21 (1958), pp. 119-33; PAGEL, W., *Paracelsus*, pp. 122-23.

seu *Credo*, acerca da cura: "Não existe nada em mim exceto o desejo de descobrir o melhor que a medicina pode fazer, o melhor que há na natureza, o melhor que a natureza da terra verdadeiramente destina aos enfermos. Por isso digo, nada procede de mim; tudo vem da natureza, da qual eu também sou parte". No entanto, em outra parte, escreveu que a natureza existe para o uso humano: "É vontade de Deus que nada permaneça oculto ao homem enquanto caminha sob a luz da natureza; pois todas as coisas que pertencem à natureza existem para o bem do homem".[166] Dentro de um contexto orgânico, essas duas afirmações não são contraditórias; contudo, quando o vínculo orgânico entre natureza e seres humanos é rompido, a natureza deixa de ser uma companheira ativa e passa a ser vista como um objeto passivo.

Com suas teorias filosóficas e práticas médicas, Paracelso desafiou a ortodoxia do poder estabelecido. Ele defendia a liberdade das pessoas comuns para estudar a natureza por si mesmas, e acreditava tanto na autonomia do mundo natural quanto na liberdade individual. Obteve grande parte de seu conhecimento de pessoas leigas; suas fontes eram mulheres curandeiras, barbeiros, donos de banheiros públicos, mineradores, e suas próprias observações empíricas junto a outros médicos. Visitava as universidades apenas como um erudito itinerante e autodidata. Pertencia à guilda dos comerciantes de grãos, e não à dos médicos, e atuava como cirurgião de tropas, uma posição inaceitável para os médicos acadêmicos. Sua vida tornou-se uma sucessão de embates com as autoridades ortodoxas e com os oficiais no poder. Perambulando de cidade em cidade, foi capaz de curar príncipes e funcionários públicos diagnosticados como doentes incuráveis pelos médicos ortodoxos. A cada caso, seu êxito e sua fama lhe garantiam amigos entre os líderes mais ricos e influentes da cidade. Mas

166. Paracelsus, "Credo", *Selected Writings*, Jacobi, Jolande (ed.) (Princeton, Princeton University Press, 1951), pp. 5, 109.

quando suas opiniões e ações incomodavam, via-se obrigado a abandonar secretamente a cidade para evitar ser detido.[167]

Enfureciam-lhe as tradições escravagistas e comoviam-lhe a pobreza e miséria do povo. Identificava-se com os camponeses enquanto vagava entre estâncias termais, minas e povoados, atraindo multidões e curando os enfermos. Frequentemente, negava-se a aceitar dinheiro de pobres e doentes, ao passo que, vez ou outra, era enganado pelos ricos. Suas reações violentas a essas injustiças lhe obrigavam a abandonar a cidade.

Durante os séculos XVI e XVII, as contribuições de Paracelso para a medicina e a química estimularam numerosos seguidores a trabalharem em prol de uma nova metodologia empírica, baseada no estudo direto da natureza, no lugar dos livros da Antiguidade grega. Contudo, sua filosofia sobre a atividade da natureza acabou associada a ideias políticas e panteístas revolucionárias, que vieram à tona em movimentos neo-paracelsianos posteriores.

O conceito animista que definia a natureza como um organismo divino e com ação própria passou a ser vinculado a ideias ateístas e radical-libertárias. O caos social, os levantes camponeses e as rebeliões eram alimentados por suposições de que os indivíduos eram capazes de entender a natureza por si mesmos, e manipular seus espíritos por meio da magia.[168] O uso generalizado da magia popular estava presente em todos os estratos sociais, mas era especialmente forte entre as pessoas mais humildes. Evocar espíritos, construir aparatos mágicos, fabricar talismãs e amuletos, preparar poções do

---

167. PAGEL, *Paracelsus*, pp. 5-30, esp. 17, 23; JACOBI (ed.), p. 4; WAITE (ed.), vol. 1, p. 20.

168. Sobre a influência de Paracelsus na química e medicina, ver DEBUS, Allen, *The Chemical Philosophy*; DEBUS, A., *The English Paracelsians* (Nova Iorque, Watts, 1965) e DEBUS, A., *The Chemical Dream of the Renaissance* (Cambridge/Inglaterra, Helfer, 1968). Sobre as ideias políticas associadas ao paracelsianismo, ver RATTANSI, P.M., "Paracelsus and the Puritan Revolution", *Ambix* 11 (1963), pp. 24-32. Sobre a magia popular, ver THOMAS, Keith, *Religion and the Decline of Magic* (Nova Iorque, Scribner's, 1971), pp. 228-29.

amor, exorcizar demônios, praticar adivinhação e buscar tesouros, amantes e parentes perdidos eram atividades dirigidas e realizadas pelo feiticeiro da aldeia. Qualquer aldeia europeia possuía seus próprios curandeiros, feiticeiros e magos, cujos procedimentos mágicos provinham de receitas e curas transmitidas oralmente ao longo dos séculos, desde a Idade Média e a Antiguidade. Ainda que a formulação dos princípios da teoria mágica pudesse ser atribuída à tradição da magia natural, a prática mágica em si pertencia à antiga tradição popular.

A filosofia natural de Jean Baptiste Van Helmont, seguidor de Paracelso do século XVII, também enfatizava a atividade da matéria. Denominou *archeus* ao princípio dinâmico, o organizador da especificidade dentro da matéria. Em última instância, esse princípio se originava da luz divina e organizava as sementes vivas em desenvolvimento da matéria – a *semina*. Van Helmont converteu os quatro elementos de Paracelso em uma pluralidade de sementes, cada uma das quais contendo sua própria atividade interna: "Na ordem das coisas naturais, nada novo surge que não tenha seu início na semente, e nada é criado que não seja produzido pela necessidade da semente".[169]

Van Helmont se opunha com força à doutrina aristotélica das quatro causas, e sustentava que apenas duas causas, "unidas e atadas", eram mais que suficientes para explicar a natureza. Os dois princípios unificados eram a causa eficiente, ou *archeus* (o operário-chefe), e a causa material, ou pluralidade de sementes. "Portanto, após uma busca diligente, não encontrei nenhum corpo natural que dependesse de mais de duas causas, a material e a eficiente, a saber, ambas internas".

169. Helmont, Johann Baptista Van, *Works*, Chandler, J. (trad.) (Londres, Lodowick, Lloyd, 1664), citações em pp. 32, 30, 29, 32, 35, 29, 30. Sobre a filosofia de Van Helmont, ver Pagel, W., "The Religious and Philosophical Aspects of Van Helmont's Science and Medicine", *Supplements to the Bulletin of the History of Medicine*, n. 2 (1944), p. 20; Pagel, W., "The Spectre of Van Helmont", em Teich, Mikulas e Young, Robert (ed.), *Changing Perspectives: Essays in Honor of Joseph Needham* (Londres, Heineman, 1973), pp. 100-109; Debus, Chemical Philosophy, vol. 2, pp. 295-344.

As duas se unem em uma só unidade: a semente geradora. A causa eficiente era o agente interno da *semina* – o princípio motriz ou princípio ativo imanente na semente material.

Dessa forma, Aristóteles teria se equivocado quando declarou que "as coisas que geram não podem ser parte da coisa gerada". Para Van Helmont, o agente interno era o princípio gerador; nada de novo surgia na natureza que não tivesse seu começo no poder eficiente da semente material.

O agente interno também se denominava *chefe* ou *trabalhador mestre*. Nos vegetais, manifestava-se como um suco; nos metais, era mais denso e homogêneo com o material; em outras coisas, era um "ar". Era o núcleo espiritual interno da semente, por meio do qual esta se desenvolvia e crescia até atingir a plena fecundidade. "O *archeus*, trabalhador e governador da geração, veste-se a si mesmo, com uma vestimenta corpórea [...] e inicia a transformação da matéria de acordo com um ato perfeito de sua própria imagem".

Segundo Van Helmont, a causa formal postulada por Aristóteles não era na verdade uma causa, mas um efeito, o fim da geração. Para Aristóteles, quanto mais perfeitamente a forma era alcançada, mais atualidade o objeto havia atingido. Para Van Helmont, a atualidade ou atividade era o agente interno dentro da matéria. Forma e matéria não poderiam ser separadas uma da outra. Em segundo lugar, a causa eficiente ou motriz não poderia ser externa à matéria, senão que deveria estar dentro dela. Em terceiro lugar, a causa final ou teleológica, que continha as "instruções das coisas a serem feitas", não poderia ser externa à natureza, nem deveria ser considerada distinta da causa eficiente, o *archeus*. Mas, embora a causa seminal fosse postulada como intrínseca à natureza, Van Helmont admitiu que causas exteriores ocasionais poderiam funcionar como um despertar externo. Estes agentes externos operavam de acordo com a arte.

A matéria e a causa eficiente eram, portanto, suficientes como entidades explicativas, fundidas em uma única unidade. "Toda definição natural deve ser buscada [...] na conjunção de ambas as causas, porque juntas encerram a essência inteira da coisa".

A atividade dentro de cada partícula da matéria implicava que a atividade e o processo eram primários na ordem das coisas. Dentro da matéria do mundo, existia uma espontaneidade inerente, e dentro de cada ser particular, uma direção interna que determinava seu destino.

Durante os levantes do período da Guerra Civil inglesa e do pós-guerra, nos anos de 1640 e 1650, as ideias de Paracelso e Van Helmont foram revividas nas doutrinas radicais das seitas dissidentes. O fim da censura permitiu a tradução e circulação dos textos de Paracelso e Van Helmont. Antes da Guerra Civil, as dimensões políticas e religiosas do misticismo, da magia, do vitalismo e do panteísmo não tinham se evidenciado ainda na Inglaterra. No entanto, nos anos de 1640 e 1650, o desafio de Paracelso à autoridade, à ortodoxia, e ao racionalismo surgiu como alternativa tanto à filosofia aristotélica ensinada nas universidades quanto à nova filosofia mecanicista que estava sendo discutida em Oxford.[170]

As ideias panteístas e paracelsianas das seitas dissidentes faziam parte de uma filosofia social radical que, para alguns grupos, implicava a tomada de terras comuns e o estabelecimento de sociedades comunais igualitárias, como as que tentaram ser estabelecidas pelos milenaristas utópicos medievais. Gerrard Winstanley, fundador do movimento dos Diggers (Escavadores[171]), em 1649 se apoderou do monte

170. Rattansi, "Paracelsus and the Puritan Revolution", pp. 28, 30; Kubrin, D., *How Sir Isaac Newton Helped*; Kubrin, D., *Newton's Inside Out,* em Wolff, Harry (ed.) *The Analytic Spirit: Essays in Honor of Henry Guerlac* (Ithaca, Cornell University Press, 1981); Hill, Christopher, *The World Turned Upside Down: Radical Ideas During the English Revolution* (Nova Iorque, Viking Press, 1972).

171. [N.T.] Diggers (Escavadores) ou True Levellers (Verdadeiros Niveladores) eram um grupo de radicais protestantes surgidos na região de Surrey, na Inglaterra, liderados por Gerrard Winstanley por volta de 1650. Foram vistos algumas vezes como precursores do anarquismo moderno e também associados ao socialismo agrário.

St. George Hill, em Surrey, e começou a cultivar terras comuns e áreas abandonadas, acreditando que, mediante o trabalho em comunidade, os pobres poderiam converter a terra em um "tesouro comum" para todos. "Que todos tenham terra para cultivar", escreveu ele. Os Diggers promoveram a agricultura cooperativa nas terras comuns e o cultivo intensivo de lavouras. Quando "a grande criadora, a Razão, formou a terra para ser um tesouro comum, para preservar animais, aves, peixes e homens... nenhuma palavra foi dita ... sobre o domínio de uma parte dos seres humanos sobre outros".[172]

Outras seitas propunham que, de acordo com as leis da natureza e de Deus, cada pessoa deveria ter "uma parte igual de bens terrestres".[173] Até que "o mundo volte a sua simplicidade primitiva ou [...] a uma utopia cristã [...] a cobiça será a raiz de todos os males". Segundo George Foster, membro da seita religiosa panteísta conhecida como *ranters*, "toda a terra será um tesouro para todos e não somente para alguns" (1650). Deus era um "nivelador poderoso" [*Mighty leveller*], que reduziria todos os poderes políticos ao mesmo nível e retornaria tudo à posse comunal.

Essas ideias estavam inseridas em um quadro filosófico vitalista que pressupunha que a natureza era ativa, plena de Deus e, portanto, boa. Gerrard Winstanley escreveu: "conhecer os segredos da natureza é conhecer as obras de Deus [...] como o espírito ou o poder da sabedoria e da vida, ao causar movimento e crescimento, habita e governa tanto os diversos corpos das estrelas e planetas acima, como os muitos cor-

172. WINSTANLEY, Gerrard, "A Declaration to the Powers of England, and to all the Powers of the World, shewing the cause why the common people of England have begun and give consent to digge up, manure and sowe com upon George-Hill in Surrey; by those that have subscribed, and thousands more that gives consent" [*Uma Declaração às Potências da Inglaterra e a todas as Potências do Mundo, mostrando a causa pela qual o povo comum da Inglaterra deu início e consentimento para cavar, adubar e semear milho em George-Hill, Surrey; por aqueles que subscreveram e milhares mais que consentiram*] (escrito em 1649), em *Works*. SABINE, George H. (ed.), (Ithaca/N.Y., Cornell University Press, 1941), p. 251; HILL, pp. 86, 104.

173. As citações a seguir estão em HILL, pp. 92-93, 179, 114, 151, 165, 177.

pos da terra abaixo, como a grama, as plantas, os peixes, os animais, as aves e os seres humanos". Uma antiga crença dos *ranters* afirmava que "toda criatura é Deus, toda criatura que vive e respira é um eflúvio de Deus e retornará a Deus, engolido como uma gota do oceano". O *ranter* Jacob Bauthumley escreveu em 1650: "Deus está em todos e em toda a criatura vivente, humano e fera, peixe e ave, e em cada planta, desde o cedro mais alto à hera do muro [...] Deus está neste cachorro, neste cachimbo, ele sou eu, e eu sou ele". Richard Coppin, cujos *Divine Teachings* (1649) influenciaram as crenças dos *ranters*, afirmava que "Deus é tudo em um e, portanto, está em todos".

As seitas levaram suas ideias radicais ainda mais além, minando as bases da família patriarcal. Os familistas, membros da Família do Amor – uma seita panteísta fundada em 1580 que enfatizava a ternura e a compaixão –, transformaram o sacramento do matrimônio em um contrato, e o divórcio em uma simples dissolução diante da congregação. Os *diggers* defendiam que o matrimônio deveria basear-se apenas no amor, sem considerar posição social ou propriedades. Os *ranters* desafiavam a monogamia e acreditavam que as esposas podiam ser compartilhadas. Durante as reuniões de *ranters* e quakers, despir-se na igreja como símbolo da ressurreição ou debater o tema da liberdade sexual para homens e mulheres não era algo incomum.[174]

Através da afiliação às novas seitas, as mulheres gozavam de uma liberdade religiosa significativamente maior do que na Igreja da Inglaterra ou na Igreja Católica. Os Puritanos elevaram a mulher à posição de ajudante da família lhe designando a tarefa de instruí-la em termos religiosos e defenderam o fim dos castigos físicos a elas, embora ainda as considerassem subordinadas na relação matrimonial. De toda forma, nas seitas, a igualdade perante Deus era enfatizada; as mulheres podiam se filiar sem precisar do consentimento de seus ma-

174. Hill, pp. 251-52, 254, 256-57.

ridos e eram livres para pregar, profetizar e participar na governança. Em muitas congregações, as mulheres eram mais numerosas que os homens e, em Londres, era comum ver mulheres pregando aos domingos. As mulheres que se uniam às novas seitas religiosas o faziam, sem dúvida, atraídas pela liberdade e igualdade que encontravam nelas.[175] (Essas liberdades adotadas pelas mulheres eram particularmente notáveis no Quakerismo, uma seita que conquistou a adesão de Francis Mercury Van Helmont e Anne Conway, que deram prosseguimento à filosofia vitalista da fusão entre espírito e matéria (ver capítulo 11). Após a Restauração de 1660, com a reafirmação da autoridade anglicana, as ideias panteístas e paracelsianas foram denunciadas e refutadas.

Do mesmo modo, na França do século XVII, Robert Fludd (1574-1637), um seguidor de Paracelso e dos naturalistas, foi associado à "ameaça rosacruciana" (um movimento neo-paracelsiano), o que resultou no questionamento e denúncia de toda a sua filosofia pelos mecanicistas – Marin Mersenne, Pierre Gassendi e René Descartes. A França, entre as décadas 1620 e 1640, e a Inglaterra, entre 1650 e 1680, foram os centros onde se elaborou a reconstrução mecanicista do cosmos. Em ambos os países, as ideias associadas à visão organicista do mundo e às filosofias animistas e panteístas foram duramente criticadas.

A filosofia de Fludd apresentava uma síntese das ideias das tradições neoplatônicas, naturalistas e vitalistas que o precederam. Em seu cosmos hierárquico neoplatônico, baseado na analogia microcosmo-macrocosmo, Deus infundiu o mundo com seu espírito eterno, que habitava no Sol e era transmitido pelos anjos, por meio dos ventos, aos quatro cantos do mundo. Os ventos, por sua vez, representavam os princípios ativos contrários, calor e frio, que atuavam mediante um processo dialético de contração e expansão para conferir

175. THOMAS, Keith, "Women in the Civil War Sects", *Past and Present*, n. 13 (1958), pp. 42-62, ver. pp. 44-45, 47, 50-51.

atividade às nuvens e ao ar, e produziam as oposições observáveis na natureza. Os ventos quentes causavam dilatação, amolecimento, rarefação, volatilidade e transparência; os ventos frios produziam contração, endurecimento, condensação, fixação e opacidade. Para Fludd, a matéria era passiva; não era fonte de atividade, mas tornava-se ativa mediante operações indiretas dos ventos. Os ventos angelicais eram "dotados dos agentes internos mais essenciais" e possuíam "ação, forma e princípio essenciais e intrínsecos". De forma similar, as nuvens moviam-se por meio da ação interna do espírito e representavam seu veículo. A atividade de Deus no mundo era a fonte primordial dessas tensões dialéticas entre contrários e a base da unidade cósmica e da vida animada.[176]

Desse espectro de filosofias organicistas renascentistas descritas até aqui, os mecanicistas se apropriariam e transformariam os pressupostos encontrados no extremo conservador e hierárquico, ao mesmo tempo que condenariam aqueles associados às perspectivas religiosas e políticas mais radicais. A rejeição e extirpação das características orgânicas e animistas, e sua substituição por componentes passíveis de descrição mecânica, tornar-se-iam o efeito mais abrangente e significativo da Revolução Científica.

A ruptura da velha ordem produzida na Europa ocidental não foi apenas um período repleto de desafios – um tempo em que um amplo espectro de novas ideias encontrou expressão –, mas também um período de incerteza e inquietação.

O medo de que a natureza pudesse revogar suas próprias leis, de que o quadro cósmico pudesse desmoronar, e de que o caos e a anarquia pudessem reinar jaziam logo abaixo do

---

176. Fludd, Robert, *Philosophia Moysaica* (Govdae: Rammazenius, 1638); Tradução para o inglês: Fludd, R., *Mosaical Philosophy* (Londres, 1659), pp. 59-60, 79-80, 91-92. Ver também Debus, Allen G., *The English Paracelsians* (Nova Iorque, Watts, 1965), pp. 105 ff.; Debus, A., *Chemical Philosophy*, vol. 1, pp. 205-93; Pagel, W., "Religious Motives in the Medical Biology of the XVIIth Century", *Bulletin of the Institute of the History of Medicine* [Johns Hopkins University] (1935), pp. 270; Kubrin, *How Sir Isaac Newton Helped*, p. 15.

esplendor da ordem aparente. A sensação de desintegração aumentou, fomentada pelas práticas competitivas do novo mercantilismo, reforçada pelas guerras religiosas deflagradas durante o período da Reforma e pela crescente ênfase no individualismo e nos sentidos em detrimento da autoridade dos antigos. A deterioração ecológica da terra, as alterações nas imagens do organismo cósmico e uma sensação de desordem na alma da natureza refletiam uma compreensão subjacente de que o velho sistema estava morrendo.

CAPÍTULO 5

NATUREZA COMO DESORDEM

MULHERES E BRUXAS

A imagem da natureza como um reino de desordem e caos a ser controlado tornou-se relevante no início da era moderna. A natureza selvagem e incontrolável foi associada ao feminino, assim como à imagem da Mãe Terra descrita no capítulo 1. As imagens da natureza e da mulher possuíam duas dimensões. A ninfa virgem oferecia paz e serenidade; a Mãe Terra, nutrição e fertilidade; mas a natureza também provocava pragas, fome e tempestades. De maneira similar, a mulher era tanto uma virgem quanto uma bruxa: o amante cortês do Renascimento colocava-a em um pedestal; enquanto o inquisidor a queimava na fogueira. A bruxa, símbolo da violência da natureza, provocava tempestades, causava enfermidades, destruía cultivos, obstruía a gestação e matava crianças. A mulher desordeira, assim como a natureza caótica, precisava ser controlada.

Paralelamente, a velha ordem orgânica da natureza no cosmos, na sociedade e no próprio ser humano dava lugar, simbolicamente, à desordem, por meio das descobertas da "nova ciência", dos levantes sociais da Reforma e da liberação das paixões animais e sexuais das pessoas. Em cada um desses três domínios, o simbolismo e as atividades femininas tornaram-se relevantes.

DESORDEM NA NATUREZA

Escritores renascentistas e elisabetanos enfrentavam constantemente a preocupação de que a ordem da natureza pudesse ser rompida. Sem ordem, o caos reinaria, temia o acadêmico inglês Thomas Elyot (1531). Em *Tróilo e Cressida*, de Shakespeare (encenada entre 1601 e 1602), Ulisses se preocupava que, caso as hierarquias fossem removidas, a "obra toda [ficaria] doente". "Tirai a hierarquia dissonante; deixai só essa corda e vede a grande discórdia que se segue".[177] Richard Hooker (1594) temia que, se a natureza deixasse de observar suas próprias leis, a estrutura celestial poderia ser dissolvida, a Lua sairia de sua órbita, o vento deixaria de soprar, as nuvens secariam, os frutos da terra murchariam, e então o caos se seguiria.[178]

As descobertas da "nova ciência" contribuíram para a sensação de doença e decadência na ordem orgânica da natureza. A velha estrutura hierárquica do macrocosmo foi abalada pela cosmologia de Nicolau Copérnico, publicada em 1543, que avançou a hipótese heliocêntrica e desafiou o modelo geocêntrico ptolomaico do universo. Como Bernard Fontenelle percebeu mais tarde em sua obra *Pluralidade dos Mundos* (1686), Copérnico deslocou a terra feminina do centro do cosmos e substituiu-a por um Sol masculino.

> Ele remove a Terra do centro do universo, a coloca em seu devido lugar, e posiciona o Sol no centro, onde justamente pertence. Tudo agora gira em torno do Sol, até a própria Terra; e Copérnico, para punir a Terra por sua preguiça originária, faz com que ela contribua com tudo o que pode para o movimento dos planetas e dos céus; e agora, privada de todo o equipamento celestial com o qual foi tão gloriosamente assistida, ela não possui nada além da Lua, que ainda gira ao seu redor.[179]

Enquanto no século XVI Elizabeth I foi comparada ao *primum mobile* ptolomaico, que circundava a terra feminina, no século XVII Luís XIV converteu-se no Rei Sol.

---

177. Shakespeare, W. *Tróilo e Cressida*, Nunes, Carlos Alberto (trad.) (São Paulo, Editora Peixoto Neto, 2017).

178. Elyot, Thomas, *The Boke Named the Governour*, Watson, Foster (ed.) (Londres, Dent, 1907; primeira publicação em 1531), pp. 3, 4; Shakespeare, W., *Troilus and Cressida*, ato 1, cena. 3, linhas 75-137; Hooker, Richard, *Of the Laws of Ecclesiastical Polity*, Hill, W. Speed, (ed.) (Cambridge, Harvard University Press, 1977, primeira publicação em 1594), livro I; Phillips, James Emerson, *The State in Shakespeare's Greek and Roman Plays* (Nova Iorque, Octagon, 1972), pp. 5, 6, 78. Tillyard, Eustace M. W., *The Elizabethan World Picture* (Nova Iorque, Random House Vintage, 1959), pp. 1-16.

179. Fontenelle, Bernard de, *Week's Conversation on the Plurality of Worlds*, Gardiner, William (trad.) (Londres, 1737; primeira versão em 1686), pp. 17-18.

A perda de credibilidade do modelo orgânico do macrocosmo e, portanto, a necessidade de uma nova metáfora, foram percebidas por Johannes Kepler (1571-1630), que escreveu a um amigo em 1605: "Meu objetivo é mostrar que a máquina celestial não deve ser comparada a um organismo divino, mas a um mecanismo de relógio". Os avistamentos da nova estrela de 1572 e do cometa de 1577, feitos por Tycho Brahe, forneceram evidências da corruptibilidade do céu, até então considerado imutável acima da Lua. Entre 1609 e 1610, as observações telescópicas de Galileu Galilei das crateras na Lua, das manchas solares, das luas de Júpiter, das fases de Vênus e das multidões de estrelas na Via Láctea fortaleceram ainda mais a convicção de que a estrutura da natureza estava corrompida.

No microcosmo, ou corpo humano, a estrutura hierárquica descrita como um sistema de três órgãos – a saber: o fígado, o coração e o cérebro, com seus espíritos vitais, naturais e animais associados, tal como formulada pelo antigo médico Galeno (c. 130-200 d.C.) – foi colocada em dúvida pelas descobertas de Andreas Vesalius (1514-1564), Michael Servetus (1511-1553), Andrea Cesalpino (1519-1603), Realdo Columbus (c. 1510?-1559), e pelos primeiros trabalhos de William Harvey (1578-1657), que culminaram, em 1628, em seu livro *Sobre o movimento do coração e do sangue nos animais*, que descrevia a circulação do sangue.[180] Simultaneamente, o geocosmo, ou a Terra viva, estava sendo profanada pela poluição de

180. Kepler, Johannes, "Letter to Herwart von Hohenburg", 10 de Fevereiro de 1605, tradução e citação em HOLTON, Gerald, "Johannes Kepler's Universe: Its Physics and Metaphysics", em *Thematic Origins of Scientific Thought: Kepler to Einstein* (Cambridge, Harvard University Press, 1973) p. 72. Sobre Copérnico, Tycho Brahe e as esferas celestiais, ver KUHN, Thomas, *The Copernican Revolution* (Chicago, University of Chicago Press, 1970); DONAHUE, William H., "The Dissolution of the Celestial Spheres: 1595-1650", (tese de doutorado não publicada, University de Cambridge, 1972). Sobre a quebra do cosmos orgânico, ver NICOLSON, Marjorie Hope, *The Breaking of the Circle* (Nova Iorque, Cambridge University Press, 1960). Sobre a quebra de hierarquias no cosmo e no corpo, ver MASON, S. F., "The Scientific Revolution and the Protestant Reformation", *Annals of Science* 9 (1953), pp. 64-81. Sobre a história da circulação sanguínea, ver WHITTERIDGE, Gweneth, *William Harvey and the Circulation of the*

"seus riachos mais puros" e pela mineração de metais em suas entranhas.

Os poemas escritos por John Donne entre 1611 e 1612, dedicado ao aniversário de morte do mundo e *The Fall of Man* [A Queda do Homem], escrito em 1616, por Godfrey Goodman, bispo de Gloucester, são sintomáticos da percepção de enfermidade e decadência do mundo orgânico. Em *Anatomy of the world* [Anatomia do mundo], escrito para celebrar o primeiro aniversário de morte da jovem Elizabeth Drury, Donne lamenta não apenas a morte da alma de Elizabeth, mas também a da própria alma do mundo:

> Mundo doente, oh, morto, putrefato,
> Sem teu bálsamo intrínseco, teu cuidado,
> Não vais renascer, nem vida encontrarás

O refrão fúnebre do poema, "Morta, morta, ela está morta", reiterava o estado de doença e decadência que permeava o universo orgânico: o homem não era apenas uma coisa pobre e trivial; mas o mundo também era um aleijado, um monstro feio, um fantasma pálido e um amontoado de cinzas secas.[181]

Os escritores dos séculos XVI e XVII apresentaram uma tendência crescente em ver tanto a natureza quanto a sociedade como selvagens e defenderam a necessidade de controle sobre suas forças e destinos impostos. Para Niccolò Machiavelli (1469-1527), a sociedade aparecia como selvagem, e a fortuna, assim como a natureza, era imprevisível, violenta e deveria ser subjugada.

Blood (Nova Iorque, Elsevier, 1971) e Doby, Tibor, *Discoveries of Blood Circulation* (Nova Iorque, Schumann, 1963), caps. 5-8.

181. Donne, John, "An Anatomie of the World: The First Anniversary", em *The Poems of John Donne*, Grierson, Herbert (ed.) (Londres, Oxford University Press, 1957), linhas 56-58. Sobre *The Fall of Man* (1616) de Godfrey Goodman e a resposta de George Hakewell em sua *Apologia* (1627), ver Harris, Victor, *All Coherence Gone* (Chicago, University of Chicago Press, 1949), e Jones, Richard Foster, *Ancients and Moderns* (Berkeley, University of California Press, 1965), cap. 2.

> A fortuna rege metade de nossas ações [...] Eu a compararia a um rio impetuoso que, quando turbulento, inunda as planícies, derruba árvores e construções, retira a terra deste lado e a coloca no outro; todos fogem diante dele e tudo cede à sua fúria sem ser capaz de se lhe opor. E ainda que seja assim, quando o rio está quieto, os homens podem tomar providências contra ele por meio de diques e muros, de modo que, quando subir, possa ser desviado por um canal ou não portar tamanha força selvagem e perigosa. O mesmo acontece com a fortuna, que mostra seu poder onde não foram tomadas medidas para resistir a ela, e direciona sua fúria para onde ela sabe que não foram feitos diques ou barreiras para contê-la.[182]

Mas o potencial violento da fortuna poderia ser dominado pela agressão,

> pois a fortuna é uma mulher e é necessário, se você quiser dominá-la, conquistá-la pela força; e percebe-se que ela se deixa levar pelos ousados e não por aqueles que agem friamente e, portanto, como uma mulher, ela é sempre amiga dos jovens porque são menos cautelosos, são ferozes e a dominam com maior audácia.

Ao adotar métodos de astúcia e manipulação semelhantes aos dos animais, um príncipe poderia enfrentar o inimigo em seus próprios termos.

> E, posto que é necessário a um príncipe saber usar do animal com destreza, dentre todos ele deve escolher a raposa e o leão, pois o leão não pode defender-se de armadilhas, e a raposa é indefesa diante dos lobos; é preciso, pois, ser raposa para conhecer as armadilhas e leão para afugentar os lobos.

Em *A tempestade*, William Shakespeare relembra as forças primordiais da ilha deserta original antes de ser transformada, por meio da magia manipuladora de Próspero, em uma terra civilizada. A violência da natureza contrasta com a facilidade da vida proporcionada pela habilidade e engenhosidade humanas. Se as forças da desordem pudessem ser domadas,

---

182. MACHIAVELLI, Niccolo, *The Prince and the Discourses* (escrito em 1513) (Nova Iorque, Random House, Modern Library, 1950), cap. 25, p. 91, 94; cap. 13, p. 64. Tradução para o português: MACHIAVELLI, N. *O Príncipe* (Porto Alegre, L&PM, 1998).

a própria tempestade poderia ser evocada e manipulada – uma lição ensinada por manuais renascentistas de magia natural, como os de Agripa e Della Porta. Nem a natureza física nem a natureza humana deveriam permanecer indomadas, como a natureza bestial do canibal Caliban. A verdadeira civilização só pode ser alcançada por meio do exercício pleno do poder e do controle sobre os reinos do corpo e da mente.

A natureza e a sociedade apareciam como selvagens na literatura picaresca, que retratava aventuras de heróis ladinos em luta para sobreviver em um ambiente hostil. O indivíduo, fraco e sozinho, era jogado contra as forças da natureza. A solução não residia na fuga em direção à simplicidade pastoral, mas no engajamento em competições individualistas com os outros em prol do avanço e da sobrevivência. Lazarillo, em *A vida de Lazarillo de Tormes* (1554), sobrevive ao tirar vantagem dos outros sempre que possível e evita enfrentar circunstâncias destrutivas para permanecer vivo. O pícaro, de Hans Jacob von Grimmelshausen (1625-1676), Simplicius, adota o papel de um animal falante para enfrentar a hostilidade desenfreada na sociedade cada vez mais selvagem durante a Guerra dos Trinta Anos (1618-1648).[183]

A natureza selvagem, um elemento importante na tradição judaico-cristã, era central para as interpretações do deserto no Antigo Testamento. A natureza árida e inóspita contrastava fortemente com o abundante e frutífero Jardim do Éden, e com a terra prometida de leite e mel. A expulsão do Jardim para o deserto, equiparou a natureza selvagem ao mal introduzido

---

183. Sobre o simbolismo de *A tempestade* de Shakespeare, ver Marx, Leo, *The Machine in the Garden* (Nova Iorque, Oxford University Press, 1964), pp. 46-57. Sobre a literatura picaresca, ver Meeker, Joseph, *The Comedy of Survival* (Nova Iorque, Scribner's, 1972), pp. 92-97. Tormes, Lazarillo de, *The Life of Lazarillo de Tormes, His Fortunes and Adversities* [tradução para o inglês a partir da edição de 1554] (Londres, Black, 1908); Grimmelhausen, Hans Jakob Christoffelvon, *Simplicius Simplicissmus,* Weissenbaum, Hellmuth e Macdonald, Lesley (trad.) (Londres, Calder, 1964; primeira publicação em 1667). Tradução para o português: Grimmelhausen, H. *O aventuroso Simplicissimus,* Frungillo, Mario Luiz (trad.), (Curitiba, Editora UFPR, 2008).

quando Eva cedeu à tentação da serpente. O deserto representava uma terra a ser subjugada e tornada arável, uma terra cuja fertilidade estava diretamente ligada à quantidade de chuva. Em contraste com a tradição grega, que tendia a enfatizar a benevolência da natureza, a tradição judaica a via como uma condição a ser superada e dominada. Embora interpretações mais brandas possam ser encontradas nos livros do Antigo Testamento, foi a percepção da natureza como selvagem que se tornou importante no início da era moderna. Para protestantes como John Locke, John Calvin e os puritanos da Nova Inglaterra, Deus havia autorizado o domínio humano sobre a terra.[184]

As explorações do Novo Mundo nos séculos XV e XVI moldaram as representações da natureza selvagem no folclore europeu e anglo-saxão dos séculos seguintes. Os viajantes regressavam com relatos das selvas, desoladas e caóticas, hostis à ocupação humana. Os chamados "selvagens" das novas terras se converteram em símbolos do estado selvagem e da animalidade que poderiam dominar a natureza humana. Embora muitos dos primeiros relatos de exploradores descrevessem os indígenas como pacíficos e amorosos, ainda que em um nível hierárquico entre as feras e os europeus, no início do século XVII essa imagem se tornou mais dura e cristalizada. No início, os indígenas foram descritos de diversas maneiras como "corteses, e de temperamento gentil", "civilizados e alegres [...] gente inventiva, de ágil aprendizado e prontidão". No entanto, outras descrições relatavam que eles "viviam como feras, sem religião, nem governo, nem cidade ou casas, sem cultivar a terra, nem vestir seus corpos". Que pessoas foram encontradas "vivendo ainda como os primeiros homens, sem escrita, sem leis, sem reis, sem nações, sem comunidades, sem artes".

184. Ver NASH, Roderick, *Wilderness and the American Mind* (New Haven, Yale University Press, 1967), cap. 1, pp. 8-22; PASSMORE, John, *Man's Responsibility For Nature* (Nova Iorque, Scribner's, 1974), cap. 1.

Que eles não eram "civis por natureza nem governados pela disciplina [...] viviam sem casas, vilas ou cidades".

Após o massacre da Virgínia em 1622, as descrições positivas desapareceram, e a imagem dos indígenas para os ingleses mudou em uma direção negativa. Os indígenas se converteram em bandidos selvagens, preguiçosos e brutais. Eles tinham "pouca humanidade", eram "ignorantes quanto à civilidade, às artes, à religião" e eram "mais estúpidos do que os animais que caçavam".[185] Essas paixões animais que, se acreditava, dominavam os indígenas e estavam no interior de todos os seres humanos, também foram simbolizadas na luxúria das mulheres e na desordem provocada pela bruxa.

DESORDEM, SEXUALIDADE E A BRUXA

O lado obscuro da mulher era simbolicamente associado à natureza indomada. Ainda que o amante platônico da Renascença a tenha idealizado como a verdadeira beleza e o bem, e a Virgem Maria tenha sido venerada como a mãe do Salvador, as mulheres também eram vistas como mais próximas da natureza do que os homens, subordinadas na hierarquia social à eles, e imbuídas de uma paixão sexual muito maior. Os levantes da Reforma e os julgamentos de bruxas do século XVI intensificaram essas percepções. Assim como a natureza selvagem e caótica, as mulheres precisavam ser subjugadas e mantidas em seu lugar.

Robert Burton, em sua *Anatomia da melancolia* (1621), destacou o poder do amor lascivo tanto em mulheres jovens quanto em idosas: "É pior nas mulheres do que nos homens;

185. As citações aparecem em Ashcraft, Richard, "Leviathan Triumphant: Thomas Hobbes and the Politics of Wild Men", em Dudley, Edward e Novak, Maximillian E. (ed.), *The Wild Man Within* (Pittsburgh, University of Pittsburgh Press, 1973), pp. 147, 152, notas 66, e Vaughan, Alden T., "English Policy and the Massacre of 1622", *William and Mary Quarterly* 35 (1978), pp. 57-84, ver pp. 78-79. Sobre as imagens dos indígenas estadunidenses, ver também Pearce, Roy Harvey, *The Savages of America* (Baltimore, Johns Hopkins University Press, 1953).

quando ela é [...] uma velha viúva, uma mãe há muito tempo [...] procura se casar de maneira indecorosa; ainda que seja tão velhaca [...] uma mera carcaça, uma bruxa, de pouco sentimento, ela uiva por um garanhão, um campeão; ela deseja casar-se novamente e o fará, comprometendo-se com algum jovem".[186] Mulheres jovens, disse ele, procuram sexo assim que a puberdade chega: "Geralmente as mulheres começam [...] aos quatorze anos, então elas se oferecem, algumas com furor evidente [...] Na África, um homem dificilmente encontra uma virgem aos quatorze anos, e muitas das que estão entre nós, depois que entram na adolescência, não permanecem sem maridos. [...] Mãe e filha, às vezes, adoram o mesmo homem; e pai e filho, dono e servo de uma só mulher". Um manual popular sobre sexo no século XVIII, *Aristotle's Mastepiece* [A obra-prima de Aristóteles], com primeira edição em 1684, reafirmava a antiga crença de que as mulheres obtinham mais prazer no sexo do que os homens. As mulheres eram vistas como tão ávidas por sexo após os quatorze anos de idade que "não se importavam com quão cedo se livrariam de [sua virgindade]." A ganância e a luxúria das esposas dos comerciantes foram satirizadas durante a "controvérsia sobre as mulheres", que assolou a Inglaterra no final do século XVI e início do século XVII. O ataque antifeminista de Joseph Swetnam, em 1615, refletiu a suposta luxúria das mulheres no título *The Arraignment of Lewd, Idle, Forward, and Unconstant Women* [O indiciamento de mulheres obscenas, ociosas, desobedientes e inconstantes]. Em resposta, uma peça chamada *Swetnam, the Woman'Hater, Arraigned by Women* [Swetnam, o que odeia as mulheres, indiciado por mulheres], retratou-o

186. BURTON, Robert, *Anatomy of Melancholy*, 3 vols. (Nova Iorque, Dutton, 1932; primeira publicação em 1621), vol. 3, citações em pp. 56, 55. (tradução em português: BURTON, R. *Anatomia da melancolia*, FLORES, Guilherme (trad.) (Curitiba, Ed. UFPR, 2011)

amordaçado e arrastado pelas ruas após ser condenado em um tribunal por abuso contra mulheres.[187]

A culpa pela corrupção física do homem foi atribuída diretamente à luxúria e à tentação da mulher com base na crença popular renascentista de que cada ato sexual masculino completo, ou "pequena morte", encurtava sua vida em um dia. Donne se inspirou nessa imagem em *The Anatomy of the World* [A anatomia do mundo] ao descrever a tentação de Eva sobre Adão e as consequências para as gerações futuras de amantes masculinos ao se engajarem no ato reprodutivo:

> Pois esse casamento foi nosso funeral:
> Em um só golpe, uma mulher nos matou a todos.
> E agora nos mata individualmente, um a um
> E nós, deliciosamente, permitimos
> O ato consumado; e profusamente cegos,
> Nos matamos para propagar nossa espécie.[188]

Nas obras de arte, as mulheres dos séculos XVI e XVII foram retratadas como desordeiras e insolentes, batendo e enganando seus maridos, bebendo vinho e arrastando-os luxuriosamente para a cama. O frontispício da coletânea *The Decyte of Women* [As trapaças das mulheres] publicado anonimamente em 1560, retratou uma mulher montada nas costas do marido, cavalgando-o adiante com um chicote. Outra ilustração retrata uma briga doméstica, na qual uma mulher velha está prestes a bater na cabeça de um homem jovem que brigava com sua esposa. A xilogravura *Aristóteles e Fílis* (1513), do artista alemão Hans Baldung Grien, retrata Aristóteles, que atribuíra um papel passivo à mulher, sendo montado e conduzido como um cavalo, enquanto Fílis exibia

---

187. Thomas, Keith, *Religion and the Decline of Magic* (Nova Iorque, Scribner's, 1971), p. 569, nota 2; Wright, Louis B., "The Popular Controversy over Women", em *Middle-Class Culture in Elizabethan England* (Chapel Hill, University of North Carolina Press, 1935), pp. 466, 473, 490; Anônimo. "Aristotle's Masterpiece", em *The Works of Aristotle the Famous Philosopher*, 1684 (reedição: Nova Iorque, Arno Press, 1974; primeira publicação em 1684), pp. 16,17,18.

188. Donne, *Poems*, Grierson (ed.), p. 211.

o poder das mulheres (Fig. 11). O gravador suíço Urs Graf retratou (em 1521) duas mulheres espancando um monge que provavelmente as havia molestado (Fig. 12). Pieter Bruegel (1525?-1569), pintor flamengo, usou em sua obra *Dulle Griet* [Mulher louca], uma mulher, Mad Meg [Meg, a louca], para simbolizar a violência e o caos, enquanto, ao seu lado, Santa Margarida amarrava o diabo. Nos festivais das aldeias, os carros alegóricos figuravam esposas batendo em seus maridos, jogando pedras e lixo neles e os atacando com insultos.[189]

A suposta desordem causada por mulheres luxuriosas foi retratada em centenas de pinturas e gravuras sobre bruxaria. Baseados em uma doutrina bem articulada no final do século XV – no tratado antifeminista *Malleus Maleficarum* (1486), ou *Martelo das bruxas*, dos dominicanos alemães Heinrich Institor e Jacob Sprenger, assim como em uma série de obras de arte de Hans Baldung Grien e Albrecht Dürer –, os julgamentos de bruxas nos dois séculos seguintes ameaçaram a vida de mulheres em toda a Europa, em especial nas terras do Sacro Império Romano. As representações existentes dos *Sabbat* (Sabá) das bruxas apresentam mulheres que, engajadas em atividades exuberantes e frenéticas, dominam o caos generalizado e a natureza descontrolada. Uma gravura de 1610 do artista polonês I. Ziarnko "vibra com movimentos precipitados e uma turbulência inquieta, enquanto os personagens são arrastados por uma selvagem dança infernal pelo agito febril de todo esse tumulto desordenado e frenético". Nela, Satanás aparece sob a forma de um bode pregando à sua congregação, flanqueado por duas bruxas. Feroz, "indecente

189. WRIGHT, p. 470; SACHS, Hannelore, *The Renaissance Woman* (Nova Iorque, McGraw-Hill, 1971), pp. 46, 94, 102; DAVIS, Natalie Z., "Women on Top: Sexual Inversion and Disorder in Early Modern Europe", em *Society and Culture in Early Modern France* (Stanford, Stanford University Press, 1977), pp. 124-51; ver p. 136. Sobre as lendas e a iconografia acerca de Aristóteles e Fílis, ver HUTCHINSON, Jane Campbell, "The Housebook Master and the Folly of the Wise Man", *Art Bulletin* 48, n. 1 (1966), pp. 73-78; HOROWITZ, Maryanne Cline, "Aristotle and Woman", *Journal of the History of Biology* 9, n. 2 (1976), pp. 183-213, ver pp. 189-91; SARTON, George, "Aristotle and Phyllis", *Isis* 14, n. 1 (1930), pp. 8-19.

e obsceno", o baile das bruxas com seus consortes demoníacos é acompanhado por músicos que tocam flautas, harpas, alaúdes e arcos, enquanto outras bruxas preparam em um caldeirão venenos com cobras e sapos desmembrados, usados para matar homens e gado. A xilogravura *The Witches* [As bruxas] (1510), de Hans Baldung Grien, retrata a vingança de três bruxas contra a sociedade, enquanto preparam poções durante o *Sabbat,* em meio a um caos de fumaça, espíritos familiares e uma bruxa que sobrevoa montada em um bode demoníaco (Fig. 13).[190]

A suposta luxúria sexual das mulheres forneceu uma das bases para acusá-las e julgá-las por bruxaria. Em vinte anos, foram publicadas doze edições do *Discurso dos Feiticeiros,* de Henri Boguet (c. 1590), que descrevia os julgamentos de seis mulheres acusadas de atos sexuais com o diabo. No capítulo "The Copulation of the Devil with Male and Female Witches" (A Cópula do Diabo com bruxos e bruxas), Boguet, que era juiz em Saint Claude na França, explicava: "O Diabo as usa dessa maneira porque ele sabe que as mulheres amam os prazeres carnais, e as mantém leais a ele mediante tais provocações tão agradáveis".[191] Acreditava-se que o diabo aparecia aos homens na forma de uma mulher, ou *succubus* e, para

---

190. Institor, Heinrich e Sprenger, Jacob, *The Malleus Maleficarum* (Nova Iorque, Bloom, 1970; primeira publicação em 1486). Tradução para português: Institor e Sprenger, *O martelo das feiticeiras: Malleus maleficarum,* Fróes, Paulo (trad.) (Rio de Janeiro, Rosa dos Tempos, 2020). Givry, Grillot de, *Witchcraft, Magic, and Alchemy* (New Hyde Park, University Books, 1958), citado por Ziarnko, p. 76, ver também pp. 77-84.

191. Boguet, Henri, *An Examen of Witches,* Rodker, John (trad.) (Bungay, Clay, 1929; primeira publicação ca. 1590), pp. 29, 31-33, 125, 128; Seth, Ronald, *Stories of Great Witch Trials* (Londres, Barker, 1967), p. 98; Institor e Sprenger, no *Malleus Maleficarum,* argumentaram que a luxúria sexual das mulheres era uma ameaça direta à sexualidade do homem. As bruxas eram acusadas de estar "fomentando no pensamento dos homens a paixão desregrada", de "obstruir sua força geradora [...] removendo-lhes o membro que serve ao ato" (p. 141) "Mas, com efeito, pela bruxaria se desperta o ódio nas pessoas unidas pelo Sacramento do matrimônio e se esfriam as forças generativas, a deixar os homens impossibilitados de consumarem o ato para a geração de crianças" (*Malleus,* Rosa dos Tempos, 2020, p. 142).

as mulheres, na forma de homem, ou *incubus*. Ele trabalhava retirando o sêmen de um homem disfarçado de *succubus* e depois entregava-o à mulher sob a forma de *incubus*. Segundo Boguet, o corpo que o demônio assumia durante o ato era feito de ar denso e palpável, dando a impressão de ser real.

Figura 11: Aristóteles e Fílis, entalhado por Hans Baldung Grien (1513). Aristóteles, que defendia que o homem era superior à mulher, é mostrado submetido ao poder das mulheres nesta ilustração popular do século XVI. Fílis, segundo a lenda, procurou vingança contra Aristóteles depois que ele acusou o marido dela, Alexandre, o Grande, de dedicar muita atenção a ela. Fílis, depois de prometer a Aristóteles seus favores, insistiu que ele primeiro lhe deixasse cavalgar sobre as costas – uma vitória testemunhada por Alexandre.

Figura 12: Duas mulheres batem em um monge que provavelmente as teriam molestado, desenhado à caneta por Urs Graf (c. 1521). Na Renascença, as mulheres foram retratadas como violentas, vingativas e hábeis em defenderem-se.

As bruxas, relatou Boguet, copulavam com o diabo nas camas de suas casas ou durante o *Sabbat,* e, frequentemente, eram encontradas a céu aberto nas florestas e campos engajadas em tais atos. Boguet, assim como outros, sustentava que elas amamentavam seus familiares, uma forma na qual Satanás frequentemente lhes aparecia. Quando as autoridades lhes aprisionavam, eram despojadas de suas roupas para que as marcas de familiares em seus corpos fossem procuradas e examinadas em busca de evidências de relação sexual com o diabo. Nos julgamentos, as mulheres eram obrigadas a confessar que a relação sexual com o diabo era dolorosa devido à forma hedionda em que ele aparecia e à queimação no estômago causada por seu "membro gelado". Na Inglaterra, várias centenas de mulheres identificadas como portadoras de marcas de bruxa, geralmente dentro dos grandes lábios, foram condenadas à morte nos anos 1644-45 por Matthew Hopkins, um advogado inglês cuja campanha para exterminar as bruxas lhe valeu o título de "general caçador de bruxas".

O controle e a manutenção da ordem social e do lugar das mulheres dentro dela foram uma das muitas razões complexas e variadas para os julgamentos das bruxas. As mulheres representavam a maior parte dos processos por bruxaria: Jean Bodin, em 1580, indicou a proporção de cinquenta mulheres para um homem; Jaime I, em seu *Daemonologie* (1597), a definiu em vinte para um; Alexander Roberts (1616) acreditava que era de cem para um. O cálculo das execuções do Tribunal de Justiça inglês mostrou que 102 das 109 pessoas condenadas à morte eram mulheres. Em 1585, dois vilarejos no Bispado de Trier, na Alemanha, acabaram com apenas uma habitante feminina em cada um deles. Estatísticas modernas de vários países europeus indicam que, do total de pessoas julgadas (cerca de 100.000), as mulheres representavam aproximadamente 83%. A mais famosa denúncia sexista das bruxas, o *Malleus Maleficarum*, reimpresso quatorze vezes antes de 1521, e outras quinze vezes depois de 1576, usou no título a forma feminina *Maleficarum* em vez da forma masculina *Maleficorum*. Embora a maior parte das pessoas acusadas fosse formada por mulheres, as vítimas também eram majoritariamente pessoas da classe social mais baixa, ainda que as crenças de bruxaria fossem populares em todos os níveis da sociedade (Fig. 14). Das 600 bruxas acusadas no

Tribunal de Justiça da Inglaterra, 596 eram de comerciantes, camponesas, assim como operários e suas esposas. As atitudes religiosas, sociais e sexuais em relação às mulheres e seu papel na sociedade contemporânea cumpriram um papel significativo na definição das vítimas. [192]

192. Thomas, p. 569; King James I, *Daemonologie* (reedição: Nova Iorque, Barnes & Noble, 1966; primeira publicação em 1597), p. 43; Bodin, Jean, *De la Demonomanie des Sorciers* (Paris, 1580); Roberts, Alexander, *A Treatise of Witchcraft* (1616); Ehrenreich, Barbara e English, Deirdre, *Witches, Midwives and Nurses* (Old Westbury, Feminist Press), p. 5; Monter, E. William, "The Pedestal and the Stake", em Bridenthal, Renate e Claudia, Koonz (ed.), *Becoming Visible* (Boston, Houghton Mifflin, 1977), pp. 130-32. Monter (pp. 132-33) apresenta estatísticas sobre o percentual de mulheres e viúvas julgadas por bruxaria entre 1480 e 1700:

Mulheres julgadas por bruxaria: 1480-1700

Região	Mulheres julgadas	Homens julgados	% de mulheres do total
Sudoeste da Alemanha	1050	238	82%
Oeste da Suíça	893	237	80%
República de Veneza	430	119	78%
Castela	324	132	71%
Bélgica (Namur)	337	29	92%
Inglaterra (Essex)	267	23	92%

Viúvas julgadas for bruxaria: 1480-1700

Região	Viúvas	Outras mulheres	% de mulheres
Neuchatel	79	100	44%
Bispado da Basiléia	55	108	34%
Montbeliard	24	34	41%
Toul (Lorraine)	29	24	55%
Essex (Inglaterra)	49	68	42%

Figura 13: *The Witches* [As bruxas], entalhado por Hans Baldung Grien (1510). Três bruxas preparam poções em um *Sabbat*, enquanto uma quarta chega em uma cabra. As cabras e os gatos eram associados às mulheres e à bruxaria por causa de sua suposta luxúria sexual e malícia.

Figura 14: *As quatro bruxas*, gravura de Albrecht Durer (1497). As quatro bruxas são de diferentes classes sociais, como retratam os adereços em suas cabeças.

Não está claro o que orientou a percepção dos inquisidores em relação à realidade e à extensão das práticas de bruxaria. As fontes disponíveis foram escritas principalmente por acusadores e defensores das bruxas. A maior parte das acusadas de bruxaria era composta por mulheres analfabetas, de maneira que não deixaram registros escritos sobre suas verdadeiras crenças e atividades; aquelas que deixaram registros escritos defenderam sua inocência. De toda forma, a bruxaria era um método de vingança e controle que poderia ser praticado por pessoas física ou socialmente impotentes, em um mundo que acreditava-se ser animado e orgânico.

As visões que associavam a natureza às crenças da bruxaria compunham uma forma de animismo pessoal. O mundo das bruxas era anti-hierárquico e infundido por espíritos em todos os lugares. Cada objeto natural, cada animal e cada árvore continha um espírito que a bruxa poderia invocar, utilizar e comungar com ele de acordo com sua vontade. Acreditava-se que as bruxas podiam fazer pactos individuais com o diabo ou um demônio, geralmente por meio de um animal familiar. Elas não dependiam do complicado mecanismo hierárquico de *pneuma* ou *spiritus* para atrair influências celestiais, como faziam os magos neoplatônicos. As bruxas tampouco dependiam das hierarquias de demônios, como ocorria com os magos, a exemplo de Agripa. A imediaticidade das relações individuais com um espírito ou demônio e a possibilidade de vingança e controle podiam explicar a popularidade da bruxaria entre as mulheres oprimidas. Entre a bruxa e o objeto de sua vontade, não havia hierarquia alguma.

Por meio do poder dos feitiços que invocavam espíritos, as bruxas podiam controlar as forças da natureza; podiam fazer cair granizo ou chuva, destruir colheitas e atrair pragas. Podiam se vingar daqueles que as desagradavam, atrair aqueles de quem gostavam, ou transformar a si mesmas, ou qualquer outra pessoa, em criaturas horrendas. Mulheres analfabetas que ocupavam o nível mais baixo na ordem social não tinham muitos outros meios de controlar ou se defender da repressão e das injustiças próprias de uma sociedade hierarquizada. A liberação da paixão e da violência no *Sabbat* do diabo simbolizava a alienação da bruxa de um mundo que lhe oferecia pouco conforto humano e nenhuma esperança de salvação.[193]

"CIÊNCIA" E A BRUXA

A "ciência", na forma das explicações naturalistas sobre bruxaria, foi trazida no contexto das acusações durante os anos 1560 e interpretada como o único ponto de vista são e "objetivo" em uma era cega pela superstição. Aqueles que defenderam as mulheres de acusações e julgamentos, não obstante, não o fizeram a partir dos argumentos antifeministas predominantes da época.

Uma das primeiras defesas das bruxas foi elaborada pelo médico Johann Weyer em seu *De Praestigiis Daemonum* (1563). Apesar de suas tentativas de absolver o comportamento das bruxas mediante explicações naturais (baseadas em um excesso de humor melancólico), o livro de Weyer refletia as atitudes em relação às mulheres, inerentes à filosofia naturalista predominante. Bruxas eram mulheres que, "em razão do seu sexo, são inconstantes e de fé dúbia e, por causa da idade, incapazes de ter um pensamento claro. Elas são especialmente vulneráveis às artimanhas do diabo". As mulheres mais velhas, portanto, confessam crimes que na realidade são executados pelo diabo, "já que suas mentes são feridas, atribuladas,

193. Thomas, pp. 520-22. Sobre as tentativas de concretizar a realidade das práticas de bruxaria e as concepções do mundo que sustenta essas interpretações, ver Caro Baroja, Julio, *The world of witches*, Glendinnings O.N.V. (trad.) (Chicago, University of Chicago Press, 1965) e Murray, Margaret, *The God of witches* (Garden City, Doubleday Anchor, 1960).

perturbadas por fantasmas e aparições criadas pela melancolia ou por seus vapores".[194]

Weyer acreditava que os demônios de fato existiam e que a bruxaria poderia ser explicada pelos delírios diabólicos que eles produziam. Mas o que o levou a argumentar contra os castigos corporais às bruxas foi a sua visão das mulheres como o sexo mais frágil e crédulo. As mulheres eram vítimas passivas do diabo porque eram femininas, ingênuas e senis. No entanto, os homens feiticeiros agiam de forma voluntária quando faziam pactos com o diabo e, portanto, poderiam ser punidos.

Weyer expandiu sua visão em *Histoires Disputes et Discours* [Histórias, disputas e discursos] (1579), afirmando que as mulheres eram imprudentes em suas crenças, impacientes, melancólicas e incapazes de controlar suas emoções devido à fragilidade de seu sexo. As mulheres idosas eram particularmente estúpidas e mentalmente debilitadas. Assim, era fácil e natural que a mulher fosse enganada pelo diabo, como aconteceu com Eva no paraíso. Weyer cita uma longa lista de autoridades bíblicas e antigas que concordavam com seu ponto de vista, como São Pedro, São Mateus, Quintiliano, entre outros. Tanto Aristóteles quanto seu tradutor medieval, Albertus Magnus (1200?-1280), sustentavam que as mulheres eram mais facilmente levadas ao engano e ao desespero do que os homens. Como prova cabal, Weyer produziu um verso de um hino a Palas Atena, a deusa da sabedoria, proclamando que ela havia nascido somente de um pai, sem mãe e que, portanto, ao contrário das mulheres, possuía sabedoria e previdência. Isso testemunhava a teoria sexual aristotélica segundo

---

194. WEYER, Johann, *De Praestigiis Daemonum* (primeira edição 1563), citado em MONTER, W. (ed), *European witchcraft* (Nova Iorque, Wiley, 1969) p. 61. Sobre Weyner, ver WALKER, D.P. *Spiritual and Demonic Magic from Ficino to Campanella* (Londres, Kraus Reprints, 1958) p. 152 e VEITH, Ilza, *Hysteria: The History of a Disease* (Chicago, University of Chicago Press, 1965) pp. 109-11; THORNDIKE, Lynn, *The History of Magic and Experimental Science* (Nova Iorque, Columbia University Press, 1941) vol. 4, p. 515.

a qual a inteligência provinha do pai, enquanto a mãe fornecia apenas a matéria. As mulheres, frágeis em mente e espírito, poderiam assim ser facilmente privadas de seus sentidos pelos humores melancólicos que oprimiam seus cérebros.[195]

O jurista Jean Bodin (1530-1596) e o professor de medicina em Heidelberg, Thomas Erastus (1524-1583), iniciaram um movimento de refutação da defesa das bruxas feita por Weyer. Bodin, advogado na corte francesa e promotor nas ações de perseguição por bruxaria, era particularmente antipático ao sexo feminino. Em 1580, ele publicou uma refutação às explicações naturalistas de Weyer sobre a bruxaria, contestando o argumento da melancolia. O humor da mulher, dizia ele, era contrário à bile ou ao fluído melancólico do qual a verdadeira melancolia provinha em adultos. A melancolia resultava do excesso de calor e aridez, enquanto as mulheres eram naturalmente frias e úmidas:

> É uma ignorância grosseira atribuir a enfermidade melancólica às mulheres, que lhes convêm tão pouco quanto os efeitos louváveis de um humor melancólico temperado, que torna o homem sábio, sério ou contemplativo [...] Todas essas qualidades são tão pouco compatíveis com a mulher quanto o fogo é com a água. Portanto, abandonem o erro fanático daqueles que tomam as mulheres como melancólicas.[196]

Erastus (1578), por sua vez, aceitava o conceito de imaginação melancólica, mas argumentava que nem todas as bruxas eram melancólicas. Para ele, elas não eram meros instrumentos passivos utilizados pelo diabo, mas instigadoras ativas de magia maléfica.

195. Weyer, Johann, *Histoire Disputes et Discours* (Paris, 1885; primeira edição de 1579), vol. I, pp. 300-303.

196. Bodin, Jean. "Demonomanie", fragmentos em Monter, *European Witchcraft*, p. 55, ver também pp. 47-55. Ver também Thorndike, pp. 525-26. Sobre as visões renascentistas dos elementos, os humores e sua relação com os temperamentos femininos, ver Camden, Charles Carroll, *The Elizabethan Woman* (Nova Iorque, Elsevier, 1952), pp. 17-35, esp. p.18, e Kelso, Ruth, *Doctrine of the lady of Renaissance* (Urbana, University of Illinois Press), cap. 2, "Women in the Scheme of Things", esp. pp. 16, 22. Sobre Erastus, ver Monter, *European Witchcraft*, p. 64.

Reginald Scot, o segundo defensor das bruxas, sustentou em seu *Discovery of Witchcraft* [Descoberta da bruxaria] (1584) que a melancolia afetava as bruxas, atacava seus cérebros e pervertia seus sentidos e juízo. Se suas mentes e vontades não estivessem corrompidas e confundidas, jamais fariam confissões voluntárias sobre tais fatos. Para Scot, uma mulher com corpo e cérebro enfraquecidos poderia então imaginar-se como uma bruxa capaz de realizar feitos estranhos e impossíveis. Isso era ainda mais comum após a menopausa, "diante da interrupção do seu fluxo melancólico mensal ou emissão sanguínea".[197]

Os medos, superstições e ilusões surgiam quando o humor melancólico presente nos resíduos de sangue afetava o cérebro. Os sonhos que convenciam as bruxas de seus supostos poderes fantásticos e visões eram resultados das ações internas dos vapores e humores corporais. Os tipos de sonhos variavam conforme eram produzidos pela bile, a fleuma, a melancolia ou o sangue.

Scott também argumentava que o *incubus,* que aparecia às mulheres à noite, era na verdade um adoecimento do corpo. Um vapor espesso, produzido pela má digestão, movia-se até a cabeça, oprimindo o cérebro com tanta intensidade que aquele atingido à noite era incapaz de pedir ajuda. Acordar quem balbuciava durante o sono ou virá-lo de lado poderia aliviar o problema.

Além disso, Scott afirmava que, segundo uma crença generalizada, todos os meses as mulheres se enchiam de humores supérfluos, fazendo com que o sangue melancólico fervesse e liberasse vapores pelo nariz e boca que enfeitiçavam qualquer um que as encontrasse. As mulheres eram consideradas naturalmente mais volúveis e destemperadas que os homens. A dificuldade em alcançar a moderação frequentemente resultava

197. SCOT, Reginald, *The Discovery of Witchcraft* (Arundel, Centaur Press, 1964; primeira edição de 1584), pp. 55, 56, 64, 68, 75, 160, 89, 236.

em uma fúria desenfreada, que infectava e enfeitiçava aqueles que a elas se opunham.

No século XVII, Robert Burton, autoridade em melancolia, afirmava que estudantes e pessoas "solitárias por natureza", dedicadas à uma vida de contemplação, eram mais suscetíveis à melancolia. Embora fosse mais comum entre os homens, quando as mulheres eram afetadas pela melancolia, se tornavam "muito mais violentas e gravemente perturbadas".[198]

Os defensores feministas, por sua vez, viraram esses argumentos de cabeça para baixo. Acreditavam que os temperamentos humanos eram governados por todos os quatro humores, e que tanto a predominância do quente e seco nos homens quanto a do frio e úmido nas mulheres poderiam ter efeitos positivos e negativos. Nos homens, os humores quentes e secos poderiam causar paixão excessiva, bloqueando o pensamento racional. Já nas mulheres, a umidade moderava o calor, tornando-as mais ponderadas em suas decisões e menos propensas à arrebatamentos de raiva violenta. Isso também lhes conferia uma capacidade superior de compreensão em relação aos homens. Além disso, a natureza úmida das mulheres era necessária para a importante função biológica de dar à luz e nutrir as crianças.[199]

O LUGAR DAS MULHERES NA ORDEM DA NATUREZA

A distinção entre natureza e cultura se fundamenta na identificação da mulher e da animalidade como uma forma inferior de vida. Essa distinção se aceita como um postulado inquestionável nas disciplinas das humanidades, tais como a história, a literatura e a antropologia. O dualismo natureza/cultura é um fator-chave para o avanço da civilização ocidental às custas da natureza. À medida que foram

---

198. Burton, *Melancholy*, vol. 1, p. 172.

199. Kelso, pp.1-6,22.

cortados os vínculos que unificavam o velho cosmo hierárquico, a cultura europeia colocava-se acima e se distanciava de tudo que estivesse associado à natureza. De maneira semelhante, nos EUA, a dicotomia natureza/cultura fundamentou as tensões entre civilização e a fronteira durante a expansão para o oeste, e ajudou a justificar a contínua exploração dos recursos naturais. Uma parte considerável da literatura produzida nos EUA baseia-se no pressuposto da superioridade da cultura em relação à natureza. A libertação da natureza, das mulheres, de indígenas e negros das restrições dessa ideologia só é possível mediante uma crítica radical às categorias de *natureza* e *cultura* enquanto conceitos organizadores de todas as disciplinas.

Antropólogos já observaram que tanto as mulheres quanto a natureza são percebidos em um nível abaixo ao da cultura, que tem sido histórica e simbolicamente associada aos homens. Uma vez que as funções fisiológicas ligadas às mulheres, como a reprodução, a amamentação e a criação das crianças, são vistas como mais próximas da natureza, o papel social atribuído a elas ocupa uma posição inferior na escala cultural em relação ao do homem. As mulheres são desvalorizadas tanto simbolicamente quanto em suas tarefas, papéis sociais, e funções comunitárias mais estreitamente relacionadas ao poder.[200]

Na Europa do início da era moderna, a suposição da dicotomia natureza/cultura foi usada como justificativa para manter as mulheres em seu lugar dentro da ordem hierárquica estabelecida da natureza, onde eram posicionadas abaixo dos homens de seu próprio grupo social. A reação contra a desordem da natureza, simbolizada pelas mulheres, não se restringia

200. ORTNER, Sherry, "Is Female to Male as Nature Is to Culture?", em ROSALDO, Michele Z. e LAMPHERE, Louise (ed.) *Women, Culture and Society* (Stanford, Stanford University Press, 1974), pp. 67-87, ver pp. 69, 72, 73. Para uma crítica da dicotomia natureza/cultura, ver HARAWAY, Donna, "Animal Sociology as a Natural Economy of the Body Politic, Part 1: A Physiology of Dominance", *Signs*, vol. 4, n. 41 (1978), pp. 21-36, esp. p. 23.

apenas às bruxas de classes mais baixas, mas também às rainhas e aristocratas que, durante a Reforma Protestante, pareciam subverter a ordem da natureza.

A ascensão de Maria Tudor ao trono inglês (Bloody Mary ou Maria, a Sanguinária, rainha entre 1553 e 1558) deu início à restauração do catolicismo e à perseguição aos protestantes. Em 1558, Maria de Guise (Mary of Lorraine), rainha regente enquanto Maria da Escócia (Mary Stuart, rainha dos escoceses entre 1561 e 1567) era criada na corte da França, proibiu a pregação da doutrina reformada na Escócia. O reformador protestante escocês John Knox (1505-1572) respondeu à perseguição dos protestantes sob o reinado dessas rainhas com a sua polêmica misógina *The first blast of the Trumpet against monstrous regiment of women* [O primeiro toque da trombeta contra o regime monstruoso das mulheres] (1558).[201] Infelizmente, para Knox, nesse mesmo ano, Elizabeth I da Inglaterra ascendeu ao trono, restaurando o protestantismo na Inglaterra e ajudando os protestantes escoceses contra a rainha regente. Em uma situação política difícil, Knox foi obrigado a se desculpar com Elizabeth por sua visão acerca das mulheres regentes, mas ela nunca o perdoou de fato. Com a morte de Maria de Guisa em 1560, foi proclamado o protestantismo na Escócia e, em 1561, Maria da Escócia se tornou rainha dos escoceses, até sua queda do poder, em 1567. Maria manteve o protestantismo, embora, para horror de Knox, celebrasse a missa católica em sua própria residência, convertendo-se em uma "monstruosa" soberana católica.

Ainda que Knox não odiasse todas as mulheres, seu *The first blast of the Trumpet* era sintomático de uma controvérsia mais ampla a respeito das mulheres que derrubavam a ordem da natureza. A fim de respaldar a ideia de que as mulheres

201. Knox, John. *The first blast of the trumpet against the monstrous regiment of women*, em Arber, Edward (ed.), *The English Scholars Library* (Londres, 1878: primeira edição de 1558), vol. 2, citações em pp. 21, 14, 15, 20, 30, 27, 11, 32, 35. Sobre Knox, ver Ridley, Jasper, *John Knox* (Oxford, Clarendon Press, 1968), pp. 265-85.

deveriam permanecer no lugar que naturalmente lhes pertencia, de acordo com uma concebida ordem da natureza, Knox se inspirou na teoria do microcosmo-macrocosmo, que postulava a correspondência entre um mundo natural hierarquicamente estratificado e um pequeno mundo dos seres humanos. Na teoria do macrocosmo, o espírito e a atividade pura (associados ao masculino) se elevavam até os limites superiores do mundo esférico limitado, enquanto a terra feminina jazia em seu centro. O lugar das mulheres era simbolizado pela matéria básica passiva, que nutria o princípio espiritual ativo, mas ficava sempre por baixo, sendo inferior a ele. De acordo com Knox, já que a carne era subordinada ao espírito, o lugar da mulher estava abaixo do que ocupava o homem. As leis da natureza ordenavam que os homens deveriam governar as mulheres: "A ordem de criação de Deus" e "a luz da natureza" ditavam contra a soberania das mulheres, que subvertia a "boa ordem". O papel das mulheres, de acordo com Knox, era o de serem servidoras obedientes. Uma vez que a mulher era fisicamente mais fraca que o homem, seu lugar era abaixo. As mulheres eram propensas a uma "debilidade natural" e a "apetites desordenados". Se uma mulher fosse presunçosa o suficiente para se elevar acima dos homens, deveria ser "reprimida e contida". Sociedades nas quais mulheres destemidas pegavam em armas e guerreavam eram consideradas "monstros" da natureza. O lugar das mulheres abaixo dos homens se refletia no reino animal: "Porque a natureza marcou todas as bestas com certas marcas de dominação do macho e certa sujeição da fêmea, que se mantêm inviolados. Nenhum homem jamais viu um leão obedecer ou agachar-se ante uma leoa, nem se pode provar que a cerva conduza o rebanho de cervos".

Knox afirmava que a ordem da natureza se manifestava tanto no corpo humano como na sociedade: Deus havia estabelecido uma ordem no "corpo político ou civil" que corresponderia ao "corpo natural do homem". Os olhos do homem funcionavam como espelhos para contemplar essa ordem natural. Cada parte do corpo ocupava seu devido lugar, com a cabeça na parte superior e os outros membros no lugar que lhes correspondia. Da mesma forma, na sociedade, a cabeça soberana deveria ser um homem, porque o governo de uma mulher criaria um monstro. Assim, nenhuma mulher deveria jamais ter permissão para governar como rainha, já que o "império de uma mulher" subverteria a natureza. "Promover o governo de uma mulher [...] repugna à natureza... Deus, pela ordem da criação, despojou a mulher de qualquer autoridade ou domínio". Ao permitir que uma mulher governe, os homens mesmos se rebaixam a um nível inferior ao das bestas: "É algo repugnante à ordem da natureza que qualquer mulher seja exaltada a governar os homens. Porque Deus lhes denegou a função de cabeça... e, ao aceitarem isso, a nobreza da Inglaterra e Escócia tornou-se inferior a bestas selvagens, pois o que fizeram com as mulheres [...] não se vê entre os machos de nenhuma espécie animal fazendo o mesmo com suas fêmeas". Knox concluiu que "promover uma mulher ao posto de cabeça acima do homem repugna à natureza, e é algo totalmente contrário à ordem que Deus aprovou em seu domínio, que ele instituiu e governa pela sua palavra".

As ideias de Knox foram respaldadas em obras publicadas por Christopher Goodman (em 1558), Anthony Gilby (1558, provavelmente um pseudônimo de Knox), George Buchanan (1582) e Jean Bodin (1576). No entanto, a nobreza feminina tinha entre seus defensores membros ilustrados e eloquentes das classes altas. Knox enfrentou a oposição veemente de Elizabeth I, que sucedeu Maria no trono em 1579, e de seus oficiais John Aylmer (1558), John Leslie, bispo de Ross (1559) e David Chambers (1579). Nem a morte de Knox, tampouco a execução de Maria da Escócia, em 1587, colocaram fim à luta pelo direito das mulheres de governar e às tentativas de repressão dos homens supremacistas. As discussões sobre a governança feminina continuaram até a morte de Elizabeth, em 1603, quando o trono voltou a ser ocupado por um homem, Jaime I.[202] Tais discussões sobre o lugar da mulher na sociedade eram parte de uma "controvérsia sobre as mulheres" mais ampla e que envolvia, ao mesmo tempo, mulheres de todos os níveis sociais.

Vários líderes protestantes apoiaram a ideia de que o lugar de mulher na ordem natural era inferior ao do homem. João Calvino, figura central da Reforma Protestante no continente europeu, argumentou em seu *Comentário à primeira epístola de São Paulo aos Coríntios* que, se uma mulher assumisse a autoridade e uma posição mais alta na ordem natural àquela que lhe havia sido atribuída, sua insubordinação seria revelada pelos anjos. A função do homem era ser a cabeça intelectual dominante, enquanto a mulher deveria ser o corpo que lhe auxiliava. No *Comentário ao Livro do Gênesis*, Calvino afirmou: "A ordem da natureza supõe que a mulher deveria ser a assistente do homem", e "deveria estudar para manter essa ordem definida divinamente". O castigo de Eva pelo seu pecado foi ser condenada à servidão e sujeição à autoridade e vontade de seu marido, ao passo que, antes da queda, teria vivido sob uma "sujeição gentil e tolerante".[203]

---

202. Sobre a controvérsia em torno do governo feminino, ver PHILIPS JR., James E. "The Background of Spencer's Attitude toward Women Rulers", *Huntington Library Quartely*, n. 5 (1941-1942), pp. 5-6; para refutações de Knox tal como citado por Phillips, ver AYLMER, John, *An Harborowe for faithfull and Trewe Subiects, Agaynst the late Blowne Blaste, concerninge the government of wemen* (Londres, 1559), reimpresso em *The Mirror of Magistrates* (Londres, 1563); LESLIE, John, *A Defense of the Honour of the Right, Highe, Mighty, and Noble Princesse Marie Quene of Scotlande* [...] (Londres, 1569); CHAMBERS, David, *Discours de la Legitime Succession des Femmes aux Possessions de leurs parens: El du gouvernement des princesses aux empires et royaumes* (Paris, 1579).

203. CALVIN, John, "Commentary on I. Corinthians XI, 11", *Commentaries* (Edinburgo, Calvin Translation Society, 1844), vol. 39, pp. 359-360 e CALVIN, John, "Commentary of the book of genesis", *Commentaires*, vol. 1 pp. 129, 130, 172. Sobre a atitude de Calvino a respeito de "Mater Ecclesia", cf. GANOCZY, Alexander, *Calvin, Theologian de l'Eglise el du Ministere* (Paris, Cerf, 1964), pp. 421-23. Sobre as atitudes protestantes em relação às mulheres, ver fragmentos de *Calvino, Lutero and Bucer*, em O'FAOLAIN, Julia e MARTINES, Laura (eds.) *Not in God's image* (Nova

O lugar da mulher na ordem natural ditava seus papéis sociais e religiosos, de acordo com a interpretação literária da Bíblia. Na década de 1570, o clero protestante recorreu a vários textos de São Paulo que determinavam o silêncio das mulheres na igreja para condenar aquelas que liam a Bíblia na língua vernácula. Os escritos de São Paulo foram interpretados de maneira a proibir as mulheres de exercer autoridade sobre os homens, de ensinar e de se posicionar contra sua subjugação. Além disso, deveriam evitar roupas chamativas ou joias caras, vestindo-se de maneira sóbria. Seu papel deveria ser o de ajudante de seu marido, tanto na procriação quanto na vida diária.[204]

As reações de Knox, Calvino e outros teólogos protestantes diante de mulheres que inverteram a ordem natural eram sintomáticas das respostas aos levantes sociais da Reforma. Ainda que os principais líderes protestantes não advogassem por mudanças nos papéis sociais das mulheres, eles de fato iniciaram transformações significativas para suas vidas domésticas. Huldrich Zwingli (1484-1531), o principal reformista suíço que pregava em Zurique, e Martin Bucer (1491-1551), reformista alemão em Estrasburgo, apoiaram a extensão das leis medievais sobre o divórcio (baseadas no adultério e na impotência) para incluir a loucura e a crueldade. Calvino defendeu o direito das mulheres ao divórcio e sua igualdade de responsabilidades na devoção familiar e na instrução espiritual das crianças.[205]

Iorque, Harper Torchbooks, 1973), pp. 195-203. Ruether, Rosemary Radford (ed.), *Religion and Sexism: Images of Women in the Jewish and Christian Traditions* (Nova Iorque, Simon e Schuster, 1974).

204. Davis, Natalie Z., "City women and religious change in sixteenth century France", em McGuigan, D. (ed.), *A Sampler of Women's Studies* (Ann Arbor, University of Michigan Press, 1973), pp. 29, 31; *Bíblia Sagrada*, 1 Timóteo 2: 8-15; I Corinthians 11: 8-9, Efésios 4:22-28.

205. Sobre as mulheres nobres na França, o movimento huguenote e a visão do direito da mulher por parte de Calvino, ver Roelker, Nancy L. "The appeal of Calvinism to French Noblewomen in the sixteenth century", em *Journal of Interdisciplinary history*, n. 2 (1972), pp. 391-413. Sobre a visão do divórcio e o papel da mulher na reforma dos movimentos dos

Nos movimentos reformistas do norte da Europa, as mulheres se uniram à luta pela igualdade religiosa. Na França, mulheres nobres tomaram a liderança das reformas evangélicas e assumiram a vanguarda do movimento huguenote (calvinismo francês), de 1557 até o declínio da reforma francesa, nos anos 1570. Mesmo antes da reforma francesa, mulheres alfabetizadas já haviam começado a ler a Bíblia e outros textos religiosos impressos em línguas vernáculas, engajando-se na especulação teológica. Mulheres letradas se ressentiam do fato de que seus esforços não eram levados a sério pelo clero masculino.

Os movimentos religiosos mais radicais ofereceram às mulheres oportunidades para se expressarem sobre questões relativas ao governo da igreja. Mulheres compunham cerca de um terço do total de membros do lollardismo inglês (precursores da Reforma, que liam a Bíblia em inglês, enfatizavam a autoridade das escrituras e a possibilidade do sacerdócio laico). Os anabatistas anarquistas radicais, centralizados em Munster até 1535, cujos seguidores procediam das classes mais baixas, permitiam que as mulheres pregassem e profetizassem, mas também defendiam a poligamia, o matrimônio precoce para as mulheres e a sua subordinação. Na Inglaterra, mais mulheres que homens se uniram ao primeiro grupo separatista em 1568. Algumas delas migraram para a Holanda, onde tinham mais liberdade, para se associarem às igrejas separatistas de lá. As seitas dissidentes da guerra civil inglesa, que discutimos no capítulo 4, também ofereciam mais oportunidades de participação feminina.

A desordem na sociedade, simbolizada no macrocosmo pela dissolução do quadro natural e pela selvageria do novo

---

Lolardos e os Anabatistas, ver WYNTJES, Sherrin Marshall, "Women in the Reformation Era", em BRIDENTHAL e KOONZ (ed.), *Becoming visible*, pp. 165-91. Sobre as mulheres e os movimentos dissidentes, ver KEITH, Thomas, "Women and Civil war sects", *Past and Present*, n. 13 (1958), pp. 13-46. Também é importante DAVIS, N. Z. "City women and religious change", p. 21.

mundo, seria promovida pelas bruxas que manipulavam as forças da natureza e pelas mulheres que subvertiam sua ordem, ao passo que, nos próprios indivíduos era representada pela bestialidade dos indígenas e canibais, pela luxúria sexual feminina e pelas paixões animalescas de todos os seres humanos. Juntas, essas manifestações anunciavam a morte da antiga ordem da natureza. Das cinzas remexidas emergia uma nova ordem, que reconstruiria o indivíduo, a sociedade e o cosmos. A passividade da mulher na esfera reprodutiva seria reafirmada, a paixão sexual seria gradativamente reprimida e os espíritos seriam eliminados da natureza, em paralelo ao declínio dos julgamentos por bruxaria. Os papéis femininos seriam cada vez mais definidos em função das atividades domésticas à medida que as mulheres das classes média e alta se tornavam subordinadas economicamente por meio do casamento. Um novo método experimental, concebido para controlar a natureza e escrutinar seus segredos, promoveria o progresso e "civilizaria" a sociedade. O macrocosmo se tornaria uma máquina, consistente com os novos modos de gestão da ordem e do poder. Somente no final do século XVII é que a reação das mulheres a essa nova ordem tomaria a forma do feminismo, à medida que elas mesmas começavam a definir os direitos e privilégios do seu próprio sexo.

CAPÍTULO 6

PRODUÇÃO, REPRODUÇÃO E FEMININO

A nova ordem econômica e científica emergente na Europa dos séculos XVI e XVII teria um impacto duradouro tanto para a natureza quanto para as mulheres, uma vez que trazia os conceitos de passividade e controle nas esferas da produção e da reprodução em seu núcleo ideológico. A natureza feminina desordenada seria submetida aos controles do método experimental e do avanço tecnológico, e as mulheres das classes média e alta perderiam gradualmente seu papel de parceiras ativas na vida econômica, tornando-se dependentes passivas tanto na produção quanto na reprodução.

Na sociedade hierárquica, os papéis econômicos e sociais das mulheres eram definidos pela classe à qual pertenciam por nascimento ou casamento. Nas classes mais baixas da sociedade, as camponesas e as esposas de agricultores eram parte integrante de uma unidade produtiva familiar. As mulheres casadas carregavam um fardo pesado de trabalho – a maternidade e a criação dos filhos, a jardinagem, a culinária, a fiação e a tecelagem, os tratamentos de cura da família e a fabricação de queijo, sabão e cerveja. As mulheres solteiras trabalhavam como criadas em outras casas, como força de trabalho não qualificada na ceifa, na colheita e na tosquia de ovelhas, ou ainda, na fiação e tecelagem. As mulheres urbanas trabalhavam no artesanato ou no comércio, eram proprietárias de lojas, membros de corporações de artesãos e, ocasionalmente, trabalhavam na construção civil e na escavação de valas. Nas camadas superiores da sociedade, as mulheres nobres ocupavam-se da supervisão das atividades econômicas da propriedade, possuindo e administrando os bens e a contabilidade.

No capitalismo pré-industrial, os papéis econômicos das mulheres tornaram-se mais restritivos e sua vida doméstica passou a ser definida mais rigidamente por seu sexo do que pela sua classe. O ideal da esposa burguesa de classe alta e abastada era uma vida de lazer, símbolo do sucesso dos empreendimentos econômicos do marido. Nos países que se encontravam na vanguarda do avanço capitalista (como a

Itália nos séculos XIV e XV e, como se verá neste capítulo, a Inglaterra nos séculos XVI e XVII), a contração e a redefinição dos papéis produtivos e domésticos das mulheres foram consistentes com as mudanças na ideologia da sexualidade.[206]

Na Itália renascentista (cerca de 1350-1530), onde a economia mercantil se desenvolveu muito mais cedo do que no norte da Europa, a vida pública dos homens se expandia, enquanto a das mulheres urbanas retraía-se em direção à esfera doméstica. Se antes muitas jovens italianas medievais eram criadas na corte por uma aristocracia instruída - o que funcionava como um centro cultural na definição de valores e costumes sociais -, na Renascença, sua educação passou a enfatizar a moralidade, a castidade e a leitura dos clássicos recém-recuperados da Grécia e de Roma. Essa mudança pressupunha esferas públicas masculinas e esferas domésticas femininas. Se o amor cortês medieval baseava-se no serviço que um cavaleiro prestava a uma dama que, por sua vez, lhe retribuía com seu amor em uma relação de troca mútua que combinava sexualidade e paixão com o amor cristão; seu equivalente renascentista era um cavaleiro que amava um ideal platônico, a quem ele parecia servir, mas que, na realidade, era uma subordinada casta e passiva.

Na Inglaterra do século XVII, aconteceram transformações significativas no trabalho produtivo das mulheres na vida doméstica, no lar, nas indústrias familiares que produziam e

---

206. Sobre as mulheres na Itália renascentista, ver Kelly-Gadol, Joan, "Did Women Have a Renaissance?", em Bridenthal, Renate e Koonz, Claudia (org.), *Becoming Visible: Women in European History* (Boston, Houghton Mifflin, 1977), pp. 137-64. A discussão sobre a Inglaterra baseia-se em Clark, Alice, *Working Life of Women in the Seventeenth Century,* (Nova Iorque, Augustus M. Kelley, 1968; publicado pela primeira vez em 1919), pp. 6-13, 38-39, 42-46, 64-68, 86-92, 103-4, 146-49, 209-11, 216-29; Vann, Richard T., "Toward a New Lifestyle: Women in Preindustrial Capitalism", em *Becoming Visible,* pp. 192-216, especialmente as pp. 200-205; Fussell, G. E. e Fussell, K. R., *The English Countrywoman: A Farmhouse Social History,* A.D., 1500-1900 (Londres, Melrose, 1953); Hole, Christina, *The English Housewife in the Seventeenth Century* (Londres, Chatto & Windus, 1953).

vendiam alimentos para o mercado local, nas primeiras indústrias capitalistas (como a agricultura, fabricação têxtil e o comércio varejista) e no emprego profissional. Essas transformações limitaram e restringiram o papel da mulher casada como parceira, tornando-a mais dependente do marido. Na esfera da reprodução, as parteiras foram perdendo aos poucos o monopólio da assistência ao parto para os médicos. Simultaneamente, médicos e filósofos naturais reafirmavam o papel passivo da mulher na geração biológica. A bruxa e sua equivalente, a parteira, tornaram-se símbolos centrais disputa pelo controle da matéria e da natureza, essencial para as novas relações sociais nas esferas da produção e da reprodução.

MULHERES E PRODUÇÃO

As mulheres aristocráticas da Era Elisabetana geriam os negócios das suas propriedades durante a ausência do marido e após a sua morte; no entanto, as "senhoras distintas" da Restauração muitas vezes não tinham "nada melhor para fazer do que glorificar a Deus e ajudar o próximo", uma vez que a expectativa de que as mulheres tivessem formação em assuntos de negócios já havia diminuído consideravelmente a essa altura.

No âmbito da agricultura de subsistência, as esposas de pequenos e médios agricultores proprietários e arrendatários de terras (*yeoman* e *husbanders*) participavam da atividade agrícola familiar, de cujos lucros se beneficiavam e partilhavam com toda a família. Mas, à medida que os *yeomen* se tornavam ricos empreendedores e mercadores agrícolas, contratando mais criados e trabalhadores diaristas, suas mulheres deixaram de participar ativamente no trabalho agrícola diário e passaram a dedicar mais tempo ao lazer. Essas transformações reduziram a capacidade da mulher casada de sustentar-se a si própria e aos seus filhos em caso de morte do marido.

Nas novas operações agrícolas capitalistas, os trabalhadores diaristas estavam completamente dependentes do salário ganho pelo trabalho para sustentar suas famílias, já que não possuíam terras para cultivar os próprios alimentos. Os rendimentos da mulher, quando trabalhava fora de casa, eram consideravelmente inferiores aos do marido, porque a sua capacidade de trabalho externo era condicionada pelo número de filhos pequenos que tinha que cuidar em casa, o que prejudicava a saúde e a alimentação da família. Se o marido a abandonasse, uma mãe sobrecarregada de filhos não podia dedicar tempo suficiente a um trabalho produtivo que lhe permitisse sustentar a família.

O mercado inglês de exportação de produtos de lã foi uma das primeiras e mais importantes indústrias capitalistas. As mulheres não desempenhavam qualquer papel como comerciantes de tecidos e lã, e pouco se fala delas como assistentes nas atividades comerciais dos maridos. Seu ofício se limitava ao trabalho assalariado, principalmente no ramo da fiação. As mulheres compravam a lã e, quando não estavam ocupadas na produção agrícola, fiavam-na em casa e vendiam o fio no mercado. Se, no entanto, a mulher fosse obrigada a trabalhar fora de casa, o salário que ganhava era insuficiente para lhe dar de comer e vestir a si e aos filhos, embora uma fiandeira mais velha e solteira pudesse sustentar-se. Em 1511, as mulheres foram proibidas de tecer porque era necessária força para operar os teares. A viúva podia, no entanto, dar prosseguimento à indústria de tecelagem do marido, dirigindo os criados que ele empregava, desde que permanecesse solteira. Para além da fiação, as mulheres participavam também nas etapas de branquear e pisoar. Nos períodos de depressão da indústria, era muito frequente os pais abandonarem as suas famílias para irem procurar trabalho noutro lugar ou para se tornarem vagabundos "sem patrão", deixando as mulheres com os seus filhos aos cuidados da caridade.

No comércio varejista, as mulheres poderiam obter sucesso, desde que a família funcionasse como uma unidade produtiva, com a esposa ajudando nos negócios do marido e os assumindo, em caso de viuvez. Contudo, à medida que os comerciantes e artesãos começaram a adotar o modo capitalista de empregar trabalhadores assalariados, as esposas dos mestres artesãos tiveram menos oportunidades de participação. Ao mesmo tempo, as esposas dos jornaleiros, que até recebiam os privilégios da guilda por meio do casamento, foram agora excluídas das organizações destes trabalhadores, que procuravam proteger a posição do homem face ao mestre. Essas mulheres ou se tornavam mais dependentes dos seus maridos, que diziam "mantê-las", ou eram forçadas a entrar no mercado por si próprias. Se por um lado conseguiram tornar-se aprendizes em ofícios femininos, como a chapelaria e a confecção de capas, por outro, perderam terreno gradualmente, enquanto grupo, em outros ofícios como a panificação, o abate de animais, a peixaria e a fabricação de cerveja, à medida que as regras e os estatutos começaram a limitar o número de pessoas envolvidas. No final do século XVII, as mulheres perderam o controle da indústria cervejeira, uma atividade que, em tempos anteriores, tinham monopolizado.

Até o século XVII, a obstetrícia era um domínio exclusivo das mulheres: era impróprio que os homens estivessem presentes em um acontecimento tão privado e misterioso como o parto de uma criança. As parteiras eram profissionais, normalmente com formações práticas sólidas e bem remuneradas pelos serviços prestados às mulheres rurais e urbanas, ricas e pobres. No entanto, não existia nenhuma organização de parteiras que pudesse estabelecer normas para evitar que mulheres sem formação ou pobres se dedicassem a tal prática. Além disso, as mulheres eram excluídas das universidades e das escolas médicas, onde se ensinava anatomia e medicina.[207]

---

207. CLARK, pp. 265-69; EHRENREICH, Barbara e ENGLISH, Deirdre, *Witches, Midwives, and Nurses* (Old Westbury, Feminist Press; s.d.); DONNISON,

As parteiras londrinas do século XVII, com ou sem razão, consideravam-se um grupo de mulheres responsáveis e bem formadas. Mas, em 1634, a profissão de parteira foi ameaçada pelo licenciamento de cirurgiões masculinos que desejavam praticar a obstetrícia com fórceps, uma tecnologia que só estava disponível para médicos licenciados. As parteiras queixaram-se ao bispo de Londres que esta prática era frequentemente marcada pela violência e que os homens não tinham experiência suficiente em partos. A família Chamberlen, que tinha inventado o fórceps, tentou estabelecer restrições educativas e legais à sua utilização. Anteriormente, em 1616, os drs. Peter Chamberlen, o Velho e o Jovem, tinham tentado formar uma corporação de parteiras. As parteiras desconfiaram das motivações aparentes dos Chamberlen para educá-las e organizá-las, porque temiam que eles tentassem assumir a autoridade exclusiva de licenciamento. Elas privilegiavam os métodos de parto mais antigos, que dominavam, e consideravam o novo método do fórceps uma prática violenta. A petição de 1634 dirigida contra Peter Chamberlen III declarava: "O Dr. Chamberlen [...] não possui experiência [em obstetrícia] a não ser por leitura [...] E, além disso, o trabalho do Dr. Chamberlen e o trabalho das parteiras são completamente opostos, pois ele realiza os partos apenas com o uso

---

Jean, *Midwives and Medical Men* (Nova Iorque, Shocken, 1977), pp. 1-41; Cutter, Irving S. e Viets, Henry R., *A Short History of Midwifery* (Filadélfia, Saunders, 1964), pp. 46-50; Smith, Hilda, "Gynecology and Ideology", em Carroll, Berenice A. (ed.), *Liberating Women's History* (Urbana, University of Illinois Press, 1976), p. 110, e Smith, H., "Reason's Disciples: Seventeenth-Century English Feminists", dissertação de doutorado não publicada (Universidade de Chicago, 1975), pp. 179-92. Sobre a controvérsia a respeito do licenciamento de parteiras, ver Aveling, James H., *English Midwives, Their History and Prospects* (reedição, Londres, Elliott, 1967; publicado pela primeira vez em 1872), pp. 22-46, e Aveling, J., *The Chamberlens and the Midwifery Forceps* (reedição, Nova Iorque, AMS Press, 1997; publicado pela primeira vez em 1882), pp. 34-48; Forbes, Thomas R., *The Midwife and the Witch* (New Haven, Yale University Press, 1966), pp. 112-55; Hurd Mead, Kate Campbell, *A History of Women in Medicine* (Haddam, Haddam Press, 1938); Spencer, Herbert R., *The History of British Midwifery from 1650 to 1800* (Londres, Bale, 1927), introdução e cap. 1, especialmente pp. 3-6.

de instrumentos extraordinariamente violentos em ocasiões desesperadas, o que as mulheres nunca praticaram, tampouco desejaram, pois não têm disposição nem habilidade para tal".[208]

Para além dos Chamberlens, outros médicos da época criticaram fortemente as práticas das parteiras. William Harvey, conhecido pela sua descoberta da circulação sanguínea, e um dos quatro censores do Royal College of Physicians responsáveis pela aplicação do monopólio do Colégio sobre as leis de licenciamento, discordou de alguns dos métodos das parteiras em seu ensaio "On Parturition" [Sobre o parto], ao final do seu *Exercitationes de Generatione Animalium* [Sobre a reprodução], de 1651:

> É por isso que as parteiras são tão culpadas, especialmente as mais jovens e intrometidas, que fazem um alvoroço extraordinário quando ouvem a mulher gritar de dor e implorar por ajuda, untando as mãos com óleo e dilatando os canais, para não parecerem ignorantes em sua arte – além disso, administram medicamentos para estimular as contrações, e quando deveriam apressar o parto, retardam-no e tornam-no antinatural, deixando para trás porções das membranas, ou mesmo da própria placenta. Expõem ainda a pobre mulher ao ar, esgotando-a na cadeira de parto, e fazendo-a, de fato, correr grandes riscos de vida. Na verdade, é muito melhor para as mulheres pobres e para aquelas que engravidam por acaso e dão à luz em segredo sem o auxílio de uma parteira; pois, quanto mais se retarda o parto, mais seguro e fácil é o processo.[209]

O *De Generatione* de Harvey não abordava extensivamente a reprodução humana, e seus exemplos de partos difíceis não foram uma contribuição significativa para a já inadequada ciência ginecológica da época. No entanto, apesar das lacunas óbvias no estado da arte do conhecimento obstétrico, historiadores da medicina elogiaram as contribuições de Harvey

---

208. Citado em CUTTER e VIETS, p. 49.

209. HARVEY, William, *Exercitationes de Generatione Animalium* (Londres, 1651), tradução para o inglês: HARVEY, *Works*, trad. WILLIS, Robert (Londres, Sydenham Society, 1847), pp. 533-34.

definindo-as como obra de um "grande e amplo intelecto que podia, ao mesmo tempo, ensinar os médicos mais profundos e as parteiras mais ignorantes" e "cuja influência benéfica [...] dificilmente pode ser superestimada".[210]

Durante as décadas de 1630 e 1640, além de Harvey, médicos do sexo masculino escreveram tratados que ajudaram a desacreditar as parteiras, contribuindo para o declínio da obstetrícia feminina. Entre os médicos que escreveram de forma depreciativa sobre as práticas femininas estavam Peter Chamberlen, tanto o Velho quanto o Jovem, que em 1616 peticionaram a Francis Bacon para que as "parteiras ignorantes" fossem organizadas e formassem uma sociedade; Peter Chamberlen III, que escreveu *A Voice in Rhama: Or the Crie of Women and Children* [Uma voz em Rhama: Ou o clamor de mulheres e crianças] (1647), provavelmente em retaliação à oposição das parteiras em 1634; Hugh Chamberlen, o Velho; Paul Chamberlen, autor de *Dr. Chamberlain's Midwifes Practice: Or a guide for women in that high concern of conception, breeding and nursing children* [As práticas obstétricas do Dr. Chamberlain: Ou um guia para mulheres nos importantes temas de concepção, criação e amamentação de crianças] (1665); e Percivall Willughby (1596-1685), cujas *Observations of Midwifery* [Observações de Obstetrícia] elogiavam as orientações obstétricas de Harvey. Se a maioria dos relatos históricos da obstetrícia nesse período se baseia nos dados fornecidos por escritores e parteiras do sexo masculino – alguns dos quais, como os Chamberlens, tinham motivações políticas –, é difícil fazer uma avaliação exata da obstetrícia enquanto arte feminina.[211]

A partir de meados do século, parteiras inglesas como Jane Sharp (fl. 1671) e Elizabeth Cellier (fl. 1680), ao lado do

---

210. Aveling, p. 36.

211. Para uma discussão sobre o estado do conhecimento ginecológico, consulte Smith, "Gynecology and Ideology", p. 105; Meyer, Arthur W., *An Analysis of the "De Generatione Animalium" of William Harvey* (Stanford, Stanford University Press, 1963), pp. 131, 153.

médico Nicolas Culpeper (616-1654), escreveram manuais de obstetrícia em uma tentativa de tornar o treinamento obstétrico e ginecológico acessível às mulheres que exerciam a profissão. Na França, foi criada uma escola de parteiras onde a anatomia era ensinada por meio de práticas de dissecação, e as mulheres aprendizes faziam exames e eram avaliadas por cirurgiões. No entanto, apesar das tentativas para atualizar e incluir as mulheres nos conhecimentos médicos e científicos da época, elas começaram a perder o controle sobre a obstetrícia e, consequentemente, sobre as suas próprias funções reprodutivas. No final do século, o parto passou para as mãos de médicos e "homens parteiros".[212]

Na conjuntura do capitalismo emergente, os papéis produtivos das mulheres diminuíam, marcando o início de um processo que acabaria por transformá-las de um recurso econômico para a subsistência familiar, para um recurso psíquico para os seus maridos. Simultaneamente, o papel cultural desempenhado pelos símbolos e princípios femininos também mudaria. A *alma mundi* feminina, com seu componente inferior, a *Natura*, e a terra feminina nutridora começavam a perder plausibilidade em um mundo cada vez mais influenciado pelas tecnologias de mineração, essenciais ao capitalismo comercial. A antiga ordem orgânica da natureza e da sociedade desintegrava-se à medida que as novas atividades mercantis ameaçavam a ideologia da estratificação natural da sociedade.

A parteira e a bruxa tornaram-se símbolos dessas transformações. Do ponto de vista masculino, a bruxa era um símbolo

212. CLARK, Working Life, pp. 271-73, 284; SHARP, Jane, *The Midwives Book, or the Whole Art of Midwifery* (Londres, 1671); [CELLIER, Elizabeth], *A Scheme for the Foundation of a Royal Hospital* [...] *for the Maintenance of a Corporation of Skilfull Midwives* (s.l., 1687); [CELLIER, Elizabeth], *To Dr. --- an Answer to His Queries, Concerning the Collgege of Midwives* (Londres, 1688); CULPEPER, Nicholas, *A Directory for Midwives* (Londres, 1651); DONNISON, *Midwives and Medical Men*; sobre Sharp e Cellier, ver pp. 17-19; sobre o declínio das mulheres parteiras, pp. 21-41; sobre o surgimento de parteiros do sexo masculino, pp. 42-61.

de desordem na natureza e na sociedade, ambas devendo ser controladas. A parteira simbolizava a incompetência feminina em sua própria esfera natural, a reprodução, corrigível por uma tecnologia inventada e controlada pelos homens – o fórceps. Mas, em uma perspectiva feminina, a bruxaria representava uma forma de poder por meio da qual as mulheres oprimidas das classes mais baixas podiam retaliar contra as injustiças sociais, e uma fonte de cura por meio do uso de espíritos e dos poderes regenerativos da natureza. Para as mulheres, a parteira simbolizava o controle feminino sobre a função reprodutiva. Todavia, até que a formação médica se tornasse acessível às mulheres e as regulamentações de licenciamento fossem equalizadas para ambos os sexos, as mulheres não tiveram oportunidade de comparar a eficácia das antigas tradições partilhadas da obstetrícia como uma arte, com a nova ciência médica.

REPRODUÇÃO E O FEMININO

A descoberta da circulação sanguínea por William Harvey, publicada em 1628, é considerada uma das realizações mais notáveis do início da ciência moderna. Embora o cosmos e a fisiologia de Harvey ainda estivessem impregnados de princípios animistas vitais, sua analogia do coração como bomba logo seria incorporada à fisiologia mecanicista por René Descartes (1596-1650), pelo médico holandês Hermann Boerhaave (1668-1738) e pelo médico e filósofo francês, Julien La Mettrie (1709-1751). A metáfora da máquina, baseada no dualismo entre corpo e alma (esta como operadora externa), contrastava com a visão vitalista anterior, que entendia o corpo como permeado e animado por um espírito vital.[213] Essa "máquina incrível" (como foi chamada por um

213. Sobre a estrutura conceitual vitalista de Harvey, ver PAGEL, Walter, *William Harvey's Biological Ideas* (Basiléia, Karger, 1967); PAGEL, W., *New Light on William Harvey* (Basiléia: Karger, 1978). Sobre a metáfora mecânica na fisiologia e na medicina, ver DESCARTES, René, *Treatise of*

documentário televisivo recente) deveria, portanto, ser reparada por intervenção médica, em vez de deixada aos poderes curativos da natureza.

Para além do seu trabalho sobre a circulação sanguínea, Harvey dedicou muita energia ao tema da reprodução biológica, uma área influenciada pela ideologia cultural sobre os papéis femininos. Sua obra, *De Generatione*, estava repleta de metáforas ricas e de terminologias carregadas de valores.[214] Quando as suas ideias biológicas são posicionadas no contexto mais amplo das transformações culturais do seu tempo, o papel passivo atribuído tanto à matéria quanto à mulher na reprodução é consistente com (embora não seja causado por) a crescente passividade feminina na esfera da produção industrial e com a reafirmação da passividade e inércia da matéria pela nova filosofia mecânica do século XVII. A teoria da reprodução biológica de Harvey era compatível com os novos valores científicos emergentes de controle da natureza e das mulheres, integrando-se ao novo modo de produção capitalista.

As ideias de Harvey foram formuladas durante o mesmo período em que se desenrolavam na Inglaterra as controvérsias sobre o papel das mulheres na sociedade e seu declínio no trabalho produtivo. Harvey foi o "médico extraordinário" de Jaime I, e médico de Francis Bacon – sobre quem observou, com ironia, que escrevia filosofia como um lorde chanceler. Após a morte de Jaime I, em 1625, tornou-se "médico ordinário" de Carlos I, que lhe concedeu acesso às florestas reais para

---

Man (escrito entre 1632 e 1633), trad. HALL, Thomas Steele (Cambridge, Harvard University Press, 1972); BOERHAAVE, H., "Commentariolus", em LINDEBOOM, G. A., *Herman Boerhaave* (Londres, Methuen, 1968), e BOERHAAVE, H., *Aphorisms: Concerning the Knowledge and Cure of Diseases*, trad. DELACOSTE, J. (Londres, Cowse and Innys, 1715; publicado pela primeira vez em 1709); LAMETTRIE, Julien, *L'Homme Machine* (Paris, Editions Bossard, 1921; publicado pela primeira vez em 1748). Sobre o poder de cura da natureza, ver NEUBURGER, Max, *Wesen der Naturheilkraft* (Stuttgart, 1927).

214. HARVEY, Willis (trad.), p. 217.

que pudesse estudar os cervos e assim, os processos reprodutivos das fêmeas. Enquanto funcionário da Coroa, Harvey identificou-se com os valores políticos de seus soberanos e simpatizou com a monarquia, pelo menos até a decapitação de Carlos I, em 1649.[215]

Os pressupostos ideológicos sobre o sexo feminino permearam a cultura inglesa durante os anos em que Harvey recolhia dados e escrevia o *De Generatione*. A "controvérsia sobre as mulheres" da classe média, que se instalou na Inglaterra elisabetana, continuou a inspirar novos trabalhos sobre a natureza feminina entre 1630-1650. Carlos I, que era mais culto do que Jaime I, poderia ter permitido mais liberdade educacional às mulheres não fosse pela eclosão da Guerra Civil.[216]

---

215. Para discussões sobre as ideias científicas de Harvey, ver Gasking, Elizabeth B., *Investigations into Generation, 1651-1828* (Baltimore, Johns Hopkins University Press, 1966), cap. 2; Whitteridge, Gweneth, *William Harvey and the Circulation of the Blood* (Nova Iorque, Elsevier, 1971); Aubrey, John, *Brief Lives* (ed.), Dick, Oliver Lawson (Ann Arbor, University of Michigan Press, 1957), pp. 128, 130. Sobre as tendências políticas de Harvey, ver Hill, Christopher, "William Harvey and the Idea of Monarchy", em Webster, Charles (ed.), *The Intellectual Revolution of the Seventeenth Century: Past and Present Series* (Londres, Routledge & Kegan Paul, 1974), pp. 160-81, especialmente p. 177; Whitteridge, Gweneth, "William Harvey: A Royalist and No Parliamentarian", em Webster (ed.), *Intellectual Revolution*, pp. 182-88; e Hill, Christopher, "William Harvey (No Parliamentarian, No Heretic) and the Idea of Monarchy", em Webster (ed.), *Intellectual Revolution*, pp. 189-96. Tanto Hill quanto Whitteridge concordam que as tendências políticas de Harvey eram monarquistas, pelo menos até 1649, quando Carlos foi decapitado. O *Exercitatio Anatomica de Motu Cordis et Sanguinis in Animalimus*, de Harvey, escrito em 1628 (Veneza, 1635), foi dedicado a Carlos I, que era "o alicerce de seus reinos, o sol de seu microcosmo, o coração de sua comunidade, de onde procedem todo poder e misericórdia".

216. Wright, Louis, *Middle-Class Culture in Elizabethan England* (Chapel Hill, University of North Carolina Press, 1935), pp. 503-7; os exemplos citados podem ser encontrados em Heywood, Thomas (d. 1641), *A Curtaine Lecture* (Londres, 1637); Taylor, John (1580-1653) *Divers Crab-tree Lectures* (Londres, 1639) e *A Juniper Lecture* (Londres, 1639); Brathwaite, Richard, (1588?-1673) *Ar't Asleepe Husband?* (Londres, 1640); Tattlewell, Mary e Hit-Him-Home, Ioane Spinsters, *The Woman's Sharp Revenge* (1640); e Neville, Henry (1620-1694) *An Exact Diurnal of the Ladies Parliament* ([Londres], 1647) e *The City-Dames Petition* ([Londres], 1647). Sobre o papel das mulheres nos movimentos religiosos durante o período da Guerra Civil Inglesa, ver Thomas, Keith, "Women in

A visão da geração biológica que orientou o trabalho experimental e as interpretações teóricas de William Harvey teve origem em Aristóteles e, tal como abordado no capítulo 1, pressupunha que a fêmea contribuía com a matéria, ou princípio passivo, enquanto o sêmen, ou princípio ativo masculino, trabalhava na criação do embrião.

A associação feita por Aristóteles entre o macho e a perfeição da esfera foi enfatizada durante os períodos medieval e moderno. Albertus Magnus concordava que os pintinhos machos se desenvolviam a partir dos ovos mais esféricos porque a esfera era a figura mais perfeita da geometria sólida. Os ovos longos e pontiagudos produziam as fêmeas; os mais redondos produziam o animal mais forte e perfeito, o macho. As pessoas eram aconselhadas a comer os ovos longos, finos, doces e mais nutritivos em vez de os ovos duros e redondos que continham a gema do macho.

Durante o século XVI, a teoria da passividade feminina na reprodução tornou-se bem estabelecida. Embora alguns escritores tenham seguido Galeno, atribuindo as causas formais e materiais igualmente ao homem e à mulher, até mesmo ele considerava a mulher menos perfeita do que o homem, porque seus órgãos genitais não emergiam externamente e seu "sêmen" era imperfeito. A maior parte dos escritores do século XVI concordava com a teoria de Aristóteles, segundo a qual a fêmea fornecia apenas a matéria, enquanto o princípio ativo era atribuído ao sêmen masculino. Os boatos e a opinião popular defendiam que a semente masculina era o principal agente da geração, embora a cooperação da fêmea fosse necessária para o desenvolvimento do embrião. A maioria dos textos apoiava a antiga noção de que o embrião masculino era duas vezes mais quente e se desenvolvia com o dobro

---

the Civil War Sects", *Past and Present*, n. 13 (1958), pp. 45-46; sobre mulheres e ciência em meados do século XVII, ver MEYER, Gerald Demus, *The Scientific Lady in England, 1650-1760* (Berkeley e Los Angeles, University of California Press, 1955), p. 16; SMITH, H., "Feminism in Seventeenth-Century England".

da velocidade do feminino. As ilustrações embriológicas da época representavam o sangue feminino junto ao sêmen como uma massa ovular no útero. O professor de Harvey em Pádua, Hieronymous Fabricius, defendeu nos seus *Embryological Treatises* (Tratados Embriológicos) (1621) que o esperma nunca chegava ao óvulo, limitando-se a vivificá-lo por meio de uma faculdade fecundante imaterial. Como único agente e causa eficiente, o esperma conferia qualidade ao óvulo. À fêmea cabia fornecer apenas nutrição e calor para o desenvolvimento do embrião. Assim, a teoria do homem como progenitor e da mulher como incubadora constituiu a ideologia sexual dominante no final do século XVI e início do século XVII.[217]

Embora o *De Generatione Animalium* de Harvey tratasse principalmente da reprodução de pintinhos e cervos, também

---

217. Needham, *History of Embriology*, (Cambridge, Cambridge University Press, 1934), pp. 69, 95, 92; Galen, *Oeuvres*, Daremberg, Charles (ed.) (Paris, 1854-1856), vol. 2, pp. 99, 103; Adelmann, Howard B., *Marcello Malpighi and the Evolution of Embryology* (Ithaca, Cornell University Press, 1966), vol. 2, p. 755. Entre os seguidores de Galeno que publicaram nos séculos XVI e XVII, conforme discutido por Adelmann, estão Benedetti, Alessandro (ca. 1450-1512), *Anatomice: sive, Historia Corporis Humani* (Paris, 1514), Berengario, Jacopo (d. 1550), *Carpi Commentaria cu amplissimis additionibus super Anatomis Mundini* (Bononiae, 1521), Laurens, Andre Du (1558-1609), *Opera Anatomica in Quinque Libros Divisa* (Lugduni, 1593), Capivaccio, Girolamo (1523-1589), *Opera Omnia* (Frankfurt, 1603), Fernet, Jean (1497-1558), *Pathologie, Libri Septem* (Paris, 1638). Sobre as teorias aristotélicas relativas ao sêmen e a superioridade do homem na reprodução, ver Cole, F. J., *Early Theories of Sexual Generation* (Oxford, Inglaterra, Clarendon Press, 1930), p. 30; Roger, Jacques, *Les Sciences de la Vie dans la Pensée française du XVIII Siecle* (Paris, Colin, 1963), p. 27, 28, 53-68; entre os aristotélicos estavam Riolan the Elder, Jean, *Ad Lihrum Eernelii de Procreatione Hominis Commentarius* (Paris, 1578); Pineau, Severin, *De Integritatis et Corruptionis Virginum Notis* (Leyden, 1642); Pare, Ambrois, *Les Oèuvres* (Paris, 1628), Bonacioli, Luigi, *De Foetus Formatione* (1641); Spiegel, Adrian, *De Formatio Foeto* (Frankfurt, 1631). Aqueles que apoiaram o desenvolvimento mais rápido do embrião masculino foram Costeo, Giovanni, *De Humani Conceptus Formatione* (Papiae, 1604); Liceti, Fortunio (1577-1657), *De Monstrorum Caussis Natura et Differentiis Libri Duo* (Pádua, 1616); Cardelinus, Victor, *De Origine Foetus Libri Duo* (Vincentiae, 1628); Reuff, Jacob (1500-1558), *De Conceptu et Generatione Hominis* (Frankfurt, 1580), ilustrou o sêmen e o sangue menstrual no útero.

trazia comparações com a reprodução humana ao longo de toda a obra, dedicando os capítulos finais especificamente à concepção e o parto humanos. A obra de Harvey seguiu Aristóteles e Fabricius em muitos aspectos. No entanto, enquanto o trabalho de Fabricius limitava-se a descrever estruturas biológicas e processos generativos, os escritos de Harvey estavam repletos de metáforas sexuais.[218] Alguns historiadores interpretaram suas ideias sobre a geração como uma cooperação entre espermatozoide e óvulo, atribuindo ao óvulo um lugar de dignidade recém-elevada. No entanto, uma leitura atenta à linguagem revela a influência de preconceitos sexuais e culturais em seu trabalho científico.[219]

---

218. ACQUAPENDENTE, Girolamo Fabrizio d', *De Formatione Ovi et Pulli Tractatus Accuratissimus* (Pádua, 1621); tradução para o inglês: FABRICIUS, Hieronymus, *Embryological Treatises, The Formation of the Egg and the Chick*, ADELMANN, Howard B. (trad.), 2 vols. (ed. rev., Ithaca, Cornell University Press, 1967; publicado pela primeira vez em 1942): "Portanto, o sêmen não está presente no óvulo, mas, o que é ainda mais importante, nem mesmo é possível que ele esteja presente, porque o sêmen do galo é incapaz de alcançar o óvulo [...] o lugar que ele [o sêmen] alcança quando é introduzido fica perto do reto, onde o óvulo, já completo, tem uma casca ou, pelo menos, é coberto por uma túnica densa que o sêmen do galo não pode penetrar" [vol. 1, p. 180]. "A partir dessa discussão, mas especialmente também a partir do que Aristóteles escreve, deduzimos, em primeiro lugar, que, por seu poder, o sêmen do macho dá uma certa qualidade ao material e ao nutriente contidos na fêmea; que o óvulo é vivificado apenas pela força residente no sêmen; e que Aristóteles pensa que os óvulos são fertilizados pelo sêmen do galo, que possui um extraordinário poder de fecundação" [vol. 1, p. 192].

219. Em seu recente livro, *New Light on William Harvey*, Walter Pagel postula uma interação cooperativa entre macho e fêmea e uma ontologia monista na teoria de geração de Harvey (p. 27): Ele concedeu ao óvulo uma posição de dignidade muito mais elevada do que a que gozava na opinião de Aristóteles. Ele mostra-se assim mais fiel ao princípio monista do que o seu inaugurador, Aristóteles. Pois, na opinião de Harvey, uma ação dualista entre algo ativo (masculino) e algo passivo (feminino) foi aqui substituída pela cooperação de duas unidades individuais de matéria funcional. Um pouco relacionado a isso está a afirmação de Harvey de que o sêmen cooperava com o óvulo à distância. Em seu livro anterior, *William Harvey's Biological Ideas,* Pagel escreveu (p. 44): "O homem não pode, portanto, reivindicar superioridade a partir da fonte do sêmen. Em vez disso, cada um, tanto masculino quanto feminino, opera como um pai. A parte feminina é igual *causa generationis* como a masculina, uma vez que estimula este último de várias maneiras". Ver também FISCHER, Hans citado por PAGEL,

As investigações de Harvey sobre a geração fizeram-no discordar de Aristóteles na atribuição de uma causa eficiente à galinha poedeira, sem contudo advogar a primazia da linha feminina na procriação. O ovo da galinha desenvolvia-se por seu próprio princípio interno, sua alma vegetativa. Essa alma não era derivada da galinha poedeira, e o ovo não vivia pelo princípio vital da mãe... mas era "independente desde sua primeira aparição".[220] Independente e desconectado do útero, o ovo se aperfeiçoava por sua força interna de formação. Seguindo um plano interno de desenvolvimento, as estruturas, incluindo a alma do pintinho, formavam-se em sucessão após a fertilização. A virtude plástica, ou princípio formativo, estava presente na matéria dos ovos não fertilizados e podia atuar sem a contribuição masculina, embora de forma imperfeita.

Como a galinha podia pôr ovos não fertilizados, atuava como causa eficiente, um papel que Aristóteles negava à fêmea. Assim, nem toda a força criativa derivava apenas do agente masculino, como Aristóteles defendia. No entanto, para Harvey, o macho era mais excelente como causa eficiente do que a fêmea. Um ovo de galinha só obtinha perfeição quando fertilizado pelo macho "em virtude de uma autoridade [...] ou poder exigido do galo [...] Entre os animais em que os sexos são distintos, as coisas são organizadas de tal forma que, como a fêmea sozinha é inadequada para gerar um embrião, nutrir e proteger os filhotes, um macho é associado a ela por natureza, como o progenitor superior e mais digno, o consorte de seu labor e o meio de suprir suas deficiências".[221]

Ibid., "Lá não houve anfimixia, nenhuma união dos componentes masculino e feminino, mas uma geração quase partenogenética em que o macho tem apenas um efeito estimulante". Para uma alternativa à minha interpretação, veja também Gasking, cap. 2, pp. 16-36.

220. Harvey, *Works*. Citações em pp. 278, 290; ver também pp. 281, 288, 368.

221. *Ibid.*, p. 362.

O macho também fornecia ao ovo "razão" e excelência, "como se a galinha recebesse a arte e a razão, a forma e as leis do futuro embrião por intervenção dele [...] Não deveríamos nos interrogar tanto sobre o que há no galo que preserva e governa um animal tão perfeito e belo, e que é a primeira causa dessa entidade a que chamamos *alma*; mas muito mais sobre o que há no ovo, [...] de tão grande virtude que produz um tal animal e o eleva ao ponto mais alto da excelência". Harvey reconhecia, como Aristóteles, que a descendência não era o resultado consciente da mente masculina; por isso, ambos defendiam a posição de que era a natureza que produzia a juventude, atuando por meio dos pais. As contribuições masculinas de "habilidade e previsão" deveriam, em última instância, proceder de Deus, uma vez que a porção da alma utilizada na reprodução era a vegetativa, não a racional.[222]

Harvey argumentou contra os médicos galenistas "conhecedores de anatomia", que defendiam que as mulheres secretavam um fluido seminal necessário à geração e que a *semina*, tanto do homem como da mulher, possuía faculdades materiais e eficientes. Embora estivesse certo de que a mulher não produzia sêmen, suas razões tinham forte carga moral e se baseavam no preconceito masculino de que a energia e a perfeição só podiam provir do homem:

> O outro argumento é retirado dos órgãos genitais da mulher, especificamente os testículos, a saber, e o *vas espermatica, praeparantia, et deferentia* [vasos espermáticos, preparatórios e deferentes], que servem para a preparação do fluido espermático. Eu, de minha parte, questiono profundamente como alguém pode acreditar que, de partes tão imperfeitas e obscuras, um fluido como o sêmen, tão elaborado, refinado e vivificante, possa ser produzido, dotado de força e espírito e influência geradora adequada para superar a do macho; pois isso está implícito na discussão sobre a predominância do macho ou da fêmea, quanto a qual deles deve se tornar agente e causa eficiente, e qual representa a matéria e o princípio passivo. Como é que um tal fluido [o da fêmea] poderia levar

222. *Ibid.*, pp. 290, 321, 368.

> a melhor sobre outro, gestado sob a influência de um calor tão estimulante, de vasos tão elaborados e dotado de tal energia vital? Como é que um fluido como o sêmen masculino poderia desempenhar o papel de mera matéria?[223]

O preconceito cultural também orientou a sua investigação sobre a teoria da fecundação, na qual defendeu, contra Aristóteles, que a fertilização poderia ocorrer sem contato material entre o esperma e o óvulo, uma hipótese que só pôde ser testada após o aperfeiçoamento do microscópio. A sua conclusão de que o sêmen masculino era tão poderoso que podia atuar à distância por meio de uma aura seminal, ou emanação magnética, refletia as ideias culturais predominantes sobre a superioridade masculina.

Esse preconceito cultural orientou a interpretação de seus experimentos com os cervos reais. Durante a década de 1630, Harvey dissecou inúmeras cervas logo após a cópula com machos e não encontrou "nenhum sêmen no útero":

> Mas após repetidas inspeções sem encontrar qualquer vestígio no útero, comecei a duvidar e a questionar-me se o sêmen masculino poderia, de alguma forma, chegar – por atração ou injeção – ao lugar da concepção? E o exame repetido levou-me à conclusão de que nenhuma partícula seminal atingia essa região.[224]

Ele também chegou à mesma conclusão sobre galos e galinhas, seguindo a opinião apresentada pela primeira vez pelo seu professor, Fabricius:

> O sêmen masculino emitido durante a relação sexual não penetra, de forma alguma, no útero da fêmea, onde o ovo se desenvolve; nem pode (como anunciei pela primeira vez e Fabricius concorda comigo) alcançar por qualquer meio as profundezas desse órgão.[225]

---

223. *Ibid.*, pp. 298, 299, ver também p. 294; Adelmann, *Malpighi*, vol. 1, p. 40.

224. *Ibid.*, p. 478.

225. *Ibid.*, p. 277. Ver também pp. 295, 317, 357.

Como não havia contato entre ovo e sêmen, Harvey atribuiu ao fluido masculino o poder extraordinário de agir à distância. O sêmen atuaria por simpatia ou emanação magnética, de forma análoga à transmissão de doenças. Era a mesma maneira pela qual

> as doenças epidêmicas, contagiosas e pestilenciais espalham suas sementes e se propagam à distância pelo ar, ou através de "fômites" que produzem doenças semelhantes a si próprios em corpos de natureza diferente, multiplicando-se de forma oculta e silenciosamente, por uma espécie de geração.[226]

A fêmea era fecundada por contágio! A geração era análoga a uma doença causada pela introdução de uma causa parasitária ou estranha, que desempenhava o papel de princípio ativo, generativo e vital. O contágio representava uma força ativa, em oposição à putrefação, que é o princípio degenerativo da decomposição. Mais tarde, Jean Baptiste Van Helmont caracterizaria as doenças como a introdução de um sêmen estranho que se sobrepunha ao plano vital interno de crescimento e desenvolvimento do organismo.

Para Harvey, o sêmen masculino tinha um "poder plástico" que o tornava prolífico, um poder espiritual análogo à essência pela qual as estrelas influenciavam os seres terrestres. O sêmen carregava em si a virtude de uma agência divina que afetava a fêmea como um relâmpago vindo do céu, uma centelha de uma pedra de sílex ou a força magnética de uma pedra-ímã.

> Mas, como é certo que o sêmen do homem não chega propriamente à cavidade do útero, muito menos ali permanece por muito tempo, e que transporta consigo um poder fecundante por uma espécie de propriedade contagiosa; a mulher, após o contato com o fluido espermático *in coitu* [no coito], parece receber essa influência e tornar-se fecunda sem a cooperação de qualquer agente corpóreo sensível –

226. *Ibid.*, p. 322. Ver também pp. 315, 321, 372. Para uma discussão sobre contágio, ver PAGEL, *Harvey's Biological Ideas*, p. 25, e *New Light*, pp.43-44 Veja também NEEDHAM, pp. 125-26.

> da mesma forma que o ferro, ao ser tocado pelo ímã, adquire seus poderes e pode atrair outro ferro para si.[227]

O sêmen masculino era tão poderoso que afetava até a mente da mulher: "A virtude que emana do macho *in coitu* (durante o coito) tem um poder fecundante tão prodigioso que transforma a mulher por inteiro, tanto na mente quanto no corpo".[228] Essa noção de que o cérebro poderia afetar o feto em desenvolvimento no útero não era incomum no tempo de Harvey. Paracelso já afirmava que "a imaginação de uma mulher grávida é tão ativa que, ao receber a semente em seu corpo, pode transmutar o feto de diferentes maneiras [...] seus astros interiores se direcionam com tal força ao feto que nele produzem impressão e influência".[229]

O esperma masculino dotava o útero feminino com o "poder plástico" para gerar a prole. Assim, o útero assemelhava-se a um cérebro prestes a criar, da mesma forma que o pintor, prestes a produzir uma obra de arte, imagina para si próprio o quadro. Contudo, esse cérebro uterino não era um agente livre. Reproduzia apenas o que lhe era impresso pelo princípio masculino mais perfeito:

> E tal como um 'desejo' surge de uma concepção do cérebro, e esta concepção nasce de um objeto externo de desejo, assim também do macho, enquanto o animal mais perfeito e, por assim dizer, o objeto de desejo mais natural, a concepção orgânica surge no útero, da mesma forma que a concepção animal surge no cérebro.[230]

---

227. Harvey, *Works*, pp. 575, 315.

228. *Ibid.*, p. 576.

229. Paracelso, *The Hermetic and Alchemical Writings of Paracelsus*, Waite, Arthur Edward (ed.) (Londres, Elliott, 1894), vol. 1, páginas 121-22. Paracelso também escreveu (pág. 123) que "uma mulher menstruada [...] também carrega veneno em seus olhos de tal maneira que é capaz de manchar e sujar um espelho com o olhar [...] Pela sua respiração, assim como pelo seu olhar, ela afeta muitos objetos, tornando-os corrompidos e fracos pelo seu toque"; veja também Scot, Reginald, *The Discoverie of Witchcraft* (Arundel, Inglaterra, Centaur Press, 1964; primeiro publicado em 1584), p. 227-25. Harvey, *Works*, pp. 26. *Ibid.*, p. 578.

230. Harvey, *Works*, pp. 577-78.

Por meio da imposição da forma, ou plano, do pai no útero durante o coito, "resulta que a fêmea produz uma prole semelhante ao pai". A "'forma' do pai existente no útero gera um descendente igual a si mesmo com a ajuda da faculdade formativa".[231]

Os estudos de Harvey sobre a geração refletiam, assim, os preconceitos culturais sexistas de sua sociedade, especialmente nas áreas em que mais divergia das autoridades estabelecidas. Diferia de Aristóteles ao afirmar que toda a vida animal era gerada a partir de ovos e que o ovo era uma causa eficiente, mas defendia que o esperma era superior ao ovo como causa eficiente e agente de perfeição. Em segundo lugar, o seu argumento contra os médicos galenistas sobre a existência de um sêmen feminino baseava-se no pressuposto cultural de que o sêmen era tão elaborado, vivificante e energético que não poderia provir das partes obscuras e imperfeitas da fêmea. Em terceiro lugar, discordava tanto de Aristóteles como de Galeno quanto ao fato de a geração ocorrer por meio da mistura de contribuições femininas e masculinas, concluindo, em vez disso, que a fecundação ocorria sem contato físico. Isto significava que o sêmen masculino teria um poder magnético extraordinário capaz de afetar à distância o útero e a mente feminina. Embora suas conclusões coincidissem com as ideias aristotélicas sobre sexualidade, foram reforçadas pelos valores sociais conservadores do seu tempo. Longe de defender a igualdade de princípios entre homens e mulheres na reprodução, as teorias de Harvey inserem-se na tradição da superioridade masculina.

Os filósofos naturais de meados do século XVII perpetuaram a tradição da superioridade masculina na geração, defendendo que a própria alma era transmitida exclusivamente pela linhagem masculina. Descartes acreditava que o ovo era impregnado pelo poder do sêmen masculino, que lhe conferia alma. Essa visão era compartilhada por Emílio Parisano (1621),

231. *Ibid.*, p. 578.

para quem o sêmen estava imbuído de alma para a propagação da espécie. Até mesmo os atomistas, tradicionalmente associados às tendências democratizantes na história cultural, diferenciavam entre os contributos do macho e os da fêmea. Assim, o médico Nathaniel Highmore, em sua *History of Generation* [História da geração] (1651), postulou dois tipos de átomos seminais na semente – átomos materiais e espirituais. "Estes átomos seminais provêm de todas as partes de ambos os pais, os espirituais do macho, os materiais da fêmea. Assim, os átomos de Demócrito são transmutados em 'formas substanciais' dotadas com a causa eficiente de Aristóteles [...] e é-lhes permitido permanecerem materiais".[232]

Até 1661, Anthony Everard ainda sustentava que o sêmen masculino contribuía com o elemento espiritual, enquanto a mãe fornecia a matéria. Everard argumentava que o feto era formado pela união dos espíritos seminais masculino e feminino. O "sêmen feminino", como tal, não contribuía para a geração, enquanto o sêmen masculino, atuando apenas como causa eficiente, não contribuía com nada material. Após a invenção do microscópio por Anton Van Leeuwenhoek (I632-1723), o problema da geração assumiu novas dimensões na controvérsia entre espermistas e ovistas sobre a pré-formação.

O uso da ciência como ideologia para manter as mulheres em seu lugar não se limitou à Antiguidade e ao início da era moderna. No século XIX, a teoria darwiniana também teve implicações sociais para as mulheres. A variabilidade, base

232. Adelmann, *Malpighi*, vol. 2, pp. 759, 761, 778, 796, 766-77. Citações nas p. 778, 796. Descartes, *Oeuvres*, Adam, Carlos e Tannery, Paul (ed.) (Paris, Cerf, 1909), vol. 2, pp. 274-76. Parisano, Emílio (1567-1643), *Nobillium Exercitationum Libri Duodecim de Subtilitate* (Venetiis 1621); Highmore, Nathaniel, *History of Generation* (Londres, 1651), p. 108; Everard, Anthony, *Novus et Genuinus. Hominus Brutique Animalis Exortus* (1661). Sobre o microscópio e as teorias de pré-formação, ver Bowler, Peter J., "Preformation and Pre-Existence in the Seventeenth Century", *Journal of the History of Biology* 4 (1971), p. 224. Para uma discussão das diferenças entre as abordagens aristotélica e atomística da geração, ver Pagel, *New Light*, pp. 23-27. Sobre espermistas e ovistas, ver Needham, pp. 205-211.

do progresso evolutivo, estava correlacionada com uma maior propagação de variações físicas e mentais nos homens. Cientistas compararam os tamanhos do crânio e as partes do cérebro de homens e mulheres, em um esforço para demonstrar diferenças sexuais que explicariam a inferioridade intelectual e o temperamento emocional femininos. A função reprodutiva das mulheres exigiria que mais energia fosse direcionada para a gravidez e a maternidade, de forma que haveria menos energia disponível para as funções superiores associadas à aprendizagem e ao raciocínio. O "espermatozoide aventureiro" e o "óvulo passivo" continuariam a servir como metáforas reprodutivas.

No século XX, as diferenças hormonais entre homens e mulheres foram usadas para sugerir níveis anormais de andrógenos em mulheres que demonstravam alta inteligência, comportamento competitivo, liderança e habilidade executiva. Assim, a autoridade "científica" continuou a ser usada para manter as mulheres em seu lugar como intelectualmente inferiores e economicamente dependentes.[233]

Apesar das críticas de homens e mulheres, que expuseram repetidamente os pressupostos teóricos e culturais subjacentes à transformação de diferenças em desigualdades, novos campos e estudos científicos continuam a gerar "evidências" para sustentar suposições ultrapassadas sobre a hierarquia homem-mulher. A reprodução – hormônios, menstruação e gravidez – ainda é usada para inferir e justificar a dependência

233. SHIELDS, Stephanie A., "Functionalism, Darwinism, and the Psychology of Women: A Study in Social Myth", *American Psychologist 30* (1975): 739-54; ROSENBERG, Rosalind, "In Search of Women's Nature, 1850-1920", *Feminist Studies* 3 (1975), p. 14-54; HALL, Diana Long, "Biology, Sex Hormones, and Sexism", *Philosophical Forum* 5 (1973-4): 81-86; FEE, Elizabeth, "The Sexual Politics of Victorian Social Anthropology", em HARTMAN, Mary e BANNER Lois (ed.), *Clio's Consciousness Raised* (Nova Iorque, Harper Colophon, 1974), pp. 86-102; RAMEY, Estelle R., "Sex Hormones and Executive Ability", *Annals of the New York Academy of Sciences* n. 208 (1973), pp. 237-45.

econômica feminina, um legado do século XVII, quando se consolidou a transição do modo de produção de subsistência para o capitalista. Para as mulheres, esse aspecto da Revolução Científica não trouxe o suposto esclarecimento intelectual, a objetividade e a libertação de antigos pressupostos, tradicionalmente associados a ela.

CAPÍTULO 7

DOMÍNIO SOBRE A NATUREZA

A natureza desordenada e ativa logo foi submetida aos questionamentos e técnicas experimentais da nova ciência. Francis Bacon (1561-1626), aclamado como "pai da ciência moderna", transformou tendências já existentes da própria sociedade em um programa abrangente que defendia o controle da natureza para o benefício humano. Bacon moldou uma ética que sancionava a exploração da natureza, fundindo uma nova filosofia baseada na magia natural como técnica de manipulação da natureza, com as tecnologias de mineração e metalurgia, o conceito emergente de progresso e uma estrutura patriarcal da família e do estado.

Bacon foi amplamente celebrado como o criador do conceito moderno de instituto de pesquisa, filósofo da ciência industrial, inspiração por trás da *Royal Society* [Sociedade Real] (1660), e fundador do método indutivo que permitiria a todas as pessoas verificar por si mesmas as verdades científicas por meio da leitura do livro da natureza.[234] No entanto, quando analisado a partir da perspectiva da natureza, das mulheres e das classes mais baixas da sociedade, constatamos uma imagem menos favorável de Bacon, assim como uma crítica ao seu programa que teria beneficiado, em última análise, aos empresários masculinos de classe média. É claro que Bacon não foi responsável pelos usos subsequentes de sua filosofia. Mas, por ocupar uma posição social extremamente influente e estar em contato com os avanços importantes do seu tempo, sua linguagem, estilo, nuances e metáforas tornam-se um espelho que reflete sua perspectiva de classe.

Sensível às mesmas transformações sociais que já haviam começado a reduzir as mulheres a recursos psíquicos e repro-

---

234. Algumas análises acerca das contribuições de Francis Bacon para a ciência podem ser encontradas em ROSSI, Paolo, *Francis Bacon: From Magic To Science* (Londres, Routledge & Kegan Paul, 1968); JARDINE, Lisa, *Francis Bacon: Discovery and the Art of Discourse* (Cambridge/Inglaterra, Cambridge University Press, 1974); FARRINGTON, Benjamin, *Francis Bacon: Philosopher of Industrial Science* (Nova Iorque, Schumann, 1949); PURVER, Margery, *The Royal Society: Concept and Creation* (Londres, Routledge & Kegan Paul, 1967).

dutivos, Bacon usou o poder da linguagem como instrumento político para reduzir a natureza feminina a um recurso da produção econômica. O imaginário feminino tornou-se uma ferramenta para adaptar o conhecimento e o método científicos a uma nova forma de poder humano sobre a natureza. A "controvérsia sobre as mulheres" e a inquisição das bruxas – ambas presentes no contexto social de Bacon – influenciaram sua descrição da natureza e o seu estilo metafórico, sendo fundamentais para sua transformação da terra como mãe nutridora e útero da vida em uma fonte de segredos a serem explorados para o avanço econômico.

Bacon tinha suas raízes no desenvolvimento econômico da classe média e em seus interesses e valores progressistas. Seu pai era um funcionário de classe média a serviço da rainha, e sua mãe, uma calvinista cujos valores protestantes marcaram sua infância. Bacon agiu rapidamente para conquistar o favor de Jaime I logo após sua coroação como rei, em 1603. Sua carreira avançou de "conselheiro erudito" (1603) para procurador-geral (1613), membro do Conselho Privado (1616), Guarda do Selo Real (1617) e, finalmente, Lorde Chanceler e Barão de Verulam (1618). Seus objetivos políticos eram obter apoio para seu programa de avanço da ciência e do conhecimento humano e elevar seu próprio *status* por meio de uma carreira pública ambiciosa.[235]

O mentor de Bacon, Jaime I, apoiava a legislação antifeminista e de combate à bruxaria. Durante a "controvérsia sobre as mulheres", as mulheres desafiaram os padrões tradicionais de vestuário considerados apropriados à sua condição social. Na Holanda, por exemplo, as jovens eram censuradas por usarem chapéus masculinos de abas largas. Na Inglaterra, a página de rosto da obra *Hic-Mulier or The Man-Woman* [Hic-Mulier ou A Mulher-Homem] (1620) retratava uma jovem em uma

235. Farrington, *Francis Bacon*, p. 82. Spedding, James, *The Letters and the Life of Francis Bacon*, 1 vol. (Londres, Longmans, Green, Reader, and Dyer, 1869), vol. 3, pp. 56-66.

cadeira de barbeiro com o cabelo sendo cortado curto, enquanto sua companheira ostentava um vistoso chapéu penacho, típico dos homens (Fig. 15).[236] Determinado a manter as mulheres em seu devido lugar, o Rei Jaime, nesse mesmo ano, pediu a ajuda do clero para impedir que as mulheres se vestissem e se comportassem de maneira masculina: "O bispo de Londres recebeu ordens expressas de Sua Majestade para exortar [o clero] a repreender com vigor a insolência de nossas mulheres que ousam usar chapéus de aba larga, gibões pontudos, cabelo cortado curto ou raspado, e algumas até [portando] adagas e punhais [...] *a verdade é que o mundo está muito fora de ordem*" (itálicos do original).[237]

Em 1616, a sra. Turner, cúmplice no assassinato de sir Thomas Overbury, foi enviada à forca por Jaime, usando justamente as golas amarelas engomadas que ela havia posto em voga e que o monarca detestava. Como Procurador-Geral da Coroa, Bacon envolveu-se diretamente na controvérsia, cabendo-lhe formalizar a acusação contra a Condessa de Somerset pelo envenenamento de Overbury. O falecido havia se oposto publicamente (por meio do poema *The Wife* [A Esposa]) ao romance entre seu amigo íntimo, posteriormente Conde de Somerset, e a condessa. Em seus versos, a esposa perfeita seria aquela que combinasse bondade, virtude, inteligência e bom senso, mas não muito "conhecimento e sagacidade intelectual", pois "os livros são prerrogativa dos homens". Irritada com seus insultos e temendo sua influência, a condessa conspirou para envenenar Overbury com a ajuda

236. WRIGHT, Louis, "The Popular Controversy Over Women", em *Middle-Class Culture in Elizabethan England* (Chapel Hill, University of North Carolina Press, 1935), cap. 13, pp. 493, 494; ANÔNIMO, *Hie Mulier, or The Man-Woman, Being a Medicine to Cure the Coltish Disease of the Staggers in the Masculine-Feminines of Our Times* (Londres, 1620); INGRAM, Lucy Morgan, "The Renaissance Lady in England", tese de doutorado não publicada, University da California Berkeley, 1932.

237. "Letter of John Chamberlain", 25 de Janeiro de 1620, citado em WRIGHT, p. 493.

da viúva de um médico, sra. Turner, e de um boticário chamado Franklin.

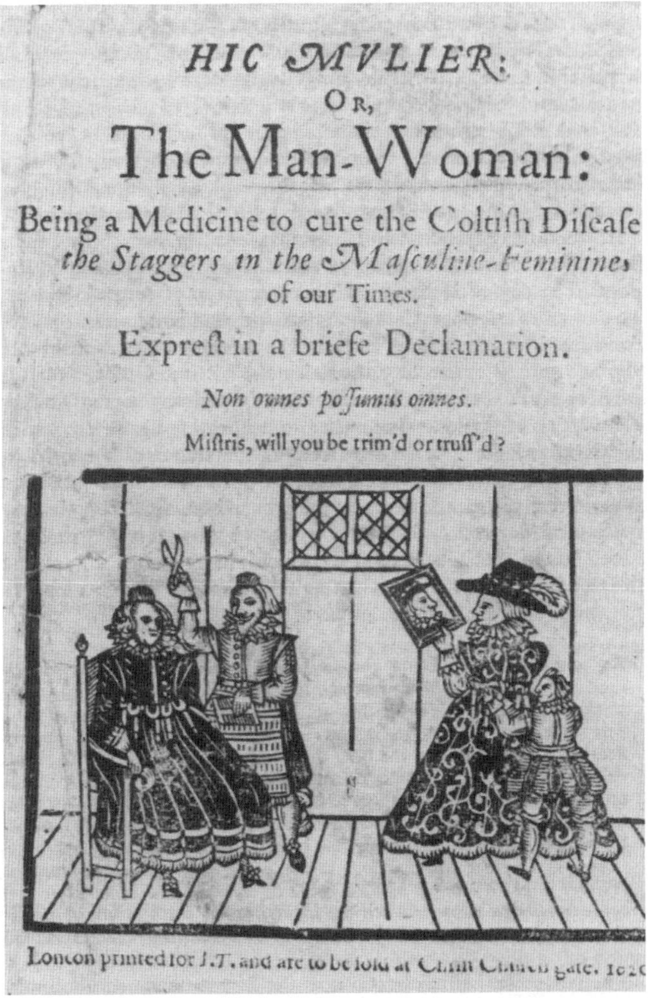

Figura 15: Página de rosto de *Hic-Mulier or the Man-Woman* (Londres, 1620). Na controvérsia sobre vestimentas na Inglaterra do século XVII, as mulheres desafiavam a sociedade usando trajes "inadequados". Essa gravura polêmica de 1620, de autoria anônima, mostra uma mulher modelando um chapéu de plumas masculino, enquanto uma segunda mulher tem o cabelo cortado curto por um barbeiro.

Bacon preparou duas versões da acusação contra a condessa: uma para o caso de confissão, outra para caso ela se declarasse inocente. No julgamento lotado, no qual alguns lugares chegaram a ser vendidos por valores entre 10 e 50 libras, a condessa confessou, mas foi poupada. A sra. Turner, porém, foi condenada à forca, e "como fora ela quem introduzira na moda as golas amarelas engomadas, [decretou-se que] fosse enforcada com essas vestes, para que caíssem em descrédito e repúdio".[238]

O caso Overbury aumentou o interesse pela popular controvérsia sobre as mulheres e resultou na publicação de várias edições do poema de Overbury, como "*A Select Second Husband for Sir Thomas Overburies's Wife, Now a Matchless Widow*" [Um segundo marido escolhido para a esposa de Sir Thomas Overburies, agora uma viúva incomparável] (1616) e "*A Treatise Against Painting and Tincturing of Men and Women: Against Murder and Poysoning: Pride and Ambition*" [Tratado contra a pintura e tintura de homens e mulheres: contra assassinato e envenenamento: orgulho e ambição] (1616).

Bacon também estava ciente dos julgamentos de bruxas que ocorriam em toda a Europa e, em especial, na Inglaterra do início do século XVII. Seu soberano, ainda Jaime VI da Escócia, havia escrito um livro intitulado *Daemonologie* (1597). Em 1603, primeiro ano de seu reinado inglês, Jaime I substituiu as leis mais brandas de Elizabeth I sobre bruxas, que previam pena de morte apenas para casos de assassinatos por bruxaria, por uma lei que condenava à morte todas as praticantes.[239]

---

238. OVERBURY, Thomas, *Miscellaneous Works*, RIMBAULT, E.F. (ed.) (Londres, Smith, 1856), citação na p. xxxvii; ver também SPEDDING, *Letters and Life of Francis Bacon*, vol. 5, pp. 296-305, esp. p. 297 e 298; WILSON, Violet A., *Society Women of Shakespeare's Time* (Londres, Lane, Bodley Head, 1924), p. 205; WRIGHT, p. 491.

239. JAMES I, *Daemonologie* (Nova Iorque, Barnes & Noble, 1966; primeira publicação em 1597); THOMAS, Keith, *Religion and the Decline of Magic* (Nova Iorque, Scribner's, 1971), p. 520; NOTESTEIN, Wallace, *A History*

Foi nos julgamentos de bruxas de Lancashire, na Floresta de Pendle, em 1612, que emergiram pela primeira vez na Inglaterra os aspectos sexuais dos julgamentos de bruxaria. A origem das confissões das mulheres sobre fornicação com o diabo remonta a um padre católico romano emigrado do continente, que plantou a história na boca das acusadas - mulheres que haviam recentemente rejeitado o catolicismo.

Esses acontecimentos sociais influenciaram a filosofia e o estilo literário de Bacon. Muitas das imagens que ele empregou para delinear seus novos objetivos e métodos científicos derivaram da sala do tribunal. Sua representação da natureza como uma mulher torturada por meio de artifícios mecânicos remete diretamente aos interrogatórios dos julgamentos das bruxas e aos instrumentos de tortura utilizados. Em uma passagem relevante, Bacon afirmou que o método para desvendar os segredos da natureza consistia na investigação dos segredos da bruxaria - por meio da inquisição, tomando como exemplo Jaime I:

> *Pois basta seguir e, por assim dizer, perseguir a natureza em seus desvios, e será possível, quando quiser, guiá-la e conduzi-la de volta ao mesmo lugar.* Também não sou da opinião que, nesta história de maravilhas, as narrativas supersticiosas sobre *feitiçarias, bruxarias, encantamentos,* sonhos, adivinhações e coisas semelhantes devam ser totalmente excluídas, desde que haja certeza e clara evidência dos fatos. [...] Embora devamos condenar o emprego dessas artes, sua análise e estudo [...] podem lançar luz útil, não apenas para julgar adequadamente os crimes de pessoas acusadas de tais práticas, *mas também para desvendar os segredos da natureza. Um homem não deveria nunca ter escrúpulos de entrar e penetrar nesses recessos obscuros, quando a inquisição da verdade é todo o seu objetivo - como Vossa Majestade demonstrou com o vosso próprio exemplo.*[240] (Itálico do original)

---

of Witchcraft in England from 1558 to 1718 (Nova Iorque, Apollo Books, 1968), p. 101; Seth, Ronald, *Stories of Great Witch Trials* (Londres, Baker, 1967), p. 83.

240. BACON, "De Dignitate et Augmentis Scientiarum" (escrito em 1623), *Works*, Spedding, James; Ellis, Robert Leslie; Heath, Douglas Devon (ed.) 14 vols. (Londres, Longmans Green, 1870), vol. 4, p. 296. A discussão

As fortes conotações sexuais da última frase podem ser interpretadas à luz das investigações dos pretensos crimes sexuais e práticas das bruxas. Em outro exemplo, Bacon compara o interrogatório de testemunhas no tribunal à inquisição da natureza: "Refiro-me (de acordo com a prática das causas civis), neste grande pleito ou ação concedido pelo favor e providência divinos (no qual a raça humana busca recuperar o seu direito sobre a natureza), a *examinar a própria natureza* e as artes, mediante interrogatórios".[241] Bacon leva a ideia ainda mais longe com uma analogia à câmara de tortura: "Pois assim como a disposição de um homem nunca é verdadeiramente conhecida ou provada até que ele seja confrontado, e como Proteu que só mudou de forma ao ser *amarrado* e *mantido preso*, assim também a natureza se revela mais claramente sob as *provações* e *vexações* da arte [instrumentos mecânicos] do que quando deixada a si mesma".[242]

O novo homem de ciência não deve pensar que a "inquisição da natureza seja, em qualquer aspecto, interditada ou proibida". A natureza deve ser "posta à serviço" e tornada "escrava", mantida "sob controle" e "moldada" pelas artes mecânicas. Os "investigadores e espiões da natureza" devem descobrir seus planos e segredos.[243]

Esse método, tão facilmente aplicável quando a natureza é designada no gênero feminino, degradou e tornou possível a exploração do ambiente natural. Assim como o útero da mulher simbolicamente cedera aos fórceps, o ventre da natureza abrigava segredos que, por meio da tecnologia, poderiam ser

subsequente foi estimulada por LEISS, William, *The Domination of Nature* (Nova Iorque, Braziller, 1972), cap. 2, pp. 45-71.

241. BACON, "Preparative Towards a Natural and Experimental History", *Works*, vol. 4, p. 263. Itálicos adicionados.

242. BACON, "De Dignatate", *Works*, vol. 4, p. 298. Itálicos adicionados.

243. BACON, "The Great Instauration" (escrito em 1620), *Works*, vol. 4, p. 20; "The Masculine Birth of Time", FARRINGTON, Benjamin (ed. e trad.), em *The Philosophy of Francis Bacon* (Liverpool, Liverpool University Press, 1964), p. 62; "De Dignitate", *Works*, vol. 4, pp. 287, 294.

arrancados à força de seu domínio para melhorar a condição humana:

> Há, portanto, muitas razões para crer que ainda existam no ventre da natureza muitos segredos de grande utilidade, sem afinidade ou paralelismo com qualquer coisa que é atualmente conhecida [...] somente pelo método que estamos agora a tratar é que eles podem ser rápida, súbita e simultaneamente revelados e antecipados.[244]

Bacon transformou a tradição mágica ao apelar à necessidade de dominar a natureza, não para benefício exclusivo do mago individual, mas para o bem de toda a raça humana. Por meio de metáforas vívidas, ele reformulou a imagem do mago, de servo da natureza para seu explorador, e da natureza, de professora para escrava. Argumentou que era um erro do mago considerar a arte (tecnologia) como um mero "assistente da natureza, que teria o poder de terminar o que a natureza havia começado" e, portanto, desistir de um dia "mudar, transmutar ou alterar fundamentalmente a natureza".[245]

O mago natural via a si mesmo como alguém que operava dentro da ordem orgânica da natureza – um manipulador de partes desse sistema, que trazia os poderes celestiais para o santuário terrestre. Agripa, no entanto, começara a explorar a possibilidade de ascender na hierarquia até o ponto de coabitar com Deus. Bacon levou essa ideia ainda mais longe, incluindo a recuperação do poder sobre a natureza, perdido quando Adão e Eva foram expulsos do paraíso.

Devido à Queda do Jardim do Éden (causada pela tentação de uma mulher), a raça humana perdeu seu "domínio sobre

---

244. Citado em Prior, Moody E., "Bacon's Man of Science", em Marsak, Leonard M. (ed.), *The Rise of Modern Science in Relation to Society* (Londres, Collier-Macmillan, 1964), p. 45.

245. Rossi, p. 21; Leiss, p. 56; Bacon, *Works*, vol. 4, p. 294; Agrippa, Henry Cornelius, *De Occulta Philosophia Libri Tres* (Antwerp, 1531): "Ninguém tem tais poderes senão aquele que coabitou com os elementos, venceu a natureza, subiu mais alto que os céus, elevando-se acima dos anjos até o próprio arquétipo, com quem então se torna cooperador e pode fazer todas as coisas", como citado em Yates, Frances A., *Giordano Bruno and the Hermetic Tradition* (Nova Iorque, Vintage Books, 1964), p. 136.

a criação". Antes da Queda, não havia necessidade de poder ou dominação, porque Adão e Eva haviam sido feitos soberanos sobre todas as outras criaturas. Nesse estado de domínio, a humanidade era "semelhante a Deus". Enquanto alguns, aceitando o castigo divino, obedeceram às restrições medievais contra a investigação profunda dos segredos de Deus, Bacon transformou essas restrições em sanções. Somente "cavando cada vez mais fundo na mina do conhecimento natural" a humanidade poderia recuperar o domínio perdido. Dessa forma, "os estreitos limites do domínio do homem sobre o universo" poderiam ser ampliados "até seus limites prometidos".[246]

Embora a curiosidade de uma mulher possa ter levado o homem a perder o domínio dado por Deus, o interrogatório incessante de outra mulher, a natureza, poderia ser usado para recuperá-lo. Como Bacon argumentou em *The Masculine Birth of Time* [O nascimento masculino do tempo), "Eu venho, em verdade, liderando vocês à natureza com todos os seus filhos, para prendê-la ao seu serviço e torná-la sua escrava [...] Não temos o direito", ele afirmou, "de esperar que a natureza venha até nós". Em vez disso, "a natureza deve ser agarrada pela crista, pois é calva na parte de trás". Atrasos e debates vagos "permitem apenas tocar a natureza, nunca segurá-la e capturá-la".[247]

A natureza existia em três estados – em liberdade, em erro ou em cativeiro:

> Ela está livre e segue seu curso ordinário de desenvolvimento, como nos céus, nos reinos animal e vegetal e na ordem geral do universo; ou é desviada de seu curso ordinário pela perversidade, insolência e audácia da matéria e pela violência dos impedimentos, como no caso dos monstros; ou, por fim, é constrangida, moldada e transformada, por assim dizer, em

246. BACON, "Novum Organum Part 2, em *Works*, vol. 4, p. 247; "Valerius Terminus," *Works*, vol. 3, pp. 217, 219; "The Masculine Birth of Time," Farrington (trad.), p.62.

247. BACON, "The Masculine Birth of Time," and "The Refutation of Philosophies," Farrington (trad.), pp. 62, 129, 130.

algo novo, pela arte e pela mão do homem, como ocorre nas criações artificiais.[248]

O primeiro estado refletia a visão aristotélica da *natura naturans,* isto é, a natureza como um princípio imanente de autodesenvolvimento. Essa era a visão orgânica da natureza como um ser vivo, crescente, que produzia a si mesmo. O segundo estado era necessário para explicar as disfunções e monstruosidades frequentemente observadas, e que não poderiam ter sido causadas por Deus ou por qualquer outra força superior agindo sob sua ordem. Uma vez que as monstruosidades não podiam ser explicadas pela ação da forma ou do espírito, tinham que ser resultado da matéria agindo perversamente. No Timeu de Platão, a matéria era recalcitrante e precisava ser moldada à força pelo demiurgo. Bacon frequentemente descrevia a matéria empregando imagens femininas, como uma "meretriz comum". "A matéria não é desprovida de apetite e inclinação para dissolver o mundo e voltar ao antigo Caos". Portanto, deveria ser "contida e mantida em ordem pela harmonia predominante das coisas". "As vexações da arte são certamente como os grilhões e algemas de Proteu, que revelam as lutas e esforços finais da matéria".[249]

O terceiro estado era o da arte (*techne*) – o homem que operava sobre a natureza para criar algo novo e artificial. Aqui "a natureza obedece ao homem e trabalha sob sua autoridade". Mineiros e ferreiros deveriam servir de modelo para a nova classe de filósofos naturais que iriam interrogar e alterar a natureza. Eles haviam desenvolvido os dois métodos mais importantes para arrancar os segredos da natureza: "um buscava nas entranhas da natureza, o outro moldava a natureza em sua bigorna [...] Por que não dividir a filosofia natural em

248. BACON; "De Augmentis," *Works*, vol. 4, p. 294; ver também BACON, "Aphorisms", *Works*, vol. 4.

249. "De Augmentis," *Works*. vol. 4, pp. 320, 325; PLATÃO, "The Timaeus," in *The Dialogues of Plato*, trad. B. Jowett (Nova Iorque, Random House, 1937), vol. 2, p. 17. Tradução para portugês: PLATÃO, Diálogos V (São Paulo, Edipro, 2010); BACON, "Parasceve," *Works*, vol. 4, p. 257.

duas partes, a mina e a fornalha?" Pois "a verdade da natureza está escondida em certas minas e cavernas profundas", dentro do seio da terra. Bacon, como alguns dos alquimistas pragmáticos, "aconselharia os estudiosos a venderem seus livros e construírem fornos [...], abandonarem as virgens estéreis, como Minerva e as Musas, e confiarem em Vulcano".[250]

O novo método de interrogação não se baseava em noções abstratas, mas no entendimento de que era "possível, de fato, dissecar a natureza". Os instrumentos da mente forneceriam sugestões, enquanto os da mão proporcionariam movimento e ajudariam no trabalho. "Por meio da arte e da mão do homem", então, a natureza pode ser "forçada a sair de seu estado natural, ser comprimida e moldada". Dessa forma, "o conhecimento humano e o poder humano tornam-se uma coisa só".[251]

Aqui, em imagens sexuais explícitas, jaz a principal característica do método experimental moderno – o controle da natureza no laboratório, sua dissecação pelas mãos e mente, e a penetração em seus segredos ocultos – linguagem ainda hoje usada para elogiar um cientista por seus "dados sólidos", sua "mente penetrante" ou a "força de seu argumento". As restrições à penetração, presentes no lamento da *Natura* sobre suas vestes recatadas rasgadas, foram transformadas em sanções linguísticas que legitimam a exploração e a "violação" da natureza para o bem comum. Quando os experimentalistas do século XVII da *Accademia del Cimento,* de Florença (ou seja, a Academia de Experimentos, 1657-1667) e da *Royal Society,* de Londres, colocavam camundongos e plantas no vácuo artificial do barômetro ou da campânula, estavam molestando a natureza, forçando-a a sair de seu estado natural, no verdadeiro estilo baconiano.[252]

---

250. BACON, "De Augmentis", *Works*, vol. 4, pp. 343, 287, 343, 393.

251. BACON, "Novum Organum", *Works*, vol. 4, p. 246; "The Great Instauration", *Works*, vol. 4, p. 29; "Novum Organum", parte 2, *Works*, vol. 4, p. 247.

252. LILLE, Alain de, *De Planctu Naturae*, em WRIGHT, T. (ed.), *The Anglo-Latin Satirical Poets and Epigrammatists* (Wiesbaden, Kraus

O método científico, combinado com a tecnologia mecânica, criaria um *novum organum*, um novo sistema de investigação que unificaria conhecimento e poder material. As descobertas tecnológicas da máquina de imprensa, da pólvora e do ímã, nos campos do saber, da guerra e da navegação, "nos ajudam a refletir sobre os segredos ainda trancados no seio da natureza". "Diferente dos métodos antigos, que exerciam uma orientação suave sobre o curso da natureza, elas [estas inovações] têm o poder de conquistá-la e subjugá-la, de abalá-la até seus fundamentos". Sob o domínio das artes mecânicas, "a natureza revela seus segredos mais plenamente [...] do que quando desfruta de sua liberdade natural".[253]

A mecânica, que conferia ao homem poder sobre a natureza, consistia em movimento, ou seja, na "união ou desunião de corpos naturais". As artes mais úteis eram aquelas que alteravam os materiais das coisas – "agricultura, culinária, química, tinturaria, fabricação de vidro, esmalte, açúcar, pólvora, fogos de artifícios, papel e coisas do gênero". Porém, ao realizar essas operações, era preciso operar dentro da cadeia de conexões causais; a natureza "não poderia ser comandada sem ser obedecida". Somente por meio do estudo, interpretação e observação da natureza é que essas possibilidades poderiam ser descobertas; somente agindo como intérprete da natureza é que o conhecimento se transformaria em poder. Entre os três graus da ambição humana, o mais íntegro e nobre era "esforçar-se para estabelecer e ampliar o poder e o domínio da própria raça humana sobre o universo". Dessa forma, "a raça

Reprint, 1964), vol. 2, pp. 441, 467; Kuhn, Thomas, "Mathematical vs. Experimental Traditions in the Development of Physical Science", *Journal of Interdisciplinary History* 7, n. 1 (1976), pp. 1-31, ver p. 13. Sobre os experimentos da Accademia del Cimento, ver Ornstein, Martha [Bronfenbrenner], *The Role of Scientific Societies in the Seventeenth Century* (reedição Nova Iorque, Arno Press, 1975), p. 86.

253. Bacon, "Thoughts and Conclusions on the Interpretation of Nature or A Science of Productive Works", Farrington (trad.), *The Philosophy of Francis Bacon*, pp. 96, 93, 99.

humana [poderia] recuperar o direito sobre a natureza que lhe pertence por legado divino".[254]

O interrogatório das bruxas como símbolo do interrogatório da natureza, a sala de tribunal como modelo de inquisição e a tortura por meio de dispositivos mecânicos como ferramenta de subjugação da desordem foram fundamentais para transformar o método científico em instrumento de poder. Para Bacon, assim como para Harvey, a política sexual ajudou a estruturar a natureza do método empírico que produziria uma nova forma de conhecimento e uma nova ideologia da objetividade, aparentemente desprovidas de suposições culturais e políticas.

A NOVA ATLÂNTIDA: UMA UTOPIA MECANICISTA

Escrita em 1624, pouco antes de sua morte, a utopia de Bacon, a *Nova Atlântida*, apresentava uma sociedade que contrastava com as sociedades orgânicas igualitárias de Campanella e Andreae. Enquanto esses autores imaginaram sociedades em que homens e mulheres recebiam praticamente a mesma educação e honra, a estrutura social da Bensalem – a ilha fictícia de Bacon – era hierárquica e patriarcal, modelada na família patriarcal do início da modernidade.

Na Inglaterra do século XVII, a principal forma de organização social, com exceção da igreja e da corte, era a família patriarcal, composta pela família imediata e seus servos, que raramente ultrapassava uma dúzia de pessoas. A sustentação emocional, o descontentamento e a reconciliação das diferenças giravam em torno da família. Os relacionamentos amorosos, o ódio e a tensão coexistiam no grupo familiar, mas podiam ser resolvidos em âmbito individual. A grande maioria das pessoas tinha pouca expectativa em transformar essas

254. BACON, "De Augmentis", *Works*, vol. 4, pp. 294; "Parasceve", *Works*, vol. 4, pp. 257; "Plan of the Work", vol. 4, pp. 32; "Novum Organum", *Works*, vol. 4, pp. 114, 115.

relações sociais e padrões organizacionais. A família patriarcal era formada, por exemplo, por um padeiro, açougueiro, caseiro ou mestre artesão, sua esposa, seus filhos e filhas, jornaleiros remunerados, aprendizes e empregadas domésticas. O homem era o mestre e pai dos demais, a mulher era uma companheira subordinada, encarregada das outras mulheres e mãe de todos.[255]

Pesquisas recentes em história da família indicam que, entre o final do século XVI e início do século XVII, a estrutura familiar inglesa se tornava cada vez mais patriarcal e autoritária. O *status* e os direitos das esposas diminuíam, o culto à Virgem Maria empalidecia com o enfraquecimento do catolicismo, e a ênfase na lealdade à autoridade soberana do governo central consolidava o poder do chefe masculino dentro da família nuclear. Os laços de parentesco, importantes do ponto de vista econômico e religioso durante a Idade Média, enfraqueciam devido à nova mobilidade geográfica dos artesãos, dos pobres e dos jovens. Como resultado, a família nuclear ficava mais forte e a nova valorização da união conjugal do casal enfraquecia os laços com pais e primos. O marido ganhava poder sobre a esposa; o pai, sobre as crianças. O protestantismo subordinava a esposa e os filhos ao pai, enquanto o Estado enfatizava a subordinação dos súditos. Jaime I afirmava: "Os reis são comparados aos pais de família, pois um rei é verdadeiramente *parens patriae*, o pai político de seu povo".[256]

---

255. Laslett, Peter, *The World We Have Lost: England Before the Industrial Age*, 2 ed. (Nova Iorque, Scribner's, 1965), cap. 1, pp. 2, 4, 5, 7-9. Stone, Lawrence, *The Family, Sex, and Marriage in England: 1500-1800* (Nova Iorque, Harper &Row, 1977); Stone, L., "The Rise of the Nuclear Family in Early Modern England: The Patriarchal Stage", em Rosenberg, Charles E. (ed.), *The Family in History* (Filadéldia, University of Pennsylvania Press, 1975), pp. 13-57. O texto de Scott, Joan W. e Tilly, Louise, "Women's Work and the Family in Nine-teenth-Century Europe", em Rosenberg, C. E. (ed.), *The Family in History*, pp. 145-178, também pode ser útil enquanto perspectiva das mulheres de classes baixas, ainda que se refira principalmente ao século XIX.

256. James I, *The Political Works of King James I*, Mcilwain, Charles H. (ed.) (Cambridge, Harvard University Press, 1918; primeira publicação em 1616), p. 307; citado em Stone, "Rise of the Nuclear Family", p. 54.

A Bensalem de Bacon, em *Nova Atlântida,* ilustrava uma estrutura familiar patriarcal na qual o "Pai" exercia autoridade sobre a parentela e o papel da mulher reduzia-se à quase invisibilidade. Os náufragos que chegaram a Bensalem foram convidados para um "Banquete da Família", presidido pelo "Pai da Família, a quem chamam de Tirsan".[257] O Pai é descrito entrando no salão do banquete, seguido por "toda a sua linhagem ou descendentes, os homens à sua frente e as mulheres atrás". A mãe, porém, embora presente, permanecia escondida atrás de uma divisória de vidro. "Se há uma mãe de quem toda a linhagem descende, ergue-se uma divisória [partição] em uma sala acima, à direita do trono, com uma porta privativa e uma janela de vitral em chumbo dourado e azul, onde ela permanece sentada, mas não vista." Após a cerimônia de abertura, o Pai inicia seu jantar sozinho, "servido apenas por seus próprios filhos homens, que prestam todo o serviço da mesa de joelhos, enquanto as mulheres permanecem à sua volta, encostadas às paredes." Após servir os convidados na sala abaixo, entoam-se hinos em honra aos patriarcas: Adão, Noé, Abraão – o Pai dos Fiéis –, e o Salvador. Então, por ordem de idade, Tirsan abençoa seus filhos em nome do "Pai eterno, Príncipe da Paz". O filho escolhido para estar em casa com ele é nomeado Filho da Videira e recebe o cacho de uvas douradas da família para ser usado diante do pai em cerimônias públicas.

O "Pai" contava com a ajuda do governador do estado, que "executava, por meio de sua autoridade pública, os decretos e ordens do Tirsan". No entanto, devido ao respeito e obediência de todos à "ordem da natureza", isso raramente era necessário.

O "Pai" também resolvia brigas familiares e apaziguava "discórdias e disputas". Ajudava quaisquer membros da família em dificuldades financeiras ou "com saúde debilitada". Punia os que sucumbiam ao vício e homologava os futuros

---

257. BACON, "The New Atlantis", *Works*, vol. 3, pp. 129-66. Citações em ordem nas pp. 147, 148-49, 150, 148

casamentos. Por meio dessas descrições vívidas, Bacon ilustrava o papel social atribuído ao pai patriarcal pela sociedade do século XVII.

Outra manifestação da hierarquia social em *Nova Atlântida* era a atenção que Bacon dedicava às vestes dos funcionários públicos e cientistas, homens de alto *status* na comunidade de Bensalem. Descrevia meticulosamente a vestimenta da "pessoa reverenciada do lugar" com quem os visitantes conversavam pela primeira vez, do governador da Casa dos Estrangeiros e dos cientistas da Casa de Salomão. Essas descrições revelam implicações sociais interessantes.

Figura 16: *Five Women*, da coleção de arte da Biblioteca Folger Shakespeare, Washington, D.C. Na Idade Média e no Renascimento, as roupas eram usadas para mostrar status social: aqui são representadas a esposa de um comerciante, três nobres e uma camponesa.

Na Inglaterra do século XVI e início do século XVII, as roupas eram um indicador do *status* de um indivíduo em uma sociedade hierarquicamente estratificada. Uma série de leis suntuárias que remontam ao século XIV regulamentava os tecidos e adornos permitidos no vestuário de cada estrato social, proibindo expressamente o uso de trajes reservados às camadas superiores. O Parlamento Inglês manteve essas leis vigentes até o início do século XVII – uma tentativa do

Estado de manter a estratificação social vigente e impedir a mobilidade ascendente (Fig. 16).[258]

Em sua *Anatomy of Abuses* [Anatomia dos abusos] (1583), Phillip Stubbes (fl. 1581-1593) reclamava que:

> O pior abuso [...] é o pecado abominável da soberba e do excesso ao vestir-se [...], ao usar trajes mais deslumbrantes, suntuosos e preciosos do que exige nossa posição, vocação ou condição social [...] À nobreza [...] e aos gentis-homens é permitido usar vestes ricas e preciosas (no temor a Deus) para honrar, adornar e ostentar suas origens, dignidades, funções e títulos [...] Os magistrados e funcionários públicos podem igualmente portar (de acordo com suas posses) [...] ornamentos luxuosos e roupas valiosas, para dignificar seus ofícios e exibir a excelência e o valor de seus cargos e funções, de modo a causar terror e medo no coração daqueles que ousam ofender a majestade de suas vocações [...] Quanto aos súditos comuns, não lhes é de forma alguma apropriado usar sedas, veludos, cetins, damascos, ouro, prata ou quaisquer outros adornos (por mais que tenham condições de adquiri-los).[259]

N'*A Nova Atlântida*, as descrições feitas por Bacon das vestimentas ilustram a observação de Stubbes de que as roupas da nobreza, magistrados e funcionários públicos demarcavam a majestade de suas condições de vida. Assim, o "homem reverenciado" que recebeu os visitantes náufragos em Bensalem vestia um traje de mangas largas, brilhante e azulado, feito de chamalote - um tecido caro de pelo de camelo com trama de cetim - e um turbante delicadamente confeccionado.[260] O governador da Casa dos Estrangeiros estava "vestido de azul [...] exceto pelo turbante branco adornado com uma pequena cruz vermelha na parte superior" e portava "um xale de linho branco". Quanto ao "cientista" da Casa de Salomão,

---

258. SELLERS, Charles G. *et al.*, *As It Happened: A History of the United States* (Nova Iorque, McGraw-Hill, 1975), pp. 10, 17; Sobre as leis britânicas, estatutos etc. *The Statutes of the Realm, 1101-1713*, 10 vols. (Londres, 1810-28), vol. l. pp. 380-82.

259. Citado em SELLERS, p, 7. Ver STUBBS, Phillip, *Anatomy of the Abuses in England*, FURNIVALL, F.J. (ed.) (Londres, 1879), pp. 27-34.

260. BACON, "The New Atlantis", *Works*, vol. 3, citação nas pp. 131, 135, 155.

que usava uma túnica de tecido preto fino, excelentes roupas íntimas de linho branco e sapatos de veludo, sua indumentária indicava o alto *status* que Bacon conferia à ciência nessa comunidade utópica.

Exceto pelas vestimentas dos cinquenta assistentes do cientista e dos arautos do Tirsan, não há descrições das roupas dos cidadãos comuns e servos de Bensalem, já que não lhes era apropriado usar materiais finos. Por exemplo, o servo que veio a bordo do barco dos visitantes recusou-se a aceitar "um pedaço de veludo carmesim para ser apresentado ao oficial" e, quanto ao próprio oficial, menciona-se apenas seu bastão de comando.

A sociedade utópica de Bacon, portanto, ratificava a estratificação social vigente, mas admitia uma mobilidade ascendente no caso do "cientista", colocado no estrato mais elevado. Essa estrutura contrastava radicalmente com as utopias de Campanella e Andreae. As túnicas brancas usadas por todos os cidadãos da *Cidade do Sol* podem ser vistas menos como uma manifestação de uniformidade ou severidade monástica e mais como protesto contra a estratificação por *status* e riqueza expressas em trajes finos e ricos. Da mesma forma, em *Christianópolis,* todas as pessoas vestiam roupas cinzas ou brancas feitas de linho ou lã, conforme a estação do ano. "Eles têm apenas dois trajes, um para o trabalho e outro para os dias festivos; e são feitos iguais para todas as classes [...] Ninguém possui roupas sofisticadas e feitas sob medida".[261]

A hierarquia e o patriarcado, que sustentavam a desigualdade social na sociedade do século XVII, nem sequer foram questionados por Bacon. O fato de constituírem a própria base de seu estado ideal revela sua filosofia anti-igualitária.

261. Campanella, Tommaso, "The City of the Sun", em Morley, Henry (ed.), *Ideal Commonwealths* (Nova Iorque, Colonial Press, 1901), pp. 154-55; Andrea, Johann Valentin, *Christianopolis,* Held, Felix Emil (trad.) (Urbana, University of Illinois Press, 1914), p. 171.

CAPITALISMO E PROGRESSO CIENTÍFICO

A *Nova Atlântida* de Bacon postulou um programa de estudos científicos que se tornaria a base para o progresso e o avanço de "toda a humanidade". Mas, enquanto Andreae e Campanella tinham em mente melhorar as condições dos camponeses, mendigos, moradores de vilarejos rurais[262] e artesãos, Bacon se identificava com os interesses dos capitalistas empresários do ramo de tecidos, comerciantes, proprietários de minas e do Estado.[263]

262. [N.E.] No Original, *cottager* era um morador de uma cabana no campo ou vilarejo rural (*cottage*). Era classificado abaixo de um servo na hierarquia social, possuindo uma casa de campo, um jardim e terra apenas o suficiente para alimentar uma família. Na Inglaterra, isso compreendia entre cerca de 1 e 5 acres (0,4 e 2,0 hectares).

263. William Ashley observa que Bacon se opôs aos cercamentos feitos pelos proprietários de terras ingleses, que transformaram terras comuns em pastagens para ovelhas e, assim, criaram grandes grupos de moradores de cabanas desabrigados e pobres errantes. Mas Bacon não agiu por simpatia pelos pobres. Sua justificativa era apoiar o Estado na necessidade de exércitos estáveis de soldados livres, não servis, para evitar o uso de mercenários estrangeiros que não tinham lealdade com a Inglaterra (ver ASHLEY, William, *The Economic Organization of England* [Nova Iorque, Longmans Green, 1926], pp.113-114.) O problema da pobreza na Inglaterra, que atingiu uma crise no final do século XVI, foi discutido em um debate parlamentar em 1597, no qual Bacon participou, argumentando que a pobreza e a ociosidade empobreciam o reino (Jordan, W. K., *Philanthropy in England*, 1480-1660 [Nova Iorque, Russell Sage Foundation, 1959], p. 94.) Os resultados foram uma série de estatutos elisabetanos legislando punição e auxílio: 39 Eliz. C. 2-5, continuados por Eliz. C. 9 e I Jae. I, C. 25. Entre outras disposições, esses estatutos definiam "vagabundos", "vadios" e "mendigos persistentes" como "pessoas aptas para o trabalho, que evitavam, se recusavam a trabalhar por salários comuns, não tendo outra forma de se sustentar". Uma vez capturados, deveriam "ser despidos no torso e abertamente chicoteados até que o corpo esteja ensanguentado". Em seguida, deveriam ser enviados de volta à paróquia onde nasceram para "trabalhar como um verdadeiro súdito deve fazer". Os pobres deveriam ser providos pela edificação de hospitais e casas de trabalho para cuidar dos aleijados, surdos e mudos, crianças pobres etc., mediante tributação de "cada habitante, pároco, vigário [...] ocupante de terras, casas ... [e] propriedades de dízimos, minas de carvão ou madeiras vendáveis" (ver BURN, Richard, *The History of the Poor Laws* [Londres, 1764], pp. 40-43, 91-92.) Essas leis se baseavam na suposição de que qualquer pessoa capaz de trabalhar poderia encontrar emprego, uma falsa pressuposição.

Na época em que Bacon escreveu *Nova Atlântida*, havia uma divisão significativa na sociedade inglesa entre os trabalhadores assalariados e os comerciantes. O abismo entre a classe média e os estratos mais pobres da sociedade aprofundava-se especialmente nos setores têxtil, minerador e manufatura.[264]

Na Inglaterra do século XVII, os pobres rurais tornaram-se servos dos senhores de terras, agricultores e arrendatários de pequenas propriedades. O filho ou filha de um morador de vilarejo rural que se tornava servo de um agricultor deixava o lar por volta dos dez anos de idade, e era cuidado, alimentado, vestido e abrigado pela família substituta pelos próximos dez a vinte anos. Após o casamento, geralmente com outro servo, esse trabalhador rural enfrentaria o restante de sua curta vida na pobreza, ganhando pequenas somas em contratos de trabalho diários.

Esses moradores de vilarejos rurais constituíam a força de trabalho principal para os sistemas domésticos[265] de trabalho rural, que combinavam um grande número de famílias na produção de têxteis sob a direção de um capitalista empresário do ramo de tecidos. Quando não estavam ocupados com o plantio, a aragem e a colheita, os agricultores e suas famílias se envolviam na seleção, cardagem e fiação da lã. Em seguida, a tecelagem, o tingimento e o acabamento do tecido eram

264. A seguinte discussão sobre os efeitos da organização capitalista inicial na indústria têxtil baseia-se em Laslett, pp. 15-17; Rice, Jr., Eugene F. *The Foundations of Early Modern Europe*, 1460-1559 (Nova Iorque: Norton, 1970), pp. 52-53; Lipson, E., *The Economic History of England* (Londres, Black, 1943), vol. 2, pp. 9, 11-15, 17, 31; Lipson, E., *A Short History of Wool and Its Manufacture (Mainly in England)* (Cambridge, Harvard University Press, 1953); Kamen, Henry, *The Iron Century: Social Change in Europe*, 1550-1660 (Londres, Weidenfeld and Nicolson, 1971), p. 114. Para leis do final do século XVI que regulamentam a indústria têxtil, ver Tawney, R.H. e Power, Eileen, *Tudor Economic Documents* (Londres, Longmans Green, 1924), vol. 1, pp. 169-228; ver também Deloney, Thomas, "The Pleasant History of John Winchcomb, in his Younger Years Called Jack of Newburie", em Mann, F.O. (ed.), *The Works of Thomas Deloney* (Oxford, 1912).

265. [N.E.] No original, *putting-out systems* ou sistemas domésticos é uma forma de terceirização do trabalho.

realizados por mestres artesãos, jornaleiros e artesãos, que só secundariamente ajudavam na colheita no final do verão e outono. O capitalista empresário do ramo de tecidos fornecia as matérias-primas e comercializava os têxteis no comércio doméstico e internacional.

Durante o século XVI, a relação do artesão com o capitalista empresário têxtil passava por uma transformação. Quando o tecelão rural não podia pagar por um tear, o empresário alugava-lhe um. A maioria dos teares era operada em domicílios individuais, mas em algumas comunidades rurais a empreitada do empresário de tecidos se concentrava em um grupo de casas ou galpões. Em alguns casos, um empresário de tecidos maior possuía também tinturarias onde o trabalho era supervisionado, e moinhos de pisoar e oficinas onde o tecido era esticado e prensado. Em 1618, um escritor inglês estimou que um empresário produzindo vinte peças largas de tecidos de lã por semana fornecia trabalho para 500 pessoas, contando com separadores de lã, cardadores, fiadores, tecelões, inspetores, removedores de nós, batedores,[266] tintureiros e fabricantes de teares e rodas de fiar. No oeste da Inglaterra, os investimentos de capital eram ainda maiores e o número de operações dirigidas pelo empresário de tecidos era mais extenso do que na região de Yorkshire, ao norte.

Essa transição da manufatura para o capitalismo pré-industrial, que ocorreu ao longo do século, foi mais pronunciada nos sistemas domésticos de trabalho rural do que nos urbanos. Comparado ao seu colega urbano, o empresário têxtil que operava no sistema doméstico de trabalho rural era mais livre das taxas e regulamentações municipais, das restrições sobre a qualidade de seu produto, do controle sobre o número de seus funcionários e métodos de produção. "Os anos

266. [N.E.] No original, *burlers* e *fullers*, duas funções específicas e especializadas no processo de fabricação do tecido de algodão. O *burler* remove fios soltos, nós e outras imperfeições do tecido, enquanto o *fuller* limpa e adiciona espessura ao tecido, atividade realizada com ajuda de moinhos a partir da Idade Média.

de expansão entre 1460 e 1560 são particularmente significativos, porque o equilíbrio entre tradição e inovação mudou de forma gradual, mas decisivamente [...] De toda forma, até 1560, a cisão entre capital e trabalho [...] já estava consolidada em muitas partes da Europa industrial".[267] O aumento dos preços também ampliou o abismo entre salários e lucros, concentrando uma parcela cada vez maior da riqueza da comunidade nas mãos dos capitalistas.

A mineração constituía o segundo setor que empregava os pobres como trabalhadores.[268] As operações em larga escala eram raras, e cerca de 100 trabalhadores apenas eram empregados em cada uma das minas de maior porte. Na Inglaterra, as indústrias de carvão em Newcastle upon Tyne e Wear expandiram-se rapidamente no final do século XVI, impulsionadas pela crescente escassez de madeira.

Na indústria britânica de cobre e latão, que se desenvolveu durante os anos de 1560, grandes investimentos de capital foram necessários para abrir e desenvolver os poços de mineração, fundir o minério, produzir fios de latão e aplainar lingotes. Como inicialmente, nem trabalhadores, nem qualquer capitalista individual dispunham dos recursos necessários, o capital era fornecido por acionistas ingleses e alemães - membros da nobreza, clero, funcionários do estado e mercadores. A separação entre trabalhador e capitalista tornou-se, portanto, um pré-requisito para o início desse setor industrial.[269] Já na indústria do ferro, os empresários eram os proprietários da fundição e da forja, além de também

267. Rice, pp. 53-54.

268. A discussão sobre a organização capitalista na indústria de mineração se baseia em Lipson, Economic History, vol. 2, pp. 114, 162; Nef, John U., "Coal Mining and Utilization", em Singer, Charles *et al.* (ed.), *A History of Technology* (Nova Iorque: Oxford University Press, 1957), vol. 3, p. 77; Nef, J.U., *The Rise of the British Coal Industry* (Londres, Routledge & Kegan Paul, 1932), vol. 1. Sobre as leis que regulam a indústria de mineração, ver Tawney e Power, pp. 229-92.

269. Hamilton, Henry, *The English Brass and Copper Industries to 1880* (Londres, Cass, 1967; primeira publicação 1926), pp. 70, 75, 76.

controlarem a comercialização dos produtos. Mineiros e metalúrgicos livres e independentes constituíam um grupo cada vez mais reduzido.

Uma separação semelhante ocorria nos ofícios artesanais, impulsionada pela redução da mobilidade ascendente para os jornaleiros. Por meio de trabalho árduo e diligente ou ao se casar com a filha do mestre, esse trabalhador poderia ascender.[270] No entanto, cada vez mais os mestres tendiam a transmitir seus conhecimentos aos filhos, tornando a categoria hereditária. Os mestres transformaram-se em "pequenos capitalistas industriais", e os jornaleiros se tornaram seus trabalhadores assalariados, com menos chances de independência. Um jornaleiro tecelão, por exemplo, não possuía nem a matéria-prima, como o comerciante de tecidos, nem os teares, como o mestre tecelão.

Nas corporações de ofícios, alguns mestres acumularam dinheiro e expandiram seus mercados para além de suas próprias cidades, fazendo com que artesãos menores se tornassem mais dependentes deles. Esse mesmo padrão de ampliação do mercado e dependência também repetia-se entre diferentes ofícios.

O interesse inicial de Francis Bacon em escrever a *History of Trades* (História das Artes Mecânicas) traduzia seu desejo de revelar os segredos das oficinas artesanais que poderiam ser aplicados às necessidades práticas e aos interesses da sociedade de classe média. O crescimento e o progresso

270. Ver, por exemplo, DELONEY. Sobre o declínio da mobilidade ascendente para trabalhadores qualificados, ver NEF, J.U., *Industry and Government in France and England*, 1540-1640 (Filadélfia, American Philosophical Society, 1940) pp. 17-19; FRIEDRICHS, Christopher R. "Capitalism, Mobility, and Class Formation in the Early Modern German City", *Past and Present*, n. 69 (1975), pp. 24-49; RICE, E.F., *Foundations of Early Modern Europe*, pp. 48-49; DAVIS, Natalie Z., *Society and Culture in Early Modern France* (Stanford, Stanford University Press, 1975), pp. 4-15. Ver também LIPSON, *Economic History*, vol. 2, pp. 35; HAMILTON, p. 71.

poderiam ser alcançados a partir do estudo das artes mecânicas, "pois estas [...] prosperam e crescem continuamente".[271]

O conceito de progresso científico que Bacon desenvolveu como programa acabou por legitimar o abismo entre jornaleiros e mestres artesãos. No Ocidente, exalta-se com frequência essa noção de progresso, por meio do qual os padrões de vida para "toda a humanidade" seriam supostamente melhorados. Mas, esse "bem comum" incluía, de fato, os moradores e trabalhadores de vilarejos rurais, jornaleiros e camponeses, ou antes, funcionava de forma a beneficiar o mestre artesão, o empresário têxtil e os mercadores?

A ideia de progresso científico tem sido associada ao surgimento da tecnologia e "às exigências da economia capitalista nascente". Estudiosos argumentam que a cooperação e o conhecimento compartilhado, tanto para a construção da teoria quanto para o bem público, originaram-se nas atitudes intelectuais de mestres artesãos, engenheiros mecânicos e alguns acadêmicos e humanistas do século XVI. "A ausência de escravidão, o desenvolvimento de máquinas, o espírito empreendedor capitalista e a racionalidade econômica parecem constituir pré-requisitos sem os quais o ideal de progresso científico não poderia se desdobrar".[272]

271. Houghton, Jr., Walter E., "The History of Trades: Its Relation to Seventeenth Century Thought", em Wiener, Philip P. e Noland, Aaron (ed.), *Roots of Scientific Thought* (Nova Iorque, Basic Books, 1953), pp. 355-60. Bacon, *Works*, vol. 4, pp. 74-75.

272. Zilsel, Edgar, "The Genesis of the Concept of Scientific Progress", em *Roots of Scientific Thought*, pp. 251-55, citação em p. 275. Keller, A.C., "Zilsel, the Artisans, and the Idea of Progress in the Renaissance", em *Roots of Scientific Thought*, pp. 281-86. Rossi, Paolo, *Philosophy, Technology, and the Arts in the Early Modern Era* (Nova Iorque, Harper & Row, 1970), cap. 1, 2, pp. 1-99. Bury, J.B., *The Idea of Progress* (Nova Iorque, Dover, 1955). Para uma crítica da teoria do erudito-artesão e sua relação com o progresso tecnológico, ver Hall, A. Rupert, "The Scholar and the Craftsman in *the Scientific Revolution*", em Clagett, Marshall (ed.), *Critical Problems in the History of Science* (Madison, The University of Wisconsin Press, 1959), pp. 3-23. Como citado por Zilsel, Keller, e Rossi, entre os tratados do século XVI que defendiam o compartilhamento cooperativo de conhecimento para o progresso humano destacam-se: *Master craftsmen*: Brunner, Kaspar, "Gründlicher Bericht des Buchsengiessens" (1547);

Os grupos do século XVI que desenvolveram o conceito de progresso são os mesmos que, até o presente momento, continuam a pressionar por mais crescimento e desenvolvimento: empresários, engenheiros militares, acadêmicos humanistas, cientistas e técnicos. Entre os mestres artesãos e técnicos do século XVI que abraçaram a ideia de progresso em suas obras estão: Kaspar Brunner (1547), artilheiro-mor, serralheiro e relojoeiro; Robert Norman (1581), fabricante de instrumentos; Peter Apian (1532), mecânico, construtor de globos e instrumentos, e professor de matemática; Ambroise Paré (1575), mestre da guilda dos barbeiros-cirurgiões e cirurgião do rei e do exército; e Gerard Mercator (1595), fabricante de instrumentos, fabricante de mapas e agrimensor. Entre os engenheiros militares estão: William Bourne (1578), artilheiro e engenheiro militar, que dirigiu seu tratado a "todos os generais e capitães"; Niccolò Tartaglia (1537), consultor matemático de artilheiros e comerciantes; Simon Stevin (1608), engenheiro militar e contabilista; e Bonaiuto Lorini (1597), técnico militar dos Médici. Já entre os humanistas e acadêmicos, estão: Abraham Ortelius (1570), estudioso clássico e fabricante de

---

Archive für die Geschichte der Naturwissenschaften und Technik 7 (1916), p. 171; NORMAN, Robert, *The Newe Attractive* (Londres, 1581), prefácio e dedicatória; APIANUS, Peter, *Quadraus Astronomicus* (lngolstadt, 1932), dedicatória; PARÉ, Ambroise (1509-1590), *Oeuvres*, MALGAIGNE, J. F. (ed.) (Paris, 1840, primeira publicação em 1575), introdução; MERCATOR, Gerard (1512-1594), *Atlas* (1595), 4ª ed. (Antuérpia, 1630), introdução aos mapas da França. Engenheiros militares: BOURNE, William (falecido em 1583), *Inventions or Devices* (Londres, 1587), Prefácio ao Leitor; TARTAGLIA, Niccolò (1499-1557), *Questi et Inventioni* (Veneza, 1546), dedicatória; STEVINUS, S. (1548-1620), *Hypomnemata Mathematica* (escrito entre 1605-1608) em *Oeuvres Mathematica*, GIRARD (ed.) (Leida, 1634), vol. 2, pp. 111 ff.; LORINI, Bonaiuto, *Delle Fortificazioni* (Veneza, 1597). Humanistas e acadêmicos: ORTELIUS, Abraham (1527-1598), *Theatrum Orbis Terrarum* (Antuérpia, 1570); RABELAIS, François (1490-1553), *Gargantua e Pantagruel* (Paris, 1533), último capítulo; BODIN, Jean, *Methodus and Facilem Historiarum Cognitionem* (Paris, 1566), cap. 7; LEROY, Loys, *Les Politiques d'Aristotle* (Paris, 1568), argumento para o livro II. O teórico político J. Schaar apontou que a completa humanização da vida implica logicamente em um ambiente humano preenchido de humanos em detrimento da natureza.

mapas; François Rabelais (1535), escritor; Jean Bodin (1566), filósofo político; e Loys Leroy (1568). Os ideais humanistas não apenas eram compatíveis com a melhoria das condições humanas por meio do avanço tecnológico, como também pressupunham um ambiente habitado por seres humanos às custas da natureza.

O que nos tratados do século XVI se limitava a meros prefácios e declarações defendendo uma concepção utilitarista de progresso, no pensamento utópico de Francis Bacon transformou-se em um programa completo e numa verdadeira ideologia. Em *Nova Atlântida*, o progresso foi colocado nas mãos de um grupo de cientistas e técnicos que estudavam a natureza, alterada pelas "artes mecânicas" e pela "mão do homem", para extrair seus segredos em benefício da sociedade.

MECANISMO E A NOVA ATLÂNTIDA

A Casa de Salomão era o instituto de pesquisa científica projetado para trazer progresso a Bensalem, a comunidade de Nova Atlântida. O caráter patriarcal dessa sociedade utópica era reforçado pela designação dos cientistas como "Pais da Casa de Salomão". Em Nova Atlântida, a política foi substituída pela administração científica. Em Bensalem, não existia um processo político real. As decisões, para o bem comum, eram tomadas pelos cientistas, cujo julgamento devia ser aceito sem questionamentos, uma vez que apenas eles detinham os segredos da natureza.

Os cientistas decidiam quais destes segredos seriam revelados e quais permaneceriam propriedade privada do instituto e não se tornariam de conhecimento público: "E também fazemos o seguinte: realizamos consultas para decidir quais das invenções e experiências, por nós descobertas, devem ser publicadas, e quais não. Todos nós fizemos um juramento de guardar segredo de tudo o que julgamos conveniente, embora alguns desses revelemos, às vezes, ao Estado".[273]

O propósito da visita de um cientista da distante Casa de Salomão ao governador, que resultou em uma conferência com os visitantes de Bensalem, era envolto em mistério. Nenhum pai do instituto havia sido visto há pelo menos "doze anos. A sua chegada seria solene, mas o motivo de sua vinda [era] mantido em segredo".

O pai cientista foi retratado à semelhança de um sumo sacerdote das artes ocultas, lembrando o mago neoplatônico cujo interesse no controle e poder sobre a natureza influenciaram fortemente Bacon. Ele se vestia com toda a majestade de um sacerdote, completo com uma "túnica de fino tecido preto, de mangas amplas e um capuz", uma roupa de baixo "de excelente linho branco" e um cinto e uma estola clericais, também de linho. Suas luvas eram adornadas com pedras preciosas, seus sapatos eram de veludo adamascado, e ele usava um chapéu que se assemelhava a uma monteira espanhola.

A aura de veneração ao cientista era realçada por seu veículo: uma "rica carruagem" de cedro e ouro, carregada como uma liteira entre quatro cavalos ricamente cobertos de veludo azul e dois servos vestidos do mesmo modo. A carruagem era decorada com ornamentos dourados e safiras, um sol radiante em ouro e um "pequeno querubim dourado com as asas abertas". Na comitiva, cinquenta servos ricamente vestidos seguiam a carruagem, e à frente caminhavam dois homens de cabeça descoberta, portando um cajado pastoral e um báculo de bispo.

---

273. BACON, "The New Atlantis", *Works* vol. 3, citações subsequentes nas pp. 165, 154, 155. Sobre política e ciência em "The New Atlantis", veja HABERER, Joseph, *Politics and the Community of Science* (Nova Iorque, Van Nostrand Reinhold, 1969), pp. 46, 47; ver PRIOR, M.E., "Bacon's Man of Science", em MARSAK, L.M. (ed.), pp. 41-53; ROSSI, P., *Francis Bacon*, cap. 1. Sobre as críticas à tecnologia, ver MCDERMOTT, John, "Technology: The Opiate of the Intellectuals", *New York Review of Books*, 31 de julho de 1969; ROSZALC, Theodore, *Where the Wasteland Ends* (Garden City, Doubleday, 1963), cap. 2.

O cientista baconiano não apenas aparentava, mas também se comportava como um sacerdote capaz de redimir toda a miséria humana por meio da ciência. Ele "tinha um aspecto como se tivesse pena dos homens"; "erguia a mão direita nua, como a abençoar o povo, mas em silêncio". A rua estava povoada de pessoas que, ao que parece, estavam felizes, ordenadas e completamente passivas: "A rua estava maravilhosamente bem disposta, de modo que nunca houve exército que tivesse seus homens em melhor formação de batalha do que o povo estava. As janelas não estavam lotadas, mas as pessoas nelas se encontravam como se tivessem sido colocadas ali com antecedência".

O "homem da ciência" de Bacon parece ser um precursor de muitos dos pesquisadores modernos. Críticos contemporâneos argumentam que os cientistas se tornaram guardiões de um corpo de conhecimento científico, envolto nos mistérios de uma linguagem altamente técnica que só pode ser plenamente compreendida por aqueles que passam por longos anos de treinamento. Atualmente, caberia a esses cientistas decidir quais informações revelar ao público e, dependendo de sua ética e visão política, tais informações podem servir mais ou menos ao interesse coletivo.

A Casa de Salomão, há muito considerada o protótipo dos institutos de pesquisa modernos, foi precursora do método mecanicista de investigação científica. Desenvolvido durante o século XVII, tal método consistia em decompor um problema em suas partes constituintes, isolando-as de seu ambiente e estudando cada componente isoladamente. O centro de pesquisa de Bacon mantinha "laboratórios" especializados para o estudo de mineração e metalurgia, fenômenos climáticos, vida aquática (doce e salgada), cultivos agrícolas, insetos, e assim por diante.

As tarefas de pesquisa eram divididas hierarquicamente entre os diversos cientistas, noviços e aprendizes. Alguns extraíam padrões de outros experimentos, realizavam pesquisas bibliográficas preliminares ou coletavam experimentos de outras artes e ciências; outros, colocavam em prática novos experimentos, compilavam resultados ou procuravam por aplicações práticas. Os intérpretes da natureza elevavam essas descobertas a observações, axiomas e aforismos mais amplos. Essa divisão do trabalho seguia os princípios da metodologia indutiva baconiana.

Nos laboratórios da Casa de Salomão, um dos objetivos era recriar o ambiente natural artificialmente por meio da tecnologia aplicada. Grandes cavernas profundas, denominadas Região Inferior, eram usadas como "imitação de minas naturais para a produção de novos metais artificiais por meio de composições e materiais".[274] Em outra área, encontrava-se "um número de poços e fontes artificiais, feitos em imitação aos mananciais e banhos naturais". Água salgada poderia ser tornada doce, pois nos laboratórios também havia alguns "tanques, onde se extrai a água pura da água salgada, e outros, em que artificialmente se transforma a água doce em água salgada".

O programa de Bacon para o aprimoramento da humanidade consistia não apenas na manipulação do ambiente, mas também da vida orgânica para a criação de espécies artificiais de plantas e animais. Bacon transformou o mago natural, outrora "servo da natureza", em seu manipulador, transformando a arte da imitação da natureza em técnicas para submetê-la a assumir novas formas e controlar sua reprodução em prol da produção: "A partir da matéria em estado de putrefação, criamos numerosas espécies de serpentes, vermes, moscas e peixes, e alguns desses animais chegaram a ser criaturas perfeitas, como os animais ou os pássaros, providos de sexos, e capazes de se reproduzirem. E o que conseguimos não ocorre por acaso, pois sabemos antecipadamente de que substância ou cruzamento surgirá qual espécie de criatura".

274. BACON, "The New Atlantis", *Works*, vol. 3, citações em pp. 157, 158, 159

Esses exemplos foram retirados diretamente de *Natural Magic* (Magia Natural) (1558), de Della Porta, cujo segundo livro tratava especificamente da putrefação e da geração dos organismos vivos mencionados por Bacon – vermes, serpentes e peixes. O capítulo sobre putrefação discutia como gerar lagartas a partir do barro, de modo que "também pudéssemos aprender como procriar novas criaturas".[275] "As serpentes", escreveu Della Porta, "podem ser geradas da medula óssea de um homem, dos cabelos de uma mulher menstruada e da crina ou cauda de um cavalo", enquanto "certos peixes", como linguados, carpas e mariscos, "são gerados da putrefação". Novos animais e aves, por sua vez, poderiam ser gerados por meio do conhecimento e do acasalamento cuidadosamente controlado.

Della Porta também estabeleceu instruções sobre como produzir um novo organismo por meio de uma série de tentativas. Tais criaturas "devem estar no mesmo nível; ter o mesmo ciclo reprodutivo, e uma deve ser igualmente 'lasciva' quanto a outra". Além disso, "se alguma criatura não tem apetite [...] podemos torná-la ávida – em luxúria".

A *Nova Atlântida* possuía parques e cercados para animais e pássaros, onde tais experimentos eram realizados: "Por meio da arte, também os fazemos maiores ou mais altos que o restante da sua espécie, e vice-versa, os diminuímos, e interrompemos seu crescimento; os tornamos mais frutíferos e fecundos, e vice-versa, estéreis e não generativos. Também os fazemos diferir em cor, forma, atividade, de muitas maneiras".[276]

Os cientistas da Casa de Salomão não apenas produziam novas formas de pássaros e animais, mas também alteravam e criavam novas espécies de ervas e plantas: "Também temos meios de fazer nascer diversas plantas sem sementes, apenas

275. Della Porta, G., *Natural Magic*, Price, D.J. (ed.) (fac-símile de 1658 ed., Nova Iorque, Basic Books, 1957; primeira publicação em 1558), pp. 27, 29, 31-40.

276. Bacon, *Works*, vol. 3, citações nas pp. 159, 158. Ver Della Porta, pp. 59, 61, 62.

com uma mistura de terras e, igualmente, de criar diversas plantas novas, diferentes das comuns, e, ainda, de transformar árvores e plantas em espécies diferentes".

Em vez de respeitar a beleza dos organismos existentes, a *Nova Atlântida* de Bacon defendia a criação de novos organismos:

> Também temos pomares e jardins grandes e variados, nos quais respeitamos não tanto a beleza, mas a variedade de solo e terreno, adequados para o cultivo de diversas árvores e ervas [...] Nesses mesmos pomares e jardins fazemos (artificialmente) plantas e flores surgirem antes ou depois da estação própria, bem como fazemos crescer mais rapidamente que no curso normal. Pela arte mecânica, nós as fazemos muito maiores que o normal e tomamos os frutos maiores e mais doces e diferentes, no gosto, no aroma, na cor e forma do produto natural...[277]

Della Porta também deu numerosos exemplos sobre como mudar as cores e sabores das plantas, transformar uma videira branca em uma negra, converter rosas e violetas roxas em brancas e produzir amêndoas doces e romãs azedas.

Bacon insinuou que as experimentações em animais e criações de novas espécies fossem, no fim das contas, direcionadas aos seres humanos:

> Temos também parques e cercados de todos os tipos de animais e pássaros, que não servem somente pela beleza ou raridade, mas também para experimentos de dissecação, pelos quais procuramos esclarecer tudo o que também pode ser feito no corpo humano [...] Neles, também experimentamos diversos venenos e medicamentos, tanto por via cirúrgica quanto médica.[278]

Grande parte da estratégia de Bacon em *Nova Atlântida* visava eliminar as restrições éticas contra a magia manipulativa, do tipo encontrada em *Vanity of Arts and Science* [A vaidade das Artes e das Ciências] (1530), de Agrippa – um

---

277. Bacon, *Works*, vol. 3, p. 158. Ver Della Porta, pp. 61-62, 73, 74-75, 81, 95-99.

278. Bacon, *Works*, vol. 3, p. 159.

tratado polêmico, provavelmente escrito para a autopreservação, contendo argumentos contundentes contra a transformação e alteração da natureza. Assim como Agricola precisara refutar as ideias de Agrippa sobre mineração para libertar essa atividade das restrições éticas impostas pelos escritores antigos, Bacon também se viu forçado a combater as restrições à manipulação da natureza.

Agrippa argumentou contra a interferência na natureza e a mutilação de seres vivos:

> Essas práticas ligadas à agricultura [...] poderiam até merecer elogios, se pudessem se manter dentro de limites moderados e não exibissem tantos artifícios para criar plantas estranhas, tantos enxertos monstruosos e metamorfoses de árvores; como fazer cavalos copularem com jumentos, lobos com cães, gerando assim inúmeros monstros antinaturais. E ainda aprisionam essas criaturas, a quem a natureza deu permissão para percorrer o ar, os mares e a terra tão livremente, confinando-as em aviários, gaiolas, viveiros, parques e tanques, engordando-as em currais, não sem antes arrancar-lhes os olhos e mutilar-lhes os membros.[279]

Agrippa também criticara os manipuladores da natureza que tentavam descobrir "como prevenir tempestades, tornar as sementes férteis, matar ervas daninhas, afugentar feras selvagens, impedir o voo de animais e pássaros e o nado de peixes, e afastar magicamente todo tipo de doenças – tudo sobre o qual esses supostos homens sábios escreveram com gravidade e extrema crueldade".

O principal propósito do programa de Bacon em *Nova Atlântida* era justamente sancionar tais manipulações, tendo como objetivo final recuperar o direito do homem sobre a natureza, perdido na Queda. Agrippa já observara que, após a Queda, a natureza, antes amável e benéfica, tornara-se feroz e incontrolável:

279. Agrippa, Henry Cornelius, *The Vanity of Arts and Sciences* (Londres, 1694; primeira publicação em 1530), pp. 252, 53.

> Pois agora a terra nada produz sem nosso trabalho e suor, a não ser coisas mortíferas e venenosas, [...] tampouco os outros elementos são mais gentis conosco: muitos são destruídos pelas tempestades violentas dos mares, ou devorados por monstros horrendos: o ar faz guerra contra nós com raios, trovões e tempestades; e com uma multidão de doenças pestilentas, os céus conspiram para nossa ruína.

Para controlar os estragos dessa natureza feroz e tempestuosa, Bacon estabeleceu como um dos objetivos da Casa de Salomão o controle artificial do clima e das criaturas monstruosas e pestilências a ele associadas: "Possuímos, ainda, casas grandes e espaçosas, onde imitamos e reproduzimos os fenômenos meteorológicos, como a neve, o granizo, a chuva, e algumas chuvas artificiais de substâncias diferentes da água, os trovões, os relâmpagos, bem como a criação de sapos, moscas e diversos outros pequenos animais". Tempestades (como as que o mago Próspero, de Shakespeare, produzia) também poderiam ser recriadas para estudo, utilizando-se "mecanismos para multiplicar e intensificar os ventos".[280]

O programa baconiano, tão importante para o surgimento da ciência ocidental, incorporava um conjunto de atitudes em relação à natureza e ao cientista que reforçavam as tendências de crescimento e progresso inerentes ao capitalismo nascente. Embora o próprio Bacon não tivesse controle sobre onde seus objetivos poderiam eventualmente levar, nem pudesse ser considerado responsável pelas atitudes modernas, ele demonstrava extrema sensibilidade às tendências e direções de sua época, expressando-as com eloquência. As tendências expansionistas de seu tempo perduraram, e a possibilidade de revertê-las hoje parece bastante questionável.

A utopia mecanicista de Bacon era totalmente compatível com a filosofia mecânica da natureza que se desenvolveu durante o século XVII. O mecanismo dividia a natureza em partículas atômicas que, assim como os cidadãos pacatos de Bensalem, eram passivas e inertes. O movimento e a

280. BACON, *Works*, vol. 3, pp. 157, 158.

mudança tinham causas externas: na natureza, sua fonte última era Deus, o pai divino, relojoeiro e engenheiro do século XVII; em Bensalem, era a administração científica patriarcal da Casa de Salomão. As partes atômicas do universo mecanicista organizavam-se em uma rede causal em que, pelo contato, o movimento de uma parte desencadeava o movimento da seguinte. A hierarquia linear de aprendizes, noviços e cientistas que transmitiam observações, resultados experimentais e generalizações tornava o método científico tão mecânico quanto o funcionamento do próprio universo. Embora a tecnologia mecânica estivesse pouco desenvolvida em Bensalem, o modelo de natureza e sociedade proposto nessa utopia antecipava as possibilidades de crescimento tecnológico e administrativo que viriam a se concretizar.

Na *Nova Atlântida* estão as origens intelectuais dos ambientes planejados modernos, idealizados pelo movimento tecnocrático do final dos anos 1920 e 1930, que vislumbrava a criação de ambientes totalmente artificiais feitos pelo e para o ser humano. Muitas vezes, esses ambientes foram criados seguindo uma abordagem mecanicista de resolução de problemas, que pouco considera o ecossistema como um todo, do qual as pessoas são apenas uma parte. Antítese do pensamento holístico, o mecanicismo negligencia as consequências ambientais dos produtos sintéticos e as consequências humanas dos ambientes artificiais. A criação de produtos artificiais foi um dos resultado do impulso baconiano em direção ao controle e poder sobre a natureza, cuja máxima era: "O fim de nossa instituição é o conhecimento das causas e dos segredos dos movimentos das coisas e a ampliação dos limites do império humano na realização de todas as coisas que forem possíveis".[281] A esse programa de pesquisa, os engenheiros genéticos modernos adicionaram novas metas – a manipulação de material genético para criar vida humana em úteros artificiais, a reprodução de organismos vivos por meio da clonagem e o

281. *Ibid.*, p. 156.

desenvolvimento de novos seres humanos adaptáveis a ambientes altamente tecnológicos.

O PROGRAMA BACONIANO

O desenvolvimento da ciência como metodologia para manipular a natureza e o interesse dos cientistas pelas artes mecânicas tornaram-se um programa significativo durante a segunda metade do século XVII. Os seguidores de Bacon perceberam, ainda mais claramente do que ele próprio, as conexões entre a mecânica, as atividades comerciais, os interesses mercantis da classe média e a dominação da natureza.

Lewis Roberts lamentou a não utilização da Mãe Terra em seu *Earth in his Treasure of Traffike, or Discourse of Foreign Trade* [Tesouro do tráfico ou um discurso do comércio exterior] (1641):

> Apesar de a terra produzir naturalmente as mercadorias mais ricas e preciosas entre todas as outras; e de ser, propriamente, a fonte e mãe de todas as riquezas e abundância do mundo, tanto das [...] geradas em suas entranhas, quanto das nutridas em sua superfície, ainda observa-se, pela experiência diária em muitos países, nestes nossos dias, que a verdadeira busca e investigação de seus recursos tem sido por muitos negligenciada e omitida.[282]

John Oury e Samuel Hartlib, seguidores de Bacon e organizadores da *Invisible College* (c. 1645) – precursora da Royal Society –, estabeleceram uma relação direta entre o estudo das artes e ofícios e o aumento da riqueza. Um dos objetivos de Dury era observar invenções e conhecimentos científicos "que pudessem ser proveitosos para a saúde do corpo, para a preservação e ampliação da riqueza por meio de atividades

282. ROBERTS, Lewis, *The Treasure of Traffike. Or A Discourse of Foreign Trade* (Londres, 1641). Citado em WEBSTER, Charles, *The Great Instauration: Science, Medicine and Reform, 1626-1660* (Londres, Duckworth, 1975), p. 356; Para mais detalhes sobre o programa baconiano na Inglaterra do meio do século XVII, pode-se recorrer ao estudo minucioso e acadêmico de Webster.

comerciais e indústrias mecânicas, seja por mar ou por terra, seja em paz ou em guerra".[283]

A utopia *The Kingdom of Macaria*, [O Reino de Macária] (1641), atribuída a Hartlib mas provavelmente escrita pelo autor inglês de agricultura e ciência, Gabriel Plattes, também foi claramente influenciada pelas ideias de Bacon. A obra dedicou-se não apenas ao "conhecimento das causas e movimentos secretos das coisas", como em *Nova Atlântida*, mas à melhoria integral da sociedade nos âmbitos agrícola, comercial e médico.[284] Em Macária, o rei havia otimizado suas florestas, parques e terras "ao máximo", obtendo rendimentos excepcionais. Devido aos esforços do conselho de agricultura, "o reino inteiro se transformou em um jardim frutífero, com estradas pavimentadas tão bonitas quanto as ruas da cidade". Qualquer homem que possuísse mais terra do que pudesse desenvolver e melhorar era advertido e multado por cada ano que a mantivesse subutilizada, até que, finalmente, "suas terras fossem confiscadas e ele fosse banido do reino, como inimigo do bem comum". Um conselho de pesca estabelecia leis "que extraíam riquezas imensas do oceano anualmente". Os conselhos de comércio terrestre e marítimo regulavam o número de comerciantes e incentivavam toda a navegação que "pudesse enriquecer o reino".

A saúde dos habitantes ficava a cargo de um "colégio de experimentação, responsável por distribuir, a cada ano, os medicamentos que descobriam por meio da experimentação". Como membros da "Sociedade dos Experimentalistas", todos

283. Citado em Houghton, Walter E., "'The History of Trades: Its Relation to Seventeenth Century Thought", em *Roots of Scientific Thought*, p. 361.

284. [Atribuído a Samuel Hartlib], *A Description of the Famous Kingdome of Macaria, intro.* por Richard H. Dillon (fac-símile ed., Sausalito, Cal., Elan, 1961; primeira publicação em 1641), citações em pp. 4, 5, 8, 5, 2. Sobre Gabriel Plattes como o provável autor, ver Webster, Charles. "The Authorship and Significance of Macaria", em Webster, C. (ed.), *The Intellectual Revolution of the Seventeenth Century* (Londres, Routledge & Kegan Paul), pp. 369-85. Ver também Houghton, p. 361, e Webster, *Great Instauration*, pp. 87, 368-69.

deveriam defender quaisquer novas ideias perante um Grande Conselho, que julgava a verdade ou a falsidade da descoberta. "Se algum teólogo divulgasse novas ideias ao povo, seria considerado perturbador da paz pública e condenado à morte".

Em Macária, tanto a dissidência na ciência quanto na religião seriam evitadas "por meio de argumentos irrefutáveis, capazes de resistir ao mais rigoroso debate". Dessa forma, o julgamento científico racional superaria as paixões e o individualismo das seitas religiosas e promoveria a saúde, o bem-estar e o crescimento comercial.

Os eruditos da *Royal Society* também se dedicaram à proposta de Bacon de estudar a história dos ofícios e ampliar sua utilidade prática. O teólogo inglês Thomas Sprat, em sua obra escrita para defender a instituição contra os críticos, *History of the Royal Society* [História da Sociedade Real] (1667), desejava revelar o "funcionamento de todos os ofícios", seus "processos técnicos e segredos", seus "instrumentos, ferramentas, mecanismos, [e] operações manuais". Ele exaltava "nossos principais e mais abastados mercadores e burgueses", cujo "gênio laborioso, metódico e empreendedor" veio somar-se ao "temperamento tranquilo, sedentário e reservado dos homens das ciências".[285]

O domínio humano sobre a natureza – elemento central do programa baconiano – seria alcançado por meio da "revelação experimental dos segredos da natureza". No século XVII, cientistas reforçaram abertamente posturas agressivas em relação à natureza, defendendo o "domínio" e o "controle" sobre a terra. Descartes escreveu em seu *Discourse on Method* [Discurso do Método] (1636) que, ao conhecermos as técnicas dos artesãos e as forças da matéria, poderíamos "nos tornar

285. Sprat, Thomas; *History of the Royal Society*, 4ª ed. (Londres, 1734; primeira publicação em 1667); pp. 129-30, 190; Houghton, pp. 370, 377. Sobre o interesse da Royal Society em aplicação prática e tecnologia, ver Merton, Robert K., *Society in Seventeenth Century England* (Nova Iorque, Fertig, 1970; primeira publicação em 1938).

mestres e possuidores da natureza".[286] Joseph Glanvill, filósofo inglês que defendeu o programa baconiano em sua obra *Plus Ultra* (1668), afirmou que o objetivo da filosofia natural era "ampliar o conhecimento por meio da observação e experimentação [...] para que, uma vez compreendida, a natureza pudesse ser dominada, controlada e colocada a serviço da vida humana". Para alcançar esse objetivo, era preciso desenvolver artes e instrumentos para "investigar as origens e profundezas das coisas e descobrir as tramas da natureza mais remota".[287] As artes mais úteis eram a química, a anatomia e a matemática; os melhores instrumentos incluíam o microscópio, o telescópio, o termômetro, o barômetro e a bomba de ar.

A linguagem incisiva de Bacon foi capturada nas descrições de Glanvill sobre os métodos de estudo da natureza. Bacon defendera a dissecação da natureza para forçá-la a revelar seus segredos. Para Glanvill, a anatomia, "tão útil à vida humana, [...] contribuía enormemente para a dissecação da natureza e a revelação das origens de seu movimento". Na busca pelos segredos da natureza, nada era mais útil do que o microscópio, pois "os segredos da natureza não estão nas grandes massas, mas nesses pequenos fios e molas que são sutis demais diante da grosseria de nossos sentidos desassistidos".

Glanvill atribuía à filosofia experimental de Robert Boyle o avanço do "domínio do homem sobre as criaturas inferiores" ao valorizar tanto "aquelas coisas que foram descobertas por artesãos iletrados" quanto "a destreza manual própria dos artífices". Ele defendia a química como uma das artes mais úteis, pois "pela violência de suas chamas engenhosas, ela [a natureza] é levada a confessar aquelas partes ocultas que, com menos provocação, manteria em segredo". Por meio de

286. Descartes, René, "Discourse on Method", parte 4, em Haldane, E.S. e Ross, G.R.T. (ed.), *Philosophical Works of Descartes* (Nova Iorque, Dover, 1955), vol. l, p. 119.

287. Glanvill, Joseph, *Plus Ultra* (Gainesville, Flórida: Scholar's Facsimiles & Reprints, 1958; primeira publicação em 1668), citações em pp. 9, 87, 13, 56, 104, 10.

técnicas químicas, "a natureza é desenrolada e decomposta nos elementos mínimos de sua composição".

Em seus *Experimental Essays* [Ensaios Experimentais] (1661), Boyle fazia uma distinção entre conhecimento e domínio da natureza. Em uma metáfora sexual mal velada, afirmou: "Eu devo aqui brevemente apresentar [...] que há dois objetivos muito distintos que os homens podem perseguir ao estudar filosofia natural. Pois alguns homens se preocupam apenas em conhecer a natureza, enquanto outros desejam comandá-la" e "submetê-la aos seus propósitos particulares, sejam eles de saúde, riqueza ou prazer sensual".[288]

A nova imagem da natureza como uma figura feminina a ser controlada e dissecada mediante experimentos legitimou a exploração dos recursos naturais. Embora a imagem renascentista da terra nutridora não tenha desaparecido por completo, foi gradualmente substituída por um novo imaginário e enfatizava o controle absoluto. As antigas restrições – associadas à imagem da natureza como mãe, cuja integridade deveria ser preservada – foram transformadas em sanções para sua exploração. Após a Revolução Científica, *Natura* já não reclama que suas vestes de modéstia estão sendo rasgadas pelos golpes violentos do homem. Em vez disso, como mostra a estátua do escultor francês Louis-Ernest Barrias (1841-1905), ela agora remove de forma sedutora seu próprio véu e se oferece passivamente à ciência (Fig. 17). De professora ativa e mãe provedora, a natureza passa a ser um corpo submisso e desprovido de vontade. Essa nova imagem não apenas funcionava como sanção para a exploração, mas também refletia o

288. BOYLE, Robert, *Works*, BIRCH, Thomas (ed.) (Hildesheim, Olms, 1965; publicado pela primeira vez em 1772), vol. 1, p. 310. Sobre a filosofia mecânica de Boyle, ver BOAS, Marie, "The Establishment of the Mechanical Philosophy", *Osiris* n. 10 (1952), p. 412-541; O'TOOLE, Frederick, "Qualities and Powers in the Corpuscular Philosophy of Robert Boyle", *Journal of the History of Philosophy* n. 12 (1974), pp. 295-316; OSLER, Margaret J., "John Locke and Some Philosophical Problems in the Science of Boyle e Newton", tese de doutorado não publicada, (Universidade de Indiana, 1968); KARGON, Robert, "Walter Charleton, Robert Boyle, and the Acceptance of Epicurean Atomism in England", *Isis* n. 55 (1964), pp. 184-92.

novo quadro conceitual da Revolução Científica – o mecanicismo – que introduziu valores muito distintos dos princípios do organicismo. A nova ordem mecânica (capítulo 8) e os valores de poder e controle à ela associados (capítulo 9) exigiriam, por fim, a morte da natureza.

Figura 17: *Nature Reveals Herself,* escultura de Louis-Ernest Barrias (Francês, 1841-1905). Esta escultura sugere a sexualidade da natureza ao revelar seus segredos para a ciência. Uma estátua similar pelo mesmo escultor na École de Médecine, Paris, traz a inscrição "La Nature se dévoilant devant la Science" ("A natureza se revela para a Ciência").

CAPÍTULO 8

A ORDEM MECÂNICA

Durante o século XVII, a questão da ordem foi um problema social e intelectual fundamental. A percepção da desordem, tão importante para a doutrina baconiana do domínio sobre a natureza, também foi crucial para o surgimento do mecanicismo como antídoto racional à desintegração do cosmos orgânico. A nova filosofia mecanicista de meados do século XVII propôs uma reunificação do cosmos, da sociedade e do "eu" em uma nova metáfora – a da máquina. As novas teorias mecânicas, desenvolvidas por pensadores franceses como Mersenne, Gassendi e Descartes nas décadas de 1620 e 1630 e elaboradas por um grupo de emigrantes ingleses em Paris nas décadas de 1640 e 1650, enfatizaram e reforçaram elementos da experiência humana que vinham se desenvolvendo lentamente desde o final da Idade Média, mas que se intensificaram durante o século XIX.

As novas formas de ordem e de poder serviam como remédio contra a desordem que se espalhava pela cultura. No mundo orgânico, a ordem significava que cada parte funcionava dentro de um todo maior e de acordo com o que era determinado por sua natureza, enquanto o poder se difundia de cima para baixo por meio de hierarquias sociais ou cósmicas. No mundo mecânico, a ordem foi redefinida para significar o comportamento previsível de cada parte dentro de um sistema de leis racionalmente estabelecido, enquanto o poder derivava da intervenção ativa e imediata em um mundo secularizado. Ordem e poder, juntos, constituíam o controle. A nova metáfora da máquina redefiniu a própria realidade e, assim, alcançou o controle racional sobre a natureza, a sociedade e o "eu".

Como modelo unificador da ciência e da sociedade, a máquina impregnou e reconstruiu a consciência humana de forma tão completa que, hoje, quase não questionamos sua validade. A natureza, a sociedade e o corpo humano são compostos de partes atomizadas intercambiáveis que podem ser reparadas ou substituídas a partir do exterior. O "ajuste tecnológico" repara o mau funcionamento ecológico; novos seres humanos substituem os antigos e garantem o bom funcionamento da indústria e da burocracia; e a medicina intervencionista troca um coração gasto e doente por um novo.

Hoje, a visão mecânica da natureza é transmitida na maior parte das escolas ocidentais e aceita na nossa cultura sem questionamentos: a matéria é constituída por átomos, as cores resultam da reflexão de ondas de luz de diferentes comprimentos, os corpos obedecem à lei da inércia, e o Sol está no centro do nosso Sistema Solar. No século XVII, porém, nada disso era parte do senso comum. A substituição de formas de pensar antigas e "naturais" por uma nova e "antinatural" forma de viver - ver, pensar e agir - não ocorreu sem enfrentamentos. Para substituir o organismo pela máquina, as mentes mais brilhantes da época trabalharam tanto nas esferas intelectuais quanto sociais, em uma conjuntura marcada por ansiedade, confusão e instabilidade.

O declínio das suposições animistas e orgânicas sobre o cosmos constituiu a morte da natureza - o efeito de maior alcance da Revolução Científica. Uma vez que a natureza passou a ser vista como um sistema de partículas mortas e inertes, movidas por forças externas e não inerentes, a própria estrutura mecânica podia legitimar a manipulação da natureza. Além disso, enquanto quadro conceitual, a ordem mecânica trouxe consigo um arcabouço de valores baseados no poder, plenamente compatível com os rumos tomados pelo capitalismo comercial.

O SURGIMENTO DO MECANICISMO NA FRANÇA

No cenário de desordem social, religiosa e cosmogônica que marcou o final do século XVI e início do século XVII, o mecanicismo surge como um antídoto para a incerteza intelectual, e como nova base racional para a estabilidade social.

A ênfase na interpretação individual, introduzida durante a Reforma, despertou certa anarquia no campo das ideias e colocou em questão a fonte de certeza e autoridade no campo do conhecimento. Martinho Lutero (1483-1546) contestou a autoridade do Papa e de seus conselhos em determinar a verdade religiosa, afirmando que todo cristão tinha o poder de discernir por si mesmo a verdade da mentira por meio da leitura das escrituras sagradas. Defendia que a consciência individual de cada um deveria servir como critério para a verdade religiosa, e não os antigos padrões de fé impostos pela hierarquia da igreja. Essa busca por critério para definir a verdade religiosa, que teve início com Lutero, foi estendida a todo o conhecimento natural pelos céticos do final do século XVI.[289]

O movimento cético, que emergiu do renovado interesse pelos escritos antigos sobre ceticismo, constituía ele próprio uma resposta à instabilidade social trazida pela Reforma. A partir de 1560, as ideias céticas se tornaram amplamente conhecidas, e a busca pela certeza no conhecimento se tornou o principal problema intelectual do século XVII. A disputa sobre padrões de verdade exigia critérios para avaliar os argumentos, mas esses critérios não poderiam ser decididos até que a disputa fosse resolvida. O dilema criado por esse

289. POPKIN, Richard, *The History of Scepticism from Erasmus to Descartes* (Nova Iorque, Humanities Press, 1964), pp. 1-16, 18; SCHMITT, Charles B., "The Recovery and Assimilation of Ancient Scepticism in the Renaissance", *Revista Critica di Storia della Filosofia* 4 (1972), pp. 365-384. Sobre a Reforma e a ascensão do capitalismo, ver as abordagens de WEBER, Max, *The Protestant Ethic and the Spirit of Capitalism* (Nova Iorque, Scribner's, 1958) (tradução para o português: WEBER, Max, *A ética protestante e o espírito do capitalismo* (São Paulo, Companhia das Letras, 2011) e TAWNEY, R.H., *Religion and the Rise of Capitalism* (Nova Iorque, Harcourt Brace Jovanovich, 1926). Uma ampla bibliografia foi produzida a partir do ensaio inicial de Weber, embasando, matizando ou refutando a tese original. Sobre como o calvinismo questiona a visão hierárquica do cosmos, ver MASON, S.F., "The Scientific Revolution and the Protestant Reformation", *Annals of Science* 9 (1953), pp. 64-81. Sobre a crise em diferentes seitas protestantes, ver WOLIN, *Sheldon, Politics and Vision* (Boston, Little, Brown, 1960). Sobre o problema da revolta social, ver RABB, Theodore K., *The Struggle for Stability in Early Modern Europe* (Nova Iorque, Oxford University Press, 1975).

raciocínio tautológico era sintomático das falhas profundas desse antigo sistema de valores.

Na década de 1620, os mecanicistas franceses Marin Mersenne (1588-1648), Pierre Gassendi (1592-1655) e René Descartes (1596-1650) - antes um grupo de apoio mútuo - desenvolveram uma filosofia mecânica que apresentava soluções para os problemas da certeza, da estabilidade social e da responsabilidade individual. Ao restabelecerem a ordem moral e intelectual, eles reavivaram as filosofias corpusculares de antigos atomistas, situando-as, agora, no contexto cristão e na busca pela definição de critérios de certeza para o conhecimento. Para Descartes, a estabilidade de que o mundo intelectual precisava viria de um sistema metafísico baseado no princípio da identidade, das formas imutáveis e dos axiomas matemáticos de Platão, bem como da primazia do intelecto, da lógica e da racionalidade de Deus. Para Gassendi, uma vez que a vontade de Deus era mais importante que o intelecto, as leis da natureza eram apenas contingentes, ainda que pudessem contar com um grau razoável de certeza.[290]

290. Lenoble, Robert, *Mersenne ou la Nais sance du Mecanisme* (Paris, Vrin, 1943) pp. 43, 170; Osler, Margaret, "Descartes and Charleton on Nature and God", *Journal of the History of Ideas* 40 (1979), pp. 445-56; Osler, M. *Divine Will and the Mechanical Philosophy: Gassendi and Descartes on Contingency and Necessity in the Created World* (Cambridge, Cambridge University Press, 1994). Um estudo pioneiro sobre a história do atomismo pode ser encontrado em Lasswitz, Kurd, *Geschichte der Atomistik vom Mittelalter bis Newton*, 2 vols. (Hamburg, Voss, 1890). Também são importantes: Boas, Marie, "The Establishment of the Mechanical Philosophy", *Osiris* 10 (1952), pp. 412-541; Kargon, Robert Hugh, *Atomism in England from Hariot to Newton* (Oxford, Inglaterra, Clarendon Press, 1966); Harrison, Charles, "Bacon, Hobbes, Boyle and the Ancient Atomists", *Harvard Studies and Notes in Philology and Literature* 15 (1933), pp. 191-218; Harrison, C., "The Ancient Atomists and English Literature of the Seventeenth Century", *Harvard Studies in Classical Philology* 45 (1934), pp. 1-19; 13-27; McColley, Grant, "Nicholas Hill and the Philosophia Epicurea", *Annals of Science* 4 (1939), pp. 390-405; Gregory, J.C., *A Short History of Atomism: Democritus to Bohr* (Londres, Black, 1931); Partington, J.R., "The Origins of the Atomic Theory", *Annals of Science* 4 (1939), pp. 245-282.

Além de reagirem contra o ceticismo absoluto, assim como o defendido pelo cético grego Pirro (ca. 365-275 a.C.), os mecanicistas criticaram duramente os pressupostos da visão orgânica do mundo. A partir de todo um espectro de filosofias orgânicas renascentistas, o mecanismo incorporou apenas as ideias associadas à ordem, ao controle e à manipulação, rejeitando aquelas ligadas à transformação, à incerteza e à imprevisibilidade. No novo quadro filosófico, integraram-se ideias conservadoras, como a passividade e a manipulabilidade da matéria, condizentes com o domínio e controle da natureza, enquanto as ideias vitalistas e anímicas mais radicais foram severamente criticadas e rejeitadas. As filosofias mecânicas de Mersenne, Gassendi e Descartes manifestaram uma reação contundente ao naturalismo, ao vitalismo e à magia animista que, em um contexto de convulsões sociais e conflitos religiosos, eram vistos como promotores da desordem e do caos.

Os mecanicistas transformaram o corpo do mundo e sua alma feminina, fonte de atividade no cosmo orgânico, em um mecanismo de matéria inerte em movimento; eles traduziram o espírito do mundo em um éter corpuscular, expurgaram os espíritos individuais da natureza e transformaram simpatias e antipatias em causas eficientes. O cadáver resultante foi um sistema mecânico de corpúsculos mortos, colocados em movimento pelo Criador, que obedecem à lei da inércia e só se movem através do contato externo com outro corpo em movimento.

Por fim, os mecanicistas criticaram as ideias associadas à desordem social e à anarquia, tais como a paixão e a espontaneidade descontroladas, os critérios individuais para a busca pela verdade religiosa, e o controle dos espíritos da natureza por pessoas comuns. Também condenaram as seitas secretas "subversivas", como a Rosacruz, a partir da alegação de que elas possuíam conhecimentos, poderes ocultos e opiniões perigosas para a religião e a sociedade cristãs. Os mecanicistas substituíram o individualismo desenfreado por uma forma mais simples de autocontrole, temperança, juízo racional e lei soberana.

Embora as condições sociais e históricas não tenham determinado o conteúdo específico da filosofia mecânica, tampouco o impulso para a construção de uma filosofia em resposta a tais circunstâncias, elas certamente contribuíram para tornar plausíveis certas suposições sobre a natureza e invalidar outras. O contexto social ajuda a explicar a razão pela qual os intelectuais do início do século XVII se interessaram por determinadas ideias de seus antecessores, transformando-as e elaborando-as de forma a torná-las coerentes com sua própria experiência histórica. Os rumos tomados pela nova filosofia mecânica foram fortalecidos e apoiados pelas relações sociais do grupo de filósofos naturais franceses e ingleses que as conceberam.

A busca de Mersenne pela certeza do conhecimento se combinava ao seu ataque aos céticos, naturalistas, panteístas, cabalistas, ateus e deístas. Em seus escritos da década de 1620, ele denuncia ideias mágicas e ateístas, afirmando não saber quais seriam as mais detestáveis. Em *La Vérité des Sciences* [A verdade das ciências] (1624), Mersenne tenta refutar a ideia cética de que nenhum conhecimento seria certo, reunindo ao longo de 800 páginas, o que se sabia na época sobre aritmética, geometria, física matemática, suas fontes de verdade, sua relação com a natureza e com Deus, e quais conclusões seriam possíveis através do método hipotético-dedutivo. O estudo da matemática, argumentou ele, baseia-se em relações hipotéticas; as verdades dependem de que, se (por exemplo) triângulos existem, pode-se tirar conclusões sobre as suas propriedades. Em termos práticos, há informações suficientes sobre as relações matemáticas que se mostram úteis na vida cotidiana.[291]

291. Popkin, Richard, "Father Mersenne's War Against Pyrrhonism", *The Modern Schoolman* 34 (1957), pp. 61-77; Popkin R., *History of Scepticism*, pp. 139-149; Mersenne, M., *Correspondance*, vol. 1: 1617-1627, (Paris, Presses Universitaires de France, 1945), p. 51.

Durante a década de 1620, Mersenne buscou uma nova filosofia da natureza para resolver o problema cético e, em 1634, encontrou o que procurava no mecanicismo. Sua resposta foi utilizar o mecanicismo não como uma verdade absoluta, mas como uma forma útil de ordenar o conhecimento prático do mundo cotidiano. Já que o conhecimento final era inacessível, um saber pragmático, baseado na experiência cotidiana e nas aparências dos sentidos, apresentava-se como solução. Ver o mundo como uma máquina era a forma mais prática e útil de organizar a informação derivada das aparências.

Em seu esforço para estabelecer a validade do método matemático e do mecanicismo, Mersenne desafiou os pressupostos da visão orgânica do mundo. Seu ataque foi dirigido ao conceito neoplatônico de alma do mundo, fonte da atividade vital. Tal ideia, derivada do *Timeu* de Platão, era central não só para as visões neoplatônicas de Ficino, Pico della Mirandola e Agrippa, mas também para certos padres da igreja que defendiam que Deus era imanente em sua criação. Mersenne evitou a heresia ao transformar a ideia ameaçadora de alma do mundo em mecanismo do mundo.[292]

Ele argumentava que, uma vez que a terra não possuía órgãos sensoriais, não poderia estar viva. Em oposição a Campanella, afirmou que a terra não era um animal vivo, e, contra Bruno e Telesio, defendeu que ela não tinha inteligência nem instinto animal: a alma do mundo não seria a causa formal nem eficiente de todos os seres terrestres.

Mersenne também criticou ideias sociais potencialmente perigosas associadas à tradição mágica, atacando Robert Fludd, seu contemporâneo e defensor do rosacrucianismo – uma sociedade secreta, religiosa e ocultista neoparacelsista. A aparição de escritos que defendiam Fludd (1617) convenceu Mersenne de que a ameaça representada por esse grupo

---

292. LENOBLE, pp. 38, 153, 154, 155-161; Ver MERSENNE, M., *Quaestiones in Genesim* (Paris, 1623); MERSENNE, M., *L'impiété des Déistes, Athées et Libertins de ce Temps view of the cosmos.*

era real, e não uma quimera.[293] A iminência da ameaça dos Rosacruzes simbolizava um problema maior, o do controle social sobre grupos anarquistas de pessoas comuns, e também serviu como estímulo para uma crítica da forma radical da tradição paracelsista, descrita no capítulo 4.

O manifesto Rosacruz, o *Fama Fraternalis* (1614), retrata uma sociedade secreta de irmãos que, à semelhança de Paracelso, dedicavam-se a uma vida errante e à cura de doentes sem remuneração. Vestindo-se e comportando-se como pessoas comuns de qualquer nacionalidade, eles deveriam espalhar-se e viver em segredo, mas mantendo comunicação sobre problemas e erros detectados, além de procurar e formar sucessores que perpetuassem a irmandade.

O movimento Rosacruz possuía semelhanças com a filosofia dos anarquistas místicos milenaristas. Seu renomado fundador, Christian Rosenkreutz, teria nascido em 1378, e o seu túmulo, supostamente descoberto em 1604 – ano marcado por expectativas milenaristas de reforma universal, simbolizadas pela supernova observada por Kepler nesse mesmo ano. Tal como Frederico I, o imperador considerado o "messias do povo" original, Christian Rosenkreutz teria viajado para o Oriente para aprender com os sábios locais. Médico paracelsista, Rosenkreutz dedicara-se à vida de médico itinerante, adotando em cada localidade as vestes típicas de seu povo.

O segundo manifesto Rosacruz, a *Confessio*, datado de 1615, ligava a irmandade a movimentos milenaristas e religiosos que chamavam o Papa de Anticristo: "Como o fazemos agora, de forma totalmente livre e sem danos, chamando o Papa de Roma de Anticristo, era até então considerado um

293. Yates, Frances, *The Rosicrucian Enlightenment* (Londres e Boston, Routledge & Kegan Paul, 1972), pp. 112-13, 116; Baillet, Adrien, *Vie de Monsieur Descartes*, versão resumida (Paris, Le Table Ronde, 1945; primeira publicação em 1692), p. 51; Anônimo, *Fama Fraternalis*, (1614), reedição em Yates, apêndice, pp. 243, 251.

pecado mortal, e homens em todos os países foram condenados à morte por isso".[294]

Tal como os movimentos milenaristas dos séculos anteriores, a *Confessio* anunciava o fim do mundo, prevendo que o curso da natureza seria alterado e que os virtuosos seriam poupados de seu trabalho. A profecia de Simon Studion, de 1604, segundo a qual o Papa seria destituído do poder em 1620 –, marcando o fim do reinado do Anticristo e o início do milênio – parecia ter-se cumprido quando Frederico V emergiu como líder. Em 1620, durante seu único ano como "Rei do Inverno" da Boêmia, Frederico V encabeçou um movimento político-hermético ativista que buscava resolver os problemas sociais e religiosos da Alemanha. Andreas Libavius, falecido em 1616, foi um alquimista aristotélico que via os Rosacruzes como uma sociedade secreta mágica e política, que pretendia minar a autoridade do Estado. Em um tratado de 1623 sobre grupos nocivos à religião e ao Estado, o padre jesuíta François Garasse condenou os Rosacruzes como magos malignos que operavam como uma sociedade mágica extremamente perigosa.[295]

Os temores de Mersenne confirmaram-se quando, naquele mesmo ano, surgiu uma proclamação anunciando a chegada da irmandade dos Rosacruzes a Paris. O documento afirmava que sua estadia na capital seria visível, ainda que invisível, ensinando sem livros, sem deixar marcas ou sinais, e falando a língua local. Seu objetivo declarado era afastar o povo do erro e da morte. Embora nenhum grupo Rosacruz tenha sido descoberto, sua existência como quimera subterrânea, invisível e

294. Citação em YATES, p. 41; ANÔNIMO, *Confessio* (1615), reedição em YATES, pp. 251, 256.

295. GARASSE, François, *La Doctrine Curieuse des Beaux Esprits de ce Temps, ou Prétendus Tels, Contenant Plusieurs Maximes Pernicieuses à la Religion, a l'Estat et aux Bonnes Moeurs, Combattue et Renversée* (Paris, 1623). Sobre o attaque de Mersenne contra Fludd, ver MERSENNE, *Correspondance*, vol. 1, p. 154; YATES, pp. 40, 53; BOUGEREL, Joseph, *Vie de Pierre Gassendi* (Paris, 1737), pp. 35, 36; BAILLET, p. 51.

secreta tornava-se ainda mais ameaçadora para uma sociedade instável.

Em reação, Mersenne investiu contra a postura herética de Fludd nos capítulos iniciais de *Quaestionnes in Genesim* [Questões sobre o Gênesis] (1623). Fludd respondeu aos insultos com duas obras escritas em 1629: *The Battle of Wisdom with Folly* [A Batalha da Sabedoria com a Loucura] e *On the Supreme Good Which is the True Subject of the Cabala, Alchemy and Brothers of the Rosy Cross* [Sobre o bem supremo, o verdadeiro assunto da cabala, da alquimia e dos Irmãos Rosacruz]. A segunda obra foi escrita sob o pseudônimo de Joachim Frisius. Dois membros da ordem de Mersenne, François de la Noue e Jean Durée, levantaram-se em sua defesa. Mersenne, considerando ainda insuficientes as contribuições dos colegas, escreveu a Pierre Gassendi pedindo ajuda para refutar as ideias do opositor.

Gassendi estava intimamente ligado a Mersenne na busca por uma religião racional respeitável e por uma nova ciência. Depois de concluir o doutorado em teologia, trabalhou por um período como professor de filosofia em Aix e, posteriormente, como cônego em Grenoble. Ao mudar-se para Paris, em 1624, integrou-se a um círculo intelectual conhecido pelo ceticismo em relação ao aristotelismo e à autoridade intelectual ortodoxa.[296] Os membros desse grupo foram nomeados pelos ministros-chefes Richelieu (1585-1642) e Mazarin (1602-1661): Gabriel Naudé, bibliotecário de Richelieu e Mazarin; Guy Patin, reitor da Faculdade de Medicina da Sorbonne; Leonard Marande, secretário de Richelieu; e François de la Mothe le Vayer, professor do irmão do rei. Mais tarde, em 1645, com o apoio do irmão de Richelieu, Gassendi foi nomeado para a cátedra de matemática no *College Royal*, em Paris.

296. Sobre Gassendi, ver Popkin, *History of Scepticism*, pp. 88, 89, 90, 98; Sortais, Gaston, *La Philosophie Moderne Depuis Bacon Jusqu'*à Leibniz, 2 vols. (Paris, Lethiellewt, 1922), vol. 2; p. 10; Rochot, Bernard, *Les Travaux de Gassendi sur Epicure et sur l'Atomisme*, 1619-1658 (Paris, Vrin, 1944), pp. 5, 29.

Em 1622, Gassendi preparou um conjunto de teses a favor e contra Aristóteles. Sua postura refletia uma nova posição crítica frente ao ceticismo, não muito distinta daquela adotada por Descartes na década de 1620. Ambos eram antagônicos em relação a Aristóteles e buscavam uma forma de estabelecer a verdade sobre uma nova base.

Pouco depois de sua chegada a Paris, Gassendi conheceu Marin Mersenne, com quem se tornou amigo íntimo e passou a compartilhar impressões sobre Paracelso, Fludd e as seitas mágicas. Ali presenciou os ataques de Mersenne e Garasse contra os libertinos e ocultistas, e, tal como eles, passou a criticar a filosofia naturalista e suas ideias mágicas e alquímicas.[297]

Em 1631, Gassendi responde ao pedido de ajuda de Mersenne escrevendo um tratado chamado *Examen Philosophiae Roberti Fluddi* [Exame da filosofia de Robert Fludd]. No documento, ao combater as ideias de Fludd, ele adota uma abordagem mais moderada do que a de seu amigo. Enquanto Mersenne classificava Fludd como herege, profanador do cristianismo e propagador de ideias mágicas sórdidas, Gassendi elogiava sua erudição e reconhecia que o alquimista professava o cristianismo. Recusando-se a discutir questões alquímicas, assunto que dominava pouco, ou sobre o ateísmo, propôs-se a estudar os princípios filosóficos de Fludd. Só então pôde analisar as ideias polêmicas que o autor escrevera contra Mersenne.[298]

O *Examen* de Gassendi resumiu e criticou as ideias de Fludd sobre a estrutura do macrocosmo e do microcosmo, bem como sobre a atividade e passividade da luz e das trevas.

---

297. Sobre a resposta Gassendi para Fludd, ver ROCHOT, pp. 10, 20, 21, 25; BOUGEREL, pp. 35-38; LENOBLE, pp. 33, 35, 36.

298. GASSENDI, Pierre, "Examen Philosophiae Roberti Fluddi", em *Opera Omnia*, 6 vols. (fac-símile ed., Stuttgart-Bad Cannstatt, Fromann, 1964; primeira publicação em 1658), vol. 3, pp. 211-68, esp. 214-15; MERSENNE, *Correspondance*, vol. 2, pp. 444-45; 217-18, 221, 230. Para uma discussão a respeito, ver BOUGEREL, pp. 72, 78; SORTAIS, *La Philosophie Moderne*, vol. 2; pp. 41-48; BRULE, J. G., *Histoire de la Philosophie Moderne*, vol. 3, pp. 160-61.

Ele questionou as suposições dialéticas sobre as quais o universo de Fludd fora construído. A análise da composição do universo como uma "união radical" dos dois primeiros princípios – luz ativa e escuridão passiva – era, para Gassendi, uma hipótese incorreta, pois separava dois princípios que eram, na verdade, o mesmo, uma vez que não se poderia estabelecer uma distinção fundamental entre luz e trevas.

Gassendi também questionou as bases das teorias de emanação que consideravam a existência de um tempo anterior à criação do tempo, além da teoria de Fludd de que, antes da criação do universo, Deus era uma luz oculta que se tornava visível na destilação alquímica pela qual o mundo foi criado. Ele se opôs ainda à ideia de que almas humanas eram porções de Deus emanadas de sua luz – opinião que considerava mais perigosa que o próprio ateísmo. Da mesma forma, julgava insustentável a teoria de que haveria uma alma ativa do mundo que habitava o Sol e conferia vida ao universo. Gassendi saiu em defesa de Mersenne, argumentando que ele, ao contrário dos rosacruzes e alquimistas – que procuravam a verdade na pedra filosofal –, perseguia uma verdade mais sólida. Embora Fludd tenha respondido ao *Examen* de Gassendi e à Mersenne com *Clavis Philosophiae et Alchymiae Fluddanae* [Chave para a filosofia e alquimia fluddiana] (1633), em quatro partes, Gassendi não fez novas réplicas, e se voltou ao estudo e desenvolvimento de sua própria filosofia.

As críticas de Gassendi a Aristóteles e a Fludd, na década de 1620, foram em grande parte polêmicas. Naquele momento, ele ainda não havia se comprometido com as ideias do filósofo grego Epicuro (341-270 a.C.), tarefa que se consolidaria durante a década de 1630. O sistema de Epicuro baseava-se nas ideias dos primeiros filósofos gregos como Demócrito (nascido ca. 460 a.C.) e Leucipo (fl. ca. 460 a.C.), e foi mais tarde aprimorado pelo poeta romano Lucrécio (98-55 a.C.), em *De Rerum Natura* [Sobre a natureza]. O epicurismo defendia a existência de um número infinito de átomos imutáveis, com diferentes formas e tamanhos, que se moviam incessantemente por meio do espaço vazio infinito, caindo, desviando-se, combinando-se e separando-se para formar os objetos do mundo sensível, em constante mudança. Embora Demócrito e Epicuro fossem conhecidos durante a Idade Média, e a redescoberta do poema de Lucrécio, em 1417, tenha despertado novo interesse e debate, o atomismo ainda era limitado demais em sua abrangência para competir com o sistema aristotélico. O atomismo foi abordado de diversas formas: pelo inglês Nicholas Hill, em 1601, como sistema filosófico; pelo francês Sebastian Basso, em 1621, como argumento contra Aristóteles; pelo químico alemão Daniel Sennert (1619 e 1637), como teoria médica; e pelo filósofo francês Claude Berigard, em seu tratado de 1643, quando lecionava em Pisa e Pádua. Gassendi, no entanto, foi quem desenvolveu o epicurismo de forma sistemática, como um sistema físico e filosófico completo, enquadrando-o em uma estrutura cristã.[299]

Embora Gassendi tivesse citado Epicuro em 1621, ainda não havia, naquela altura, demonstrado qualquer preferência pelo seu sistema. Provavelmente em Grenoble, onde entrou em contato com a obra de Basso, conheceu um sistema que empregava a filosofia atômica como alternativa à filosofia dos escolásticos medievais. Basso rejeitava as formas substanciais da escolástica, considerando-as excessivamente semelhantes a divindades animistas. Em 1626, Gassendi declarou-se ansioso por apresentar uma obra que refutava as ideias de Epicuro e, em março de 1628, confessou estar trabalhando sobre a vida, as ideias e os escritos do filósofo grego – trecho que pretendia publicar ao final de sua crítica ao aristotelismo. Foi então

---

299. ROCHOT, pp. 7, 24, 29; HOOYKAAS, Reijer, *Religion and the Rise of Modern Science* (Grand Rapids, Eerdmans, 1972), pp. 16-17; BOAS, Marie, "The Establishment of the Mechanical Philosophy", pp. 422-33. HILL, Nicholas, *Philosophia Epicurea* (Paris, 1601); BASSO, Sebastian, *Philosophia naturalis adversus Aristotelem* (Geneva, 1621); SENNERT, Daniel, *Hypomnemata physica* (Lugduni, 1631); SENNERT, D., *De Chymicormum cum Aristotelicis et Galenicis consensu ac dissensu* (Wittenberg, 1619); BERIGARD, Claude, *Circulus Pisanus* (Utini, 1643).

que Gassendi iniciou o que viria a ser uma vida inteira de trabalho sobre o atomismo mecânico de Epicuro, culminando no *Syntagma Philosophicum* [Sintagma filosófico], publicado postumamente em 1658. Seu primeiro tratado, *Philosophiae Epicuri Syntagma* [Sintagma da filosofia de Epicuro], uma exposição do atomismo epicurista iniciada em 1631, foi publicado apenas em 1649.[300]

A filosofia mecanicista de Gassendi partia do princípio de que os constituintes imutáveis da realidade eram átomos sólidos, impenetráveis e corpóreos, que mantinham sua identidade por meio da mudança. Eles possuíam propriedades como extensão, forma, peso e uma força interna de movimento. Embora os átomos e corpúsculos dos mecanicistas posteriores fossem inertes e passivos, os átomos de Gassendi, tal como os de Epicuro, eram dotados de uma "energia interna" e, por isso, ativos e em movimento. Para Gassendi, porém, o princípio de movimento era material, e não incorpóreo e vital, como eram os elementos e sementes de Paracelso e Van Helmont. Leucipo, Demócrito e Epicuro, escreveu ele, "não consideravam os átomos – a matéria de todas as coisas – como inertes ou sem movimento, mas antes como ativos e móveis".[301] Citando Lucrécio sobre "os corpos fervilhantes da matéria [...] levados com o movimento necessário para atravessar o grande vazio", Gassendi concluiu que "o princípio interno de ação que funciona nas causas segundas não é uma substância incorpórea [como as formas e espécies assumidas pelos aristotélicos e escolásticos], mas uma substância corpórea". Os átomos, partes mínimas da matéria ativadas por um princípio corpóreo inerente, se moviam por conta própria, e haviam sido criados por um Deus cristão incorpóreo que "permeia

300. Gassendi, Pierre, "Philosophiae Epicuri Syntagma" (primeira publicação em 1649), em *Opera*, vol. 3, pp. 1-94, ver pp. 19-20. Sortais, p. 108.

301. Gassendi, Pierre, "Syntagma Philosophicum" (primeira publicação em 1658), *Opera*, vol. 1. Citações em Gassendi P., *The Selected Works of Pierre Gassendi*, Bush, Craig B. (trad.) (Londres, Johnson Reprint, 1972), pp. 380-434, citações em pp. 411-22, 417.

e sustenta a máquina universal do mundo". Os átomos eram materiais, e não as partes incorpóreas da substância de Deus "separadas e cortadas em pequenos pedaços, que então se tornariam as almas individuais, ou formas" de homens, animais, plantas, metais, pedras e de "todas as coisas".

Embora as partículas atômicas da matéria fossem inerentemente ativas, o efeito cumulativo dos seus movimentos individuais fazia com que os corpos grosseiramente brutos obedecessem ao princípio da inércia. Em um corpo material maior, "os átomos podem, de fato, ser restringidos até não se moverem, mas não ao ponto de não se esforçarem e tentarem se desembaraçar e renovar seu movimento". O movimento dos corpos brutos ocorria por meio de um nexo de causas físicas eficientes, e não por tensões entre simpatias e antipatias, atrações e repulsões, como assumiam os naturalistas. As qualidades ocultas poderiam ser explicadas pela lei universal que governaria o mundo natural – a lei da causalidade. Todo efeito tem uma causa, nenhuma causa atua sem movimento, e nenhuma causa atua à distância.

Usando uma metáfora política, Gassendi argumentou que Deus não era a alma do mundo inerente a ele, mas sim seu governante ou diretor. Não se podia afirmar que a terra fosse animada por uma alma, tal como as plantas, os animais ou os homens. Segundo ele, não havia lugar para a espontaneidade na própria natureza, tampouco esta poderia ser sancionada na alma humana. A ação espontânea não deveria ser confundida com a liberdade de ação. A espontaneidade era um impulso da natureza, da paixão. A ação livre dependia da razão, do exame, do juízo e da escolha do homem.[302]

A resposta de Gassendi ao problema da certeza, no entanto, diferia significativamente da de Descartes, e suas críticas às *Meditações sobre a Filosofia Primeira*, de 1641, resultaram numa ruptura entre os dois mecanicistas quanto à questão

---

302. GASSENDI, "Syntagma Philosophicum", em *Opera*, vol. 1, pp. 158, 450; vol. 2, pp. 3, 822-23; SORTAIS, pp. 121-22, 154.

da certeza na ciência. Gassendi aceitava o argumento cético das verdadeiras essências das coisas e das ligações necessárias entre elas. Como o livre arbítrio de Deus podia revogar a ordem atual da natureza, só era possível obter um conhecimento provável das conexões entre os fenômenos. No entanto, isto poderia ser a base para um conhecimento prático útil na vida cotidiana. Como a observação de eventos ou objetos singulares feita por meio dos sentidos não nos diz nada sobre sua verdadeira essência, podemos conhecer apenas a aparência e suas prováveis conexões. A resposta de Gassendi em busca da certeza resultou numa ciência empírica baseada em observações e leis experimentais. Sua influência foi significativa na Inglaterra, onde suas ideias foram transmitidas por Walter Charleton (1619-1707) e, mais tarde, retomadas por Robert Boyle e Isaac Newton (1642-1727).[303]

Para Descartes, tal como para Mersenne e Gassendi, a busca pela certeza constituía o problema central da década de 1620. "Sobrecarregado com tantas dúvidas e erros", e acreditando não ter aprendido nada com sua educação, Descartes se desiludiu com a incapacidade da filosofia de produzir "qualquer coisa que não esteja em disputa e seja, consequentemente, duvidosa e incerta". Passou, então, a procurar a fonte da certeza no conhecimento, alinhado à sua convicção de 1619 de que a matemática era a chave para essa compreensão. Durante quatro anos, permaneceu no sul da Alemanha em

---

303. Osler, Margaret, "Certainty, Scepticism and Scientific Optimism: The Roots of 18th-Century Attitudes Towards Scientific Knowledge", em Backscheider, Paula (ed.), *Probability, Time and Space in Eighteenth Century Literature* (Nova Iorque, AMS Press, 1979), e Osler, M. *Divine Will and the Mechanical Philosophy: Gassendi and Descartes on Contingency and Necessity in the Created World* (Cambridge, Cambridge University Press, 1994). Sou grata à dra. Osler pelo acesso antecipado a esses artigos. Charleton, Walter, *Physiologia Epicuro-Gassendo-Charltonia: or a Fabrick of Science Natural upon the Hypothesis of Atoms* (Nova Iorque, Johnson Reprint, 1966; primeira publicação em 1654). Para uma discussão, ver a introdução de Kargon, R.H., *Atomism in England, from Hariot to Newton* (Oxford, Clarendon Press 1966) e Sortais, p. 120. Sobre Charleton, ver Gelbart, Nina Rattner, "The Intellectual Development of Walter Charleton", *Ambix* 18, n. 3 (1971), pp. 149-68.

contemplação silenciosa, período em que também tentou localizar os rosacruzes, acreditando que eles teriam uma resposta para o problema. Quando regressou a Paris, em 1623, soube da presença de seis membros da ordem na capital e da ameaça que representavam. Espalharam-se rumores de que Descartes estaria associado a eles. Para provar que não era membro da seita invisível e clandestina, imediatamente restabeleceu contacto com Mersenne.[304]

A resposta de Descartes ao problema da certeza foi fundir a vontade e o intelecto de Deus no conceito de um criador soberano que cria incondicionalmente e *ex nihilo* (do nada) um corpo de verdades eternas, inteligíveis e acessíveis ao intelecto humano. Por meio de sua vontade absoluta e transcendente, Deus criou a natureza e as suas leis e sustentou-as ao recriar o mundo a cada momento. Mas, devido ao seu intelecto eterno e imutável, as leis da natureza também eram imutáveis e inteligíveis ao entendimento humano. "Em Deus", escreveu Descartes, "querer e conhecer são uma coisa única, de tal forma que, pelo próprio fato de querer algo, ele já o sabe".[305]

Os critérios de inteligibilidade eram os da matemática. Ideias claras e distintas, como as das demonstrações geométricas, podiam ser consideradas verdadeiras. Assim, descrições matemáticas do mundo material produziram leis físicas verdadeiras, e a lógica do método matemático tornava-se a chave para um conhecimento válido.

Para Descartes, ao contrário de Mersenne e Gassendi, ideias claras e distintas eram a base para determinar a essência

304. DESCARTES, René, "Discours de la Méthode" (primeira publicação em 1637), em *Oeuvres*, ADAM, Charles (ed.) e TANNERY, Paul, 12 vols. (Paris, Cerf, 1897-1913), vol. 6, pp. 4, 8 (tradução para o português: DESCARTES, R., *Discurso do Método & Ensaios* (São Paulo, Editora Unesp, 2018); citado e discutido em RABB, Theodore K., *The Struggle for Stability in Early Modern Europe* (Nova Iorque, Oxford University Press, 1975), pp. 38-39; BAILLET, pp. 39-41, 50-53; YATES, *Rosicrucian Enlightenment*, pp. 114-17.

305. DESCARTES, R. "Lettre a Mersenne, April 15 1630", em *Oeuvres*, vol. 1, p. 145. Para uma discussão recente a respeito, ver FRANKFURT, Harry, "Descartes on the Creation of the Eternal Truths", *Philosophical Review* 84 (1977), pp. 36-57.

ou a verdadeira natureza das coisas por trás das aparências e de suas conexões necessárias. Como essas ideias podiam se formar na mente, a existência das essências poderia ser inferida, assim como suas propriedades quantificáveis. As relações entre quantidades poderiam ser descritas pela matemática, adquirindo o *status* de leis físicas verdadeiras. A resposta racionalista de Descartes ao problema da certeza levou a uma ciência da mecânica baseada em propriedades quantitativas (ou qualidades primárias), tais como a quantidade de matéria em um corpo e o seu movimento. A quantidade de movimento de um corpo podia ser transferida, total ou parcialmente, para outro, segundo um conjunto de regras derivadas. O mecanismo – ou a ciência da matéria em movimento – poderia, assim, descrever o universo inteiro: o corpo humano, o ambiente físico e o cosmos em sua totalidade.[306]

Em 1629, Descartes já havia avançado o suficiente na reflexão sobre o problema da certeza para começar a escrever seu tratado mecânico, *Le Monde* [O Mundo, publicado em 1664], mesmo período em que Gassendi começava seu trabalho sobre o mecanismo. Mais tarde, de 1632 a 1633, depois de deixar Paris e mudar-se para a Holanda, produziu *L'Homme*, [Tratado do Homem, publicado pela primeira vez em latim em 1662], no qual analisava o corpo humano explicitamente como uma máquina. Embora o modelo de Descartes não se baseasse em novas evidências experimentais, reelaborou o que se sabia sobre a fisiologia e a circulação sanguínea segundo a nova metáfora da máquina, competindo com o sistema hierárquico de três órgãos proposto por Galeno.[307]

---

306. DESCARTES, R., "Meditationes de Prima Philosophia" (1641), *Oeuvres*, vol. 7, pp. 62, 65-67, 71-90. Para uma discussão recente, ver OSLER, "Certainty, Scepticism and Scientific Optimism".

307. DESCARTES, "Le Monde", *Oeuvres*, vol. 11, pp. 1-118. DESCARTES, R., *De Homine Figuris et Latinitale Donatus* (Leyden, 1662); Primeira edição francesa: *L'Homme de René Descartes* (Paris, 1664); *Oeuvres*, vol. 11, pp. 119-215; Tradução para o inglês: DESCARTES, R., *Treatise of Man*, HALL, Thomas Steele (trad.) (Cambridge, Harvard University Press, 1972). Para uma discussão, ver SLOAN, Phillip R., "Descartes, the Sceptics, and the

Assim, *Principles of Philosophy* [Princípios de filosofia], publicado em 1644, reestruturou o cosmos como um mecanismo baseado no movimento de corpúsculos materiais inertes que transmitiam movimento consecutivamente, de uma parte a outra, mediante uma causalidade eficaz. A força responsável por esse movimento não era algo vital, animado ou inerente aos corpos, mas uma expressão mensurável da quantidade de matéria e da velocidade com que se moviam. O movimento era externo à matéria e fora inserido no universo no momento da criação. Podia ser transferido entre corpos, mas sua quantidade total era conservada, de instante a instante, por Deus. A transformação ocorria por meio do rearranjo dos corpúsculos inertes. O *spiritus mundi* dos neoplatônicos foi traduzido em um éter mecânico sutil, cujas circulações em redemoinho empurravam os planetas – um artifício que não passou despercebido aos críticos que vieram depois, como Henry More e Henry Power.[308]

Todos os espíritos foram efetivamente removidos da natureza. Os objetos externos consistiam apenas em quantidades: extensão, figura, magnitude e movimento. As qualidades e propriedades ocultas existiam apenas na mente, e não nos próprios objetos. Tais qualidades não podiam iniciar o movimento uma vez que não possuíam força suficiente para colocar os objetos em ação. A alma – fosse a alma do mundo dos ocultistas ou a alma humana – também não podia iniciar o movimento, sendo apenas o lugar da vontade e da percepção. Em *Principles of Philosophy*, Descartes argumentou contra a existência de propriedades ocultas e de atrações simpáticas: "Não há qualidades tão ocultas, nem efeitos de simpatia e

---

Rejection of Vitalism in Seventeenth-Century Physiology", *Studies in History and Philosophy of Science* 8 (1977), pp. 1-28, especialmente pp. 4, 14.

308. DESCARTES, R., "Principia Philosophiae", em *Oeuvres*, vol. 9, parte 2, princ. 37-38, pp. 84-85. Sobre o *spiritus mundi* e o éter, ver WESTFALL, Richard S., "Newton and the Hermetic Tradition", em Debus, Allen G. (ed.), *Science, Medicine, and Society: Essays io Honor Walter Pagel*, 2 vols. (Nova Iorque, Science History Publications, 1972), vol. 2, pp. 186-87.

antipatia tão maravilhosos e estranhos – e, por fim, nada na natureza tão raro (desde que provenha inteiramente de causas materiais, destituídas de pensamento ou livre-arbítrio) – para os quais não se possa dar uma razão com base nos mesmos princípios".[309]

Descartes reduziu a imaginação, fonte de conhecimento universal na visão holística do mundo, a uma operação particular de almas individuais. Quimeras, sereias, hipogrifos e espíritos passaram a existir apenas na imaginação da alma, como resultado da ação da vontade.[310] As bruxas, os monstros, as ninfas e os sátiros tornaram-se figuras da imaginação individual.

Na França, a ascensão da visão mecanicista do mundo coincidiu com uma tendência geral ao controle centralizado do governo e à concentração de poder nas mãos dos ministros da monarquia. A racionalização da administração e da ordem natural ocorria de forma simultânea. A gestão racional nas esferas social e econômica ajudou a explicar o apelo do mecanicismo, que era apresentado como uma ordem racional criada por uma poderosa divindade soberana. Como Descartes escreveu a Mersenne em 1630, "Deus estabelece leis matemáticas na natureza como um rei institui leis em seu reino".[311]

Na França do século XVII, o controle e a gestão centralizados da indústria e dos recursos naturais já estavam em andamento. O rei controlava a indústria de grande escala (principalmente a pólvora, o salitre e o sal) e reivindicava a propriedade de todos os metais e minérios. Concessões para a mineração e moagem eram outorgadas em troca de receitas. A regulação da indústria era conduzida por administradores assalariados,

309. Descartes, "Principia Philosophiae", *Oeuvres*, vol. 9, parte 4, prin. 187, p. 309, ver também prin. 198, pp. 316-17.

310. Descartes, "Les Passions de l'Ame", *Oeuvres*, vol. 11, artigos 19, 20, pp. 343-44. Tradução para o inglês: "The Passions of the Soul", em *Philosophical Works*, Haldane, E.S. e Ross, G.R.T. (trad.) (Nova Iorque, Dover, 1955), vol. I, pp. 340-41.

311. Descartes, "Lettre Mersenne", 15 de abril de 1630, *Oeuvres*, vol. I, p. 145.

que fixavam os preços dos produtos e prescreviam os métodos de fabricação. A autoridade real tendia, assim, a desencorajar as empresas industriais privadas, ao mesmo tempo que reforçava o controle estatal. Sob as tendências racionalizadoras que emergiram nos governos de Estados-nação fortes, como a França e a Inglaterra, a natureza passou a ser vista como um recurso sujeito ao controle, e os seres humanos foram transformados em seus gestores terrenos.[312]

HOBBES: O MECANISMO E A ORDEM SOCIAL

Na década de 1640, o trabalho iniciado por Mersenne, Gassendi e Descartes – que havia restaurado a ordem e a certeza do cosmos por meio de uma filosofia mecanicista da natureza – teve continuidade com Thomas Hobbes e um círculo de monarquistas ingleses que fugiam da facção parlamentarista durante a Guerra Civil Inglesa. Hobbes, materialista convicto, levou o mecanicismo ainda mais longe ao negar qualquer força inerente à matéria, reduzindo a alma, a vontade, o cérebro e os apetites humanos à matéria em movimento mecânico, e transformando o modelo orgânico da sociedade em uma estrutura de natureza mecanicista. Hobbes conhecia bem muitos dos fundadores da nova ciência. Entre 1621 e 1626, foi secretário e amigo de Francis Bacon por um breve período. Em sua terceira viagem ao continente, em 1634, quando o estudo da geometria e do movimento ocupava o centro de seus interesses, conheceu Galileu. Nessa mesma ocasião, foi apresentado a Mersenne e ao seu círculo de amigos com a mesma orientação científica. Ao retornar à Inglaterra, em 1637, começou a desenvolver um sistema filosófico baseado em princípios mecânicos. Já em 1640, com a dissolução do Parlamento inglês e temendo represálias dos líderes parlamentares por seu

312. NEF, John U., *Industry and Government in France and England, 1540-1640* (Filadélfia, American Philosophical Society, 1940), pp. 10, 24, 72.

apoio à monarquia, Hobbes fugiu para Paris, onde foi novamente acolhido pelo grupo científico de Mersenne.[313]

Durante a década de 1640, Hobbes integrou um grupo ativo de emigrados ingleses monarquistas, em estreita associação com sábios e matemáticos franceses – Mersenne, Gassendi, Claude Mydorge e Giles Roberval –, que discutiam as teorias atômicas de Demócrito, Epicuro e Lucrécio, e desenvolviam os primeiros contornos de uma filosofia mecanicista da natureza. O grupo incluía Charles Cavendish, seu irmão William e sua mulher Margaret (mais tarde Marquês e Marquesa de Newcastle), William Petty e, por meio de correspondência, o químico sir Kenelm Digby na Inglaterra, e o matemático John Pell na Holanda. Hobbes "cultivou grande amizade com Gassendi" durante o período em que este desenvolvia seu atomismo epicurista. Em 1644, Hobbes encontrou um manuscrito de Gassendi, *Animadversiones in Decimum Librum Diogenis Laertii* [Observações sobre o Décimo Livro de Diógenes Laércio], que continha uma longa seção intitulada *Pars Physica* (Parte Física), quase idêntica a algumas partes do mais completo *Syntagma Philosophicum,* de 1658. A questão principal para esse grupo de filósofos mecanicistas era o desenvolvimento de um quadro explicativo baseado na natureza da matéria e na origem e transmissão do movimento entre suas partes.[314]

---

313. Robertson, George Croom, *Hobbes* (Edimburgo, Blackwood, 1905), pp. 26-53. Comentários úteis sobre a concepção científica acerca da natureza em Hobbes podem ser encontrados em Grene, Marjorie, "Hobbes and the Modern Mind", em Grene, M. (ed.), *The Anatomy of Knowledge* (Amherst, University of Massachusetts Press, 1969), pp. 1-28; Applebaum, Wilbur, "Boyle and Hobbes", em *Journal of the History of Ideas* 25 (1964), pp. 117-19; Bell, A. E., "Modern Science and Thomas Hobbes", *Nature* n. 149 (20, 1949), pp. 688-90; Woodfield, Robert, "Hobbes on the Laws of Nature and the Atheist", *Renaissance and Modern Studies* 15 (1971), pp. 34-43; Skinner, Quentin, "Thomas Hobbes and the Nature of the Early Royal Society", *The Historical Journal* 12 (1969), pp. 217-39. Sobre o círculo de Cavendish, ver Jacquot, Jean, "Sir Charles Cavendish and His Learned Friends", parte 1, *Annals of Science* n. 8 (1952), pp. 13-27, parte 2, *ibid.*, pp. 175-91.

314. Kargon, R., *Atomism in England*, p. 60, 63, 68, 65-66.

Em sua obra *Little Treatise* [Pequeno Tratado], de 1630, Hobbes já havia desenvolvido uma explicação mecanicista das sensações, baseada no movimento de partículas contíguas de matéria. As sensações, sustentava ele, não estavam nos objetos, mas eram puramente subjetivas. Assim, o som não estava no sino, pois suas partes apenas se moviam; tampouco no ar, cujas partes também estavam apenas em movimento. Da mesma forma, não estava no ouvido, onde as partes apenas moviam os espíritos animais nos nervos e no cérebro. A sensação era, portanto, apenas a experiência subjetiva do movimento local no cérebro. Nenhum princípio iniciador do movimento estaria contido na alma, no cérebro, na vontade, no apetite ou nos espíritos animais. Porém, em *Little Treatise*, Hobbes ainda não havia resolvido uma questão fundamental: saber se a matéria possuía alguma forma inerente de movimento (ou espécie) que produzia o movimento do meio no qual a sensação se baseava. A questão era se a matéria, por si só, era ativa e, portanto, capaz de emitir as "espécies" cujo movimento produzia a sensação. "Tudo que move outro age ou mediante força ativa intrínseca, ou por movimento transmitido por outro [...] Os agentes propagam incessantemente suas espécies. Pois, se o agente contém em si a capacidade de gerar tais espécies e mantém permanente contato com o paciente, [...] não cessará de produzi-las e difundi-las".[315]

No início da década de 1640, Hobbes – provavelmente influenciado por Gassendi, cuja obra sobre Epicuro ele conhecia – presumiu que a matéria era constituída por partículas invisíveis, ou átomos, no vácuo. Em uma carta de 1645, Charles Cavendish relatou que Hobbes acreditava que todas as mudanças decorriam dos movimentos das partes invisíveis dos

315. HOBBES, Thomas, "A Short Tract on First Principles" (conhecido como "Pequeno Tratado"), em TONNIES, Ferdinand (ed.), *The Elements of Law* (Nova Iorque, Barnes & Noble, 1969), apêndice 1, pp; 193-201; citações em pp. 193, 199. Para uma análise do "Pequeno Tratado", ver BRANDT, Frithiof, *Thomas Hobbes Mechanical Conception of Nature* (Copenhagen, Levin and Munksgaard, 1923), pp. 9-85. Cf. HOBBES, T. "Tratado da Natureza Humana", DIAS, J.A. (trad.) (São Paulo: Ed. Unesp, 2008), p. 89.

corpos. No ano seguinte, Hobbes reconheceu a existência do vácuo no rascunho do seu *"tratado de ótica"*. Em uma outra carta de Hobbes a Mersenne em 1648, afirmou: "existem espaços muito pequenos, aqui e ali, nos quais não há corpo algum". Os corpos se movem por colisão com corpos vizinhos, "uma ação que resulta necessariamente em certos vazios".[316] Não é claro, contudo, se Hobbes, assim como Gassendi, presumia que os átomos possuíam capacidade de autoativação por meio de uma causa material.

No entanto, entre 1648 e 1655, quando publicou *De Corpore* (sua obra sobre a física dos corpos), Hobbes já havia adotado o plenismo cartesiano, negando a existência de qualquer vazio, ou vácuo, e rejeitando as teorias atomistas de Epicuro e Lucrécio. Para ele, todo movimento era transmitido por contato de um corpo a outro, e sem qualquer poder inerente à matéria. O cosmos, assim, compunha-se de "pequenos átomos dispersos no espaço entre a Terra e as estrelas", preenchidos por um éter fluido que eliminava os espaços vazios.[317]

Em 1648, Hobbes e Descartes se reaproximaram após um longo período de antagonismo que teve início em 1641, depois de comentários críticos de Hobbes às *Meditações*

316. "Hobbes to Mersenne", 17 de fevereiro de 1648, citado em Kargon, p. 58. Hobbes era visto em geral na Inglaterra como um portador de ideias Epicuristas a respeito da formação materialista do mundo, do caos aos átomos. Ver Mayo, Thomas Franklin, *Epicurus in England,* 1650-1725 (Dallas, Southwest Press, 1934), cap. 8. Sobre as diferenças entre Hobbes e Epicurus, ver Harrison, Charles T., "Bacon, Hobbes, Boyle and the Ancient Atomists", *Harvard Studies and Notes in Philology and Literature* 15 (1933), pp. 191-218, e "The Ancient Atomists and English Literature of the Seventeenth Century", *Harvard Studies in Classical Philology* 45 (1934), pp. 1-79.

317. Hobbes, Thomas, "Concerning Body" ["De Corpore"], em Molesworth, William (ed.), *English Works*, 11 vols. (reedição Aalen, Scientia, 1966), vol. 1, p. 426: "Primeiro, portanto, suponho que o imenso espaço, que chamamos de mundo, é o agregado de todos os corpos que são consistentes e visíveis, como a Terra e as estrelas; ou invisíveis, como os pequenos átomos que estão disseminados por todo o espaço: entre a Terra e as estrelas; e, por último, o éter mais fluido, que preenche todo o resto do universo de tal forma que não deixa nele nenhum lugar vazio". Para uma discussão, ver Kargon, pp. 58-59.

de Descartes. Em uma carta a John Pell, Charles Cavendish relatou que Hobbes e Descartes "se encontraram e tiveram algumas discussões, concordando em certos aspectos e divergindo profundamente em outros, como, por exemplo, sobre a natureza da robustez: o sr. Hobbes acreditava que ela se devia a um movimento extremamente rápido dos átomos ou partes minúsculas de um corpo, que impediria a entrada de outro corpo, enquanto o sr. Descartes a concebia como uma união estreita das partes em repouso".[318] O consenso entre os dois quanto à base mecânica do mundo corpóreo não se estendia à metafísica: Hobbes abraçou o materialismo monista e Descartes, o dualismo.

Em *De Corpore*, Hobbes afirmava que todo movimento resultava do contato com um corpo móvel contíguo externo. Além disso, segundo a lei da inércia, um corpo, uma vez colocado em movimento, continuaria a se mover com a mesma velocidade, a menos que fosse interrompido por outro corpo. Enquanto em *Little Treatise* Hobbes ainda considerava a possibilidade de um poder ativo inerente, em *De Corpore* ele afirmou que toda ação provinha do movimento prévio de um corpo contíguo. Aqui, Hobbes referia-se ao poder ativo do motor, mas isto não era uma atividade inerente. Quando escreveu que "o poder ativo consiste no movimento", quis dizer que o corpo em movimento atuava como agente ou causa eficiente, enquanto a resistência do paciente constituía um poder passivo ou causa material. Assim, "o agente tem poder, se for aplicado ao paciente; e o paciente tem poder, se for aplicado ao agente". Toda a mudança ocorria pela ação de causas materiais e eficientes, com a exclusão das causas formais e finais aristotélicas. O movimento resultava de relações necessárias

318. "Charles Cavendish para John Pell, 2 de Agosto de 1948", citado em HERVEY, Helen, "Hobbes and Descartes in the Light of Some Unpublished Letters of the Correspondence between Sir Charles Cavendish and Dr. John Pell", *Osiris* 10 (1952), p. 84. Sobre a animosidade de Descartes a partir da resposta de Hobbes às suas *Meditações*, ver HERVEY, p. 73.

de causa e efeito; nenhum efeito poderia ocorrer sem uma causa necessária anterior.[319]

Em *De Corpore,* Hobbes introduziu o conceito de esforço, ou *conatus*, que, posteriormente, nas mãos do filósofo Gottfried Wilhelm von Leibniz (1646-1716) se tornaria a base da dinâmica. Esse esforço, no entanto, não era uma função inerente, vital ou espontânea da matéria, mas um impulso para o movimento - um *conatus* "realizado em menos espaço e tempo do que se pode conceber" -, que se propagava pelo meio circundante mediante contato com corpos contínuos, *ad infinitum.* O ímpeto era a medida da velocidade dessa propagação.

Nos animais, o esforço representava o princípio do movimento animal, mas ainda assim se tratava de um movimento mecânico, um *apetite.* A sensação, ou a transmissão de movimento mecânico pelos espíritos animais, ora estimulava, ora retardava a ação do movimento do coração, gerando prazer ou dor. Presente mesmo no embrião, o esforço constituía a resposta primária do animal a esses estímulos: o impulso inicial de movimento "para evitar o que o perturbasse, ou perseguir o que o agradasse", sendo os dois polos chamados de *aversão* e *apetite.* Tanto no homem quanto no animal, o apetite decorria de uma causa necessária anterior, isto é, o movimento - e não era livre. Da mesma forma, a liberdade não equivalia a livre-arbítrio ou espontaneidade, mas tão somente à liberdade de ação, ou seja, à capacidade de realizar o que fora previamente desejado.[320]

---

319. Hobbes, "De Corpore", *English Works*, vol. l, pp. 115, 124, 205, 390, 510, citações em pp. 120, 127-29. Para uma discussão, ver Brandt, pp. 265, 289.

320. Hobbes, *English Works*, vol. 1, pp. 206-7, 216, 389-90, 477, 407, 409; Brandt, pp. 300-301, Bernstein, Howard, "Conatus, Hobbes, and the Young Leibniz", *Studies in History and Philosophy of Science* 9 (1979); Watkins, J.N., *Hobbes' System of Ideas* (Londres, Hutchinson University Library, 1965), pp. 120-37.

Figura 18: Frontispício, Thomas Hobbes, *Leviatã* (primeira edição, 1651). A sociedade é composta por indivíduos atômicos governados por um contrato social com um soberano. Note-se a imagem de força e domínio: essas foram a solução de Hobbes para a desordem social – por *natureza*, as pessoas são sem lei, violentas e hostis.

Dessa forma, o mecanicismo reordenou o mundo em torno de uma nova metáfora: a máquina. O cosmos era operado externamente por Deus; a máquina corporal, pela alma humana ou, como diria Hobbes, por meio da transferência mecânica de movimento entre partículas materiais. A essa reestruturação da realidade, Hobbes acrescentou uma análise mecanicista da sociedade como terceiro ingrediente essencial. O corpo político era composto por átomos humanos iguais, unidos por um contrato estabelecido pelo medo e governados de cima por um soberano poderoso (Fig. 18).

Em *Leviatã* (1651), Hobbes desenvolveu um modelo mecanicista de sociedade como resposta à desordem social. O estado de natureza era um estado de caos, anarquia e medo, provocado pelos apetites materiais de cada indivíduo – por competição, dominação e glória. Assim como a natureza desordenada, os humanos eram, em sua essência, hostis, antissociais e violentos. Hobbes percebeu com acuidade que nem o modelo comunal de sociedade orgânica, em que os bens comuns eram partilhados por todos, nem o modelo hierárquico, onde cada pessoa era um elo numa vasta cadeia social que se estendia do camponês ao rei, se aplicavam à economia orientada para o mercado da Inglaterra do século XVII.

Ele atacou tanto os fundamentos do modelo hierárquico, baseado nas desigualdades naturais, quanto os do modelo comunal, baseado na partilha dos recursos naturais. Ao contrário dos insetos sociais, evocados nas analogias orgânicas de Aristóteles e de João de Salisbury, os seres humanos estavam em constante competição pela glória e sentiam enorme prazer ao se compararem uns com os outros. Para ele, a teoria hierárquica da sociedade orgânica se baseava em uma premissa equivocada: a das desigualdades naturais:

> Sei que Aristóteles, no primeiro livro de sua Política, para fundamentar sua doutrina, afirma que alguns homens são por natureza mais dignos de comandar (referindo-se aos mais sábios, como ele próprio, por sua filosofia), enquanto outros estão destinados a servir (aqueles de corpos fortes, mas não filósofos como ele) – como se senhor e servo fossem estabelecidos não pelo consentimento dos homens, mas por diferença

> de inteligência; o que é contrário não só à razão, mas também à experiência.[321]

Todo homem deveria, portanto, "reconhecer o outro como igual por natureza".[322]

Em segundo lugar, a teoria comunal baseava-se na competição, não no compartilhamento. No estado de natureza, todos teriam igual direito a tudo: "A natureza deu tudo a todos". Mas, para Hobbes, isso não significava que os bens naturais seriam compartilhados comunitariamente. Ao contrário, todos competiriam pelos mesmos recursos naturais, "pois, ainda que qualquer homem pudesse dizer de cada coisa 'isto é meu', não poderia usufrui-la, devido ao seu vizinho, que, tendo igual direito e igual poder, reivindicaria a mesma coisa para si."[323] Devido à competição individual, os bens comuns não poderiam ser compartilhados, mas sim disputados. Como na "tragédia dos comuns", aqueles que não competissem pelos recursos seriam secretamente ridicularizados por seus pares: "Pois aquele que fosse modesto e dócil, cumprindo todas as suas promessas, [...] não faria mais que tornar-se presa dos outros e atrair sobre si sua própria ruína certa".[324] Os bens comuns, assim como as leis do mercado, baseavam-se na competição

321. HOBBES, "Leviathan", *English Works*, vol. 3, pp. 140-41. (tradução para o português: HOBBES, *O Leviatã*, São Paulo, Martins Fontes, 2019), ver também p. 156. Para uma análise das ideias mecânicas na teoria política de Hobbes, ver WOLIN, *Politics and Vision*, cap. 8. HOBBES, T., *Leviatã*, MONTEIRO, João Paulo e SILVA, Maria Beatriz Nizza da (trad.). (São Paulo: Martins Fontes, 2014), parte II, cap. XV, p. 129.

322. Hobbes, "The Philosophical Rudiments Concerning Government and Society" ["De Cive", 1647] em *English Works*, vol. 2, p. 11.

323. *English Works*, vol. 2, p. 11.

324. *English Works*, vol. 3, p. 145. HARDIN, Garrett, "The Tragedy of the Commons", *Science* 162 (1968), pp. 1243-1248. Sobre o fundamento concorrencial da economia inglesa e suas implicações para a teoria política de Hobbes, ver MACPHERSON, C.B., *The Political Theory of Possessive Individualism: Hobbes to Locke* (Nova Iorque, Oxford University Press, 1962). Para uma crítica, ver SKINNER, Quentin, "Some Problems in the 'Analysis of Political Thought and Action'", *Political Theory* 2 (1974), pp. 277-303; SKINNER, Q., "Meaning and Understanding in the History of Ideas", *History and Theory* 8 (1969), pp. 1-53, e THOMAS, Keith, "The Social Origins of Hobbes' Political Thought", em BROWN, K.C. (ed.), *Hobbes' Studies* (Oxford, Blackwell, 1965), pp. 185-236.

e no interesse individual - mais próximos de um campo de batalha com leis e ordem do que de um Jardim do Éden. O antídoto de Hobbes era a ordem, a paz e o controle, garantidos por um conjunto de regras aceitas sobre a conduta de cada cidadão, análogo às regras que regem o funcionamento de uma máquina. Seu soberano, personificação externa da unidade contratual e aquele que aplicaria essas regras, operava de fora da máquina como um técnico.

O Estado, criado *ex nihilo* (do nada), era uma ordenação artificial de partes individuais, unidas não por coesão, como numa comunidade orgânica, mas pelo medo. O Leviatã resultante era um "Deus mortal, ao qual devemos, sob o Deus imortal, nossa paz e defesa".[325]

Na sua introdução ao *Leviatã*, Hobbes transformou a metáfora orgânica do Estado - como uma pessoa ampliada - em uma máquina:

> Pois, se a vida não é senão um movimento dos membros, cujo princípio está em alguma parte principal interna, por que não dizer que todos os autômatos (máquinas que se movem por molas e rodas como um relógio) têm uma vida artificial? Com efeito, que é o coração, senão uma mola; e os nervos, senão outros tantos fios; e as articulações, senão outras tantas rodas, que imprimem movimento a todo o corpo, tal como o artífice o desejou?[326]

Enquanto no *Policraticus* de Salisbury o corpo era dotado de vida e governado pelo príncipe que, ao lado do clero, constituía sua alma, o grande Leviatã "não era mais do que um homem artificial [...] no qual a soberania é uma alma artificial", sem vitalidade, apenas movimento artificial.[327] No organismo de Salisbury, os juízes e governadores que se comunicavam com o povo representavam os órgãos sensoriais; no estado-máquina de Hobbes, os magistrados e juízes eram, por sua vez, as articulações artificiais. Para Salisbury, o Senado

---

325. *English Works*, vol. 3, p. 158. Ver também Wolin, cap. 8.

326. *English Works*, vol. 3, p. IX.

327. *English Works*, vol. 3, pp. ix, x. Sobre o uso da metáfora orgânica como um mecanismo por Hobbes, ver Weldon, T.D., *States and Morals* (Nova Iorque, McGraw-Hill, 1947), pp. 26, 45.

ocupava a posição do coração e representava o bem da comunidade; Hobbes não atribuiu ao coração (uma mola) nenhuma função humana, exceto a de distribuir recompensas e punições por meio dos nervos. Em *Policraticus*, os financistas - associados ao trato intestinal - cuidavam para que as finanças do Estado não sofressem uma obstrução intestinal; no *Leviatã*, a acumulação de bens e riquezas de todos os membros constituía a força do homem artificial, enquanto os negócios garantiam sua segurança. Para Salisbury, os pés representavam a multidão formada pelo povo comum, enquanto Hobbes sequer os menciona, já que não possuíam riquezas a oferecer. A metáfora hobbesiana não apenas se tornou completamente mecânica, como também plenamente coerente com a descrição de uma economia de mercado, cuja força e funcionamento dependiam das trocas monetárias e dos cálculos quantitativos.

Na Inglaterra, onde Hobbes escreveu *Leviatã*, a competição pelos recursos naturais e o cercamento dos bens comuns constituíam a base de uma economia de mercado nacional e internacional em expansão. Os grupos socioeconômicos mais poderosos eram os grandes proprietários de terras e os mercadores. Os proprietários de terras incluíam a pequena nobreza, os grandes proprietários livres e os mercadores que haviam acumulado riqueza suficiente para comprar propriedades rurais; os mercadores eram comerciantes que haviam acumulado riqueza no mercado internacional, monopolizado mercados locais ou investido em empresas industriais. Os filhos desses dois grupos costumavam trocar de *status*: enquanto os filhos mais novos dos proprietários de terras se mudavam para as cidades para se dedicarem a empreendimentos comerciais, os filhos dos mercadores assumiam a gestão das propriedades rurais recém-adquiridas e atuavam como funcionários locais e juízes de paz.[328]

---

328. NEF, J.U., *Government and Industry*, pp. 8-9, 100-101, 113, 130-33; Sobre as causas sociais e intelectuais mais amplas da Guerra Civil Inglesa, ver HILL, Christopher, *Puritanism and Revolution* (Nova Iorque, Schocken Books, 1958); HILL, C., *The Intellectual Origins of the English Revolution*

Dado que as decisões do direito consuetudinário limitaram a propriedade de metais e minérios pela Coroa Inglesa a algumas minas de ouro e prata, o desenvolvimento das indústrias de mineração e metalurgia prosseguiu sob a forma da empresa concorrencial e não da empresa controlada pelo Estado. As tentativas da Coroa de controlar as novas indústrias e os empreendimentos industriais (como a fabricação de alume e vidro), por meio da concessão de patentes para o desenvolvimento exclusivo de novas indústrias, encontraram uma resistência crescente por parte da pequena nobreza e dos mercadores, que não desejavam a limitação da concorrência. Antes dessas tentativas de controle por parte da Coroa, os proprietários de terras ingleses, em contraste com os franceses, já estavam envolvidos na criação de ovelhas para a indústria da lã e no arrendamento de terras para as novas indústrias mineiras e metalúrgicas alocarem fornalhas, fontes de água e madeira. Os mercadores também já haviam começado a investir em minas e comercializar os produtos manufaturados. À medida que o *status* e a riqueza deixaram de ser definidos pela posse da terra e passaram a sê-lo pela acumulação ilimitada de lucros no mercado, a busca por *status* começa a ser perseguida às custas dos recursos da natureza.

Esses mercadores aventureiros e proprietários agrícolas empreendedores começaram a romper com a filosofia orgânica de Aristóteles e Hooker, segundo a qual a matéria e o material estavam subordinados ao bem comum. Sua riqueza material e a busca por benefício individual lhes conferiam tanto poder quanto incentivos para se oporem ao rei, o que ajudou a empurrar o país para a guerra civil.

A resposta de Hobbes à desordem e à anarquia provocadas pela Guerra Civil foi a reafirmação do poder soberano – uma solução francesa para um problema inglês – e uma resposta mal recebida na Inglaterra na década de 1650. O funcionamento do Estado, tal como o de uma calculadora,

---

(Oxford, Oxford University Press, 1965); e Stone, Lawrence, *The Causes of the English Revolution*, 1529-1642 (Nova Iorque, Harper & Row, 1972).

deveria se basear em um sistema racional de regras extraídas da aplicação da lógica e do raciocínio silogístico dedutivo a um conjunto de definições, nomes e significados derivados da experiência. A primeira dessas regras, que Hobbes chamou de "leis da natureza", dizia que os homens deveriam buscar a paz. As demais promoviam o comportamento pacífico, racional e civil necessário ao desenvolvimento dos negócios, da indústria, do comércio, da navegação, das artes, das letras e da cultura.[329]

Que implicações essas políticas mecânicas tiveram para as mulheres? Em teoria, o pressuposto de Hobbes sobre a igualdade no estado de natureza desafiava a família patriarcal, na medida em que era a mãe - e não o pai - quem tinha o domínio sobre a criança: "não se pode saber quem é o pai, a menos que este seja declarado pela mãe". No entanto, na sua discussão sobre a família no Leviatã, a mãe desaparece, e a família passa a ser constituída por "um homem e seus filhos; ou [...] um homem e seus servos; ou [...] um homem, e seus filhos, e servos juntos". Ao pai foi dado o domínio da casa, uma vez que "a maior parte das riquezas comuns foi erguida pelos pais, e não pelas mães de família". Em *De Cive* [Sobre o cidadão] (1642, publicado em 1647), a família é definida como "um pai com seus filhos e servos, transformado em pessoa civil em virtude da sua jurisdição paterna". Assim, ainda que o estado de natureza implicasse logicamente a plena igualdade das mulheres, nas teorias de consentimento democrático elaboradas por Hobbes e Locke, as mulheres permaneciam sob o domínio e a autoridade dos homens. As teorias "democráticas" do

329. Sobre a recepção das ideias de Hobbes na Inglaterra, ver MINTZ, Samuel I., *The Hunting of Leviathan: Seventeenth-Century Reactions to the Materialism and Moral Philosophy of Thomas Hobbes* (Cambridge, Cambridge University Press, 1962). Sobre as reações mais favoráveis na França à sua visão política, ver KEOHANE, Nannerl, *Power and Participation in French Political Philosophy* (Princeton, University Press, 1980). Sobre a lei da natureza em Hobbes, ver *English Works*. vol. 3, pp. 116-47. Sobre o nominalismo e a teoria da linguagem em Hobbes, ver WATKINS, J.W.N., *Hobbes' System of Ideas* (Londres, Hutchinson University Library, 1965), pp. 138-62.

século XVII, baseadas na igualdade atomística de cada indivíduo, na verdade referiam-se apenas à igualdade dos homens proprietários de classe média e alta.[330]

O surgimento do mecanicismo lançou as bases para uma nova síntese do cosmos, da sociedade e do ser humano, interpretados como sistemas ordenados de partes mecânicas sujeitos à governabilidade segundo a lei e à previsibilidade por meio do raciocínio dedutivo. Um novo conceito do "eu" como mestre racional de paixões alojadas em um corpo máquina substituiu o conceito do "eu" como parte integrante de uma união harmônica de partes orgânicas ligadas ao cosmos e à sociedade. O mecanicismo tornou a natureza essencialmente morta, inerte e passível de dominação externa. Como sistema de pensamento, foi rapidamente aceito durante a segunda metade do século XVII. Sua ascensão como nova visão do mundo foi conquistada ao refutar alguns dos pressupostos da antiga percepção orgânica da natureza, ao mesmo tempo que absorvia e transformava outros.

Tanto as ideias quanto as condições sociais ajudam a explicar a rápida aceitação da filosofia mecanicista como sistema conceitual, em meados do século XVII. No entanto, o avanço do mecanicismo não se deu sem resistência. Debates entre organicistas e mecanicistas seguem presentes até hoje. Entretanto, o mecanismo como metáfora ordenou e reestruturou a realidade de uma nova maneira, eliminando de seu campo de explicação algumas ideias, e problematizando outras. Uma de suas maiores forças reside no fato de ter servido não só como uma resposta ao problema da ordem social e cósmica, mas também como justificativa para o poder e o domínio sobre a natureza.

---

330. Brennan, Teresa e Pateman, Carole, "Mere Auxiliaries to the Commonwealth: Women and the Origins of Liberalism", *Political Studies* 27 (1979), pp. 183-200. Hobbes, "Leviathan", *English Works*, vol. 3, cap. 20; Hobbes, "De Cive", *English Works*, vol. 2, cap. 9, p. 10.

CAPÍTULO 9

O MECANISMO COMO PODER

A brilhante conquista do mecanicismo, enquanto visão de mundo, foi a reordenação da realidade em torno de dois componentes fundamentais da experiência humana – a ordem e o poder. A ordem foi obtida por meio da ênfase no movimento de partes indivisíveis regidas por leis matemáticas, e pela rejeição da imprevisibilidade das transformações, típica do animismo. O poder, por sua vez, foi alcançado mediante intervenção direta em um mundo secularizado. O método baconiano defendia que o ser humano detinha o poder sobre a natureza e podia exercê-lo por meio da manipulação manual, da tecnologia e da experimentação. Mas o mecanicismo, como visão do mundo, também configurava uma estrutura conceitual de poder.

A filosofia mecanicista abordou o conceito de poder a partir de fontes tanto empíricas quanto intelectuais. Uma primeira fonte empírica derivava da tradição da magia natural, que se baseava no poder do mago para manipular os poderes ocultos dos objetos naturais por meio de operações externas e arranjos físicos. A magia, portanto, dependia de uma nova imagem do ser humano como operador. Uma segunda fonte empírica foi a utilização crescente de dois tipos de máquinas na vida cotidiana dos europeus dos séculos XVI e XVII. As máquinas não autônomas (moinhos de vento, guindastes, bombas etc.) multiplicavam a força com a ação externa de músculos humanos ou animais, ou com forças naturais como o vento ou a água. As máquinas autônomas, como os relógios, imitavam os movimentos ordenados das esferas celestes. As primeiras tornaram-se símbolos de poder; as últimas, de ordem. Essas duas imagens foram fundamentais para o novo sistema de valores do mundo moderno.

A ordem e o poder estavam no cerne de dois dos conceitos medievais mais importantes sobre a natureza de Deus: o intelectualismo e o voluntarismo. Na tradição intelectualista, o intelecto e a lógica de Deus prevaleciam sobre sua vontade. Já o voluntarismo atribuia primazia à vontade de Deus e ao seu poder ativo imediato. Na interpretação mecanicista do século XVII, a ênfase na lógica, na ordem e previsibilidade, no poder e na atividade culminaram em diferentes estilos de ciência e distintos modos de dominação e controle da natureza. O próprio desenvolvimento interno das ciências da mecânica e da matemática durante a era medieval e o início da modernidade, embora não tratado em detalhe neste livro, também teve importância intelectual na mecanização da imagem do mundo.

TECNOLOGIA DE MÁQUINAS

As transformações ocorridas nos ecossistemas das fazendas, pântanos e florestas não afetaram apenas a vida das pessoas expulsas desses espaços, mas também trouxeram novas experiências à vida cotidiana daqueles que trabalhavam nas novas indústrias, cada vez mais comuns. Os moinhos de água e de vento, que forneciam energia a partir das forças naturais do sol, do vento e da água, possuíam uma dupla identidade. Por um lado, constituíam fontes de energia renovável, em oposição à energia não renovável do carvão, que, atendendo às demandas modernas, podia ser armazenada e mantida em estoque para o uso imediato. Por outro lado, os moinhos, com suas grandes engrenagens, tornaram-se centros em torno dos quais novas formas de vida cotidiana passaram a se organizar e institucionalizar, enquanto partes integrantes da nova indústria. Com a difusão das formas econômicas capitalistas, esses moinhos, ao lado das fornalhas, forjas, foles, guindastes e bombas, passaram a compor a experiência cotidiana de muitos europeus.

As teorias que mecanizaram o mundo fundamentaram-se, antes de mais nada, na institucionalização da tecnologia das máquinas e em sua integração à história dos modelos econômicos capitalistas. Em segundo lugar, tanto as máquinas autônomas quanto as não autônomas desempenharam papéis simbólicos que enfatizaram suas capacidades de poder e ordem na imaginação social. Esse simbolismo era um mediador entre a experiência e as estruturas conceituais.[331]

A tecnologia das máquinas não era uma completa novidade no contexto da expansão econômica do século XVI. Seus elementos fundamentais – engrenagens, correntes, polias, articulações e bombas – já eram conhecidos pelos gregos, romanos e pelo Ocidente latino. No entanto, máquinas com engrenagens movidas por cavalos, vento ou água, como os moinhos de grãos, serrarias, moinhos de vento e moinhos de pisoar, tornaram-se significativamente mais difundidas entre o final da Idade Média e a Renascença. A ilustração de um moinho com engrenagens aparece no caderno de um engenheiro hussita datado de 1430, assim como o desenho de um moinho movido a cavalo, do século XVI. As serrarias hidráulicas também já eram mencionadas em escritos alemães e franceses do final do século XIV.[332]

---

331. Para uma história interna da mecânica e da matemática, ver DIJKSTERHUIS, E.J., *The Mechanization of the World Picture*, DIKSHOORN, C. (trad.) (Oxford, Clarendon Press, 1961). Para uma discussão sobre os fundamentos do conhecimento na vida cotidiana e o papel do simbolismo, ver BERGER, Peter L. e LUCKMANN, Thomas, *The Social Construction of Reality* (Garden City, Doubleday, 1966). Sobre máquinas autônomas e não-autônomas, ver WEIZENBAUM, Joseph, "On the Impact of the Computer on Society", *Science* 176 (1972), pp. 609-14, ver p. 610.

332. A discussão sobre a tecnologia das máquinas se baseia em USHER, Albert Payton, *History of Mechanical Inventions* (Cambridge, Harvard University Press, 1954); pp. 198-205, 232-35, 268-69; USHER, A.P., "Machines and Mechanisms", em SINGER, Charles (ed.), *History of Technology* (Nova Iorque/ Londres, Oxford University Press, 1956), vol. 3, pp. 324-46, ver p. 328; Klemm, Frederich, *A History of Western Technology* (Cambridge, M.I.T. Press, 1954), p. 136; WAILES, Rex, "Windmills", em SINGER, Charles (ed.), *History of Technology*, vol. 3, pp. 89-109; REYNOLDS, John, *Windmills and Watermills* (Londres, Evelyn, 1974); RAMELLI, Agostino, *Le Diverse et Artificiose Macchine* (Paris, 1588); Tradução para o inglês: RAMELLI, A., *Various and Ingenious Machines*, Martha Teach Gnudi (trad.) (Baltimore, Johns Hopkins University Press, 1976), cap. 73, p. 206; FINCH, William Coles, *Watermills and Windmills: An Historical Survey of Their Rise, Decline and Fall as Portrayed by Those of Kent* (Londres, Daniel, 1933); NEF, John U., "The Progress of Technology and the Growth of Large-Scale Industry in Great Britain, 1540-1640", *Economic History Review* 5 (1934), pp. 3-24, ver pp. 12-13.

Figura 19: Moinho de vento utilizado para moagem, desenho de Agostino Ramelli, de *Various and Ingenious Machines* (Máquinas diversas e engenhosas) (Paris, 1588). No Renascimento, a natureza foi aparelhada cada vez mais para fazer a vontade dos homens.

Os moinhos de vento dividiam-se em dois tipos, conforme a necessidade de girar as velas para capturar a força do vento.

Moinhos menores, representados em um desenho de 1430, eram fixados a um poste central em torno do qual giravam. Já nos moinhos maiores, as velas eram fixadas a uma pequena torre móvel montada sobre uma estrutura fixa, cuja orientação podia ser ajustada por meio de um sistema de freio, conforme descrito por Agrícola, em 1556. A obra *Various and Ingenious Machines* [Máquinas diversas e engenhosas] (1588), de Agostino Ramelli, apresentava modelos ainda mais sofisticados (Fig. 19). O desenvolvimento dessas estruturas foi impulsionado pela contribuição de engenheiros holandeses do século XVI.

Por volta do final do século XII, muitos moinhos de pisoar, movidos a energia hidráulica e utilizados para comprimir e encorpar tecidos, foram construídos ao longo dos riachos. Eles funcionavam por meio da ação de rodas que levantavam grandes martelos e os deixavam cair com força sobre os tecidos contidos em cubas posicionadas abaixo. Além de sua função têxtil, o moinho de pisoar também atuava como uma espécie de máquina de lavar roupas coletiva nas aldeias.

Ao final do século XVI, os moinhos de água eram amplamente empregados nas indústrias de chumbo e estanho para operações de fundição e estampagem, bem como para martelar barras de ferro e transformá-las em hastes. Grandes moinhos de água, do tipo que era utilizado na fabricação de papel e pólvora, exigiam vultosos investimentos de capital, da ordem de 1.500 libras.

Basta um olhar atento aos tratados de tecnologia e engenharia do Renascimento – ou às pinturas de artistas holandeses e flamengos – para perceber a impressionante dimensão e variedade das máquinas que atuavam como extensões do poder humano. Georg Agricola (1556) e Vannuccio Biringuccio (1540) forneceram representações detalhadas das máquinas utilizadas nas indústrias mineira, metalúrgica e de armas.

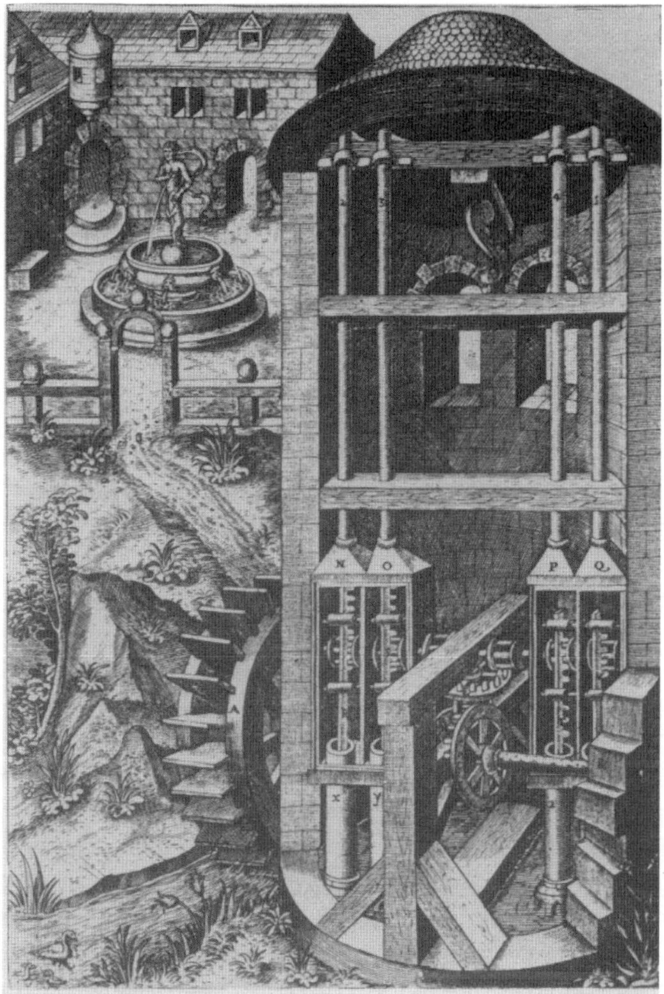

Figura 20: Moinho e bomba para captação de água, desenho de Agostino Ramelli em *Máquinas Diversas e Engenhosas* (Paris, 1588). Tal como acontece com as engrenagens, rodas e polias das máquinas, o cosmos mecanicista de Descartes postulava que o movimento era transmitido de uma parte para outra.

Tanto *Various and Ingenious Machines*, de Ramelli, quanto o Theater of Machines [*Teatro de Máquinas*] (1569), de Jacques Besson, constituíram importantes enciclopédias dos diversos tipos de máquinas usadas para bombear água, moer, içar pesos, serrar madeira, cruzar riachos, escavar valas e realizar medições e levantamentos topográficos (Fig. 20).[333]

No entanto, a máquina também cumpria uma função simbólica: representava o poder da tecnologia para ordenar a vida humana. Um exemplo notável são as duas pinturas de Pieter Bruegel, o Velho, intituladas *A Torre de Babel*. Nelas, enormes guindastes de cerca de seis metros de altura são retratados à beira-mar, operados por mecanismos de esteiras movidas por força humana (Fig. 21). Seis tipos de máquinas – com suas rodas de madeira, polias e esteiras em forma de gaiola de esquilo – elevam-se acima dos trabalhadores humanos para içar enormes lajes de pedra e carregar e descarregar mercadorias nos navios. Em uma pintura do artista flamengo Pieter Pourbus, o Velho (1523-1584), comerciantes aparecem diminutos ao lado de um guindaste de esteira coberto, evidenciando o poder da máquina em gerar lucros no comércio e na navegação (Fig. 22). Essas pinturas não apenas dramatizam as características avassaladoras da tecnologia mecânica, mas também simbolizam o papel da máquina na organização da vida humana.

Durante o período pré-industrial, o relógio tinha um uso limitado ao ambiente de trabalho e era empregado principalmente como símbolo da ordem cósmica, em contraste com o poder das grandes máquinas que multiplicavam a força na produção. Embora as comunidades rurais continuassem a viver de acordo com a duração do dia, os ciclos sazonais e os ritmos de trabalho agrícola, por volta de 1500 os relógios instalados em torres e catedrais começaram a reger a vida civil da maioria das cidades europeias, sobretudo daquelas onde

333. AGRICOLA, Georg, *De Re Metallica*, HOOVER, Herbert C. e HOOVER, Lou H. (trad.) (Nova Iorque, Dover, 1950; primeira publicação em 1556); BIRINGUCCIO, Vannuccio, *Pirotechnica* (Veneza, 1540); BESSON, Jacques, *Theatrum Instrumentorum et Machinarum* (Lugduni, 1584; primeira publicação em 1569); RAMELLI, A., *Various and Ingenious Machines*; KLEIN, H. Arthur, "Pieter Bruegel the Elder as a Guide to 16th Century Technology", *Scientific American* (1978), pp. 134-40.

o comércio florescia. Ao final do século XVI, a maioria das torres paroquiais já contava com seus próprios relógios. No entanto, os primeiros modelos tinham apenas o ponteiro das horas, eram imprecisos e dependiam de relógios de sol para serem recalibrados (Fig. 23). Por volta de 1700, os relógios tornaram-se muito mais precisos com a introdução do pêndulo e do ponteiro dos minutos, passando a integrar os lares das classes média e alta. A precisão dos relógios de bolso também melhorou com o refinamento da mola espiral, em 1674. Por volta de 1680, a indústria relojoeira inglesa assumiu a liderança na fabricação de relógios.[334]

Talvez devido ao seu alto custo e à aplicação ainda limitada nas atividades industriais, antes do século XVIII os relógios e seus autômatos mecânicos capturaram principalmente a imaginação da aristocracia, que os considerava elegantes brinquedos ornamentais e símbolos da ordem cósmica e social. Autores medievais referiam-se ao cosmos como *machina mundi*. Nicolas Oresme (falecido em 1382), matemático medieval e bispo de Lisieux, comparou Deus a um relojoeiro divino, criador e regulador harmonioso do movimento dos planetas – e também da moral humana. Inspirado nos novos relógios de peso do século XIV, Oresme escreveu (1370):

> E essas potências são tão moderadas, temperadas e ordenadas em relação às suas resistências que os movimentos são feitos sem violência. E, exceto pela ausência de violência, é como quando um homem faz um relógio e o deixa funcionar por conta própria. Foi assim que Deus permitiu que os céus se movessem continuamente, de acordo com as proporções que as potências motoras têm em relação às suas resistências e conforme a ordem estabelecida.[335]

---

334. Usher, A.P., *A History of Mechanical Inventions*, pp. 199-209; Cipolla, Carlo, *Clocks and Culture*, 1300-1700 (Londres, Collins, 1967), pp. 37-69; Thompson, E.P., "Time, Work-Discipline, and Industrial Capitalism", *Past and Present*, n. 38 (1967), pp. 56-97, ver pp. 63-65.

335. Deverny, A. e Menut, A., "Maistre Nicole Oresme; Le Livre du Ciel et du Monde", *Medieval Studies* 4 (1942), pp. 170. Tradução do trecho, Olson, Richard C., em Olson, R.C. (ed.), *Science as Metaphor* (Belmont, Wadsworth, 1971), p. 59; Solla Price, Derek J. de, "Automata and the

Figura 21: Moinho movido a energia humana em *Torre de Babel*, de Pieter Bruegel, o Velho. A lendária desordem causada pela Torre de Babel contrasta com a ordem mecânica da representação de Bruegel.

Origins of Mechanism and Mechanistic Philosophy", *Technology and Culture* 5, n. 1 (1964), pp. 9-23; WHITE Jr., Lynn, *Medieval Technology*, pp. 125, 174; MUMFORD, Lewis, *Technics and civilization* (Nova Iorque, Harcourt Brace, 1934), p. 174.

Figura 22: Retrato de Jan Fernaguut, de Pieter Pourbus, o Velho, do Museu Comunal, Bruges. O moinho coberto no canto da imagem, apequena os comerciantes que estão à sua volta; a sua inclusão no retrato de Jan Fernaguut, um comerciante de sucesso, é um comentário sobre o poder das máquinas no comércio.

Na Idade Média, a representação iconográfica da virtude da temperança, na figura de *Temperantia*, evolui de uma mulher que derrama água em uma jarra de vinho para uma que segura um par de compassos (1359) e uma ampulheta (década de 1350). No início de 1400, ela passa a ser representada ajustando um relógio mecânico e, logo depois (por volta de 1450), aparece cercada por relógios com engrenagens e por outros instrumentos de medição e topografia de grande complexidade. Em *Desídia* (*Preguiça*, 1557), Bruegel representa um relógio gigante operado por engrenagens, pesos e um mecanismo de escape de verga, e outro com um braço humano servindo de ponteiro. Em sua *Virtude da Temperança* desenha bússolas, prumos, esquadros e relógios – instrumentos usados para medir distâncias terrestres, o tamanho da Terra, a distância da Lua e fazer outras medições astronômicas. A Temperança torna-se claramente um símbolo da medida.[336]

Em algumas iluminuras feitas a mão por volta de 1465, a Temperança é, às vezes, substituída pelo Rei Salomão, símbolo da sabedoria, representado consertando um relógio, em vez de simplesmente usá-lo como dispositivo regulador. A figura humana passa a ser análoga ao relojoeiro divino, aquele que cria o tempo e o divide em horas iguais para satisfazer suas próprias necessidades e intervém para manter a ordem.

Para os mecanicistas, Deus tornou-se um relojoeiro e um engenheiro que constrói e comanda o mundo de fora. Mersenne tinha a esperança e a intenção de substituir *A Imitação de Jesus Cristo* por *A Imitação do Engenheiro Divino*. A arte do engenheiro deu à humanidade não apenas a oportunidade de

336. WHITE Jr., Lynn, "The Iconography of Temperantia and the Virtuousness of Technology", em RABB, Theodore K. e SEIGEL, Jerrold, E. (ed.), *Action and Conviction in Early Modern Europe* (Princeton, Princeton University Press, 1969), pp. 197-219, pp. 207-13; KLEIN, pp. 137-39. Sobre os relógios na Renascença, ver MAYR, Otto, "Automatenlegenden in der Spätrenaissance", *Technikgeschichte* 41, n. 1 (1974), pp. 20-32; Sobre o relógio como metáfora na ciência e filosofia do século XVII, ver LAUDAN, Laurens, "The Clock Metaphor and Probabilism: The Impact of Descartes on English Methodological Thought, 1650-1665", *Annals of Science* 22, n. 2 (1966), pp. 73-104.

imitar Deus "em obras exteriores", mas também a possibilidade de domínio sobre a Terra.[337] Para Gassendi, Deus governava e dirigia o mundo de fora. Para Descartes, o mundo corpuscular e os corpos naturais, incluindo o corpo humano, funcionavam segundo as mesmas leis mecânicas que regiam relógios e outras máquinas:

> E como um relógio composto de rodas e contrapesos não observa menos exatamente todas as leis da natureza quando é mal feito e quando não mostra bem as horas, do que quando satisfaz inteiramente o desejo do artífice; da mesma maneira também, se considero o corpo do homem como uma máquina, de tal modo construída e composta de ossos, nervos, músculos, veias, sangue e pele que, mesmo que não houvesse nele nenhum espírito, não deixaria de se mover de todas as mesmas maneiras que faz presentemente, quando não se move pela direção de sua vontade [...][338]

Robert Boyle, contudo, notou o caráter problemático da metáfora do relógio como máquina autônoma, associada à imagem de Deus. Se o relógio for verdadeiramente autônomo, uma vez posto em funcionamento, continuará operando para sempre, e Deus, como relojoeiro, não terá motivos para intervir no seu funcionamento:

> O mundo é um relógio estranho, como o de Estrasburgo, onde todas as coisas são tão habilmente concebidas que o motor, uma vez acionado, faz as coisas acontecerem de acordo com o projeto inicial do artífice, e seus movimentos [...] não precisam ser interrompidos por este, ou por qualquer agente inteligente designado por ele.[339]

---

337. Lenoble, Robert, *Mersenne ou la Naissance du Mécanisme* (Paris, Vrin, 1943), p. 537.

338. Descartes, R., "The Meditations", em *Meditations and Selections from the Principles of Philosophy* (La Salle, Open Court, 1952), p. 98. Descartes. *Obras Escolhidas*. Guinsburg, J., Romano, R., e Cunha, N. (org.) (São Paulo, Editora Perspectiva, 2020).

339. Citação em Burtt, Edwin, *The Metaphysical Foundations of Modern Physical Science* (Garden City, Doubleday, 1954), p. 202.

Figura 23: Relógio com engrenagens (finais do século XV), Musées Royaux d'Art et Histoire, Bruxelas. No século XVI, os relógios mecânicos com engrenagens serviam como símbolos da ordem cósmica; Deus era o relojoeiro supremo. Por fim, Deus foi reduzido a um papel mínimo no modelo de relógio do universo – ele deu corda ao cosmos mecânico e deixou-o funcionar na eternidade.

No início do século XVIII, a questão da intervenção de Deus e, portanto, do exercício do seu cuidado providencial em um mundo mecânico semelhante a um relógio atinge seu auge nos debates entre Leibniz e Newton. Na Inglaterra, devido às tensões políticas entre ordem e liberdade, a metáfora do relógio torna-se mais convincente ao ser representada como uma balança, símbolo da regulação do equilíbrio de poderes e do equilíbrio comercial.[340] A indústria, que já fazia parte do crescimento das corporações, dos mercados e das cidades medievais, evoluiu para a sociedade capitalista industrializada. As máquinas, os cálculos e as medições passam a ser cada vez mais integrados à vida comercial e industrial da sociedade europeia.

A filosofia que concebia o mundo como uma grande máquina feita de partículas inertes em movimento incessante emerge em um contexto no qual novos e mais eficientes tipos de maquinaria aceleram o comércio e os negócios. O desenvolvimento dos meios de transporte, das técnicas de navegação, das máquinas balísticas, da tecnologia de mineração, bem como a construção de estradas e canais, a refinação de metais e a cunhagem de moedas estavam em consonância com a imagem de um cosmos mecânico.[341] Os objetivos socioeconômicos passam a ser alcançados por meio da mineração da terra em busca de ouro, cobre, ferro e carvão, do desmatamento de florestas para obter combustível para a refinação de minérios e para a construção de navios utilizados no transporte de mercadorias. A morte da alma do mundo e a eliminação dos

340. Maurice, Klaus & Mayr, Otto, *The Clockwork Universe: German Clocks and Automata, 1550-1650* (Smithsonian Institution, 1980).

341. Hessen, Boris, *The Social and Economic Roots of Newton's Principia* (Nova Iorque, Fertig, 1971); Zilsel, Edgar, "The Genesis of the Concept of Scientific Progress", em Wiener, Philip P. e Noland, Aaron (ed.), *Roots of Scientific Thought* (Nova Iorque, Basic Books, 1953), pp. 251-75; Rossi, Paolo, *Philosophy, Technology and the Arts in the Early Modern Era*, Salvator Attanasio (trad.) (Nova Iorque, Harper & Row, 1970); Nef, J.U., *Industry and Government in France and England, 1540-1640* (Ithaca, Cornell University Press, 1957).

espíritos da natureza serviram para impulsionar a crescente destruição ambiental, eliminando qualquer escrúpulo associado à visão da natureza como organismo vivo. O mecanismo substituiu a imagem do mundo natural, fazendo-a parecer mais racional, previsível e, portanto, manipulável.

MÁQUINAS COMO MODELOS ESTRUTURAIS PARA UMA ONTOLOGIA E EPISTEMOLOGIA OCIDENTAL

As imagens, a iconografia e as metáforas literárias associadas às máquinas emergiram da experiência da vida cotidiana e se estenderam ao reino da imaginação; as máquinas se tornaram símbolos da ordenação da própria vida. Desse universo simbólico, surgiram novos universos conceituais à medida que novas definições de realidade substituíam as antigas.[342] Conforme a máquina e o relógio ganhavam força simbólica como metáforas fundamentais, em resposta às transformações nas necessidades, desejos e propósitos da sociedade, diminuía a plausibilidade simbólica do organismo, e a estrutura conceitual orgânica sofria uma transformação fundamental. As imagens e símbolos associados às máquinas na vida cotidiana ajudaram a mediar a transição entre ambos os quadros de pensamento.

A visão de mundo mecânica emergente baseava-se em suposições sobre a consistência da natureza, fundamentadas na certeza das leis físicas e no poder simbólico das máquinas.

342. Sobre as origens sociais dos universos simbólicos e conceituais desde a experiência da vida cotidiana e sua função como legitimador de valores sociais, ver BERGER, P. e LUCKMANN, T, pp. 92-198. Sobre a sociologia do conhecimento científico, ver MENDELSOHN, Everett, "The Social Construction of Scientific Knowledge", em MENDELSOHN, E. e WEINGART, P. (ed.), *The Social Production of Scientific Knowledge* (Boston, Reidel, 1977), pp. 3-26; DAELE, Wolfgang van den, "The Social Construction of Science", em MENDELSOHN and WEINGART (ed.) *Social Production*, pp. 27-54; COLVIN, Phyllis, "Ontological and Epistemological Commitments and Social Relations in the Sciences", em MENDELSOHN e WEINGART (ed.), *Social Production*, pp. 103-28.

Embora muitas filosofias alternativas estivessem disponíveis (aristotelismo, estoicismo, gnosticismo, hermetismo, magia, naturalismo e animismo), a ideologia europeia dominante passou a ser governada pelas características e pelo poder experiencial da máquina. Os valores e a realidade social orientaram sutilmente os caminhos e escolhas dos filósofos em suas buscas pela verdade e certeza. Os relógios e outras máquinas modernas do século XVII tornaram-se modelos subjacentes à filosofia e à ciência ocidentais.

Os pressupostos filosóficos do século XVII sobre o ser e o conhecimento não apenas embasaram as estruturas físicas fundamentais das máquinas presentes na experiência cotidiana dos europeus ocidentais, como também se mostraram plenamente alinhados a outra característica da máquina: a possibilidade de controlar e dominar a natureza. Em retrospecto, esses pressupostos subjacentes sobre a natureza da realidade transformaram-se, hoje, em diretrizes para a tomada de decisões tecnológicas, industriais e políticas.

Os seguintes pressupostos sobre a estrutura do ser, do conhecimento e do método são o que viabilizam a manipulação humana e o controle sobre a natureza:

1. a matéria é composta por partículas (o pressuposto ontológico);
2. o universo constitui uma ordem natural (o princípio da identidade);
3. o conhecimento e a informação podem ser abstraídos do mundo natural (o pressuposto da independência contextual);
4. os problemas podem ser analisados em partes que podem ser manipuladas matematicamente (o pressuposto metodológico);
5. os dados sensoriais são discretos (o pressuposto epistemológico).

Com base nesses cinco pressupostos sobre a natureza da realidade, a ciência passou a ser considerada, desde o século XVII, como um conhecimento do mundo externo objetivo, isento de valores e independente do contexto. Além disso, como argumentou o filósofo Martin Heidegger no século XX, a filosofia ocidental, desde Descartes, tem-se preocupado fundamentalmente com o poder. "A essência da técnica moderna repousa na Composição"; isto é, na revelação da natureza como reserva de energia disponível. "De fato, a física, como teoria pura, instala a natureza para exibir-se enquanto sistema calculável de forças".[343]

A nova concepção da realidade, desenvolvida em meados do século XVII, tinha muito em comum com os relógios, os moinhos de engrenagens e as máquinas multiplicadoras de força que haviam se tornado parte importante da vida econômica cotidiana europeia. Em primeiro lugar, compartilhavam o pressuposto ontológico de que a natureza é constituída por componentes modulares ou partes individuais e separadas, articuladas por um nexo causal que transmite movimento em uma sequência temporal de parte para parte. As teorias corpusculares e atômicas revividas no século XVII partiam do princípio de que a realidade consistia em uma estrutura de partículas que, à semelhança das partes de uma máquina, estavam mortas e eram passivas e inertes. Os movimentos aleatórios dos átomos eram reorganizados para formar novos

343. Heidegger, Martin, *The Question Concerning Technology* (Nova Iorque, Harper & Row, 1977), pp. 21, 23. Também é importante Heidegger, M., "The Age of the World Picture", em *The Question Concerning Technology*, esp. pp. 127-36, dedicadas a Descartes e a visão de mundo científica moderna; e Heidegger, M. *Identity and Difference*, Stambaugh, J. (trad.) (Nova Iorque, Harper & Row, 1969), pp. 23-41. Comentários importantes podem ser encontrados em Dreyfus, Hubert, *What Computers Can't Do* (Nova Iorque, Harper & Row, 1972); Alderman, Harold, "Heidegger: Technology as Phenomenon", *The Personalist* 51 (1970), pp. 535-45, e Alderman, H., "Heidegger's Critique of Science", *The Personalist* 50 (1969), pp. 449-548; Heidegger, M. "A questão da técnica", em: *Ensaios e Conferências*. Carneiro Leão, Emmanuel *et al.* (trad.) (Petrópolis: Vozes, 2002), p. 23.

objetos e seres pela ação de forças externas. O movimento, longe de ser inerente aos corpúsculos, constituía uma qualidade primária da matéria, inserida por Deus na máquina do mundo. Na filosofia de Descartes, o movimento inicia-se na criação e é sustentado a cada instante ao longo do tempo criado; para Newton, novos movimentos sob a forma de "princípios ativos" (causas da gravidade, fermentação e eletricidade) eram periodicamente injetados no sistema para impedir que a máquina do mundo não autônoma se esgotasse. Leibniz, por sua vez, concebia o relógio universal como autônomo: uma vez criado e colocado em movimento, prescindia completamente de interferências externas. A ontologia dessa ciência clássica do século XVII, posteriormente reinterpretada à luz dos conceitos energéticos, transformou-se no alicerce da visão ocidental da realidade.

O segundo pressuposto compartilhado entre as máquinas e a ciência do século XVII era a lei da identidade – o princípio de que *A é igual a A* (identidade permanente na mudança). Essa suposição de uma ordem racional da natureza remonta ao pensamento dos filósofos Parmênides de Eleia (fl. 500 a.C.) e Platão, constituindo a essência do primeiro princípio lógico de Aristóteles. Em termos gerais, trata-se da premissa de que a natureza obedece a um comportamento regulatório e que, portanto, o domínio da ciência e da tecnologia abrange apenas os fenômenos redutíveis a regras, normas e leis ordenadas e previsíveis. Os eventos que se enquadram nesta descrição podem ser controlados graças à identidade fundamental das relações matemáticas. Já os fenômenos que "não podem ser previstos ou reproduzidos à vontade [...] [estão] essencialmente além do domínio da ciência".[344]

A dependência estrutural formal do método matemático em relação às características das artes mecânicas foi brilhantemente articulada por Descartes em *Discurso do Método* (1636):

344. Meyerson, Emile, *Identity and Reality* (Nova Iorque, Humanities Press, 1964), p. 28.

> A matemática me encantava, sobretudo por causa da certeza e da evidência de suas razões; mas eu não percebia ainda seu verdadeiro uso e, pensando que servia apenas às artes mecânicas, admirava-me que, sobre alicerces tão firmes e sólidos, nada mais elevado tivesse sido edificado.[345]

Para Descartes, o principal exemplo da lei da identidade era a conservação do movimento, medida pelo produto da quantidade de matéria pela sua rapidez: m|v|. No final do século XVII, Newton, Leibniz, os matemáticos ingleses Christopher Wren e John Wallis, e o físico holandês Christiaan Huygens contribuíram para a correção da lei de Descartes ao descreverem com maior precisão a quantidade de movimento como o produto da massa pela velocidade (mv), em vez de pela rapidez, e a energia mecânica como o produto da massa pela velocidade ao quadrado (mv^2). As máquinas utilizadas no cotidiano serviam como modelos de máquinas ideais, regidas e descritas pelas leis da estática e pelas leis relacionais da conservação da energia mecânica e do momento (*momentum*). A forma ou estrutura dessas leis, baseadas na lei da identidade, tornava-se, assim, um modelo do universo. Embora a conversão de energia de uma forma a outra – especialmente a conversão do movimento mecânico em calor – não tenha sido plenamente compreendida até o século XIX, as leis de colisão do século XVII foram, ainda assim, consideradas pela maioria dos filósofos naturais como modelos de transferência e conservação do movimento que se supunha existir no mundo ideal dos átomos e corpúsculos.

O terceiro pressuposto – a independência contextual – remonta à percepção de Platão de que apenas quantidades e

345. DESCARTES, "Discours de la Methode", em *Oeuvres*, ADAM, Charles e TANNERY, Paul (ed.) (Paris, Cerf, 1897-1913), vol. 6, pp. 7-8; Tradução para o inglês: Descartes, "Discourse on Method", em HALDANE, E.S. e ROSS, G.R.T. (ed.), *The Philosophical Works of Descartes* (Nova Iorque, Dover, 1955), vol. 1, p. 85; Tradução para o português: DESCARTES, R., *Discurso do Método & Ensaios* (São Paulo, Editora Unesp, 2018); DESCARTES, René, *Discurso do Método*, GALVÃO, Maria Ermantina (trad.) (São Paulo, Martins Fontes, 2001), p. 45.

entidades independentes de contexto podem ser submetidas à modelagem matemática. Na medida em que o mundo imperfeito e mutável da vida cotidiana participa do mundo ideal, ele pode ser descrito, previsto e controlado pela ciência, tal como uma máquina física pode ser controlada por seu operador humano. A ciência depende de uma realidade estrutural rígida, limitada e restritiva. Essa visão circunscrita da realidade revela-se, no entanto, muito poderosa, já que possibilita o controle sempre que os fenômenos se mostram previsíveis, regulares e sujeitos a regras e leis. O pressuposto de ordem é, portanto, fundamental para o conceito de poder, e ambos são indissociáveis da visão científica moderna do mundo.

Embora o plano de Descartes para reduzir a complexidade do universo a uma ordem estruturada fosse abrangente, ele descobriu que o problema que Aristóteles havia identificado no método de Platão estava presente em seu próprio esquema. Esse problema consistia na dificuldade intrínseca, senão impossibilidade, de abstrair com sucesso a forma ou estrutura da realidade da intrincada rede de seu contexto físico, material e ambiental. De fato, as estruturas não são independentes de seus contextos, como afirmava esse terceiro pressuposto, mas sim integralmente vinculadas a eles. Na verdade, Descartes foi forçado a admitir: "a aplicação dessas leis [do movimento] é muito difícil, porque cada corpo pode ser ao mesmo tempo movido por muitos diversos outros [...] Essas regras supõem que os corpos em que ocorrem os movimentos são perfeitamente sólidos e separados de todos os outros [...] o que não se encontra em nenhuma parte do mundo". Assim, a enorme complexidade das coisas impede sua análise em termos de elementos simples.[346]

O método de Descartes exemplifica com extrema precisão o quarto pressuposto metodológico: os problemas podem ser

346. Descartes, "Principia Philosophiae", *Oeuvres*, vol. 9, parte 2, prin. 53, p. 93. Descartes, René. *O Mundo ou Tratado da Luz*, Nascimento, Carlos Arthur Ribeiro do (trad.) (São Paulo: Unesp, 2009), p. 87.

decompostos em partes e a informação pode ser manipulada de acordo com um conjunto de regras e relações matemáticas. Dito de forma sucinta, seu método supõe que um problema pode ser analisado em partes, e que as partes podem ser simplificadas abstraindo-as de seu contexto ambiental complexo e, depois, manipuladas mediante a aplicação de regras sistemáticas.

Seu método consistia em quatro preceitos lógicos:

1. nunca aceitar algo como verdadeiro sem que se apresente de modo tão claro e distinto que não reste qualquer dúvida;
2. dividir cada problema em tantas partes quantas forem necessárias para resolvê-lo;
3. iniciar pelos objetos mais simples e fáceis de conhecer, elevando-se gradualmente aos mais complexos (abstração e independência contextual);
4. fazer revisões tão gerais e completas que nada seja omitido.

Na opinião de Descartes, esse método era a chave para o domínio sobre a natureza, pois as técnicas de raciocínio empregadas pelos geômetras fizeram-no "imaginar que todas as coisas que podem cair sob o conhecimento dos homens seguem-se umas às outras da mesma maneira". Seguindo esse método, "não há nada tão longínquo que não se possa atingir, nem tão oculto que não se possa descobrir."[347]

O método cartesiano fundamentava-se na manipulação sistemática da informação: "Começando pelos preceitos mais simples e gerais, e fazendo de cada verdade que eu descobria uma regra para encontrar outras, não apenas consegui resolver muitas questões que até então julgara das mais difíceis,

347. DESCARTES, "Discourse", em *Philosophical Works*, citações em pp. 92, 93, 87, 89. Descartes, René. *Discurso do Método*. GALVÃO, Maria Ermantina (trad.) (São Paulo, Martins Fontes, 2001), p. 47.

mas também [...] até que ponto era possível solucioná-las".[348] Da mesma maneira, o funcionamento de uma máquina depende da manipulação de suas partes materiais conforme um conjunto predeterminado de operações físicas.

Descartes enfatizou o conceito de plano ou forma de ordenação dessas informações, tomando como exemplo o problema prático do planejamento urbano: "Aqueles velhos burgos que, sendo no princípio apenas aldeias, se tornaram com o tempo grandes cidades, costumam ser tão mal dispostos, em comparação com esses lugares regulares, que um engenheiro traça a seu bel-prazer num plano".[349] Descartes desejava que suas novas ideias se ajustassem "à uniformidade de um esquema racional".

Em *De Cive* [Do Cidadão], escrito em 1642, Hobbes defendeu a aplicação desse método de análise para a sociedade:

> Pois tudo é melhor compreendido por suas causas constitutivas. Pois, assim como num relógio, ou qualquer pequeno mecanismo, não se pode conhecer bem a matéria, a forma e o movimento das engrenagens a menos que seja desmontado e examinado em partes; assim também, para investigar mais minuciosamente os direitos dos Estados e os deveres dos súditos, é necessário (repito) não desmembrá-los, mas considerá-los como se estivessem dissolvidos.[350]

O quinto pressuposto compartilhado pela ciência do século XVII e pela tecnologia das máquinas era a noção de que os dados sensoriais são atômicos. Os dados seriam recebidos pelos sentidos como partículas mínimas de conhecimento. Essa suposição sobre a aquisição do conhecimento foi articulada de forma mais explícita por Hobbes e pelos empiristas britânicos John Locke e David Hume (1711-1776). Segundo Hobbes, a percepção dos dados surgiria dos movimentos da

348. Descartes, René. *Discurso do Método*. Galvão, Maria Ermantina (trad.) (São Paulo, Martins Fontes, 2001), p. 49.

349. *Ibidem*.

350. Hobbes, Thomas, "De Cive", *English Works* (reedição: Aalen, Scientia, 1966; primeira publicação em 1834), vol. 2, p. Xiv. Hobbes, Thomas. *Do Cidadão*, Ribeiro, Domingos (trad.) (São Paulo, Ícone, 1993), p. 89.

matéria ao afetar os nossos órgãos sensoriais diretamente, no caso do paladar e do tato, e indiretamente, mediante um meio material, no caso da visão, da audição e do olfato. Esses dados sensoriais poderiam então ser manipulados e recombinados de acordo com as regras da fala: "a mais nobre e proveitosa invenção de todas foi a da fala, constituída por nomes e suas conexões, mediante as quais os homens registram seus pensamentos [...] sem o que não existiria entre eles nem república, nem sociedade, nem contrato, nem paz".[351] As palavras são abstrações da realidade; sentenças ou pensamentos são conexões entre palavras: "O modo como a fala serve para recordar a consequência de causas e efeitos consiste em impor nomes e conectá-los." A natureza não pode ser compreendida a menos que seja primeiro analisada em partes, das quais as informações são extraídas como dados sensoriais: "Nenhum homem pode conceber coisa alguma sem concebê-la em algum lugar, dotada de determinada grandeza e que possa ser dividida em partes".[352]

Para Hobbes, a própria mente era um tipo especial de máquina – uma máquina de calcular semelhante às concebidas pelo matemático escocês John Napier (1550-1617), pelo filósofo e matemático francês Blaise Pascal (1623-1662), por Leibniz e outros cientistas do século XVII (Fig. 24). Raciocinar, para ele, nada mais era que somar, subtrair ou calcular. "Quando um homem raciocina, não faz senão conceber uma soma total pela adição de parcelas, ou um resto pela subtração de uma soma de outra; o que, se feito com palavras, significa conceber a consequência dos nomes das partes para o nome do todo, ou dos nomes do todo e de uma parte para o nome da outra parte". "Em resumo, em qualquer matéria onde haja lugar para adição e subtração, há também lugar para a razão; e onde estas não têm lugar, a razão nada tem a fazer [...] Pois a razão

351. Hobbes, "Leviathan", *English Works*, vol. 3, citações em cap. 4, pp. 18, 20; 3, p. 17. HOBBES, T. *Leviatã*. MONTEIRO, João Paulo (trad.) (São Paulo, Martins Fontes, 2003), p. 32.

352. HOBBES, T. *Leviatã*. Monteiro, João Paulo (trad.) (São Paulo, Martins Fontes, 2003), p. 64.

[...] não é senão cálculo, isto é, adição e subtração".[353] Essa visão encontra eco na teoria da informação do século XX que, de acordo com Heidegger, "já é aquela com-posição [*Gestell*] que compõe tudo de tal modo que assegura para o homem o domínio sobre a Terra inteira e mesmo sobre os planetas".[354]

A nova definição de realidade da filosofia e da ciência do século XVII mostrava-se, portanto, consistente e análoga à estrutura das máquinas. As máquinas (1) são compostas por partes; (2) fornecem informações particuladas sobre o mundo; (3) baseiam-se em ordem e regularidade (executando operações em uma sequência ordenada); (4) operam em um domínio limitado e precisamente definido do contexto total; e (5) conferem poder sobre a natureza. Por sua vez, a estrutura mecânica da realidade (1) é constituída por partes atômicas; (2) consiste em unidades discretas de informação extraídos do mundo; (3) pressupõe funcionamento regido por leis e regras, (4) fundamenta-se em abstrações independentes de contexto e dissociadas do mundo complexo e mutável das aparências; e (5) é concebida para maximizar nossa capacidade de manipulação e controle sobre a natureza.

353. *Ibid.*, cap. 5, pp. 29, 30. Ossos de Napier (inventado em 1617) eram um conjunto de bastões que formavam uma tábua de calcular. Em 1642, depois de cerca de cinquenta tentativas, Blaise Pascal construiu uma máquina de somar que mantinha as dezenas quando operada por uma caneta que girava rodas de seis dezenas. Um modelo menor foi construído por Morland em 1661, e uma máquina rápida mais sofisticada foi projetada por Leibniz em 1683, embora fosse impossível construí-la na época. Ver MICHEL, Henri, *Scientific Instruments in Art and History*, MADDISON, R.E.W. e MADDISON, F.R. (trad.) (Nova Iorque, Viking Press, 1966), pp. 20-22, 46-47, ilustrações em p. 15-19. É provável que Hobbes, que esteve em Paris durante a década de 1640, soubesse da máquina de Pascal. HOBBES, T. *Leviatã*. MONTEIRO, João Paulo (trad.) (São Paulo, Martins Fontes, 2003), p. 46-4.

354. HEIDEGGER, *Der Satz vom Grund*, citação em DREYFUS, *What Computers Can't Do*, p. 242, n. 16. Dreyfus faz uma discussão importante sobre os pressupostos ontológicos, epistemológicos e metodológicos que fundamentam a tecnologia da computação e os modelos de computação do cérebro; ver BLACKMORE, Colin, *Mechanics of Mind* (Cambridge, Cambridge University Press, 1977), esp. cap. 1. HEIDEGGER, M.A. *A questão da técnica*, SÁ, Márcia Schuback Cavalcante (trad.), em *Ensaios e Conferências* (Petrópolis, Vozes, 2002), p. 23.

Figura 24: Máquina de somar de Pascal (1642). A máquina de somar, precursora do computador moderno, foi um modelo para o conceito de cérebro humano de Hobbes: raciocinar era apenas somar e subtrair ou calcular.

Os modelos são abstrações de aspectos particulares de uma realidade pressuposta. No processo de abstração, incorporam-se suposições e valores humanos, assim como os aspectos significativos dessa realidade. "Quando falamos que A é um modelo de B, queremos dizer que uma teoria sobre certos aspectos do comportamento de B é também uma teoria sobre os mesmos aspectos de A".[355] Assim, quando dizemos que a realidade é um modelo da máquina, queremos dizer que uma teoria sobre determinados aspectos do comportamento de uma máquina é igualmente uma teoria sobre esses mesmos aspectos da realidade.

Tanto a ordem quanto o poder são componentes fundamentais da visão mecânica da natureza. A necessidade de uma nova ordem social e intelectual, assim como de novos valores associados ao poder humano e à máquina, combinou-se a tradições intelectuais mais antigas e contribuíram para a reestruturação da realidade em torno da metáfora da máqui-

355. WEIZENBAUM, "On the Impact of the Computer", p. 610.

na. Essa nova metáfora reintegrou os elementos díspares do "eu", da sociedade e do cosmos – fragmentados pela Reforma Protestante, pela ascensão do capitalismo comercial e pelas primeiras descobertas da nova ciência.

A ênfase na vontade de Deus e no poder ativo associado à Reforma legitimou o poder humano e sua atuação nos assuntos mundanos e fomentou o interesse no aperfeiçoamento tecnológico, na observação empírica das obras de Deus na criação e na experimentação para extrair e utilizar os segredos da natureza para benefício humano. Em contrapartida, a ênfase no intelecto e na lógica divina impulsionou não apenas o avanço da matemática e das ciências da mecânica e dinâmica racionais, mas também da gestão racional da natureza, fundamentada na sua previsibilidade e no seu uso eficiente. O domínio sobre a natureza depende igualmente do homem como operador, que enfatiza o poder, e do homem como gestor, que decorre da ênfase na ordem e na racionalidade como critérios para o progresso e o desenvolvimento. A operação eficiente resulta do arranjo racional ordenado dos componentes de um sistema.

O paradigma mecanicista e seus valores correlatos de poder e controle sancionaram a gestão tanto da natureza quanto da sociedade. A gestão dos recursos naturais depende do levantamento do estado dos recursos existentes e do planejamento eficiente de seu uso sistemático e de sua reposição a longo prazo para o bem daqueles que os utilizam. As primeiras tentativas de conservação de recursos iniciadas na Inglaterra e na França no século XVII, que discutiremos a seguir, são reflexos da mentalidade gerencial associada à ordem mecânica e de uma nova síntese emergente entre as perspectivas orgânica e mecânica.

A visão orgânica da natureza não desapareceu com o surgimento do mecanicismo. Se algumas ideias dos mecanicistas estimularam o desenvolvimento de uma nova ciência, outras foram criticadas e rejeitadas em favor das antigas teorias orgânicas da natureza e da sociedade. Assim, as teorias de Descartes e Gassendi foram introduzidas na Inglaterra, onde foram refinadas por Boyle, Charleton, Newton e os virtuosos da *Royal Society*. No entanto, Descartes e Hobbes também foram alvo de críticas dos platônicos de Cambridge e dos vitalistas, para os quais o mecanicismo não conseguia explicar adequadamente uma característica fundamental do mundo natural: a própria vida. Na França, tanto Descartes como Hobbes foram recebidos de forma mais positiva - Descartes contribuindo para o desenvolvimento da filosofia natural e Hobbes influenciando uma filosofia política de governo soberano.[356] O desenvolvimento do mecanicismo como visão do mundo já foi objeto de exaustivas análises. Os capítulos seguintes dedicar-se-ão especificamente à acomodação do organicismo ao mecanicismo e às tensões entre essas duas perspectivas.

356. KARGON, Robert, "Walter Charleton, Robert Boyle, and the Acceptance of Epicurean Atomism in England", *Isis* 55 (1964), pp. 184-92; BOAS, Marie, "The Establishment of the Mechanical Philosophy", *Osiris* 10 (1962), esp. pp. 442-520; NICOLSON, Marjorie, "The Early Stage of Cartesianism in England", *Studies in Philology* 26 (1929), pp. 356-74; LAMPRECHT, Sterling, "The Role of Descartes in Seventeenth Century England", em *Columbia Department of Philosophy* (ed.), *Studies in the History of Ideas* (Nova Iorque, Columbia University Press, 1935), vol. 3, pp. 181-240; MOUY, Paul, *Le Développement de la Physique Cartésienne*, 1646-1712 (Paris, Vrin, 1934); MOUY, P., "L'influence de Descartes sur le Développement de la Physique", *Scientia* 48 (1930), pp. 227-36; HALL, A.R., "Cartesian Dynamics", *Archive for History of Exact Sciences* 1 (1961), pp. 172-78; MARSAK, L.M., "Cartesianism in Fontenelle and French Science, 1686-1752", *Isis* n. 50 (1969), pp. 51-60; AITON, E.J., *The Vortex Theory of Planetary Motions* (Nova Iorque, Elsevier, 1972); KOYRE, A., "Newton and Descartes", em *Newtonian Studies* (Chicago, University of Chicago Press, 196S); ILTIS, Carolyn [Merchant], "The Decline of Cartesianism in Mechanics: The Leibnizian-Cartesian Debates", *Isis* 64 (1973), pp. 356-73. Sobre a teoria política de Hobbes na França, ver KEOHANE, Nannerl, *Power and Participation in French Political Philosophy* (Princeton, Princeton University Press, 1980).

CAPÍTULO **10**

A GESTÃO DA NATUREZA

No início da década de 1660, a Marinha Britânica via-se em crise devido à escassez de madeiras de grande porte para o reparo de mastros e cascos de seus navios – uma limitação que comprometia sua capacidade de defesa nacional. Diante disso, seus comissários e oficiais solicitaram à *Royal Society* que elaborasse um estudo para avaliar o estado das reservas florestais da Coroa. O escritor inglês e membro fundador da *Royal Society*, John Evelyn (1620-1706), iniciou uma análise da destruição causada pelo uso predatório da terra e pela ausência de métodos de conservação, publicando suas conclusões em 1662, na obra *Silva, A Discourse of Forest Trees and the Propagation of Timber in His Majesty's Dominions* [Silva: Um discurso sobre árvores florestais e a propagação de madeira nos domínios de Sua Majestade]. A exploração excessiva decorria do incremento do número de navios mercantes necessários ao comércio, da demanda por carvão vegetal para as fundições de vidro e ferro, além da prática do corte de florestas para criação de pastagens. Evelyn denunciou os "estragos prodigiosos" causados pela tendência não apenas de "cortar, mas também de extirpar, demolir e arrasar [...] todos aqueles magníficos bosques e florestas que nossos ancestrais mais prudentes haviam deixado de pé". A devastação havia alcançado proporções epidêmicas.[357]

Desde meados do século XVI, as reservas florestais da Inglaterra vinham diminuindo, acompanhando o rápido crescimento populacional, o aumento do comércio e o desenvolvimento das indústrias dependentes de madeira. Referindo-se à escassez de madeira na década de 1660, Samuel Pepys (1633-1703) registrou em seu diário: "Só Deus sabe onde

357. EVELYN, John, *Silva, or A Discourse of Forest Trees* (York, England, 1776), p. I. Ver também GLACKEN, C.J., *Traces on the Rhodian Shore: Nature and Culture in Western Thought from Ancient Times to the End of the Eighteenth Century* (Berkeley e Los Angeles, University of California Press, 1967), pp. 484-91; BIRCH, Thomas, *History of the Royal Society* (Londres, 1756), vol. 1, pp. 110-20.

encontrar materiais".[358] Durante a Guerra Civil e o Interregno, os bosques do rei e da pequena nobreza foram destruídos. Os administradores florestais não haviam cumprido suas funções adequadamente. Ao emergir de seus conflitos internos e voltar sua atenção à defesa nacional, a Inglaterra descobriu-se desprovida dos "muros de madeira" que garantiriam sua proteção. Se desejasse manter sua superioridade militar e comercial, seria imprescindível instituir práticas mais prudentes de gestão e conservação: "pois nossas florestas são, sem dúvida, os maiores armazéns de riqueza e glória desta nação, e nossos carvalhos, os verdadeiros oráculos de sua perpetuidade e felicidade, são o único sustento para a navegação que nos torna temidos no exterior e prósperos em casa".[359]

Em *Silva,* Evelyn reivindica a adoção de práticas consistentes de conservação, capazes de contribuir para um progresso econômico contínuo. Como muitos intelectuais de sua geração, Evelyn era um religioso moderado, influenciado pelo latitudinarismo em sua vertente social e filosófica. O latitudinarismo era uma corrente religiosa surgida após a Guerra Civil inglesa, que mantinha a forma episcopal anglicana de governo, ainda que negasse sua origem divina. Como outros moderados, Evelyn aceitava a filosofia do interesse privado e do consumo, que ele considerava de importância fundamental em sua sociedade. O objetivo dos protestantes latitudinários era situar esses princípios de autoconservação sob a lei moral da igreja, de modo que a iluminação espiritual os elevasse ao serviço do interesse público. Uma grande parte dos eclesiásticos latitudinários era composta por mercadores ingleses, dedicados aos ofícios e ao comércio, cujos negócios prósperos contribuíam para o progresso da nação. Em uma sociedade cada vez mais regida pelas leis de mercado, filósofos naturais e cientistas amadores passaram a responder à necessidade de

358. Citação em Darby, H.C., "The Clearing of the Woodland in Europe", em *Man's Role in Changing the Face of the Earth*, 2 vols. (Chicago, University of Chicago Press, 1956), vol. 1, p. 201.

359. Evelyn, *Silva*, p. 1, nota de Hunter, A., e p. 571.

uma gestão responsável e adequada das questões sociais e comerciais. Após a Restauração, os latitudinários adequaram-se à estrutura anglicana estabelecida e passaram a desempenhar um papel cada vez mais ativo na vida cívica.[360]

Os acontecimentos políticos decorrentes da Guerra Civil provocaram em Evelyn "uma repulsa ao mundo violento e caótico daqueles tempos", a ponto de ele se mudar para uma residência rural, onde passou a se dedicar à leitura e aos estudos. Quando a Restauração parecia iminente, ele retornou ativamente à política com a publicação de um panfleto intitulado *An Apology for the Royal Party* [Uma apologia ao Partido Real] (1659). Mais tarde, ao ser nomeado pelo rei Carlos II para um conselho encarregado de "promover o comércio",

---

360. JACOB, Margaret C., *The Newtonians and the English Revolution, 1689-1720* (Ithaca, Cornell University Press, 1976), cap. 1 e pp. 47-52, 81-87. Sobre os latitudinários, ver PATRICK, Simon, "A Brief Account of the New Sect of Latitude-Men: Together with Some Reflections upon the New Philosophy", em *The Phoenix* 2 (1708), pp. 499-518; FOWLER, Edward, *The Principles and Practices of Certain Moderate Divines of the Church of England Abusively Called Latitudinarians*, 2 ed. (Londres, 1671), especialmente pp. 332-33; SHAPIRO, Barbara, "Latitudinarianism and Science in Seventeenth Century England", *Past and Present*, n. 40 (1968), pp. 16-41; LAMPRECHT, Sterling P., "Innate Ideas in the Cambridge Platonists", *Philosophical Review* 35 (1926), pp. 553-573; Nicolson, Marjorie, "Christ's College and the Latitude-Men", *Modern Philosophy* 18 (1929), pp. 50-51. Os latitudinários eram um amplo grupo de clérigos moderados do Baixo Clero, notáveis por seu interesse em coexistir pacificamente tanto com os puritanos durante a era da Commonwealth quanto com o anglicanismo que tomou o controle sobre da igreja após a Restauração. Eles acreditavam que era dever de todos os frequentadores da igreja se submeterem ao direito do governo civil de estabelecer formas de culto religioso. Mas, porque eles não queriam colocar a culpa pelo fracasso em instituições civis, seculares e sagradas estabelecidas, assim como os dissidentes e radicais puritanos da Guerra Civil, eles se apegavam a uma doutrina de responsabilidade e prestação de contas pelas ações dos próprios indivíduos. Porque eles temiam a fraqueza que poderia ser causada pela divisão e discórdia entre seitas, sustentavam que a "igreja não pode existir sem unidade e uniformidade" (PATRICK, p. 506). Portanto, enfatizavam o compromisso com questões doutrinárias e litúrgicas, para que maior ênfase pudesse ser colocada em questões morais mais significativas. A clareza na linguagem do púlpito e do discurso comum foi enfatizada para tornar as ideias religiosas acessíveis para todos os frequentadores da igreja. A ponderação racional e imparcial dos extremos na busca pela verdade era uma característica distintiva dos latitudinários.

escreveu *Navigation and Commerce; Their Original and Progress* [Navegação e comércio: suas origens e progresso] (1674).[361]

O interesse de Evelyn pela conservação da madeira representava uma nova abordagem de gestão da natureza. Se a exploração continuasse desenfreada, a natureza se degradaria e o progresso humano seria comprometido. A gestão da conservação era uma adaptação das tendências racionalizadoras do mecanicismo, aplicadas ao ambiente natural. Essa concepção representava uma acomodação da antiga filosofia orgânica ao novo mecanicismo - ou, em outras palavras, a submissão do organicismo. Uma nova aliança se formava, combinando variações mais antigas da visão orgânica do mundo com o mecanicismo, elemento central tanto na história da conservação quanto da ecologia. A orientação orgânica e comunitária de naturalistas, vitalistas paracelsianos e utopistas milenaristas foi gradualmente deixada de lado, dando lugar à ideia de uma produção eficiente e sustentável da natureza em benefício do ser humano. Aquele sistema de valores que compreendia a natureza como mestra, cujos caminhos deveriam ser seguidos e respeitados, foi substituído por valores estritamente humanos, que passaram a servir como critério nas tomadas de decisões.

Como se verá, a abordagem da gestão na conservação foi base para a filosofia de Evelyn, do naturalista John Ray (1627-1705), de William Derham (1657-1735) e dos platônicos de Cambridge, como Henry More (1614-1687) e Ralph Cudworth (1617-1688), durante a Restauração Inglesa. Essa abordagem representava uma forma rudimentar de ética utilitarista, que mais tarde permearia também o movimento progressista de conservação nos Estados Unidos, no início dos anos 1900, e a nova ecologia reducionista, desenvolvida a partir da década de 1950. Esses movimentos - primeiro a conservação, depois a ecologia - adotaram uma política de

361. Life of Evelyn", em *Silva*, introdução, p. 7; Evelyn, John, *Navigation, Commerce, Their Origin and Progress* (Londres, Thomas Roycroft, 1674).

gestão responsável dos recursos naturais, voltada para o benefício humano a longo prazo e para a produção sustentável. A obtenção de lucro imediato deu lugar à planificação de longo prazo, baseada em estudos científicos e em formação política. A gestão ecológica passou a buscar a maximização da produção de energia, dos rendimentos econômicos e da qualidade ambiental, por meio da modelagem, manipulação e previsão dos resultados dos ecossistemas. Com a ajuda de conselheiros com treinamento científico, políticas racionais de uso dos recursos naturais passam a ser formuladas em agências do governo, nas indústrias e nas universidades.[362] As raízes dessa abordagem utilitarista em ecologia já estavam presentes nas ideias dos filósofos naturalistas da Restauração Inglesa.

Para melhorar as práticas florestais, uma das recomendações de Evelyn era deslocar as fundições de ferro para a Nova Inglaterra, "para que não arruinassem a Velha Inglaterra". Segundo ele, os habitantes da Nova Inglaterra "deveriam apressar-se a nos suprir de ferro para a paz de nossos dias, enquanto Sua Majestade se convertia no grande soberano do oceano e do livre comércio". Assim, a conservação nacional seria garantida às custas da expansão territorial, mediante um programa justificado pela necessidade dos colonos da Nova Inglaterra de "remover o excesso de suas florestas" para que "não fossem impedidos em seu progresso". "Seria preferível importar todo nosso ferro da América do que esgotar nossas florestas em casa".[363]

362. HAYES, Samuel P., *Conservation and the Gospel of Efficiency: The Progressive Conservation Movement, 1890-1920* (Cambridge, Harvard University Press, 1959); WORSTER, Donald, *Nature's Economy* (São Francisco, Sierra Club Books, 1977).

363. EVELYN, Silva, pp. 567, 577, 567. Sobre a crise da madeira na construção de navios e indústrias metalúrgicas como um incentivo para a colonização da Nova Inglaterra, ver CARROLL, Charles F., *The Timber Economy of New England* (Providence, Brown University Press, 1973). Sobre a regulamentação inglesa das metalúrgicas na América colonial, ver PETULLA, Joseph M., *American Environmental History* (São Francisco, Boyd and Fraser, 1977), pp. 61-65, and FISHER, Douglas A., *The Epic of Steel* (Nova Iorque, Harper & Row, 1963).

Além disso, as florestas próximas às fundições de ferro britânicas deveriam ser administradas com inteligência. O próprio pai de Evelyn abastecera forjas e moinhos com madeira, adotando o replantio, o corte seletivo criterioso e o manejo cuidadoso das árvores remanescentes. Outro "grande mestre do ferro" de Surrey, Christopher Darrell, também "comandara suas fundições (de ferro) de tal maneira que elas fossem um meio de preservar suas florestas, apesar daqueles devoradores insaciáveis".[364]

Ao rei, Evelyn recomendou o reforço dos estatutos aprovados no período da Rainha Elizabeth, que regulamentavam a conversão de madeira em carvão destinado às fundições de ferro. Segundo tais normas, era proibido o corte de qualquer árvore com mais de "três palmos de diâmetro" que crescesse em um raio de 30 quilômetros ao redor de Londres, ou a 20 quilômetros de rios navegáveis ou do mar. À pequena nobreza, considerada "preguiçosa" e "negligente" por não "prover suas numerosas proles", Evelyn recomendou o reflorestamento de suas terras com novas mudas, destinadas ao uso e à garantia de recursos futuros para cada uma de suas crianças. Áreas úmidas deveriam ser drenadas por meio de canais e comportas para regular o fluxo das águas. Outras parcelas de terra deveriam ser reflorestadas com novas mudas de modo a compensar e equilibrar eventuais perdas. O gado deveria ser mantido afastado dessas novas áreas recém-plantadas, tanto as de uso comum quanto as privadas, por um período de seis anos, até que as árvores estivessem crescidas o suficiente para não serem alcançadas pelos animais, ainda que isso prejudicasse "alguns poucos plebeus barulhentos e grosseiros".

A terra não precisaria ser devastada pela mineração e poderia, ao contrário, ser tratada com respeito: "no que se refere à terra, não há necessidade de penetrar profundamente em

364. Evelyn, Silva, citações em ordem em pp. 567-68, 587, 14. Sobre a melhoria dos solos, ver Evelyn, J., *Terra: A Philosophical Discourse of Earth, Relating to the Culture and Improvement of It for Vegetation and the Propagation of Plants* (York, England, 1778).

seu ventre, apenas revolver [...] a camada superficial, cavando convenientemente poços e trincheiras próximas à superfície natural, sem perturbar os diversos estratos e camadas mais profundas". O solo deve ser tratado com composto, fungos e outras matérias orgânicas.

Evelyn afirmou que suas recomendações haviam levado a pequena nobreza a plantar milhões de mudas. O decreto de 1668, "para o aumento e a preservação da madeira na Floresta de Dean", ordenou o plantio de 4.500 hectares de carvalhos, e foi seguido, em 1698, por um projeto similar de plantio de mais de 400 hectares em *New Forest.* Não obstante, durante as guerras contra a Holanda em 1677, a Inglaterra precisou importar carvalhos do Báltico. As políticas de conservação não tiveram continuidade e, após o corte das árvores plantadas no período da Restauração, a escassez voltou a se agravar durante a Guerra dos Sete Anos, em 1756. A partir de então, os problemas da Marinha se intensificaram até a substituição dos navios de madeira pelos de ferro.[365]

Na França, a negligência na conservação das florestas e os abusos cometidos por autoridades florestais foram denunciados pelo ministro de Louis XIV, Jean Baptiste Colberta: a "França perecerá por falta de madeira". Em um informe de 1661 dirigido ao rei, Colbert analisa a situação das florestas e das políticas madeireiras na província de Tours. Mais tarde, em *Mémoire sur les forêts* [Memória sobre as florestas] (1665), recomenda a manutenção de reservas de madeira para uso futuro. Os resultados desses relatórios preliminares foram incorporados ao Regulamento Florestal Francês de 1669, que reorganizou tanto as políticas administrativas quanto as práticas de cultivo.[366]

Sob direção de Colbert, o método tradicional de extração de madeira foi reformulado. A política conhecida como

---

365. ALBION, R.G., *Forests and Sea-Power* (Cambridge, Harvard University Press, 1926), pp. 131-35.

366. BROWN, John Crombie (ed. e trad.), *The French Forest Ordinance of 1669* (Edimburgo, Oliver and Boyd, 1883), pp. 13-20, 40-47.

jardinage (dos regulamentos do século XVI) consistia em dividir a floresta em lotes iguais e cortar as árvores de cada lote em anos sucessivos, deixando algumas em pé para permitir o replantio da parcela. As desvantagens desse método incluíam uma densidade desigual das árvores no segundo crescimento, um crescimento desigual em lotes adjacentes dadas as diferenças no solo, além de uma variação no tamanho e na idade das madeiras cortadas em anos sucessivos, devido ao sistema de rotação.

Sob o novo método, as florestas deixaram de ser divididas em áreas iguais e passaram a ser separadas em porções equivalentes. Nas chamadas florestas de talhadia - compostas por pequenas árvores que podiam ser extraídas a cada vinte anos para a produção de lenha -, a divisão era feita em vinte porções. Já as árvores maiores, utilizadas na construção naval e que levavam cerca de 120 anos para se tornarem rentáveis, eram divididas em 120 porções, permitindo que apenas uma delas fosse extraída a cada ano. Em vez de igualar a extensão da área, buscava-se a equivalência em termos de rendimento de longo prazo, levando em consideração a variação do solo, a exposição ao sol e a taxa de crescimento. Esses novos métodos exigiam maior atenção às condições locais e aos tipos de árvores, assim como desbastes periódicos para garantir a sustentabilidade da produção. As florestas deixaram de ser consideradas bens comunais e, em vez disso, se tornaram um bem administrado e regulamentado pelo Estado.

Evelyn também dedicou um tratado específico à questão da poluição do ar em Londres. Seu texto *Fumifugium* [Sobre a dispersão da fumaça], assim como suas outras obras *Silva* e *Terra*, expressava uma consciência sofisticada sobre a importância das relações ecológicas entre o ar, a água e a saúde dos seres vivos.[367] Em 1661, apresentou *Fumifugium* à Charles II,

367. Evelyn, John, *Fumifugium* (reimpressão de 1772, Oxford, Old Ashmolean Reprints, 1930; primeira publicação em 1661), citações em ordem em pp. 44, 18, 19, 24, 29, 30.

"que é como o ar em nossas narinas", em resposta à crescente preocupação pública com o aumento dos "vapores de fuligem e sujeira" produzidos pela queima do "carvão marinho". Esses vapores sulfurosos impregnavam os arredores de Londres, invadindo até mesmo o coração do palácio real, causando "catarros, tísica, tosses e *consunção* (tuberculose)" entre os habitantes, mortes prematuras em bebês, e perda de folhas e esterilidade em árvores frutíferas. A poluição do ar continuava a crescer devido ao aumento de "cervejarias, tinturarias, fornos de cal, caldeiras de sal e sabão, e [...] demais negócios privados". Seu impacto era tão severo que, segundo Evelyn, "o próprio Sol que traz o dia a todos dificilmente consegue penetrar e compartilhar sua luz [...] e os viajantes exaustos, a milhas de distância, sentem o cheiro antes mesmo de avistar a cidade a que se dirigem".

Os efeitos na saúde humana eram especialmente deletérios. Ao entrar em Londres, visitantes sentiam os poros obstruídos, o nariz e a pele ressecados, os olhos ardendo, os pulmões carregados de vapores com fuligem, os humores a ponto de "apodrecer", a falta de apetite, e a saliva se tornava preta. A esses sintomas seguiam-se resfriados, tosses e catarros que persistiam até retornarem para casa.

Uma simples consulta às estimativas de mortalidade semanais de Londres já evidenciava como os dados mórbidos relacionados à poluição do ar eram alarmantes. De acordo com Evelyn, metade das mortes registradas na cidade era causada por "tísica e outras enfermidades pulmonares". Os registros de mortalidade de John Graunt revelavam que, para além das mortes provocadas pela peste, uma em cada trinta e duas pessoas morria em Londres, enquanto no interior do país a proporção era de uma em cada cinquenta.[368] Londres passou,

368. GRAUNT, John, *Natural and Political Observations Mentioned in a Following Index and Made Upon the Bills of Mortality* [...] *with Reference to the Government, Religion, Trade, Growth, Air, Diseases, and Several Changes of the Said City*, 5 ed., rev., 1676, reedição em PETTY, William, *The Economic Writings of Sir William Petty*, HULL, Charles (ed.) (Cambridge,

então, a ser conhecida como a cidade das duas pragas. Em sua sexta observação, Graunt comentou que "embora os corpos acostumados possam viver, e vivem, em Londres como em qualquer outro lugar, isso não é possível para os recém-chegados e as crianças, dado que a fumaça fede e o ar é menos saudável do que no interior do país: caso contrário, por que as pessoas doentes se mudariam para o ar do interior?" Setenta e cinco anos mais tarde, a situação não havia melhorado. Ao lamentar o enorme aumento da mortalidade infantil, Corbyn Morris citou a insalubridade do ar de Londres como a principal razão para o fato de os enterros na cidade superarem os batizados. Mais crianças com menos de cinco anos de idade morriam em Londres do que no restante do país; e um número considerável de adultos de saúde frágil teria sobrevivido se pudesse manter seu sustento no interior em vez de viver na cidade.[369]

Para resolver o problema da poluição do ar em Londres, Evelyn ofereceu diversas sugestões. A primeira consistia no plantio e o reflorestamento das áreas de produção madeireira fora da cidade, de modo que a madeira pudesse ser adquirida a preços razoáveis. Essa proposta não era inviável, considerando que Paris, que era tão grande quanto Londres, conseguia abastecer-se com sua própria madeira. Além disso, a madeira poderia ser importada dos países do norte, transportada pelo mar. A solução mais imediata, no entanto, seria a remoção de todas as oficinas que usavam carvão em suas forjas e fornalhas para fora dos limites da cidade. Isto incluiria cervejarias, tinturarias, caldeiras de sal e sabão, fornos de cal e outras atividades similares. Dessa forma, o ar poderia ser restaurado à

1899), vol. 2, pp. 393-94. Ver também Te Brake, William, "Air Pollution and Fuel Crises in Pre-Industrial London", *Technology and Culture* 16 (1975), pp. 337-59, ver p. 338.

369. Evelyn, *Fumifigium*, p. 25; Graunt, *Observations*, p. 6; Morris, Corbyn, "Observations Political and Natural to Thomas Potter", em *A Collection of the Yearly Bills of Mortality from 1657-1758 Inclusive* (Londres, 1759), p. 88.

mesma pureza que se observava aos domingos, quando essas atividades cessavam.

Se a queima de carvão não pudesse ser removida da cidade, Evelyn sugeria aumentar a altura das chaminés, desenvolver novos formatos para elas, testar o uso de coque (em vez de carvão) nas fundições e restringir a construção de novas fornalhas dentro da cidade. Por fim, sua última sugestão era plantar por toda a cidade "as flores mais perfumadas e cheirosas", para que Londres se tornasse a cidade mais doce e bonita da Europa.[370]

A NATUREZA COMO VEGETAL

Durante a Restauração, Henry More e Ralph Cudworth, representantes dos platônicos de Cambridge, promoveram a abordagem de Evelyn ao adaptarem a antiga filosofia orgânica às novas demandas sociais e comerciais do capitalismo pré-industrial. A base dessa proposta era reafirmar a constituição essencialmente vegetativa da natureza – uma posição intermediária entre o cosmos mecânico e inerte do mecanicismo, o mundo animado dos panteístas da Guerra Civil (que consideravam Deus como ativo e imanente em cada coisa material) e os entusiastas (que se entregavam fanaticamente às paixões religiosas) (ver capítulo 4). Eles incorporaram o conceito cartesiano de matéria "estúpida e morta" e o dualismo entre matéria e espírito, ainda que tentando preencher a lacuna ontológica ao conservar o caráter vital e vegetativo do mundo. Assim, o caráter orgânico fundamental da natureza foi mantido, ao mesmo tempo que se minimizava a imprevisibilidade associada a um mundo animista. O cosmos foi reduzido à condição de um vegetal – ainda vivo, mas não incontrolável.

Durante a Guerra Civil inglesa, a Cambridge de More e Cudworth era um centro tumultuado, dividido entre a cidade puritana e a então universidade realista. Para More, a crença

370. EVELYN, *Fumifugium*, pp. 34-35, 47,48.

em uma ordem social aristocrática – fundada na monarquia, no episcopado, em leis imutáveis e em uma teoria orgânica da natureza – não implicava transformações violentas, mas sim um modelo de mudança social gradual e natural. A filosofia da natureza paracelsiana, associada às seitas radicais, químicos e teosofistas, foi responsável pelas doutrinas infames, às quais aderiram os "obviamente lunáticos" entusiastas que proclamavam que "Deus nada mais era do que a matéria universal revestida em diversas formas e aparências".[371]

Após a Restauração, as ideias dos chamados "homens latitudinários", como More e Cudworth, tornaram-se a base para a formulação de um pacto religioso entre o Anglicanismo e o Puritanismo, e de uma filosofia social que apoiava uma

371. More, Henry, *Enthusiasmus Triumphatus* (primeira publicação em, 1656), em *A Collection of Several Philosophical Writings*, 4 ed. (Londres, 1712), paginação separada, pp. 34, 30. Para uma discussão da reação de More ao Entusiasmo, ver Burnham, Frederic B., "The More-Vaughan Controversy: The Revolt Against Enthusiasm", *Journal of the History of Ideas* 35 (1974), pp. 33-49. Sobre a resposta dos platônicos de Cambridge à Guerra Civil e a Commonwealth, ver Tullock, John, *Rational Theology and Christian Philosophy in the Seventeenth Century* (Edimburgo e Londres, 1872), vol. 2, pp. 219-22, 203, 207-10, e Lamprecht, "Innate Ideas in the Cambridge Platonists". Discussões relevantes sobre More podem ser encontradas em Gabbey, Alan, "Philosophia Cartesiana Triumphata: Henry More 1646-1671", Lennon, Thomas M., Nicolas, John M., Davis, John W. (ed.) *Problems of Cartesianism* (Kingston, McGill-Queen's University Press, 1982), 171-250; Cassirer, Ernst, *The Platonic Renaissance in England*, Pettigrove, James P. (trad.), (Londres, Nelson, 1953); Colle, Rosemary, *Light and Enlightenment: A Study of the Cambridge Platonists and the Dutch Arminians* (Cambridge, Cambridge University Press, 1957); Hoyles, John, *The Waning of the Renaissance, 1640-1740: Studies in the Thought and Poetry of Henry More, John Norris and Isaac Watts* (Haia, Nijhoff, 1971); Hutin, Serge, *Henry More, Essai sur les Doctrines Théosophiques chez les Platoniciens de Cambridge* (Hildesheim, Ohms, 1966); Pawson, Geoffrey P.H., *The Cambridge Platonists* (Londres, Society for Promoting Christian Knowledge, 1930); Powicke, F.J., *The Cambridge Platonists* (Londres, Dent, 1926); Stewart, J.A., "The Cambridge Platonists", em *The Encyclopedia of Religion and Ethics*, Hastings, James W. (ed.) (Nova Iorque, Scribner's, 1912), vol. 3, pp. 167-73; Greene, Robert, "Henry More and Robert Boyle on the Spirit of Nature", *Journal of the History of Ideas* 23 (1962), pp. 451-74; Lichtenstein, Aharon, *Henry More: The Rational Philosophy of a Cambridge Platonist* (Cambridge, Harvard University Press, 1962).

mudança comercial gradual e progressiva. O latitudinarismo representava a restauração da ordem e da harmonia social sob uma nova monarquia, após o fracasso dos grupos políticos em estabelecerem uma nova forma de governo duradoura.

A resposta de More e Cudworth, tanto às ideias de Paracelso quanto às de Hobbes, foi reafirmar a teoria hierárquica conservadora da sociedade e do cosmos. O cosmos orgânico de More derivava da grande cadeia hierárquica do ser, proposta pela filosofia neoplatônica. Ele reconhecia quatro tipos de espíritos criados e ordenados hierarquicamente abaixo de Deus: anjos, as almas dos seres humanos e dos animais, e as essências plásticas individuais das formas de vida vegetativa inferiores. Todas as outras ordens espirituais intermediárias aceitas pelo neoplatonismo foram rejeitadas.[372]

Tanto More quanto Cudworth colocaram grande ênfase no espírito da natureza e na plasticidade natural, com a intenção de restaurar a vitalidade da vida orgânica em oposição ao mundo morto e inanimado proposto pelos mecanicistas. A matéria, "inerte e estúpida em relação a si mesma", deveria ser movida por uma substância espiritual. Para More, o espírito da natureza era um princípio incorpóreo que impregnava o universo, dirigia as partes da matéria e seus movimentos, moldando-a e dando-lhe forma por meio de seu poder plástico.[373] Já Cudworth propunha uma natureza plástica universal, que organizava e dirigia a atividade de todo o cosmos, ordenando o crescimento e a reprodução de plantas, herbáceas, gramíneas, minerais e de todo o céu. Ele argumentava que seria pouco razoável imaginar que cada folha de grama tivesse sua própria vida plástica, ao contrário do corpo dos animais,

372. MORE, "The Immortality of the Soul" (primeira publicação em 1659), em *A Collection*, paginação separada, pp. 29-30, 160.

373. MORE, "An Antidote Against Atheism" (primeira publicação em, 1653), em *A Collection*, paginação separada, p. 38; sobre naturezas plásticas, ver HUNTER, William B., "The Seventeenth Century Doctrine of Plastic Natures", *Harvard Theological Review* 43 (1950), pp. 197-213.

que se formavam e conservavam a partir de sua natureza plástica particular e individual.[374]

As naturezas plásticas eram análogas às almas vegetativas incorpóreas e às formas seminais das antigas filosofias aristotélica e neoplatônica. No entanto, More e Cudworth negavam a essas naturezas qualquer função sensorial ou racional da alma, como a razão, o livre arbítrio ou a sensação. Todos os poderes animistas e sensoriais foram negados à Terra, ao Sol e aos corpos celestes. A natureza, metaforicamente, já não poderia mais ser concebida como um animal vivo, como nas filosofias dos panteístas e entusiastas.[375] Apenas suas características vegetativas vivas foram mantidas. More advertia:

---

374. Cudworth, Ralph, *The True Intellectual System of the Universe* (1678), 2 vols. (Nova Iorque, Gould and Newman, 1938), vol. I, p. 242. Discussões relevantes sobre a filosofia de Cudworth podem ser encontradas em Tulloch, vol. 2; Aspelin, Gunnar, "Ralph Cudworth's Interpretation of Greek Philosophy", *Acta Universitatis Gotoburgensis, Goteborgs, Hogskolas Arsskrift* 49 (1943), pp. 1-47; Gysi, Lydia, *Platonism and Cartesianism in the Philosophy of Ralph Cudworth* (Bern, Lang, 1962); Passmore, John, *Ralph Cudworth: An interpretation* (Cambridge, Cambridge University Press, 1951); Sailor, Danton B., "Cudworth and Descartes", *Journal of the History of Ideas* 23 (1962), pp. 133-140; Stewart, J.A., "The Cambridge Platonists".

375. More, "Antidote", em *A Collection*, pp. 49, 53, 316, 237; "The Immortality of the Soul" em *A Collection*, pp. 12, 29, 30; Hunter, p. 200. More negou que o espírito da natureza possuísse razão, o livre-arbítrio e a sensibilidade, pois dotá-lo assim lhe daria muita liberdade para criar quaisquer formas ou monstros fantasiosos que quisesse. Ao negar a sensibilidade no espírito da natureza, More rejeitou o animismo do tipo que havia atribuído sentido à Terra, ao Sol e a outros corpos celestes. Ele negou ainda que o Sol e as estrelas fossem dotados das funções superiores de imaginação, memória, razão ou providência, surgindo, em última análise, da atividade de átomos ágeis e partículas de matéria, uma posição sintetizada na filosofia epicurista ateísta de que "o Sol e as estrelas são os seres mais intelectuais do mundo, e neles está o conhecimento, o conselho, a sabedoria, pelos quais todas as coisas sublunares são enquadradas e governadas", e também pressuposta pelo filósofo renascentista Pomponasse, que atribuiu inteligência às estrelas. Nessa filosofia, a faculdade imaginativa dos corpos celestes imprimiu formas na matéria terrestre, enchendo "o mar com peixes, os campos com animais e o ar com aves", bem como "fazendo surgir inúmeros tipos de flores, ervas e árvores do solo", "enchendo toda a terra com movimento vital" (More, "Antidote", p. 49). Embora More frequentemente se referisse ao espírito da natureza como a "alma inferior" do mundo e "alma universal do mundo", ele não fazia referência a *anima*

"se houver alguma sensação [...] a ser reconhecida no espírito da natureza, poderíamos duvidar se esse espírito não seria, na verdade, a alma de um bruto, assim como também bruto seria o próprio mundo".[376]

Cudworth fundamentou suas ideias sobre o caráter vegetativo de uma natureza plástica universal em uma filosofia antiga que ele denominava "estoicismo cosmoplástico", segundo a qual "o mundo inteiro [...] não era um animal, mas sim um grande vegetal que possui uma forma espermática, ou natureza plástica, que, sem nenhuma razão consciente ou compreensão, ordena o todo".[377] No entanto, as ideias dos filósofos cosmoplásticos foram rejeitadas por Cudworth não pelos princípios de plasticidade que continham, mas por seu ateísmo.

mundi dos averroístas, que tinha o poder de percepção e memória (More, "Antidote", pp. 213-14, 219-20).

376. More, "Notes on Chapter VIII", "Antidote", p. 31.

377. Cudworth, *The True Intellectual System*, vol. I, p. 225; ver também pp. 243, 244, 208. A forma cosmoplástica do estoicismo formulada por filósofos como Boécio (480-524 d.C.) atribuiu a ordem observada no todo a uma única "natureza plástica ou vegetal" predominante (*True Intellectual System*, vol. l, p. 191). Essa filosofia, que rejeitava a compreensão de que a natureza seria regida pelo destino ou pelo acaso, tal como formularam os estoicos e Zenão, supunha "uma natureza plástica ou espermática, uma vida vegetal ou vegetativa em todo o mundo, como o princípio mais elevado". O cosmos era "um corpo governado por uma natureza plástica ou vegetativa, como árvores, plantas e ervas" (p. 193). Assim, Cudworth aceitou a ideia de um princípio plástico ou vegetativo geral favorecendo o desenvolvimento da natureza partindo de seu interior, mas afirmou seu caráter incorpóreo em vez de corpóreo. Strato, da mesma forma, não cometeu o erro de atribuir animalidade ao mundo. Embora ateu e corporalista, sua divindade era a natureza sem consciência. Ela estava viva e ativa com uma "vida plástica interna", mas sem conhecimento ou sensibilidade, formando existências por "certas forças e atividades naturais internas" (p. 161). Em segundo lugar, a vida plástica era encontrada em cada existência particular, em vez de ser compreendida como "uma vida comum [...] governando toda a massa de matéria e universo corpóreo" (p. 161). O mundo evoluiu, portanto, de acordo com uma combinação de acaso operando no todo e naturezas plásticas em cada parte individual. A partir da formulação de Strato, do hilozoísmo, Cudworth aceitou a possibilidade de naturezas plásticas individuais sem consciência e sensação, mas rejeitou seu caráter ateísta corpóreo e atuação a partir do acaso.

A metáfora vegetativa oferecia vantagens imensas para os filósofos latitudinários como More e Cudworth, que desejavam apresentar uma filosofia racional e moderada, situada entre os excessos animistas dos entusiastas da Guerra Civil e o materialismo Hobbesiano, que via a natureza como composta de "matéria morta e estúpida", que formava seres às cegas e de modo fortuito. Ao ser concebida como um vegetal cosmoplástico, a natureza conservava seu caráter orgânico fundamental: estava viva, mas não era incontrolável ou imprevisível. Essa concepção mais antiga que via o mundo como um animal com sensações e atividade própria implicava a possibilidade de gestos inexplicáveis e irracionais – afinal, nunca se pode prever totalmente o comportamento de um animal. Tanto os adeptos do animismo do entusiasmo[378] negavam que os eventos podiam ser previstos ou controlados. Não obstante, ambas as filosofias sugeriam o ateísmo. Se, em contrapartida, a natureza fosse desprovida de sensação e vida, restaria apenas o mecanicismo, isto é, uma matéria inerte em movimento – o que também conduzia a implicações ateístas.

Na filosofia dualista de More, o espírito possuía a capacidade de mover, alterar e penetrar a matéria. Na medida em que podia mover a matéria, era a fonte da atividade do mundo; na medida em que a alterava, conferia-lhe forma e rearranjava as posições e movimentos das partículas que a formavam por meio de sua propriedade plástica. O espírito, como a matéria, era extenso: tinha a capacidade tanto de penetrar a matéria e se mover com ela quanto de formar com ela uma unidade orgânica. Era, portanto, um princípio orgânico vital interno à matéria, causador de movimento a partir de seu interior, responsável por manter a coesão e a organização de

378. [N.E.] Várias seitas protestantes dos séculos XVI e XVII foram chamadas de Entusiastas. Durante os anos que imediatamente se seguiram à Revolução Gloriosa, "entusiasmo" era um termo pejorativo para qualquer grupo que defendesse causas políticas ou religiosas em público. Esse "entusiasmo" era visto como a causa da Guerra Civil Inglesa e suas atrocidades concomitantes.

suas partículas.[379] Essa concepção contrastava com a perspectiva cartesiana segundo a qual o movimento era algo externo à matéria, colocado no universo por Deus e posteriormente transmitido de uma partícula a outra. Se o papel de Deus no sistema de Descartes fosse eliminado, o resultado seria o ateísmo e o mecanicismo cego atribuído aos hobbesianos. Dotar o mundo de uma natureza plástica vital vegetativa era, para More e Cudworth, uma forma de evitar os perigos tanto do entusiasmo quanto do materialismo. Permitiria à Deus uma ação mediada e providencial do cuidado na criação e, aos seres humanos, a gestão e a condução da natureza.

Na obra *Antidote Against Atheism* [Antídoto contra o ateísmo] (1653), More abordou as questões levantadas pelo mecanicismo ateísta de Hobbes, e o problema subjacente do poder humano sobre a natureza.[380] Assim como Cícero, More destacava a proeza tecnológica humana na utilização dos recursos naturais – a magnetita para a navegação, a madeira para a construção de navios e o transporte de mercadorias, carvão para a fundição de minérios e a fabricação de metais, e a matéria-prima das pedreiras para o levantamento de grandes construções. A providência de Deus, combinada à razão humana no uso sensato da natureza, impediria que a tecnologia desenfreada cobrasse seu preço, como no mito de Dédalo e Ícaro. "E quanto mais de perto olhamos para o assunto, mais conseguimos discernir nele os passos da providência [...] não pode existir nada mais altamente gratificante à natureza do homem do que seu poder de navegação, por meio do qual ele cavalga sobre as costas das ondas do mar, contempla as maravilhas das profundezas e [...] é capaz de provar a verdade das sagazes sugestões de sua própria mente".

Deus havia sancionado o uso da natureza pelo ser humano e lhe "proporcionado os materiais com os quais seria capaz de

379. MORE, "Immortality", pp. 15, 25, 28.

380. MORE, "Antidote Against Atheism", exemplos e citações nas pp. 187-89, 190-92, 214, 216, 223.

adornar sua época e prover a história com registros de façanhas extraordinárias, tanto de arte como de valor". As complexidades e estruturas das plantas, dos animais, do corpo humano e dos corpos celestes eram expressões da ordem natural estabelecida por Deus no universo, assim como evidências de que esses organismos, minerais e metais haviam sido colocados aqui para uso humano. O boi e o cavalo foram providenciados para puxar carroças; as cordas e o ferro, para arar as polias, e os motores, para levantar pesos. Tudo isso servia para "trazer à casa, os frutos da terra". Ao desenvolver as tecnologias relacionadas às plantas, animais e metais, os seres humanos cumpriam os desígnios providenciais de seu criador. Deus era o conselheiro sábio, superintendente e guardião da criação, perante quem as pessoas prestavam contas, em última instância, como seus administradores designados.

GESTÃO E CONDUÇÃO HUMANA

A adaptação organicista ao mecanicismo, tal como preconizada por More e Cudworth, que enfatizava a constituição vegetativa do mundo, foi um pano de fundo intelectual importante para o desenvolvimento, nas décadas seguintes, de uma filosofia da gestão e condução humanas sobre a natureza. John Ray e William Derham adaptaram os conceitos de natureza plástica, movimentos vitais e princípios "ecológicos" a uma filosofia social de progresso comercial, fundada em um universo ordenado e planejado.

Em seu estudo *Wisdom of God Manifested in the Works of the Creation* [Sabedoria de Deus manifestada nas obras da criação] (1691), John Ray utilizou a ideia de natureza plástica como argumento contra o ateísmo implícito na filosofia mecanicista de Descartes, Gassendi e Hobbes. Na visão de Ray, Descartes havia cometido erros ao banir as causas finais e limitar o papel de Deus à produção da matéria corpuscular, restrita a obedecer a apenas algumas leis simples. O primeiro erro excluía a habilidade humana de discernir os propósitos divinos na natureza; o segundo, negava o cuidado providencial diário de Deus. A hipótese epicurista, "agora recuperada" sob roupagem cristã por Gassendi, tampouco era melhor, pois se baseava unicamente no espaço, matéria e declinação (desvio atômico). Assim como Cícero já demonstrava de forma apropriada em sua crítica ao sistema Epicurista, não havia razão suficiente para que alguns átomos se desviassem e outros não, nem para saber qual ângulo de declinação eles adotariam.[381]

As implicações assombrosas do mecanicismo poderiam ser combatidas por meio da afirmação de um universo projetado e governado por um Deus providencial que deveria servir de modelo para os assuntos humanos. Ao refutar os mecanicistas e os "teístas mecanicistas", Ray recorreu à natureza plástica como evidência da ação de Deus no mundo terreno. Os princípios mecânicos simples não eram suficientes para compreender de maneira adequada o crescimento e a forma das plantas. O princípio vegetativo plástico era necessário para reger o desenvolvimento integral da planta em suas várias estruturas, raízes, caules, folhas, flores e frutos. "Inclino-me à opinião do Dr. Cudworth, segundo a qual Deus emprega para seus efeitos a ação subordinada de uma natureza plástica; assim como faz com os anjos em seu mundo da providência". Outros exemplos desses princípios plásticos poderiam ser encontrados no movimento vital do coração, no primeiro respiro do bebê recém-nascido, e nas monstruosidades, caprichos e erros da natureza.[382]

381. RAY, John, *The Wisdom of God Manifested in the Works of the Creation*, 10 ed. (Londres, Innys and Manby, 1935; primeira publicação em 1691), pp. 37-38, 31-34. Sobre Ray e seu trabalho como biólogo, ver RAVEN, Charles E., *John Ray, Naturalist: His Life and Works* (Cambridge, Cambridge University Press, 1942), e um ensaio-resenha do livro de Raven, por ARBER, Agnes, "A Seventeenth-Century Naturalist: John Ray", *Isis* 34 (1943), pp. 319-24. Também é relevante RAVEN, Charles, *English Naturalists* (Cambridge, Cambridge University Press, 1947); EYLES, Joan M., "John Ray, F.R.S. (1627-1705)", *Nature* 175 (1955), pp. 103-8.

382. RAY, *Wisdom*, pp. 42, 46, 75-76.

Ray recupera os argumentos de teólogos latitudinários, como o arcebispo John Tillotson (1630-1694) e o bispo Edward Stillingfleet (1635-1699), para os quais a sabedoria de Deus havia criado "um mundo espaçoso e bem provido". Embora nem tudo na natureza tenha sido criado para benefício exclusivo dos seres humanos, Deus os fez "criaturas sociáveis" capazes de entender, comunicar e experimentar. Esperava-se deles o uso racional dos metais, rochas, madeira, plantas e animais, com o objetivo de promover as ciências, expandir o comércio e aumentar a prosperidade de seus países e, ao fazer isso tudo, glorificar seu Criador. Quando construíam belas aldeias, casas de campo, cidades e castelos, Deus se comprazia com o labor produtivo dos humanos.[383]

Além disso, Deus consideraria por bem providenciar uma quantidade justa de ouro e prata para a produção de moeda, com o objetivo de impulsionar o comércio. Embora o amor pelo dinheiro fosse reconhecido como um vício e a raiz do mal, seu uso adequado era considerado "um artifício admirável para recompensar e encorajar a indústria, ou levar em frente o comércio com facilidade, firmeza e rapidez, colocando as capacidades de todos a serviço de um bem comum, de forma que todos participassem, cada qual compartilhando os frutos de seu trabalho particular, sem prejuízo próprio". Dinheiro e metais eram vistos como essenciais ao cultivo das artes e ciências; e onde ainda não haviam sido introduzidos, as pessoas eram descritas como "brutas e selvagens", devotadas, como feras, exclusivamente à busca por comida. Sem moedas, "que vida bárbara e sórdida teríamos vivido – os indígenas da América do Norte são uma demonstração clara disso". O que Ray e sua época não viram, no entanto, foi que justamente a introdução desses metais e do dinheiro, ao lado do álcool, destruiria o modo de vida holístico dos povos indígenas

383. *Ibid.* pp. 176-77, 18, 161, 163-64,171, 164.

americanos, sua interconexão com a natureza e sua própria "religião natural".[384]

Ao refutar as afirmações ateístas de que o mundo teria sido criado por configurações aleatórias dos átomos, Ray e seu seguidor William Derham aproveitaram a aceitação da obra *Antídoto contra o ateísmo*, de More, e desenvolveram o argumento do desígnio, com suas implicações teleológicas. A terra, tal como se apresenta atualmente, com sua grande abundância e variedade de elementos, "deve ser o resultado do juízo, da sabedoria e do desígnio". Contra o argumento de que "a terra atual nada mais é do que um amontoado de lixo e ruínas", Ray assinalava as vantagens de sua constituição para a civilização. Segundo ele, a terra fora provida com areia, cascalho, calcário, pedra, argila e mármore, em tal variedade que tornava possível a existência de paisagens diversas, adequadas para distintos tipos de plantas, animais e sua domesticação. A variação das encostas no relevo da terra e o tamanho dos riachos e rios criavam diferentes áreas, adequadas para vários tipos de lavoura e pastoreio. Sua agradável cobertura de grama verde, flores perfumadas, "diversos frutos agradáveis e nutritivos, vários licores, drogas e bons medicamentos" eram, para Ray, evidências do desígnio de um "criador e governador sábio".[385]

A filosofia do progresso formulada por Ray foi ampliada por seu seguidor William Derham, por meio do conceito de mordomia[386] humana sobre o mundo natural. Sua obra

384. *Ibid.*, pp. 96, 98. Sobre a destruição do modo de vida indígena, ver WASHBURN, Wilcomb E., *The Indian in America* (Nova Iorque, Harper & Row, 1975); MARTIN, Calvin, "The European Impact on the Culture of a Northeastern Algonquian Tribe: An Ecological Interpretation", *William and Mary Quarterly* 31 (1974), pp. 3-26.

385. RAY, *Wisdom*, p. 206, 215.

386. [N.E.] No contexto teológico e filosófico cristão da obra de Derham, "mordomia" (tradução de *stewardship*) refere-se à responsabilidade humana de cuidar da criação divina – ou seja, a ideia de que o homem é um administrador ou guardião da natureza, encarregado por Deus de protegê-la e usá-la com sabedoria, e não como dono absoluto que pode explorá-la sem limites. Derham via o homem como um mordomo da criação, res-

Physico-Teologia [Físico-Teologia] (1713) poderia ser considerada, nos termos atuais, uma ecoteologia. Ela incorporava uma série de princípios ecológicos muito sólidos dentro de uma estrutura geral de mordomia, baseada no papel do homem como zelador da criação de Deus. O manuscrito que deu origem à *Physico-Teologia* havia sido preparado para a Conferência de Boyle (*Boyle Lectures*) de 1711 - uma importante série de palestras teológico-científicas que defendiam a filosofia social liberal protestante, com base na ciência newtoniana.

Estas conferências foram instituídas conforme o desejo de Robert Boyle, que, em seu testamento (1691), destinou fundos para a realização de palestras anuais dedicadas a provar a religião cristã frente a "infiéis notórios: ateus, teístas, pagãos, judeus e maometanos", sem mencionar as divisões entre os cristãos. A Revolução Inglesa em 1689, assim como a Guerra Civil anterior, produzira um cenário de desorientação social e religiosa que culminou na necessidade de reafirmação de uma religião moderada de cunho latitudinário, capaz de sustentar o desenvolvimento contínuo de uma sociedade de mercado e consumo.[387]

---

ponsável por governar a natureza com sabedoria, seguindo os desígnios divinos.

387. Derham, William, *Physico-Theology: or A Demonstration of the Being and Attributes of God, from His Works of Creation*, 5 ed. (Londres, Innys, 1728; primeira publicação em 1713). Jacob, pp. 143-44, 146, 176-80. Para a discussão que se segue, eu também me baseei em Coleman, William, "Providence, Capitalism, and Environmental Degradation: English Apologetics in an Era of Economic Revolution", *Journal of the History of Ideas* 37 (1976), pp. 27-44, ver pp. 39-41; Egerton, Frank, "Observations and Studies of Animal Populations Before 1860", tese de doutorado não publicada, University of Wisconsin, 1967, pp. 127-44; Passmore, John, *Man's Responsibility for Nature: Ecological Problems and Western Traditions* (Nova Iorque, Scribner's, 1974); Glacken, Clarence, *Traces on the Rhodian Shore: Nature and Culture in Western Thought from Ancient Times to the End of the Eighteenth Century* (Berkeley, University of California Press, 1967); Glacken C., "This Growing Second World Within the World of Nature", em Fosberg, F.R. (ed.), *Man's Place in the Island Ecosystem: A Symposium of the Tenth Pacific Scientific Congress*, Honolulu,

A religião natural, conforme exposta nas Conferências, oferecia argumentos para a existência da divindade, baseando-se nas conquistas das ciências naturais e no cuidado providencial de Deus para com a sua criação. A filosofia natural newtoniana e a religião natural poderiam ser reunidas na tentativa de restaurar a ordem social necessária para o avanço dos empreendimentos humanos. Ao mesmo tempo, serviam como baluarte contra as visões socialmente disruptivas de hobbesianos, entusiastas e livres-pensadores. O controle latitudinário sobre a igreja havia sido ameaçado com a Revolução de 1689, e os latitudinários precisaram recodificar seus objetivos religiosos, seculares e sociais.

Embora a afiliação latitudinária de Derham não fosse tão explícita quanto a dos oradores das palestras de Boyle, sua nomeação para o ministério em Essex provavelmente contou com o apoio de teólogos latitudinários moderados. Sua *Physico-Teologia* adotava o ideal judaico-cristão de domínio humano sobre a natureza, reinterpretado como uma mordomia responsável que legitimava o progresso. O homem ocupava um lugar "no topo do mundo inferior" e detinha a "superioridade no mundo animal".[388] Deus, como sábio conservador e superintendente do mundo natural, criara o ser humano à sua imagem, como zelador e administrador na terra. Para validar esse argumento, Derham recorre à parábola de Mateus 25:14: "Essas coisas são dons de Deus, são talentos que nos foram confiados pelo Senhor infinito do mundo, uma mordomia, uma confiança depositada em nós; pela qual deveremos prestar contas no dia em que o Senhor nos chamar".

Os dons concedidos por Deus deveriam ser empregados na vida e nas vocações seculares. A religião deveria se unir aos ideais protestantes do dever e da vocação, fosse na forma de "embaixadores dos céus" ou na de "ofícios mais seculares,

---

Hawaii, 1961 (Honolulu, Bishop Museum Press, 1963), pp. 75-100, ver pp. 83-84.

388. DERHAM, *Physico-Theology*, citações seguintes na ordem nas pp. 257, 260, 280.

como proprietários rurais, comerciantes, mecânicos ou apenas servos". Ocupações mundanas deveriam ser desempenhadas com "diligência", "cuidado" e "fidelidade". Em Lucas 16:2, Deus havia dito ao administrador infiel: "Presta contas da tua mordomia, pois já não poderás mais ser mordomo". A ideia do homem como guardião e zelador da natureza se origina em uma interpretação gerencial da doutrina do domínio (sobre a criação).

Assim como Bacon, Derham defendia que era necessário penetrar a natureza para arrancar-lhe os segredos e assim controlá-la, chegando a incorporar a linguagem dura do filósofo: "Podemos, se necessário for, saquear o globo inteiro, penetrar as entranhas da terra, descer às suas profundezas, viajar para as mais longínquas regiões deste mundo, seja em busca de riquezas, seja para aumentar nosso conhecimento, ou tão somente para agradar nossos olhos e nossas fantasias".[389] Havia, segundo ele, "muitas funções e operações secretas da natureza nas entranhas da terra". Uma vez revelados, tais segredos poderiam ser empregados para melhorar a sorte dos homens na terra, cumprindo assim os mandamentos do Novo Testamento: "Amarás o teu próximo". A natureza continha tanta abundância de criaturas, minerais e fósseis, e em tal quantidade de cada espécie, que "nada faltaria para o uso do ser humano ou de qualquer outra criatura deste mundo inferior". Mesmo que cada época, ou cultura, mudasse diariamente a alimentação, o vestuário, e a moradia, "ainda assim, a criação não se esgotaria, não haveria escassez de comida, nem de medicinas, nem de materiais para construção e habitação, para limpar ou refrescar-se, nem sequer para recreação e prazer".

O Criador supriu a terra com abundâncias infinitas para as necessidades da vida, mas essa profusão precisava ser administrada adequadamente pelos mordomos racionais designados por Deus. Derham superestimava a extensão dos recursos

389. *Ibid.*, citações seguintes, em ordem, nas pp. 111, 68, 54.

da natureza – afinal, àquela altura, apenas uma pequena parte do Novo Mundo já havia sido explorada. Sua fé inabalável em Deus como o grande conservador e provedor das necessidades da criação o fazia proclamar com otimismo: "A magnificência do Criador é tal que há abundância suficiente para suprir os desejos e comodidades de quase todas as criaturas, em todos os lugares, épocas e circunstâncias".

O método baconiano também era útil na busca por evidências da divindade, pois permitia observar no desenho da natureza o cumprimento do mandamento protestante de "glorificar a Deus". Derham escreveu: "Lancemos nossos olhos por toda parte, saqueemos todo o globo, inspecionemos com rigor cada uma de suas partes, desvendemos os segredos mais íntimos de toda criatura, examinemo-las com todas as nossas ferramentas, meçamo-las com nossas melhores réguas, investiguemo-las com nossos mais apurados microscópios, até que confessem o testemunho de seu eterno Criador".[390]

As invenções que permitiam utilizar a natureza para glorificar a Deus e melhorar a condição humana incluíam instrumentos de astronomia, navegação e geografia, as ciências da geometria, aritmética e óptica, assim como as tecnologias úteis para construção, vestuário, alimentação e cuidados com a saúde humana. Deus dotara a alma humana de capacidade inventiva e mãos para executar suas ideias. A ordem social vigente, assim como a ordem natural, era a mais útil para levar a cabo o plano de Deus: "Há razões políticas válidas para o homem vestir-se [...], disso decorrem muitas vocações e modos de vida, e (para não alongar a lista), as hierarquias e as posições sociais tornam-se assim visíveis aos demais, nas diversas nações do mundo". A ideia de que a natureza poderia ser transformada pelas mãos do homem, dentro de um sistema social onde as vestimentas e as vocações demarcavam a posição de cada indivíduo, fazia parte da ideologia de uma sociedade estamental e de uma classe média consumidora.

390. *Ibid.*, citações seguintes, em ordem, nas pp. 37, 216, 59, 68.

Deus era o zelador, mordomo e sábio gestor de toda a criação. Seu desígnio, sua administração e seu cuidado providencial como o grande superintendente do universo constituíam o modelo exemplar de gestão da terra pelos seres humanos. Tudo que foi criado possui seu lugar e propósito no equilíbrio interdependente da natureza, ainda que "existam coisas de pouca utilidade imediata para o homem, hoje ou em qualquer outra época". Vulcões, cavernas e grutas eram "os artifícios da sabedoria do Criador, servindo aos grandes propósitos do globo e aos desígnios do governo de Deus".

Além do princípio da interdependência ecológica, Derham também recorria ao conceito de adaptação. Todos os animais possuíam órgãos perfeitamente adaptados a seus hábitos e habitats. Seus sistemas respiratórios, de locomoção e visão eram adequados ao meio em que viviam. Cada lago, laguna, colina e vale abrigava seu próprio grupo de árvores, arbustos, plantas e animais, "cujos órgãos vitais e funções estavam claramente adaptados a tais locais; cuja comida, saúde e todas as demais necessidades da vida podiam ser obtidas em seus lugares designados".[391]

Outro princípio ecológico presente em sua obra era o de estabilidade populacional. Cada vale, floresta ou lago deveria ser mantido em perfeito equilíbrio, de modo que o número de espécies em cada lugar permaneceria constante, e haveria "abrigo, comida e demais recursos essenciais" suficientes. A sabedoria de Deus se manifestava no "equilíbrio do número de indivíduos de cada espécie em seus respectivos habitats". Essa admirável adaptação e esse equilíbrio ecológico na natureza encontravam sua origem no grande Artífice, que não apenas concebera o mundo com propósito intencional, como também continuava a sustentar seu estado harmonioso por meio de providência constante.

O otimismo expresso por Derham sobre a aptidão e o vigor da constituição atual da terra se situava no contexto de

391. *Ibid.*, citações seguintes nas pp.166-67.

um crescente otimismo no século XVIII quanto ao progresso da raça humana como uma espécie racional, capaz de exercer controle sobre as condições ambientais. Naquela época, a ciência newtoniana oferecia uma base sólida para a religião natural, e o trabalho dos cientistas da Royal Society preenchiam lacunas nas áreas onde Newton não havia oferecido uma síntese[392] – como a história natural, a eletricidade, as reações químicas, a medicina e as artes práticas. O ateísmo passou a ser refutado com muito mais força nas palestras de Boyle, nas décadas de 1690 e 1700, do que o fora pelos platonistas de Cambridge entre 1650 e 1660 – estes ainda não contavam com a síntese newtoniana, nem com a institucionalização da ciência como ideologia que organizava outras áreas da vida humana. O argumento do desígnio e a filosofia orgânica de John Evelyn, dos platônicos de Cambridge e dos teólogos naturalistas representavam uma adaptação do organicismo ao *ethos* gerencial mecanicista e ao ideal de progresso em uma sociedade de mercado em expansão. Crescimento e comércio não deveriam ser interrompidos devido ao esgotamento de recursos, tampouco a natureza deveria ser explorada para ganhos a curto prazo. Se usada com sabedoria, e compreendida racionalmente, a abundância da natureza revelar-se-ia inesgotável.

Assim como seus antecessores do século XVII, a gestão ecológica contemporânea também submete a natureza à análise racional para um planejamento de longo prazo. Ao reduzir ainda mais a comunidade vegetal ao conceito de ecossistema, as conotações antropomórficas compartilhadas cedem lugar às descrições físicas e equações associadas a análises quantitativas. As leis termodinâmicas de transferência de energia descrevem o comportamento dos componentes físicos e bióticos dentro de uma abordagem matemática de teoria de sistemas. A ecologia reducionista de Arthur George Tansley,

392. [N.E.] A síntese newtoniana se refere a ideia de que as leis da física se aplicariam tanto no mundo terreno, quanto no mundo celestial.

desenvolvida nas décadas de 1950, amadureceu ao lado do modelo computacional do Club of Rome [Clube de Roma], responsável pelas previsões dos "limites de crescimento" para todo o sistema mundial.[393]

Contudo, o modelo reducionista dos novos ecologistas tem suas limitações. É difícil, quando não impossível, programar contextos e padrões com sucesso em um computador. Remover componentes ou abstrair dados de um contexto ambiental pode alterar o conjunto, distorcendo seu comportamento. Uma abordagem organicista em pequenas comunidades, que se baseia em tomadas de decisões humanas, dentro de uma democracia participativa – em vez de decisões centralizadas de especialistas – representa uma alternativa à ética da gestão que se desenvolveu a partir do mecanicismo do século XVII. A "ética da terra" de Aldo Leopold (1949), as "declarações de interdependência" de grupos de ação ecológica e a religião natural dos ecotopianos de Callenbach (ver capítulo 3) apresentam uma orientação de comunidade ecocêntrica alternativa à ética antropocêntrica[394] de gestão de ecossistemas.[395]

---

393. Worster, Donald, *Nature's Economy* (São Francisco, Sierra Club Books, 1977), pp. 239-42, e cap. 14; Meadows, Donella H., Meadows, Dennis L., Randers, Jorgen, Behrens III, William W., *The Limits to Growth* (Nova Iorque, Signet Books, 1972). Para uma crítica da abordagem da teoria dos sistemas para questões ambientais, ver Johnson, Huey D., "The Flaws of Rare II", *The Sierra Club Bulletin* 64 (1979), pp. 8-10.

394. [N.E.] Homocêntrica ou Concêntrica é uma visão da natureza que só considera as necessidades humanas, em detrimento das necessidades de plantas ou animais. Também pode se referir a um modelo cosmológico de esferas concêntricas, onde todas as esferas celestes estão centradas na Terra.

395. Leopold, Aldo, "The Land Ethic", *A Sand County Almanac* (Nova Iorque, Ballantine, 1970; primeira publicação em 1949), pp. 237-63; Ecology Action, "The Unanimous Declaration of Interdependence", em Roszak, Theodore (ed.) *Sources* (Nova Iorque, Harper & Row, 1972), pp. 388-89; Rolston III, Holmes, "Is There an Ecological Ethic?", *Ethics* 85, n. 2 (1975), pp. 93-109.

CAPÍTULO **11**

MULHERES NA NATUREZA

ANNE CONWAY E OUTRAS FILÓSOFAS FEMINISTAS[396]

No final do século XVII, várias reações às filosofias mecânicas de Descartes, Gassendi, Hobbes e Boyle surgiram na Europa Ocidental. Entre elas, filosofias que reafirmavam a unidade orgânica fundamental da natureza, como o Platonismo de Cambridge e o vitalismo. Os platônicos de Cambridge, Henry More e Ralph Cudworth, mantiveram a estrutura dualista da mente e da matéria assumida por Descartes e tentaram preencher essa lacuna reafirmando a existência das naturezas plásticas e do espírito da natureza como elos orgânicos. Já os vitalistas, por meio de uma redução do dualismo cartesiano à unidade monista entre matéria e espírito, afirmavam que todas as coisas possuíam vida. Entre os proponentes dessa filosofia vitalista estavam Francis Glisson, Jean Baptiste Van Helmont e seu filho, Francis Mercury Van Helmont, além da Condessa Anne Conway e de Gottfried Wilhelm von Leibniz.

Enquanto filosofia da natureza, o vitalismo, na sua forma monista, era inerentemente antiexploratório. Sua ênfase na vida de todas as coisas como gradações de alma, sua recusa em separar a matéria e o espírito, seu princípio de uma atividade imanente que permeava a natureza e sua reverência ao poder nutridor da terra conferiam-lhe uma ética do valor inerente a tudo o que é vivo. A estrutura conceitual do vitalismo continha um constrangimento normativo. Talvez não seja um acaso encontrar entre os seus defensores uma mulher filósofa, Anne Conway, e um erudito e curandeiro errante, Francis Mercury Van Helmont, ambos atraídos pelo quakerismo como alternativa moral e religiosa.

396. A análise a seguir, dedicada à Anne Conway, é uma versão adaptada de MERCHANT, C., "O Vitalismo de Anne Conway: its impact on Leibniz's Concept of the Monad", *Journal of History of Philosophy*, n. 3 (1979), pp. 255-269, publicado com a autorização do editor. Algumas partes deste capítulo também apareceram em MERCHANT, C., "The Vitalism of Francis Mercury Van Helmont", *Ambix*, n. 3 (1979), pp. 170-183.

Havia fortes semelhanças entre a dinâmica dos quatro elementos de Paracelso, o pluralismo do vivente de Jean Baptiste Van Helmont, a teoria das sementes ativas da matéria e as filosofias vitalistas do final do século XVII. Paracelso foi uma influência importante nas ideias do velho Van Helmont, cuja filosofia da unidade insolúvel do corpo e da alma foi, por sua vez, transmitida ao seu filho Francis Mercury Van Helmont e à Anne Conway.

Anne Conway, uma filósofa cujas ideias foram amplamente elogiadas e respeitadas no seu tempo, por um erro acadêmico, quase foi esquecida no nosso. Seu único livro, *The principles of the Most Ancient and Modern Philosophy* [Os princípios da Filosofia Antiga e Moderna], foi editado e publicado postumamente, em 1690, por seu amigo Francis Mercury Van Helmont. Como era comum para autoras do sexo feminino no período, seu nome foi omitido da página de rosto da edição original em latim, e os estudiosos modernos atribuíram a autoria da obra ao seu editor, Van Helmont. Em 1853, o historiador alemão da filosofia, Heinrich Ritter, baseou toda sua interpretação da filosofia do jovem Van Helmont nesse livro, sem perceber que se tratava da obra de Conway. Sua análise tornou-se a base da teoria do historiador Ludwig Stein (1890), segundo a qual Van Helmont teria transmitido a Leibniz o termo mais fundamental de toda a sua filosofia – a mônada, a força vital ativa infinitesimal de Leibniz . De fato, Van Helmont usou esse termo, mas o livro onde discutia esse conceito era aparentemente desconhecido por Heinrich Ritter. Assim, a principal evidência textual para atribuir a apropriação de Leibniz do termo "mônada" a Van Helmont – e não a Anne Conway – resultou de uma equivocada interpretação acadêmica. A omissão do nome de Conway, como uma autora mulher, na edição em latim de sua obra contribuiu para o apagamento do seu importante papel no desenvolvimento do pensamento de Leibniz.[397]

397. A tradução latina do livro de Anne Conway apareceu pela primeira vez anonimamente em uma coleção de três obras com páginas de título separadas: *Francis Mercury Van Helmont, Opuscula Philosophica Quibus Continentur Principia Philosophiae Antiquissimae et Recentissimae. Ac Philosophiae Vulgaris Refuta [Auctore J. Gironnet] Quibus sub juncta sunt cc. problemata de revolutione Animarum humanarum* (Amsterdã, 1690). Tradução para o inglês: [Anne Conway, suposta autora]. *The Principles of the Most Ancient and Modern Philosophy, Concerning God, Christ, and the Creatures, viz. of spirit and matter in general. whereby may be resolved all those problems or difficulties which neither by the school nor common modern philosophy nor by the Cartesian, Hobbesian or Spinosian could be discussed. Being a little treatise published since the author's death translated out of the English into Latin with annotations taken from the ancient philosophy of the Hebrews, and now again made into English by J. C. Medicinae professor. Printed in Latin at Amsterdam by M. Brown, 1690 and reprinted at London 1692.* [Os Princípios da Filosofia Mais Antiga e Moderna, Concernentes a Deus, Cristo e as Criaturas, a saber, do espírito e da matéria em geral. Por meio deles, podem ser resolvidos todos os problemas ou dificuldades que nem pela escola, nem pela filosofia moderna comum, nem pelas abordagens cartesianas, hobbesianas ou espinosistas poderiam ser discutidos. Trata-se de um pequeno tratado publicado após a morte do autor, traduzido do inglês para o latim, com anotações retiradas da filosofia antiga dos hebreus, e agora novamente traduzido para o inglês por J.C., professor de Medicina. Impresso em latim em Amsterdã por M. Brown, 1690 e reimpresso em Londres em 1692] (Autoria atribuída à Lady Anne Conway, tradução provavelmente de J. Crull). Esta versão em inglês é uma tradução direta do latim da edição de 1690 publicada nos *Opuscula philosophica de Van Helmont: Principia philosophiae antiquissimae et recentissimae de Deo Christ et creatura id est spiritu et materia in genere... Opusculum post humum e lingua anglicana Latinate donatum, cum annotationibus ex antiqua Hebraeorum philosophia desumtis* (Amsterdã, 1690). A introdução à tradução inglesa de 1692 afirma que o livro é obra de "uma certa condessa inglesa, mais erudita que outras mulheres, sendo muito habilidosa em latim e grego, e extremamente versada em todos os tipos de filosofia". A introdução do tradutor afirma: Estive na Holanda há algum tempo, em conferência com o renomado F. M. B. Van Helmont, então residente em Amsterdã. Nesse momento, perguntei ao referido Helmont se ele havia publicado ou pretendia publicar algum livro novo, próprio ou de outros autores. Ele imediatamente me indicou onde eu poderia obter certos livros, publicados por sua ordem, o que fiz. Dois deles estavam em latim, o outro em neerlandês; tratava-se da obra de uma condessa inglesa (após uma breve leitura), eu procurei traduzir para o inglês de uma maneira tão familiar quanto a língua permitiria convenientemente, sem abusar da autora. Heinrich Ritter erroneamente atribui os P*rincipia Philosophia* de Conway nos *Opuscula Philosophica* a Francis Mercury Van Helmont. Ver RITTER, H., *Geschichte der Philosophie* (Hamburgo, 1853), vol. 12, pp. 3-47, p. 7, nota 1. Embora Ritter tenha utilizado outros três livros de Van Helmont, a parte mais substancial de sua descrição das ideias de Van Helmont baseia-se no livro de Conway e, portanto, é quase completamente não confiável. Quanto

Francis Mercury Van Helmont, o errante "erudito cigano", conheceu Anne Conway de maneira bastante fortuita, em 1670. Ele havia viajado à Inglaterra com o objetivo de entregar a Henry More uma série de cartas da Princesa Elizabeth da Boêmia e para discutir com ele seu interesse mútuo pela Cabala – uma tradição esotérica, ocultista e mística originária da Idade Média. Sua intenção era permanecer apenas um mês no país, mas, graças aos esforços conjuntos de More e do Visconde Edward Conway, foi finalmente persuadido a viajar até Ragley, para visitar a erudita Condessa Anne Conway, a fim de tentar curar suas constantes e severas crises de enxaqueca.[398]

Anne Finch, Viscondessa de Conway (1631-1679), quando jovem, tinha sido uma das mais talentosas e brilhantes discípulas de Henry More. Ele a conheceu por intermédio do irmão de Anne, John Finch, que também foi seu pupilo no Christ College, em Cambridge. Leitora ávida de filosofia, literatura, dos clássicos, matemática e astronomia, Anne era uma interlocutora inteligente e vibrante, dotada de uma personalidade encantadora. Sua casa em Ragley Hall, em Warwickshire, tornou-se um centro intelectual onde se realizaram debates

à aceitação da interpretação de Ritter por Ludwig Stein, ver STEIN, L., *Leibniz und Spinoza* (Berlim, Reimer, 1890), p. 212, nota 1, na qual Stein cita Helmont sobre a mônada em "Princ. phil. III, p. 25 [...] angefulihrt von Ritter, *Gesch. d. Phil.* XII, 22". A referência deve-se a [Conway], *Principles*, cap. 3, sec. 9 (p. 28 na tradução inglesa). Discuto isso detalhadamente adiante.

398. NICOLSON, Marjorie, "The Real Scholar Gipsy", Yale Review (1929), pp. 347-63, ver a p. 356. Sobre a vida e filosofia de Anne Conway, consulte OWEN, Gilbert Roy, "The Famous case of Lady Anne Conway", *Annals of Medical History* n. 9 (1937), pp. 567-71; GABBEY, Alan, "Anne Conway et Henri More, Lettres sur Descartes", Archives de Philosophie 40 (1977), pp. 379-404; COUDERT, Alison, "A Quaker-Kabbalist", Journal of the Warburg and Courtauld Institutes 39 (1976), pp. 171-89, e "A Cambridge Platonist's Kabbalist Nightmare", *Journal of the History of Ideas* 36 (1975), pp. 633-52; GOTTESMAN, Alison [Coudert], "Francis Mercurius Van Helmont: His Life and Thought", tese de doutorado não publicada, Universidade de Londres, 1972; POLITELLA, Joseph, *Platonism, Aristotelianism and Cabalism in the philosophy of Leibniz* (Filadélfia, Politella, 1938), pp. 13-19, 55-57.

animados com filósofos como More, Ralph Cudworth, Joseph Glanvill, Benjamin Whichcote e o mais jovem Van Helmont.[399]

Embora atormentada por dores de cabeça crônicas que se tornaram cada vez mais frequentes e intensas - consideradas incuráveis mesmo após tentativas de tratamento pelos mais renomados médicos da Europa, como William Harvey, o notável curandeiro Valentine Greatrakes e o próprio Francis Mercury Van Helmont –, Anne Conway manteve uma vida intelectual ativa. Seu livro deu continuidade ao interesse da escola de Cambridge pelo espiritualismo, platonismo e cabalismo, revelando também a influência de Van Helmont. Mais fiel à tradição platônica do que os escritos de seus colegas More ou Cudworth, a obra foi muito mais abrangente em sua rejeição do cartesianismo e em sua adoção do vitalismo.

A estadia de um mês que Van Helmont planejara na Inglaterra transformou-se em oito anos, durante os quais ele permaneceu com Lady Conway. Embora não tenha conseguido aliviar suas terríveis dores de cabeça, abriu novos e estimulantes caminhos intelectuais para a mente. Henry More também passou muito tempo por lá, experimentando com Van Helmont no laboratório que o alquimista errante montara, e discutindo textos hebraicos e cabalísticos. Sempre que Lady Conway estava muito doente para ler, Van Helmont lia para ela diversos livros e panfletos, e relatava as atividades de um grupo de quakers que se reunia nas proximidades de Ragley. Sob sua influência, ela começou a estudar os textos dos quakers, behmenistas (seguidores da filosofia de Jacob Boehme), seekers (Buscadores) e familistas (seguidores da filosofia de Henry Nicholis) - seitas religiosas que haviam florescido durante o período da Guerra Civil Inglesa.

More e Conway debateram a filosofia de Jacob Böhme e dos familistas em suas cartas durante os anos de 1667 a 1670.

399. NICOLSON, Marjorie, *Conway Letters: Correspondence of Anne, Viscountess Conway, Henry More and their friends, 1642-1684* (New Haven, Yale University Press, 1930), pp. 1-9, 39-51, 116-18, 244-61, 316-18, 381-83, 407-8. COUDERT, "Kabalist Nightmare".

Enquanto More demonstrava ceticismo quanto à negligência do poder da razão por parte dos behmenistas e familistas, lamentando sua tendência ao entusiasmo, Anne Conway mostrava-se simpática a essas correntes. Por considerar os quakers "pessoas quietas", ela os empregava como servos e também emprestava sua casa para suas reuniões. Conway fez amizade com figuras centrais do movimento quaker - George Fox, George Keith, Isaac Pennington e Charles Lloyd - e manteve correspondência com William Penn. Para o desespero de Henry More, que associava os quakers aos ranters, seekers, familistas e outros entusiastas dos anos da Guerra Civil, tanto ela quanto Van Helmont aderiram ao quakerismo - Van Helmont na primavera de 1676, e Conway, ao que tudo indica, desde 1677.

Os quakers, mais do que qualquer outra seita protestante, garantiam plena igualdade às mulheres e aos homens. O quakerismo, surgido do descontentamento com o Puritanismo, começou a se espalhar pelo sul e leste da Inglaterra por volta de 1655, difundido não apenas por homens, mas também por mulheres pregadoras, como Anne Blaykling, Mary Fisher, Dorothy Waugh, Jane Waugh e Mary Pennington. Mulheres, algumas das quais deixaram suas famílias para trás, tornaram-se pregadoras itinerantes, levando a mensagem quaker não apenas por toda a Inglaterra, mas até mesmo ao Império Otomano. Sob a liderança de George Fox, casas de reunião separadas, administradas e frequentadas exclusivamente por mulheres foram estabelecidas em toda a Inglaterra.[400]

Os quakers enfatizavam a presença interior de Deus, o Cristo vivo dentro de cada indivíduo, e a vitalidade da palavra viva, em oposição à estagnação da tradição e à inércia da palavra escrita. Eles faziam distinção entre a figura histórica

400. VANN, Richard T., "Toward a New Lifestyle: Women in Preindustrial Capitalism", em BRIDENTHAR, Renate e KOONZ, Claudia (ed.), Becoming Visible (Boston, Houghton Mifflin, 1977), pp. 210-11. VANN, R.T., *The Social Development of English Quakerism, 1655-1755* (Cambridge Harvard University Press, 1969), pp. 1, 10, 15, 32.

de Cristo, que havia morrido, e a voz do Cristo vivo e vital em cada ser.

Van Helmont, George Keith e Anne Conway identificaram muitas semelhanças entre a Cabala e os princípios quakers da "luz interior", do "Cristo interno" e da trindade cristã. Os três colaboraram ao longo de um período de quatro anos no tratado intitulado *Two Hundred Queries [...] Concerning the Doctrine of the Revolution of Humane Souls* [Duzentas Questões... Sobre a Doutrina da Revolução das Almas Humanas] (1684). Nos anos subsequentes, este livro se tornou motivo de controvérsia entre os quakers e Van Helmont Keith, devido à ênfase que estes dois davam à transmigração das almas e à realidade da figura histórica de Cristo.[401]

Durante sua estadia em Ragley, Van Helmont também escreveu seu *Cabbalistical Dialogue* [Diálogo Cabalístico], posteriormente incluído na obra *Kabbalah Denudata* [Cabala Revelada], de Knorr von Rosenroth, em 1677. O manuscrito de Anne Conway, escrito durante este período (provavelmente em 1672 ou 1673), carrega a influência de Van Helmont. Após sua morte em fevereiro de 1679, seu caixão foi gravado com a inscrição "*Lady Quaker*" [Dama quaker]. Van Helmont retornou ao continente, levando consigo o manuscrito, que foi publicado na Holanda em 1690, em latim, e em 1692, em inglês.[402]

Em março de 1696, Van Helmont chegou a Hanover, onde permaneceu por vários meses, encontrando-se com Leibniz todas as manhãs às nove horas para discussões filosóficas.

401. GOTTESMAN, A. [Coudert] "Francis Mercurius Van Helmont", pp. 463, 584-85, 597.

402. ROSENROTH, Knorr von (ed.), "Kabbalah Denudata", 3 volumes (Sulzbach, 1677-1678), volume 1, parte 2, p. 308. VAN HELMONT, Francis Mercury, *A Cabbalistical Dialogue in Answer to the Opinion of a Learned Doctor in Philosophy and Theology that the World Was Made of Nothing. As it is Contained in the Second Part of the Cabbala Denudata and Apparatus in Lib. Sohar, p. 308 etc., 1677. To Which ls Subjoyned a Rabbinical and Paraphrastical Exposition of Genesis I, Written in High Dutch by the Author of the Foregoing. Dialogue, First Done into Latin but Now Made into English* (Londres, Clark, 1682); NICOLSON, *Conway Letters*, p. 453.

Segundo Leibniz, Van Helmont se sentava à mesa de trabalho como um professor, enquanto ele era o aprendiz, frequentemente o interrompendo para pedir maiores esclarecimentos. Van Helmont lhe narrou a história da "mulher extraordinária", a Condessa de "Kennaway", e detalhou seus próprios relacionamentos intelectuais com Henry More e John Locke. Foi por meio dessas conversas que Leibniz tomou conhecimento da metafísica de Anne Conway e de seus estudos de Platão, Plotino e da Cabala.[403] Após ler o livro de Anne Conway, Leibniz afirmou, em uma carta enviada em 1697 ao teólogo inglês Thomas Burnet (1635-1715):

> Minhas visões filosóficas se aproximam, de certa forma, das da falecida Condessa de Conway, e ocupam uma posição intermediária entre Platão e Demócrito. Isso porque defendo que todas as coisas ocorrem mecanicamente, conforme Demócrito e Descartes argumentam contra as visões de Henry More e seus seguidores. Contudo, sustento também que tudo acontece de acordo com um princípio vital e com causas finais; todas as coisas estão repletas de vida e consciência, ao contrário dos pressupostos dos atomistas.[404]

Mais tarde, Leibniz escreveria com elogios e aprovação sobre a Condessa Anne Conway e Van Helmont, embora considerasse este último, por vezes, um personagem curioso e quixotesco. Nos *New Essays Concerning Human Understanding* [Novos Ensaios sobre o Entendimento Humano], iniciados em 1697 e publicados postumamente em 1765, Leibniz sugeriu que ambos explicavam a doutrina do vitalismo de forma mais consistente que seus predecessores renascentistas, e que ele próprio acreditava ser necessário:

> compreender racionalmente aqueles que atribuíram vida e percepção a todas as coisas, como Cardano, Campanella, e

403. LEIBNIZ, Gottfried Wilhelm von, *Correspondance de Leibniz avec l'Electrice Sophie de Brunswicke-Lunebourg*, KLOPP, O. (ed.) (Hanover, 1874), vol. 2, p. 8, carta de setembro de 1696; LEIBNIZ, G.W., *Philosophischen Schriften*, GERHARDT, C.I. (ed.) (Berlim, 1875-1890), vol. 3, pp. 176, 180; POLITELLA, p. 16; Nicolson, *Conway Letters*, p. 455.

404. LEIBNIZ, *Philosophischen Schriften*, vol. 3, p. 217.

> melhor que eles, a falecida Condessa de Connaway, uma platônica, e nosso amigo, o falecido M. François Mercure Van Helmont (embora em outros aspectos repleto de paradoxos incompreensíveis), junto com seu amigo, o falecido Sr. Henry More.[405]

Os elementos do sistema de Conway exerceram influência significativa sobre um período crucial da trajetória intelectual de Leibniz, culminando na escrita de sua *Monadology* [Monadologia] (1714).

O VITALISMO MONISTA DE ANNE CONWAY

Enquanto os cartesianos e os platônicos de Cambridge, como More e Cudworth, defendiam o dualismo, Anne Conway, assim como Van Helmont, adotava uma perspectiva monista. Em sua filosofia, não havia diferença essencial entre espírito e corpo, sendo ambos interconversíveis. Em tais aspectos, suas ideias se afastavam nitidamente das de Descartes, assim como das de More e Cudworth. Em seu sistema filosófico, corpo e espírito não eram entidades contrárias, mas formas diferentes de uma mesma essência fundamental. Corpo era espírito condensado e espírito era corpo sutil e volátil. Essa perspectiva desafiava diretamente as noções estabelecidas por More, que via corpo e espírito como entidades opostas em sua natureza, o primeiro impenetrável e divisível, o outro penetrável e indivisível. Para Conway, a matéria não era morta, "estúpida" e desprovida de vida, como Descartes e os platônicos de Cambridge pensavam. Havia, ao contrário, uma ligação íntima e uma unidade orgânica entre os dois. Corpo e alma eram da mesma substância e natureza, ainda que a alma se destacasse em aspectos como rapidez, penetrabilidade e vida.[406]

405. LEIBNIZ, G.W., *New Essays Concerning Human Understanding* (escritos em 1697), LANGLEY, A.G. (trad.) (Lasalle, Open Court, 1949; primeira publicação em 1765), p. 67.

406. CONWAY, *Principles*, pp. 140, 147, 104, 126, 132.

Se, como afirmava More, o espírito era o princípio do movimento na matéria morta e desorganizada, e se possuía a capacidade de ver, ouvir e sentir por si mesmo, então não dependeria de um corpo nem de órgãos sensoriais. No entanto, como a alma experimentava dor e tristeza quando o corpo era cortado ou ferido, isso indicaria que ambos estariam interligados e que não seriam substâncias distintas. Caso contrário, a alma, como uma substância independente, poderia simplesmente afastar-se do sofrimento de um corpo danificado e, assim, permanecer insensível a ele.[407]

A ruptura de Conway com Descartes e os outros platônicos de Cambridge foi ainda mais acentuada na questão do dualismo. Ela insistia que sua filosofia não era uma reformulação do cartesianismo sob nova forma, como considerava ser o caso de seus amigos, mas fundamentalmente anticartesiana:

Primeiramente, no que diz respeito à filosofia cartesiana, esta afirma que todo corpo é uma mera massa morta, não apenas desprovida de qualquer forma de vida e sensação, mas completamente incapaz disso por toda a eternidade; este grande erro também deve ser atribuído a todos aqueles que afirmam que corpo e espírito são coisas contrárias e não conversíveis um no outro, a ponto de negar a um corpo toda a vida e sensação.[408]

Corpo e espírito poderiam ser convertidos entre si porque eram da mesma substância e diferiam apenas quanto ao modo. As distinções feitas entre os atributos da matéria como impenetrável e extensa, e do espírito como penetrável e inextenso, não poderiam ser atribuídas respectivamente a duas substâncias separadas. O corpo era simplesmente a parte mais grosseira de uma coisa e o espírito, a mais sutil. A penetração de espíritos dentro de um corpo fazia-o inchar e se expandir, uma alteração que poderia, ou não, ser visível aos sentidos. Assim como espírito e corpo poderiam interpenetrar-se, um

407. *Ibid.*, pp. 127-28, 132.

408. *Ibid.*, p. 147.

corpo ou espírito menos grosseiro poderia penetrar um mais grosseiro. A penetrabilidade, assim como outras propriedades dos objetos (calor, peso e solidez), era relativa. Os dualistas "ainda não provaram que corpo e espírito são substâncias distintas".[409]

Matéria e espírito estavam unidos como dois aspectos diferentes de uma mesma substância. A divisão em partes, normalmente atribuída aos corpos, era igualmente uma característica do espírito. Assim como os corpos eram compostos de corpos menores, o espírito humano consistia de vários espíritos subordinados a um espírito governante. Em contrapartida, movimento e forma, supostamente atributos da matéria extensa, aplicavam-se igualmente ao espírito, pois este era ainda mais móvel e modelável que o corpo.[410]

Essa e outras ideias em seu tratado foram extraídas de obras sobre a Cabala incluídas na *Kabbalah Denudata*, como a *Philosophia Kabbalistica Dissertatio* [Dissertação de Filosofia Cabalística] e a *Adumbratio Kabbalae Christianae* [Esboço da Cabala Cristã]. Em *Kabbalah Denudata*, o espírito era definido como a capacidade de expandir-se ou contrair-se emitindo luz a partir de um centro, enquanto a matéria era descrita como um "centro nu ou um ponto sem irradiação".[411] O interesse pela literatura cabalística era intenso entre os membros da escola de Cambridge, e tanto More quanto Cudworth chegaram a ver Descartes como o restaurador da verdadeira filosofia de Moisés. Uma das obras menos apreciadas pelos estudiosos modernos, a *Conjectura Cabbalistica* [Conjectura Cabalística] (1653) de More, escrita antes de seu contato com o Zohar e admitidamente produto de sua própria imaginação, exerceu, no entanto, importante influência sobre John Milton. More posteriormente repudiou a Cabala em um tratado da *Kabbalah Denudata*, intitulado "Os Fundamentos da

409. *Ibid.*, p. 82, 112, 114-15, 106-7, 110.

410. *Ibid.*, pp. 118, 123, 107.

411. *Ibid.*, p. 113. Ela cita *Kabala Denudata*, vol. 2, Tratado Ult., p. 6, sec. 13.

Filosofia". Contudo, a Cabala serviu como importante fonte de validação para aqueles filósofos que desejavam restaurar vida e espírito ao mundo morto dos mecanicistas. Cudworth, More e Conway utilizaram-na para argumentar que a antiga sabedoria antiga - que percebia uma unidade e vitalidade totais no universo - constituía o verdadeiro conhecimento, enquanto o mundo mecânico morto dos modernos era uma distorção que enfatizava apenas o aspecto atomístico da antiga gnose.[412]

Assim como More e Cudworth, Lady Conway divergia de Descartes no que diz respeito ao mecanismo cósmico e animal. Embora Descartes houvesse descoberto muitas leis mecânicas, a natureza não era uma máquina, mas um corpo vivo: "E ainda assim, na natureza e em suas operações, elas (as operações naturais) são muito mais do que meramente mecânicas [...] como o relógio, no qual não há princípio vital de movimento; mas sim um corpo vivo, dotado de vida e sensação, corpo este infinitamente mais sublime que um mero mecanismo ou movimento mecânico".[413] Da mesma forma, os animais não eram máquinas, compostos "apenas de tecido simples" ou "matéria morta", mas possuíam espíritos dentro de si, "com conhecimento, sensação amor e diversas outras faculdades e propriedades de um espírito".[414]

---

412. MORE, Henry, *Conjectura Cabbalistica: or a Conjectural Essay of Interpreting the Mind of Moses, in the Three First Chapters of Genesis, According to a Threefold Cabbala: viz. Literal, Philosophical, Mystical, or, Divinely Moral* (publicado em 1653), em *A Collection of Several Philosophical Writings of Dr. Henry More* (Londres, 1712). Sobre esta obra, consulte NICOLSON, Marjorie, "Milton e a Conjectura Cabalistica", *Philological Quarterly 6* (1927). pp. 1-18; GOTTESMAN [Coudert], "Francis Mercurius Van Helmont", pp. 519, 526, 536; NICOLSON, *Conway Letters*, p. 83, carta de 9 de agosto de 1653. Sobre o interesse de Cudworth, More e Conway na "filosofia antiga", ver ASPELIN, Gunnar, "Ralph Cudworth's Interpretation of Greek Philosophy", em *Acta Universitatis Götoburgensis, Göteborgs Högskolas Arsskrift* 49, n. 1 (1943), pp. 1-47; MCGUIRE, J.E. e RATTANSI, P.M., "Newton and the Pipes of Pan", *Notes and Records of the Royal Society* 21 (1966), pp. 108-43; POLITELLA, *Platonism, Aristotelianism, and Cabalism.*

413. CONWAY, p. 148.

414. *Ibid.*, pp. 60, 120.

Um átomo individual de matéria morta, o elemento fundamental dos mecanicistas, nunca poderia, se isolado, desenvolver-se ou aperfeiçoar-se, pois um átomo não possuía movimento interno e nem capacidade de sensação. Desprovido de visão, paladar ou audição intrínsecos, nada poderia receber do exterior.

Assim como outros organicistas de sua época, Conway fundamentou seu sistema de criação não na máquina, mas na grande cadeia hierárquica do ser, adaptada para incorporar uma evolução ou transmutação para formas superiores, com base na aquisição de bondade e perfeição. Conway negava que quaisquer essências criadas pudessem atingir a essência de Deus, infinitamente perfeita, embora dentro da criação houvesse uma ascensão na escala dos seres. Poeira e areia eram capazes de sucessivas transmutações para pedras, terra, grama, ovelhas, cavalos, humanos e os espíritos mais nobres, de modo que, após um longo período, poderiam alcançar as perfeições comuns às criaturas mais elevadas; ou seja, "sensação, sentimento e conhecimento, amor, alegria e fruição; e todo tipo de poder e virtude".[415]

A criação era como uma escada cujos degraus eram espécies colocadas a distâncias finitas, nunca infinitas, uma da outra. Assim,

> as pedras se transformam em metais, e um metal em outro; mas para que ninguém alegue que são apenas corpos inertes desprovidos de espírito, observamos o mesmo não apenas em vegetais, mas também em animais. Assim, cevada e trigo são convertíveis um no outro, e frequentemente são de fato assim alterados [...] E entre os animais, vermes se transformam em moscas, e animais e peixes que se alimentam de outras espécies diferentes mudam conforme sua própria natureza e espécie.[416]

415. *Ibid.*, pp. 152-53, 155, 69.

416. *Ibid.*, pp. 64-65.

Ela acreditava que isso estava de acordo com o relato bíblico de que as águas produziram aves e peixes, e a terra, bestas e seres rastejantes, por ordem do Criador.

A transmutação dos espíritos em novos corpos após a morte era realizada pela natureza plástica da alma, conceito obtido de More e Cudworth, que levantava a hipótese de uma força capaz de moldar a matéria em novas formas:

> E quando o referido espírito brutal retorna novamente a algum corpo, e agora tem domínio sobre ele, de modo que sua faculdade plástica tem a liberdade de formar um corpo segundo sua própria ideia e inclinação (o que antes, no corpo humano, não possuía); segue-se necessariamente que o corpo formado por este espírito vital será bestial, e não humano. Porque sua faculdade plástica é governada por sua imaginação, que imagina a si mesmo ou concebe com máxima intensidade sua própria imagem, à qual o corpo externo é forçosamente obrigado a se conformar.[417]

Leibniz, que se diferenciou de Conway e Van Helmont nesse ponto, não apenas argumentou contra a transmigração ou metempsicose nos animais, mas também contra a ideia de naturezas plásticas. Naturezas plásticas não poderiam mover, alterar ou mudar a direção de um corpo, uma vez que todo movimento estaria de acordo com o sistema de harmonia preestabelecida. Em uma carta de 1710, ele declarou as naturezas plásticas uma teoria ultrapassada.[418]

Anne Conway opôs-se radicalmente a Hobbes e Espinosa, que haviam reduzido a natureza a um materialismo monista que negava qualquer distinção entre Deus e sua criação. Assim como Conway, eles aceitavam a interconvertibilidade

417. *Ibid.*, p. 70.

418. LEIBNIZ, G.W., "Considerations on Vital Principles and Plastic Natures, by the Author of the System of Pre-Established Harmony" (escrito em 1705), *Philosophischen Schriften*, vol. 6, p. 539; tradução para o inglês: LOEMKER, Leroy E. (ed. e trad.), *Philosophical Papers and Letters*, 2 vols. (Chicago, University of Chicago Press, 1956), vol. 2, p. 954; HUNTER JR., William B., "The Seventeenth Century Doctrine of Plastic Natures", *Harvard Theological Review* 43 (1950), p. 212; LEIBNIZ, G.W., *Opera Omnia*, DUTENS, Ludovici (ed.) (Genebra, 1768), vol. 5, p. 359.

de todas as coisas, mas o seu materialismo não admitia distinção entre formas inferiores e superiores, e por isso viam Deus como interconvertível com espécies corpóreas. Para Conway, a sensação e o conhecimento eram muito mais nobres do que a redução hobbesiana ao movimento mecânico de corpúsculos poderia admitir. A ação vital ocorria por meio da presença intrínseca, um tipo de penetração mais sutil do que a ação mecânica. Como toda a criação estava viva, cada movimento dentro dela era vital – "um movimento de vida" ou "virtude vital". Todos os corpos possuíam "não apenas quantidade e figura, mas também vida". Eram "não apenas local e mecanicamente, mas também vitalmente móveis" e poderiam "receber e transmitir ação vital". Textos do Antigo e do Novo Testamento apoiavam sua visão de que "todas as coisas têm vida e realmente vivem em algum grau ou medida".[419]

Em grande parte de sua discussão sobre a vitalidade espiritual essencial de todo o mundo, o pensamento de Anne Conway convergia com o de Leibniz, razão pela qual ele a tinha em alta estima. Como Leibniz, que acreditava que em cada porção de matéria havia um mundo inteiro de criaturas, cada uma contendo dentro de si também um mundo completo, Anne Conway escreveu que "em toda criatura, seja ela um espírito ou um corpo, há uma infinidade de criaturas, cada uma das quais contém uma infinidade, e assim por diante, *ad infinitum*".[420]

Como Leibniz, que escreveu que não havia nada morto ou ocioso no universo, Conway questionou: "Como pode ser que qualquer coisa morta proceda dele, ou seja criada por ele, como é o mero corpo ou matéria [...]? Diz-se verdadeiramente que Deus não criou a morte, e é verdade que ele não fez coisa alguma morta: pois como pode uma coisa morta depender d'Aquele que é vida e caridade?" A morte não seria

419. CONWAY, pp. 148, 159, 165, 168, 143.

420. LEIBNIZ, *Philosophischen Schriften*, vol. 3, p. 217; LEIBNIZ, "The Monadology", em *Philosophischen Schriften*, vol. 6, pp. 607-23, sec. 66, 67; CONWAY, p. 20.

aniquilação, mas “uma mudança de um tipo e grau de vida para outro”. Um corpo morto não podia receber bondade nem se aperfeiçoar de forma alguma; mudanças no movimento ou na forma não o ajudariam a alcançar a vida ou aprimorar-se intrinsecamente. Essa ideia ecoava na afirmação de Leibniz de que “toda coisa possível tem o direito de aspirar à existência na proporção da quantidade de perfeição que ela contém em germe”.[421]

Assim como Leibniz enfatizava a interconexão de todos os espíritos (ou mentes) em uma “espécie de comunhão com Deus”, de modo que a totalidade compunha a *Cidade de Deus*, Lady Conway baseou seu sistema na interdependência de todas as criaturas sob Deus em uma “certa sociedade ou comunhão [...] por meio da qual subsistem mutuamente, de modo que uma não pode viver sem a outra”. Cada criatura tinha um “espírito central ou governante” com domínio sobre os outros espíritos que a compunham. “A unidade dos espíritos que compõem ou constituem este centro ou espírito governante é mais firme e tenaz do que a de todos os outros espíritos; que são, por assim dizer, os anjos ou espíritos servidores de seu príncipe ou capitão”. Semelhante a isso era a mônada dominante de Leibniz unificando as mônadas simples.[422]

Todavia, ao contrário de Leibniz, que defendia um sistema de harmonia preestabelecida para resolver o problema do dualismo entre corpo e espírito, e de More e Cudworth, que usavam naturezas plásticas para unificar os dois mundos, Conway seguiu a *Kabbalah Denudata* e o antigo sistema dos hebreus. Ela argumentava que a alma era da mesma substância e natureza que o corpo, “embora fosse infinitamente mais excelente em termos de vida e espiritualidade, bem como de rapidez de movimento, penetrabilidade e diversas outras perfeições”. Entre os dois extremos dos corpos grosseiros e sutis

421. LEIBNIZ, “The Monadology”, seção 69, 54; CONWAY, pp. 93, 144, 96-97.

422. LEIBNIZ, “The Monadology”, seções 84-86, 1, 2, 70; CONWAY, pp. 122, 123.

estavam os "espíritos intermediários", que ou uniam corpo e alma ou, quando ausentes, dissolviam sua unidade. Da mesma forma, Jesus Cristo funcionava como uma natureza intermediária, ou meio, que unia a alma humana a Deus.[423]

O vitalismo de Anne Conway representou uma reação influente contra as ideias dos mecanicistas. Ela conhecia muito bem, e criticava severamente, as ideias de seus adversários – Descartes, Hobbes e o filósofo holandês Benedictus Spinoza (1632-1677) –, bem como de seus professores e amigos, More e Cudworth. Ritter – quem, como vimos, atribuiu erroneamente o trabalho de Conway a Van Helmont –, percebeu em os *Princípios* uma batalha aguerrida contra a filosofia cartesiana do dualismo e contra os fundamentos da física mecânica em geral.[424] Dos dois vitalistas, Conway possuía uma mente muito mais rigorosa, crítica, e menos entusiasta que Van Helmont. Por essas razões, além da compatibilidade de suas ideias com as suas próprias, Leibniz considerou seu trabalho mais "extraordinário" e menos "paradoxal' que o de Van Helmont.

No entanto, a filosofia de Anne Conway não ultrapassou os limites das categorias da filosofia da substância dentro das quais ela trabalhava. Sua resolução monista para o problema mente-corpo, embora mais parcimoniosa que o dualismo de Descartes, consistia simplesmente na redução de toda a realidade à categoria idealista de espírito. Ao negar a validade do corpo como categoria explicativa, sua estrutura filosófica mostrou-se incapaz de fornecer uma descrição satisfatória dos fenômenos empíricos. O sistema de Leibniz, de harmonia preestabelecida e "fenômenos bem fundamentados" que obedeciam às leis mecânicas também estava longe de encontrar uma solução; mas Conway nem sequer tentou abordar a questão dos corpos e suas interações.

Além disso, suas premissas sobre a transmigração das almas e os conceitos de "naturezas intermediárias", nature-

423. CONWAY, pp. 132, 132, 36, 136.

424. RITTER, vol. 12, pp. 26, 27, 30.

zas plásticas e virtudes vitais, que compunham o núcleo de seu vitalismo, não se baseavam nem em uma consistência lógica rigorosa nem em evidências empíricas sólidas – um problema que continuaria enfraquecendo os argumentos dos vitalistas e holistas dos séculos XIX e XX, como o biólogo alemão Hans Driech, o filósofo francês Henri Bergson e o estadista sul-africano Jan Christiaan Smuts. Assim como outros protagonistas nos debates mecanicistas-vitalistas que perduraram desde o surgimento do mecanicismo, seu vitalismo baseava-se em compromissos metateóricos. Sua filosofia se insere em uma tradição científica pós-cartesiana que opera sob a premissa de que o vivo e o não-vivo constituem duas categorias fundamentais da realidade.[425] Seu compromisso com o espírito como solução para o dilema dualista derivava não apenas da lógica das alternativas filosóficas, mas também de necessidades psicológicas relacionadas à sua saúde física e à sua adoção do quakerismo como refúgio espiritual acolhedor para mulheres.

AS MÔNADAS DE CONWAY, VAN HELMONT E LEIBNIZ

Em setembro de 1696, após a chegada de Van Helmont a Hanover, surge nos escritos de Leibniz o primeiro uso do termo *mônada* para caracterizar seu conceito de "substância individual". Durante longas conversas com Leibniz e a Princesa Sofia, eleitora de Hanover, Van Helmont discorreu sobre suas próprias ideias, as de Anne Conway e as da *Kabbalah Denudata* de Knorr von Rosenroth – conversas que

425. Sobre os debates mecanicistas-vitalistas, ver HEIN, Hilda, "Mechanism and Vitalism as Theoretical Commitments", *The Philosophical Forum* 1, n. 1, nova série (1968), pp. 185-205; HEIN, Hilda, "The Endurance of the Mechanism-Vitalism Controversy", *The Journal of the History of Biology* 5, n. 1 (1972), pp. 159-188; WHEELER, L.R., *Vitalism: Its History and Validity* (Londres, Witherby, 1939).

Leibniz considerou "muito instrutivas", em contraste com os livros de Van Helmont, que lhe pareciam mais enigmáticos.[426]

Antes de 1696, Leibniz havia usado termos como *entelechie* (enteléquia), *formes substantielles* (formas substanciais), *unite substantielle* (unidade substancial), *point metaphysical* (ponto metafísico), e *forces primitives* (forças primitivas), de forma intercambiável, como sinônimos de "substância individual". No entanto, em 1696, os elementos díspares de sua metafísica coalesceram quando ele passou a empregar o conceito de mônada para representar uma entidade individual independente – uma substância dotada de percepção e atividade – que existia em um estado de acomodação e consenso com outras substâncias.

Uma teoria apresentada por Dühring, em 1869, sugeria que Leibniz havia baseado todo o seu sistema no livro *De Maximo et Minima* [Sobre o Máximo e o Mínimo], de Giordano Bruno, e tinha adotado o termo mônada de seu trabalho De Monade [Sobre a Mônada]. A influência de Bruno sobre Leibniz foi rastreada até Nicolau de Cusa, de quem Bruno teria obtido o termo. No entanto, Ludwig Stein observou que Leibniz menciona o nome de Bruno apenas em 1666, 1682 e 1690. Em 1691, Leibniz faz referência ao De Monade de Bruno, mas não parece conhecer sua doutrina por completo. Embora a filosofia de Leibniz sobre a substância individual e a força imaterial já estivesse bem desenvolvida nessa época, ele não menciona a obra de Bruno nem adota o termo *mônada* até

426. LEIBNIZ, Opera Omnia, vol. 6, p. 70; LEIBNIZ, *Philosophischen Schriften*, vol. 3, p. 427; LEIBNIZ, *Philosophical Papers*, vol. 2, p. 1027; *New Essays*, p. 67. Leibniz visitou Knorr von Rosenroth em 1688. Ele mencionou a amizade de Helmont com ele em uma nota: "Foi o Sr. Knorr de Sulzbach quem disponibilizou a Cabala ao público e, embora o Sr. Helmont tenha contribuído e incentivado, são propriamente os sentimentos do Sr. Knorr, com os quais o Sr. Helmont nem sempre concorda, como ele mesmo me disse." FELLER, *Joachimus, Otium Hanoveranum*, 2 ed. (Leipzig, 1719), p. 217, n. 163. Ver também POLITELLA, pp. 13-19; STEIN, pp. 194, 206. Sobre o conceito de substância individual de Leibniz, ver HACKING, Ian, "Individual Substance", em LEIBNIZ, *A Collection of Critical Essays*, FRANKFURT, Harry G. (ed.) (Garden City, Doubleday, 1972), pp. 139-153.

1696, cinco anos após o período de maior influência de Bruno na doutrina da mônada. Na verdade, Leibniz demonstrava tão pouca familiaridade com os escritos de Bruno que, em 1708, ao escrever para La Croze, ele erroneamente cita o título de *Lo Spaccio* [Expulsão], de Bruno, como *Specchio* [Espelho].[427]

O termo mônada, que já havia aparecido nos escritos de Anne Conway, Van Helmont e no *Kabbalah Denudata*, provavelmente chamou a atenção de Leibniz durante suas conversas com Van Helmont. Em seus *Principles* [Princípios], Conway havia escrito

> Como já foi dito anteriormente, Deus não pode agir contra sua própria sabedoria e bondade, ou qualquer um de seus atributos. (A divisão matemática das coisas nunca se estende ao infinito; mas as coisas podem ser fisicamente divididas em suas partes mais ínfimas; como quando a matéria concreta é tão dividida a ponto de as partes se tornarem mônadas físicas, como ocorre em seu estado primordial de materialidade. Sobre a produção de matéria, consulte *Kab. denud., Tom.* I, Parte 2, p. 310 e seguintes e *Tom.* 2, o último Tratado, p. 28, Número 4,5. Nesse estado, a matéria está novamente pronta para retomar sua atividade e transformar-se em espírito, como acontece em nossos alimentos).[428]

---

427. Sobre os estudos em torno da tese de Bruno e a refutação de Stein, ver STEIN, pp. 198, 201, 204, 206. Leibniz referiu-se ao livro *De Monade* de Bruno da seguinte maneira: "Jordani Bruni, Nolani, de Monade Numero et figura liber, de minimo, magno, et mensura. Item de innumeralibus, immenso et insigurabili, seu de universo et mundis libri octo" (FELLER, p. 142). Em outra instância, Leibniz referiu-se a Bruno como o nativo de Nola que passou muito tempo na Alemanha e cujas opiniões sobre as pluralidades de mundos e a extensão indefinida do universo se aproximavam muito das de Descartes (FELLER, p. 142).

428. CONWAY, *Principles*, p. 28. Tanto Ritter quanto Stein atribuíram esta passagem a Van Helmont, que apenas editou a edição em latim dos *Principia Philosophiae* de Conway contida no *Opuscula Philosophica* de 1690. A passagem é citada na íntegra com a omissão das fontes do *Kab. Denud.* da edição em latim de 1690 em RITTER, vol. 12, p. 22, e em STEIN, p. 212, nota 1. Em seu texto, Stein afirmou: "Sicherlich ist diese physiche monade van Helmont's noch recht weit von der metaphysischen des Leibniz entfernt, wenn auch beide Denker gleicher weise die Bezeichnung der Substanz als mathematischen Punktes ablehnen". [Aliás, esta mônada física de Van Helmont ainda está muito longe da metafísica de Leibniz, embora estes dois pensadores rejeitem igualmente a designação de substância como um ponto matemático].

As passagens da *Kabbalah Denudata* citadas por Conway sustentavam que a matéria surgira de uma coalizão de mônadas espirituais em estado de inatividade, ou estupor, a partir do qual o mundo material se constitui. Ao decair para esse estado, essas mônadas materiais retêm parte da luz original, de modo que, quando estimuladas de forma específica, emitem radiações características da matéria e das sementes das várias classes de animais, plantas e objetos inanimados. A matéria, assim, compõe-se de mônadas singulares, privadas de movimento autônomo, mas dispostas a ele graças à sua capacidade de iluminar e irradiar.[429]

Essas mônadas indivisíveis, fundamento de toda a vida, aproximavam-se da concepção leibniziana de substância individual. Por meio de sua relação pessoal com Knorr von Rosenroth, Leibniz conheceu a *Kabbalah Denudata* e *The Cabbalistical Dialogue* [O Diálogo Cabalístico], de Van Helmont. Nele, Van Helmont havia afirmado:

---

429. As referências de Conway eram a Francis Mercury Van Helmont em *Kabbala Denudata*, vol. 1, p. 310: "Dom materiam factam statuerem e coalitione *monadum* spiritualium torpentium" [ênfase adicionada] e a Knorr von Rosenroth, "*Adumbratio Kabbalae Christianae*", *Kabbala denudata, Tom.* 2, último tratado, [publicado no vol. 3], p. 28; Número 4: "[...] *id est naturas has, quae fact a sunt monades materiales, e quibus deinde combinatis fact a est mundi materialis creatio*" [isto é, as naturezas que se tornaram mônadas materiais, das quais, em seguida, a criação do mundo material foi feita pela sua combinação]; Número 5: "*Sicut autem de vasis illis de/apsis dicitur, quod prolapsa sint in lucem sibi proprtam, qua inte/ligerent , et amarent se ipsas [...] hinc patet etiam monadibus istis materialibus remansisse, partim lucem aliquam pro priam (quae si excitetur certo modo suos iterum posset emittere radios, ad quam pertinent formae materialis et seminales tam inanimatorum quam plantarum et brutorum) partim aliquam ad minimum ad istam eradiatiorem tendentiam*" [Embora se diga que elas emanam desses vasos, para deslizarem em direção à sua própria luz, para que se entendam e se amem, também é evidente que nessas mônadas materiais permanece em parte uma certa luz própria (aquela da qual dependem as formas materiais e seminais, tanto nos seres inanimados como nas plantas e nos animais, que, se fosse excitada de alguma forma, poderia emitir seus raios) e em parte pelo menos alguma tendência a essa irradiação.] Ibid., p. 29, lê-se, "*Deinde dicatur-materia in eo consistere quod singulae monades puncta saltem sint, motu proprio destituta, sed ad eundem prona; lucisque et eradiationis capacia.*" [Portanto, pode-se dizer que a matéria consiste naquilo para o qual pelo menos cada uma das mônadas é estimulada, desprovida de movimento próprio, mas tendendo para ele, capaz de emitir luz e radiação].

> Eis as nossas posições: (1) O criador primeiro dá origem a uma natureza espiritual. (2) Essa geração ocorre ou por ato arbitrário (quando ele quiser), ou continuamente, enquanto compreende, gera etc. (3) Alguns desses espíritos, por alguma causa ou razão específica, decaem de um estado de conhecimento, penetração ou movimento para um estado de impenetrabilidade. (4) Essas mônadas ou seres singulares, agora desprovidos de espírito e embotados, reúnem-se de diversas maneiras. (5) Essa coalescência ou união, enquanto permanece como tal, é chamada *matéria.* (6) Dela provêm todas as coisas materiais, as quais, no entanto, eventualmente retornarão a um estado mais solto e livre.[430]

Sobre a natureza da matéria produzida, Van Helmont escreveu: "a matéria é feita por uma coalizão ou união de mônadas espirituais degeneradas e embotadas, e a essa coalizão chamamos criação". Outro exemplo de seu uso do termo mônada refere-se a um ser único em estado de morte: "Depois [...] da sua criação, um espírito, por certas causas determináveis [...], desce a esse estado de morte, adquirindo assim as qualidades e o nome de matéria, tornando-se então uma mônada natural ou ser individual, um verdadeiro átomo".

Como observou Stein, o conceito de mônada aparece pela primeira vez na filosofia de Leibniz em *Letter to Fardella* [Carta a Fardella], nas datas de 3 e 13 de setembro de 1696, logo após a visita de Van Helmont: "Toda substância me parece extraordinariamente fértil em suas operações. Porém, não considero que uma substância, isto é, uma mônada, possa ser produzida a partir de outra substância".[431]

430. HELMONT, *Cabbalistical Dialogue*, citações em pp. 4, 9, 13.

431. STEIN, *ibid.* p. 209. *Nouvelles Lettres et Opuscules Inédits de Leibniz* (Paris, 1887), p. 328. "*Mihi omnis substantia operationum mire fertilis videtur. Seda substantia (praeterquam infinita) substantiam, id est monadam, produci non arbitror*". [Toda a substância dos atos me parece prodigiosamente fértil. Ainda assim, não considero que a substância (isto é, as mônadas) seja produzida a partir da substância (embora esta seja quase infinita).] Ver também LEIBNIZ, "Letter to Fardella", em FELLER, p. 104 (também em *Opera Omnia*, vol. 2, p. 234): "*De natura monadum substantiarum quod porro, quaeris, putem facile satisfieri posse, si speciatim indices quid in ea re explicari velis. De origine earum puto me iam dixisse, omnes sine dubio perpetuas esse nee nisi creatione oriri ac non nisi annihilatione interire posse, id est, naturaliter nee oriri, quod tantum est*

Então, no ensaio de 1698 *On Nature Itself* [Sobre a Própria Natureza], Leibniz caracterizou a mônada em termos de força interna e consenso de ações:

> O que podemos estabelecer sobre as ações ou criaturas externas [...] pode ser melhor explicado em outro lugar; na verdade, já expliquei em parte - a interação entre substâncias ou mônadas, nomeadamente, não decorre de uma influência externa, mas de um consenso originado em sua preformação por Deus, de modo que cada uma se ajusta ao exterior enquanto segue a força interna e as leis de sua própria natureza. É nisso também que consiste a união entre alma e corpo.[432]

Mais adiante, no mesmo ensaio, ele define a mônada de forma mais explícita como contendo apetite e percepção: "Não deve ser considerado como uma simples modificação, mas como algo que persevera e é constitutivo e substancial. Costumo chamar isso de mônada, que contém percepção e apetite, por assim dizer".[433]

Finalmente, em 1714, a doutrina da monadologia foi detalhada em seus famosos ensaios *On the Principles of Nature and of Grace* [Sobre os Princípios da Natureza e da Graça] e *Monadology* [Monadologia].[434] Neles, Leibniz desenvolveu uma metafísica vitalista que postulava um mundo verdadeiramente vivo, em contraste com o mundo mecânico construído de fenômenos bem fundamentados. A vida orgânica seria

---

aggregatorum. Vellum videre antea /i ceret, quae de meis sententiis dices in tuo, quod moris, Augustiniano opere". [Quanto à natureza das mônadas das substâncias, sobre as quais você pergunta mais tarde, será fácil para mim responder se você me disser especificamente o que quer que eu explique sobre isso. Creio já ter falado sobre sua origem: sem dúvida, todas são perpétuas, e não podem originar-se senão da criação, nem perecer senão pela aniquilação; ou seja: elas também não podem se originar naturalmente, pois são apenas a somatória. Seria preferível ver primeiro o que você diz sobre minhas teses no volume agostiniano que você está preparando].

432. LEIBNIZ, *Philosophischen Schriften*, vol. 4, p. 510; tradução para o inglês: LOEMKER, *Philosophical Papers*, vol. 2, p. 817.

433. LEIBNIZ, trad. LOEMKER, *Philosophical Papers*, vol. 2, pp. 819-20.

434. LEIBNIZ, "On the Principles of Nature and of Grace", *Philosophischen Schrzften*, vol. 6; pp. 598-606; "The Monadology", 607-623, citações das seções 69, 66, 67.

divisível ao infinito, mantendo sempre seu caráter orgânico vivo. "Há um mundo de criaturas, seres vivos, animais, enteléquias e almas na menor partícula de matéria". "Cada parte da matéria pode ser pensada como um jardim cheio de plantas ou como um lago cheio de peixes. Mas cada ramo da planta, cada membro do animal, cada gota de seus humores, é igualmente um desses jardins ou lagos".[435]

Ao contrário dos organismos dialeticamente relacionados dos naturalistas renascentistas, as substâncias vitais de Leibniz não eram interativas. Embora, em certo sentido, cada mônada estivesse relacionada a todas as outras por meio de uma harmonia preestabelecida, em outro sentido, não havia qualquer relação entre as mônadas. E ainda que o nível de atividade de cada substância vital fosse caracterizado pelo aumento ou diminuição de sua própria percepção interna, nenhuma mônada percebia efetivamente outra mônada.

Vida e morte, assim como atividade e passividade, eram estados recíprocos e intercambiáveis da substância. O sono, assim como a morte, representava uma diminuição da percepção, na qual a alma assemelhava-se a uma mônada simples. Se as percepções não fossem ativadas, permaneceríamos continuamente em um estado de torpor, como as mônadas nuas. "Quando há um grande número de pequenas percepções sem nada para distingui-las, ficamos aturdidos [...] A morte pode produzir esse estado nos animais por algum tempo". Essas ideias são muito próximas, tanto na linguagem quanto no conteúdo, à visão do jovem Van Helmont de que a matéria está para o espírito como um homem morto está para um homem vivo – a mesma substância, porém embotada, cega, em repouso e "em privação", conforme os trechos da *Kabbalah Denudata* referidos por Conway.[436]

Parece claro, portanto, que Leibniz apropriou-se do termo mônada de Conway e Van Helmont, cujas origens remontam

---

435. CONWAY, *Principles*, p. 20

436. LEIBNIZ, "The Monadology", seções 20, 24, 21.

inicialmente à Cabala. O papel influente que as ideias de Anne Conway desempenharam em sua decisão de usar esse conceito permaneceu até então não reconhecido, devido a uma série de erros acadêmicos originados da suposição de Heinrich Ritter de que Van Helmont era o autor, e não o editor, dos *Principles* [Princípios] dela.

Os elementos básicos que contribuíram para o conceito leibniziano de mônada já estavam bem desenvolvidos em 1686, o ano crucial de síntese em que os princípios fundamentais de sua filosofia foram delineados no *Discourse on Metaphysics* [Discurso sobre Metafísica], na *Correspondence with Arnauld* [Correspondência com Arnauld] e na *Brief Demonstration of a Notable Error of Descartes* [Breve demonstração de um erro notável de Descartes]. Naquela época, ele já havia apresentado o conceito de uma substância individual cuja essência era percepção e atividade, a animação da matéria; o conceito de continuidade orgânica da vida; a ideia de harmonia pré-estabelecida; e a metáfora de cada alma refletindo o universo a partir de seu próprio ponto de vista. Leibniz havia estudado os trabalhos dos cartesianos, dos escolásticos medievais, dos microscopistas holandeses como Anton Van Leeuwenhoek e Jan Swammerdam, e dos platônicos de Cambridge. Durante a década de 1686-1696, ele aprimorou muitas dessas ideias fundamentais e desenvolveu seu sistema de dinâmica com mais detalhes. Além disso, incorporou à sua filosofia ideias da filosofia chinesa, do pensador judeu Maimônides (1135-1204) e da Cabala.[437] Os escritos de Francis Mercury Van Helmont e Anne Conway serviram para

---

437. Sobre o desenvolvimento histórico da monadologia de Leibniz, consultar os trabalhos de Seiver, Wendt, Auerbach e Stein, citados anteriormente. Para uma discussão mais recente, veja Politella. Sobre o papel do pensamento chinês na filosofia de Leibniz, consulte NEEDHAM, J., *Science and Civilization in China* (Cambridge, Harvard University Press, 1956), vol. 2, pp. 291-343, 496-505. Sobre a Cabala e Maimonides, ver CAREIL, A. Foucher de, *Leibniz, la Philosophie juivre et la Cabale: Trois lectures ... avec manuscrits inédits de Leibniz* (Paris, 1861).

confirmar e fortalecer sua visão vitalista da natureza e estimular a coalescência de suas ideias em uma "monadologia".

Apesar de suas fraquezas filosóficas, o vitalismo representou uma importante reação ao mecanicismo e ao dualismo cartesianos. Em uma época em que o mecanicismo transformava toda a natureza em algo morto, inanimado e desprovido de sensação - criando assim uma sutil justificativa para a dominação e controle da natureza –, os vitalistas, ao lado dos platônicos de Cambridge, levantaram vozes de protesto. Eles perceberam os perigos inerentes à redução da matéria a átomos mortos e inertes, cujo movimento derivava de forças externamente impostas, em vez da espontaneidade imanente dos princípios vitais. Contudo, a antiga visão orgânica da natureza estava morrendo, junto do sistema de valores que reconhecia a vida e o valor de todas as coisas, o conceito de renovação cíclica e a integração da natureza em uma unidade holística coesa. À luz de nossa atual crise ecológica, que decorre em parte da perda desse sistema de valores orgânicos, poderíamos lamentar que os mecanicistas não tenham levado mais a sério seus críticos vitalistas.

MULHERES E A "NOVA FILOSOFIA"

Frente ao quase total desprezo dos historiadores da filosofia pela obra de Anne Conway, é preciso perguntar-se sobre o trabalho de outras mulheres, que estudaram e contribuíram para a filosofia, a ciência e a literatura científica dos séculos XVII e XVIII. Será que elas também não merecem um estudo e uma avaliação mais detalhados do que o que lhes foi concedido até agora? Além de Anne Conway, outras mulheres de grande talento intelectual que Leibniz levou a sério como estudiosas da filosofia incluíam Sofia de Hanover; sua filha, Sophia Charlotte, rainha da Prússia após 1701; a pupila desta, a Princesa Caroline (1683-1737), mais tarde rainha da Grã-Bretanha, cujas perguntas direcionaram toda a correspondência Leibniz-Clarke em 1716; e a Condessa Damaris Masham (1658-1708), filha de Ralph Cudworth, que a educou, amiga e estudante de John Locke, e escritora teológica com quem Leibniz manteve extensa correspondência. Uma das mulheres mais brilhantes do século XVIII, madame Gabrielle Émelie du Châtelet (1706-1749), foi uma das principais expoentes do sistema de Leibniz.[438] Um grupo crescente de mulheres instruídas começou a participar da vida filosófica e intelectual do período.

No final do século XVII, mulheres da classe alta na Inglaterra começaram a observar e reagir aos avanços econômicos e educacionais alcançados pelos homens, enquanto suas próprias oportunidades, em comparação, permaneciam significativamente restritas. Elas argumentavam que as diferenças nas conquistas entre homens e mulheres decorriam não da inferioridade intelectual feminina, mas sim de diferenças nas práticas de criação dos filhos, nas oportunidades educacionais e na posição social. Hannah Wooley, escrevendo em 1655, Bathsua Makin, em 1673, e Mary Astell, em 1694, lamentaram a falta de oportunidades que as mulheres tinham na hora de receber educação e defenderam o estudo da filosofia, das línguas estrangeiras, dos cuidados médicos, da contabilidade doméstica e da escrita. Seu ideal ia muito além da ênfase na moral, virtude cristã, castidade e leitura das escrituras que caracterizaram a educação feminina no Renascimento.[439]

---

438. Sobre a Princesa Caroline de Gales, aluna de Leibniz em Hanover, ver LEIBNIZ, "The Controversy Between Leibniz and Clarke", *Philosophical Papers*, vol. 2, pp. 1095-1169; LEIBNIZ, *Philosophischen Schriften*, vol. 7, pp. 345-440. A correspondência entre Leibniz e Lady Masham está reunida em LEIBNIZ, *Philosophischen Schriften*, vol. 3, pp. 336-75. Sobre Gabrielle Emelie du Châtelet como uma expoente do pensamento leibniziano, ver ILTIS, Carolyn [Merchant], *Madame du Chatelet's Metaphysics and Mechanics, Studies in History and Philosophy of Science* 8 (1977), pp. 29-48, e BARBER, W.H., "Mme. du Chatelet and Leibnizianism: The Genesis of the Institutions de Physique", em BARBER, W.H. [et al.] (ed.), The Age of the Enlightenment: *Studies Presented to Theodore Besterman* (Edimburgo e Londres, Oliver & Boyd, 1967), pp. 200-222.

439. WOOLEY, Hannah, *The Gentlewomen's Companion* (Londres, 1673; primeira publicação em 1655); [MAKIN, Bathsua], *An Essay to Rein vive the Antient Education of Gentlewomen, Religion, Manners, Arts, and Tongues* (Londres,

É nesse contexto que são feitas traduções de obras que defendiam a igualdade entre os sexos, como o ensaio de Henry Cornelius Agrippa, de 1525, *On the Nobility and the Excellency of the Female Sex* [Sobre a nobreza e a excelência do sexo feminino], e o tratado francês de François Poulain de la Barre, *The Woman as Good as the Man* [A mulher tão boa quanto o homem] (escrito em 1673). O tratado de Agrippa havia sido apresentado à Margarida da Áustria em 1509 e, embora só tenha sido impresso em 1525, foi reimpresso várias vezes antes de suas traduções para o inglês, em 1652 e 1670. Agrippa apresentou numerosos argumentos para sustentar a superioridade das mulheres sobre os homens. Eva, cujo nome significava vida, teria sido criada por último na cadeia de criaturas e, portanto, seria a mais perfeita. Seu corpo era mais bonito, seu rosto não era desfigurado por uma barba. Como mãe, a mulher contribuía para o embrião mais do que o homem, tanto material quanto intelectualmente. Uma mulher poderia conceber sem um homem: veja a Virgem Maria. Enquanto Maria foi a melhor pessoa que o mundo já conheceu, Judas, um homem, foi o pior pecador conhecido. E ainda que fosse verdade que Jesus, o Redentor, havia sido um homem, também o era Adão, autor do pecado original. Grandes mulheres haviam se destacado no passado e só foram impedidas de alcançar feitos ainda maiores devido ao monopólio e à tirania dos homens na esfera da educação.[440]

1673); ASIELL, Mary, *A Serious Proposal to the Ladies for the Advancement of Their True and Greatest Interest* (Londres, 1694). Sobre as ideias do feminismo no século XVII a respeito da educação das mulheres, ver SMITH, Hilda, "Reason's Disciples: Seventeenth Century English Feminists", tese de doutorado da Universidade de Chicago, 1975, pp. 167-79. Sobre a educação das mulheres, ver REYNOLDS, Myra, *The Learned Lady in England, 1650-1760* (Boston, Houghton Mifflin, 1920).

440. Livros feministas reimpressos na Inglaterra incluíam "De Nobilitate et Praecellentia Foeminei Sexus" (1525) de AGRIPPA, Henry Cornelius. Traduções para o inglês: "The Glory of Women: or a Looking Glass for Ladies" (Londres, 1652) e "Female Pre-eminence; or the Dignity and Excellency of that Sex, Above the Male" (Londres, 1670), ambos de AGRIPPA, H.C. François POULAIN DE LA BARRE também contribuiu com "The Women as Good as the Man; or the Equality of Both Sexes", traduzido por A.L. (Londres, 1677; primeiro publicado

Ainda que entre a nobreza sempre houvesse existido mulheres instruídas, e mesmo que elas tenham contribuído para a ciência e a matemática desde os tempos mais antigos, a "dama científica" foi um produto da Revolução Científica. Margaret Cavendish – Duquesa de Newcastle e integrante do célebre círculo de Newcastle que, em meados do século XVII, desempenhou um papel importante na formação da filosofia mecânica – liderou o caminho em direção ao reconhecimento das mulheres como estudiosas da nova filosofia. Era uma feminista que, entre 1653 e 1671, escreveu cerca de catorze livros científicos sobre átomos, matéria e movimento, borboletas, pulgas, lupas, mundos distantes e o infinito. Suas ideias e teorias eram muitas vezes inconsistentes, contraditórias e ecléticas, o que poderia ser atribuído, pelo menos em parte, à sua falta de educação formal, o que ela própria condenava. Cavendish estava profundamente ciente dos problemas enfrentados pelas damas ociosas, que eram criadas "como pássaros em gaiolas, para pular de um lado para o outro por suas casas". "Se estamos excluídas de todo poder e autoridade, é porque nunca nos são oferecidos cargos civis ou políticos; nossos conselhos são desprezados e ridicularizados; nossas melhores ações são pisoteadas com desprezo pela excessiva alta estima que os homens têm de si mesmos e pelo desprezo que cultivam nós".[441] Em uma epístola de seu livro *Poems and Fancies* [Poemas e Fantasias] (1653), dirigida a uma certa sra. Toppe, cuja identidade permanece desconhecida, lamentava a "verdade" de que "nosso sexo tem tanto tempo a perder e tão poucos ofícios a exercer que nossos pensamentos correm

---

em 1673). Sobre Poulain de la Barre, ver SEIDEL, Michael A., "The Woman as Good as the Man", *Journal of the History of Ideas* 35 (1974), pp. 499-508.

441. [CAVENDISH, Margaret] "The Philosophical and Physical Opinions" (Londres, Martin and Allestrye, 1655), prefácio, "To the Two Universities". Discussões sobre feminismo e o trabalho científico de Margaret Cavendish podem ser encontradas em SMITH, Hilda, *Reason's Disciples*, pp. 106-14; GRANT, *Douglass, Margaret the First: A Biography of Margaret Cavendish, Duchess of Newcastle, 1623-1673* (Londres, Hart-Davis, 1957); MEYER, Gerald Dennis, "The Scientific Lady in England" (Berkeley e Los Angeles, University of California Press, 1955), pp. 1-15; KARGON, R.H., *Atomism in England from Hariot to Newton* (Oxford/Inglaterra, Clarendon Press, 1966), pp. 73-76.

descontroladamente, sem foco, produzindo não apenas ações pouco úteis, mas também ações impensadas, que enredam o fio de nossas vidas".[442]

Em outra epístola do mesmo livro, destinada "A todas as mulheres que escrevem", observava que em diferentes épocas, diferentes tipos de espíritos governaram e tiveram poder; às vezes, eram masculinos, outras vezes, femininos. A era presente havia produzido muitas escritoras, governantes, atrizes e pregadoras femininas e, talvez, anunciasse um reinado feminino. "Aproveitemos, e façamos o melhor do nosso tempo [...] em qualquer coisa que (possa) trazer honra ao nosso sexo".[443]

No prefácio de *Poems and Fancies*, Cavendish solicitava o apoio de outras mulheres para empreender uma causa "pertencente mais propriamente a elas mesmas": "Tudo o que desejo", escreveu ela, "é a fama [...] mas imagino que serei censurada pelas de meu próprio sexo, e que os homens lançarão um sorriso de escárnio sobre meu livro, porque acham que, assim, as mulheres ultrapassam os limites de sua própria competência; eles empunham os livros como coroa e a espada como cetro, com os quais eles governam e dominam".[444]

Poems and Fancies começa com a Natureza convocando um concílio composto pelos princípios femininos de Movimento, Figura, Matéria e Vida, para aconselhá-la sobre a criação do mundo. Vida, Figura e Movimento concordam que a Morte é o "grande inimigo", pois não obedece às leis da Natureza, desfaz a Forma e corrompe a Matéria.

> Primeiro a Matéria criou os materiais,
> E o Movimento tudo cortou e esculpiu.
> E a Figura desenhou as Formas e os Planos,
> E a Vida dividiu tudo em porções.
> E Natureza examinou e dirigiu tudo,
> Com os quatro Elementos construiu a Esfera do Mundo.

---

442. CAVENDISH, Margaret, *Poems and Fancies* (Londres, Martin and Allesttye, 1653), "An Epistle to Mistris Toppe", p. A4.

443. CAVENDISH, *Poems and Fancies*, Prefácio, "To All Writing Ladies".

444. CAVENDISH, *Poems and Fancies,* Prefácio "To All Noble and Writing Ladies", p. A3. Citação do poema, pp. 3, 5.

Embora a Morte finalmente se submeta, ela continua tentando, com todas as suas forças, obstruir e dificultar os desígnios da Natureza. Apesar disso, a Natureza cria um mundo composto de átomos – quadrados, redondos, longos, afiados, e assim por diante – que formam os vegetais, os minerais e os animais do mundo cotidiano. Por meio de suas combinações, esses átomos geram calor e frio, vida e morte, e causam doenças como hidropisia, tísica e cólica.

> Pequenos Átomos podem criar um Mundo a partir de si,
> Um ser sutil e transmutável:
> e, dançando, se encaixam nos espaços apropriados.
> Com a melhor disposição, cada forma se torna um todo.

Embora muitos de seus primeiros escritos enfatizassem a metodologia empírica do telescópio e do microscópio, os trabalhos posteriores de Cavendish se voltaram para uma crítica racionalista do empirismo e desenvolveram uma ontologia materialista. Em *Grounds of Natural Philosophy* [Fundamentos da Filosofia Natural] (1668), ela adotou uma posição materialista que postulava que o movimento era inerente à matéria, e que a natureza possuía consciência e percepção. Uma "causa primeira" não fazia sentido, porque o imaterial não podia produzir movimento material. A matéria poderia estar em repouso, mas todo movimento exigia matéria. Entidades corpóreas não podiam ter percepções incorpóreas; os pensamentos eram movimentos corpóreos unidos por combinação.[445]

Em uma tentativa de obter reconhecimento por suas conquistas, Margaret Cavendish insistiu em uma visita à Royal Society de Londres – uma instituição científica exclusivamente masculina –, onde lhe foram apresentados experimentos e instrumentos científicos. Samuel Pepys, o jornalista fofoqueiro londrino, "não gostou dela de jeito nenhum", mas John Evelyn ficou "encantado com seu traje, aparência e discurso".

445. CAVENDISH, Margaret. *Grounds of Natural Philosophy* (Londres, 1668), pp. 1-3; SMITH, "Reason's Disciples", pp. 109-11.

Impedida de se tornar membro da Royal Society por ser mulher, Cavendish inventou sua própria comunidade científica em *The Blazing World* [O mundo em chamas] (1666), obra lhe traria a fama e o reconhecimento que ela buscava. "Não sou gananciosa, mas tão ambiciosa quanto qualquer mulher pode ser; embora eu não possa ser Henrique V ou Carlos II, eu tento ser Margarida I." Na obra, a única sobrevivente de um naufrágio que matou todos os homens, uma senhora semelhante à duquesa se encontra em uma ilha onde se casa com o Imperador e se torna Margarida I. Ela funda escolas e sociedades e recebe instrução científica de homens-animais que caminham eretos. Homens-ursos e homens-pássaros são seus filósofos experimentais, que trazem telescópios e microscópios para suas investigações. Homens-peixe e homens-verme respondem suas perguntas sobre o mar e a terra, enquanto os homens-macacos, seus químicos, dão conta das transmutações. Homens-raposa são seus políticos, e homens-aranha e homens-piolhos ensinam-lhe matemática. Assim, a duquesa, em suas fantasias, poemas e muitos prefácios de seus volumosos escritos, apresentou uma das primeiras perspectivas explicitamente feministas sobre a ciência.[446]

Os homens também participavam do ensino da ciência às mulheres, mas frequentemente com um tom mais condescendente. Bernard Fontenelle, em suas *Conversations on the Plurality of Worlds* [Conversas sobre a pluralidade dos mundos] (1686), tentou educar as mulheres nas complexidades do universo cartesiano, usando como protagonista uma jovem marquesa brilhante e bonita que é instruída nos mistérios dos vórtices cartesianos e dos mundos extraterrestres. Sua marquesa de G., "mesmo sem conhecimentos científicos anteriores, entende o que lhe é dito, e sem confusão apreende corretamente [...]". Embora uma mulher talvez não tivesse uma mente voltada "para descobertas científicas, ela poderia

---

446. MEYER, pp. 10-11; CAVENDISH, *The Description of a New World Called the Blazing-World,* (Londres, 1668), prefácio, "To the Reader", pp. 4, 15.

se aproximar delas, como muitas o fazem com um romance ou novela, quando querem acompanhar o enredo". Em seis noites consecutivas, a marquesa passeia com seu amante filósofo pelos jardins franceses enquanto ele lhe instrui em assuntos científicos. Ao longo da conversa, a Marquesa é elogiada por sua simpatia e perspicácia em compreender os ensinamentos do filósofo. "E ainda que sua companhia não fosse tão agradável, estou persuadido de que o mundo inteiro ficaria louco pela sabedoria [...]".[447]

Significativamente, nessa nova era em que Deus havia se tornado um engenheiro e matemático, na fantasia de Fontenelle a natureza transformara-se em uma dona de casa. "A Natureza é uma grande dona de casa, sempre faz uso do que custa menos, mesmo que a diferença seja insignificante, e, no entanto, essa frugalidade é acompanhada de uma magnificência extraordinária, que resplandece em todas as suas obras; ou seja, ela é magnífica no desígnio, mas frugal na execução".

O livro de Fontenelle foi traduzido para o inglês em 1688 pela dramaturga Aphra Behn. Embora aprovasse a ideia de instruir mulheres na ciência, Behn achou a marquesa um tanto menos convincente, pois, para uma estudante, seus comentários oscilavam entre o frívolo e o excessivamente profundo.

MULHERES COMO PÚBLICO DA CIÊNCIA

À medida que as formas capitalistas de vida econômica deslocavam as mulheres da produção doméstica, criando mais tempo livre, damas da nobreza e da burguesia tornaram-se ávidas espectadoras das descobertas científicas. A popularização da ciência foi um dos elementos que possibilitou a

---

447. FONTENELLE, Bernard de, *Entretiens sur la Plurality des Mondes* (Paris, 1686); Tradução para o inglês. FONTENELLE, B. de, *Week's Conversation on the Plurality of Worlds*, GARDINER, William (trad.) (Londres, 1737), pp. iv-v, 16, xi-xii. A tradução do francês para inglês é de Aphra Behn, FONTENELLE, B. de, *A Discovery of New Worlds*, (Londres, 1688). Para uma discussão, ver MEYER, pp. 21-22.

institucionalização e integração da física clássica e da filosofia no imaginário ocidental. No final do século XVII, proliferaram livros didáticos para leigos, conferências de divulgação, museus e demonstrações científicas itinerantes, bem como a fundação de sociedades profissionais para os mais instruídos. Parte desse esforço foi direcionada especificamente às mulheres.

A publicação de periódicos científicos voltadas às mulheres - tanto de zonas urbanas quanto rurais, e de diferentes classes sociais - revela a tentativa de empreendedores burgueses de capturar uma audiência feminina mais ampla. O panfletário John Dunton começou a incluir, em 1691, a seção "Dia das Mulheres" em seu periódico bissemanal, o *Athenian Mercury* [Mercúrio Ateniense]. O anual *Ladies Diary* [Diário das Damas], iniciado em 1704 por John Tipper, divulgava ciência e propunha questões matemáticas e astronômicas complexas para suas leitoras resolverem. O semanal *Free Thinker* [Livre Pensador], publicado de 1718 a 1721 e posteriormente encadernado em conjuntos permanentes de três volumes, apresentava artigos sobre história natural para a "jovem filosófica" que "não aspirava às virtudes masculinas", mas estava acima dos caprichos femininos.[448]

Enquanto Fontenelle havia explicado os vórtices do universo cartesiano para sua audiência feminina, popularizadores do século XVIII se apropriaram de seu método e formato para educar as mulheres na ciência newtoniana e aprimorar suas habilidades como conversadoras de salão. Francesco Algarotti (1718-1764) consultou madame du Châtelet - tradutora da edição francesa dos *Principia Mathematica* [Princípios Matemáticos] de Isaac Newton - antes de preparar sua obra *Newtonianism for the ladies* [Newtonianismo para Damas] (1737) e, para desapontamento dela, dedicou-o a Fontenelle. Em seis diálogos, uma mulher era instruída sobre física e óptica newtonianas. A teoria da luz e da cor produzidas por

448. MEYER, pp. 49-70.

prismas e lentes, bem como o uso e a construção de telescópios e microscópios, preparavam a protagonista – e as leitoras – para realizarem seus próprios experimentos. Dois anos depois, Elizabeth Carter, com apenas vinte e dois anos, traduziu para o inglês o livro de Algarotti com o título *Sir Isaac Newton Philosophy Explained for the use of the Ladies* [A filosofia de sir Isaac Newton explicada para uso das damas].[449]

Na metade do século XVIII, os empreendedores científicos Benjamin Martin e James Ferguson fabricavam telescópios e microscópios, escreviam livros científicos para damas e cavalheiros cultos de classe média, e convidavam mulheres a assistirem a suas conferências públicas. Tanto na obra de Martin, *Young Gentlemen and Lady's Philosophy* [Filosofia para jovens cavalheiros e damas] (década de 1750), quanto na de Ferguson, *Easy Introduction to Astronomy, for Young Gentlemen and Ladies* [Introdução fácil à astronomia, para jovens cavalheiros e damas] (1768), o protagonista era um jovem instruído em Oxford, que voltava para casa para ensinar à sua ávida irmã os segredos da nova ciência, com a expectativa de que ela adquirisse seus próprios instrumentos científicos. Até mesmo as crianças foram recrutadas para esse mercado científico em expansão. No *best-seller* de John Newberry, *The Newtonian System of Philosophy Adapted to the Capacities of Young Gentlemen and Ladies... Being the Substance of Six Lectures Read to the Lilliputian Society, by Tom Telescope* [O sistema filosófico newtoniano adaptado às capacidades de jovens cavalheiros e damas... sendo o conteúdo de seis palestras lidas à Sociedade Lilliputiana, de Tom Telescope] (1766), o personagem Tom Telescópio interrompe os jogos frívolos dos meninos e meninas liliputianos com

449. ALGAROTTI, Francesco, *Il Newtonianismo per le Dame* (Nápoles, 1737). Para discussão, ver MEYER, pp. 29-32. A tradução de Elizabeth Carter é: ALGAROTTI, F., *Sir Isaac Newton's Philosophy Explain'd For the Use of the Ladies. In Six Dialogues on Light and Colours. From the Italian of Sig. Algarotti.* (Londres, 1739).

palestras sobre astronomia, história natural, experimentos de pressão do ar e geografia.[450]

Como a Revolução Científica não esteve isolada das mudanças sociais, econômicas e intelectuais em curso, seu significado para as mulheres também esteve diretamente ligado a esses eventos. As mulheres que contribuíram para a vida intelectual da Inglaterra no final do século XVII não estavam apenas reagindo à restrição de seus papéis à esfera doméstica e ao lento avanço educacional feminino, mas, assim como na Reforma, estavam aproveitando as oportunidades oferecidas pelas dissidências religiosas mais radicais e igualitárias. Entusiasmadas com a "nova ciência", mulheres instruídas tornaram-se, assim como os homens, um público atento às novas teorias. A difusão do novo conhecimento facilitou sua propagação para outras esferas da vida social, onde se consolidou como metodologia de resolução de problemas e como estrutura conceitual dominante, reformulando, assim, a imagem do cosmos e da sociedade. As contribuições de Leibniz e Newton ajudaram a formular uma nova síntese e a expor as tensões subjacentes provocadas pela mecanização da visão de mundo.

450. MEYER, pp. 36-48

CAPÍTULO 12

LEIBNIZ E NEWTON

O mundo em que vivemos hoje nos foi deixado por Isaac Newton e Gottfried Wilhelm von Leibniz. A despeito dos avanços do século XX na teoria da relatividade e na teoria quântica, a percepção ocidental da realidade ainda se baseia no mundo da física clássica. Newton nos legou uma síntese brilhante da mecânica terrestre galileana e da astronomia copernicana-kepleriana; Leibniz, por sua vez, deixou como legado sua dinâmica – o fundamento da lei geral da conservação de energia. Ambas as contribuições são fundamentais em termos amplos: elas descrevem e abrangem todo o universo. A física clássica e sua filosofia estruturam nossa consciência para que acreditemos em um mundo composto por partes atômicas, por corpos inertes que se movem em velocidade constante a menos que sejam forçados por outros corpos a desviar de suas trajetórias retilíneas, por objetos que podem ser vistos pela luz refletida em frequências variadas, e por matéria em movimento, responsável por todas as ricas variações de cores, sons, cheiros, sabores e toques que tanto estimamos enquanto seres humanos. Em nosso cotidiano, a maior parte de nós aceita esses ensinamentos como dados, sem muita reflexão crítica sobre as suas origens ou sobre os valores que carregam. No entanto, para Newton, Leibniz e seus seguidores, a questão não era tão simples. Eles percebiam que suas teorias mecânicas, suas filosofias e suas próprias crenças sobre Deus e a natureza divergiam profundamente umas das outras.

O problema que a mecanização do mundo levantou para a geração que veio após Descartes e Hobbes era precisamente a questão da "morte da natureza". Se os princípios fundamentais fossem apenas matéria e movimento – como defendia pela primeira geração de mecanicistas –, ou mesmo matéria, movimento, espaço vazio e força – como formulado por Newton –, isso deixava irresoluta uma questão central: como explicar o movimento das formas de vida em um cosmos morto? Como muitos outros, Newton não estava satisfeito com a solução dualista de Descartes, que reduzia o ser humano a uma espécie de "fantasma-da-máquina", cuja mente podia mudar a direção do corpo, mas não iniciar o movimento, e que categorizava os animais como meras bestas mecânicas. O materialismo monista de Hobbes, que reduzia ainda mais a vontade e a mente ao movimento material, evocava o espectro do ateísmo. Assim como os platônicos de Cambridge, que foram seus mestres, Newton também não podia aceitar o pressuposto panteísta de que Deus era imanente à matéria, tampouco as implicações intelectuais e sociais radicais associadas a essa ideia. Ele argumentou especificamente contra tal posição em suas *Queries* [Questões], publicadas junto à edição em Latim de *Opticks* [Óptica], em 1706: "E, no entanto, não devemos considerar o mundo como o corpo de Deus, nem suas várias partes como partes de Deus".[451] Deus não era um animal vivo em sentido amplo, tampouco a alma do mundo.

Ainda assim, na síntese mais poderosa da nova filosofia mecânica, *Philosophiae Naturalis Principia Mathematica (The Mathematical Principles of Natural Philosophy)* [Princípios matemáticos da filosofia natural] (1687), Newton deu forma ao mundo morto legado pelo mecanismo. Ao longo da complexa evolução de seu pensamento, ele se agarrou tenazmente à característica mais marcante do mecanismo: o dualismo entre a passividade da matéria e a externalidade da força e atividade. No entanto, fez um refinamento significativo dessa ontologia. Em *Principia* [Princípios] e *Opticks* [Óptica], Newton transformou a filosofia mecânica em uma ciência mecânica, contrapondo uma ontologia quádrupla - matéria, movimento, força e espaço vazio - ao *plenum* mais simples, de matéria em movimento, postulado por Descartes e Hobbes.

---

451. NEWTON, Isaac, *Optice: sive de Reflexionibus, Refractionibus, Inflexionibus Lucis* (Londres, 1706). As citações se referem a NEWTON, I. *Opticks*, 4 ed., 1730 (reedição Nova Iorque, Dover, 1952; publicado pela primeira vez em 1704), ver p. 403. NEWTON, Isaac. *Óptica*. Tradução, introdução e notas: NASCIMENTO, Carlos Arthur R. do. (São Paulo, Editora Unesp, 2002). Localização da citação: Livro III, "Questão 31" (p. 178 na edição brasileira).

Para Descartes, a matéria era inerte e passiva: os corpos permaneciam em um estado de repouso ou de movimento retilíneo uniforme a menos que fossem perturbados por outro corpo em movimento, e qualquer alteração no movimento resultava do contato entre corpos. Newton abandonou essa concepção estrita de passividade ao atribuir à matéria um conjunto complexo e sobreposto de forças passivas, ainda que mantivesse o pressuposto básico de que "a matéria é um princípio passivo e não pode mover a si mesma".[452] Por meio de sua *vis insita* (força inata), um corpo persistia em seu estado de repouso ou movimento uniforme – um estado que só poderia ser alterado com dificuldade. A *vis inertiae* (força de inércia) era a força da matéria corpórea pela qual um corpo resistia a uma força externamente impressa. Já a inata *vis conservans* (força de conservação) mantinha a direção do movimento de um corpo por meio de uma sucessão de impulsos.[453]

Como Descartes, Newton via as mudanças no movimento como de origem externa, e não como uma atividade interna – tal como o organicismo compreendia. Sua *vis impressa* (força impressa) era uma ação externa agindo sobre o corpo de modo a alterar o seu estado de movimento ou repouso. Igualmente externos à matéria, havia vários princípios ativos como a gravidade, a fermentação e a coesão, necessários para explicar as mudanças e as atividades não produzidas por impacto. A gravidade, diferentemente das forças de contato impressas, agia à

---

452. NEWTON, *University Library* (Cambridge/Inglaterra, Additional Manuscripts [Manuscritos Adicionais] 3970), fólio 619r.

453. NEWTON, Isaac, *Philosophiae Naturalis Principia Mathematica* (Londres, 1687). As citações se referem a NEWTON, I., *Mathematical Principles of Natural Philosophy*, MOTTE, A. (trad.), 1729, CAJORI, Florian (rev.) (Berkeley, University of California Press, 1934), Definição III, página 2. Para uma discussão da modificação de Newton da ontologia Cartesiana, ver MCMULLIN, Ernan, *Newton on Matter and Activity* (South Bend, University of Notre Dame Press, 1978), pp. 33-43. Sobre a transformação do cartesianismo por Newton, ver WESTFALL, Richard, *Force in Newton's Physics* (Londres, Macdonald, 1971); KOYRE, Alexandre, "The Significance of Newtonian Synthesis", em *Newtonian Studies* (Chicago, University of Chicago Press, 1965), pp. 3-24. GABBEY, Alan, "Force and Inertia in Seventeenth Century Dynamics", *Studies in History and Philosophy of Science 2* (1971), pp. 1-67.

distância, atraindo mutuamente todas as partículas de matéria segundo o inverso do quadrado de sua distância ($1/r^2$).

A matematização da imagem do mundo apresentada em *Principia* [Princípios], baseada no dualismo entre a passividade da matéria e a externalidade da força, representou o êxito da análise mecânica da natureza. O mecanismo eliminou da descrição da natureza os conceitos de hierarquia espacial, valor, finalidade, harmonia, qualidade e forma – centrais para a antiga descrição orgânica da natureza –, e manteve apenas as causas material e eficiente: matéria e força. O movimento não era um processo orgânico, mas um estado temporário da existência de um corpo em relação ao movimento ou repouso de outros corpos. As tendências matematizantes no pensamento newtoniano – que enfatizam não o processo de mudança, mas a resistência à mudança, a conservação do movimento de um corpo e a representação dos planetas e satélites como esferas ideais e fontes pontuais de força gravitacional – eram manifestações da preocupação dos filósofos mecanicistas com a idealização geométrica, a estabilidade, a estrutura, o ser e a identidade, em vez do fluxo orgânico, da mudança, do devir e do processo. No mecanismo, a primazia do processo foi, portanto, substituída pela estabilidade da estrutura.

A divisão da matéria em partículas atômicas separadas pelo espaço vazio estava totalmente de acordo com essa reestruturação do cosmos como matéria passiva e força externa. O livro da natureza já não estava escrito em símbolos, sinais e inscrições, mas em caracteres corpusculares. A análise atômica da matéria se tornou um modelo para a divisão atômica de dados, problemas e eventos em escala global.

Nas duas décadas seguintes à publicação de *Principia*, Newton desenvolveu uma visão atômica das partículas materiais distribuídas no espaço vazio, reconfiguráveis em novos arranjos pela ação de forças externas. A edição de 1706 do *Opticks* elaborou a estrutura da matéria enquanto átomos rígidos:

> Deus, no princípio, formou a matéria em partículas sólidas, maciças, duras, impenetráveis e móveis, de tais tamanhos e figuras, e com tais outras propriedades, e em tal proporção ao espaço, que melhor conduzissem ao fim para o qual Ele as formou; e que essas partículas primitivas, sendo sólidas, são incomparavelmente mais duras do que quaisquer corpos porosos compostos delas; tão duras, na verdade, que nunca se desgastam ou se quebram em pedaços, pois nenhum poder ordinário pode dividir o que o próprio Deus fez uno na primeira criação. [...] E, portanto, para que a natureza seja durável, as mudanças das coisas corpóreas devem ser reduzidas apenas às diversas separações, novas associações e movimentos dessas partículas permanentes.[454]

Esses átomos imutáveis e inobserváveis dos quais os corpos e a luz eram compostos variavam individualmente em tamanho, forma e peso, mas sua matéria era homogênea e suas propriedades primárias, invariáveis. Extensão, forma, solidez e massa inercial eram as qualidades primárias, ou universais, possuídas por todos os corpos. As qualidades secundárias (cor, sabor, som, cheiro e tato), específicas de cada corpo, eram produzidas pela separação, associação e movimento dos constituintes atômicos finais. Todos os corpos compostos observáveis eram formados por várias ordens de composição. Dessa forma, átomos primários, de diferentes formas e tamanhos, uniam-se para formar partículas de primeira composição, como ouro ou prata. Essas partículas de primeira composição combinavam-se para formar ouro de segunda composição, ou superior, passíveis de reações químicas e transmutações, das quais as partículas da primeira composição podiam ser recuperadas.[455]

---

454. NEWTON, *Opticks*, 4ª edição, 1730, questão 23 (31), p. 400. A edição em latim de 1706 continha 23 questões. Para a edição de 1717, oito novas questões foram inseridas e numeradas 17-24. A questão 23 da edição de 1706 aparece como a questão 31 na edição de 1717. Para uma discussão das mudanças de opinião de Newton sobre a "causa da gravidade" e sobre os átomos e o vazio, ver MCGUIRE, J.E., "Force, Active Principles and Newton's Invisible Realm", *Ambix* 15 (1968), pp. 154-208, ver pp. 155, 174-75. NEWTON, I. "Óptica", MARICONDA, Pablo (trad. e notas) em MARICONDA, P.R., *Newton: Ciência e Religião* (São Paulo, Odysseus, 2011), p. 147.

455. THACKRAY, Arnold, *Atoms and Powers* (Cambridge, Harvard University Press, 1970), capítulo 2.

As especulações de Newton sobre a estrutura atômica, apresentadas na edição de 1713 de *Principia* [Princípios] e de *Queries* [Questões], e nas edições de 1706 e 1717, de *Opticks* [Óptica], tornaram-se a base para os filósofos experimentais do século XVIII, que almejavam concluir a tarefa de reduzir os fenômenos conhecidos a leis simples - como a lei da gravitação - capazes de quantificar observações mecânicas, químicas, elétricas e térmicas. Além disso, as leis do "sistema do mundo" mecânico de Newton, que previam os movimentos ordenados de corpos terrestres e celestes, serviram como modelo cosmológico para a ordem política e econômica na sociedade inglesa. Publicados durante o período da Restauração, após a agitação da Guerra Civil Inglesa, os *Principia* [Princípios] ajudaram a causa latitudinária pela ordem e moderação nos assuntos religiosos e políticos.[456] Mais ainda, sua estrutura conceitual, que enfatiza a força externa e a matéria passiva dividida em componentes reordenáveis, forneceu uma sutil legitimação para a dominação e manipulação da natureza, necessárias ao desenvolvimento econômico. Se, eventualmente, a estrutura religiosa que garantia o cuidado constante de Deus e a obtenção da graça humana fosse removida, como ocorrera no século XVIII, se fortaleceriam as possibilidades da arrogância intelectual em relação à natureza.

De maneira semelhante, a filosofia mecanicista da natureza foi, para Leibniz, um dos principais componentes de seu

456. Sobre a mecânica de Newton, ver WESTFALL, *Force in Newton's Physics*; Cohen, I. Bernard, "Newton's Second Law and the Concept of Force in the Principia", *Texas Quarterly* 10 (1967), pp. 127-57; MCMULLIN, *Newton on Matter and Activity*; GUERLAC, Henry, *Essays and Papers in the History of Modern Science* (Baltimore/Maryland.: University of Johns Hopkins Press, 1977), pp. 69-242. Sobre a química do século XVIII, ver THACKRAY, *Atoms and Powers;* sobre a eletricidade, ver COHEN, I.B., *Franklin and Newton* (Cambridge/Massachusetts, Harvard University Press, 1966). Quanto ao contexto político e social do newtonianismo, ver KUBRIN, David, "How Sir Isaac Newton Helped Restore Law 'n' Order to the West" (São Francisco, Kubrin, 1972); JACOB, Margaret C., *The Newtonians and the English Revolution*, 1689-1720 (Ithaca, Cornell University Press, 1976); Sobre as relações entre a lei civil e as leis da natureza após a Restauração, ver SHAPIRO, Barbara, "Law and Science in Seventeenth-Century England", *Stanford Law Review* 21 (1969), pp. 727-63.

pensamento. Seu mundo de fenômenos corpóreos, governado por causas eficientes e leis mecânicas estabelecidas por um criador racional, assim como a mecânica newtoniana, trazia implicações relativas à gestão racional da natureza voltada para a promoção do progresso humano.

A dinâmica de Leibniz, desenvolvida entre 1686 e 1695, definiu que a medida da "força" de um corpo em movimento era o produto de sua quantidade de matéria pela distância percorrida sob aceleração. Essa força viva, ou vis viva (mv^2 ou a massa pela velocidade ao quadrado; atualmente expressa como $1/2\ mv^2$ e denominada energia cinética), conservava-se em todos os impactos elásticos. Nas colisões semielásticas e inelásticas, ela era temporariamente armazenada nas pequenas partes da matéria do corpo e, portanto, não se perdia para o universo.[457]

Para Leibniz, a "força" era a base para a compreensão do universo fenomênico e espiritual. A força ativa primitiva – uma atividade ou impulso em direção a um estado futuro (posteriormente definida como a essência de sua mônada) – constituía uma substância verdadeira, enquanto a força derivativa (mv^2), observada em colisões entre corpos materiais, não era totalmente real, mas fundamentava-se na força

457. LEIBNIZ, Gottfried Wilhelm von, "Brevis demonstratio errois memorabilis Cartesii et aliorum circa legem naturalem, secundum quam volunt a Deo eandem semper quantitatem motud conservandi; quo et in re mechanica abuntur", *Acta Eruditorum* (1686), pp. 161-63. Tradução para o inglês: LEIBNIZ, Gottfried Wilhelm, *Philosophical Papers and Letters*, LOEMKER, Leroy E. (trad.), 2 volumes (Chicago, University of Chicago Press, 1956), volume 1, pp. 455-63; LEIBNIZ, G.W., *Discours de metaphysique* (escrito em 1686), em *Die Philosophischen Schriften von Gottfried Wilhelm Leibniz*, GERHARDT, C.I. (ed.), 7 volumes (Berlin, 1875-1890), volume 4, pp. 442,443. Tradução para o inglês: LOEMKER, volume 1, pp. 464-506 ; LEIBNIZ, G.W., "Essay de dynamique sur les loix du mouvement, ou il est monstre, qu'il ne se conserve pas la même quantité de mouvement, mais la même force absolue, ou bien la même quantité de l'action motrice", *Mathematische Schriften*, pp. 215-31. Tradução para o inglês: LEIBNIZ, G.W., *New Essays Concerning Human Understanding*, LANGLEY, A.G. (ed. e trad.) (La Salle, Open Court, 1949), apêndice nas pp. 657-70. Sobre o desenvolvimento da dinâmica em Leibniz, ver ILTIS, Carolyn [Merchant], "Leibniz and the *Vis Viva Controversy*", Isis 62 (1970), pp. 21-35, e COSTABEL, Pierre, *Leibniz et la Dynamique: Les Textes de 1692* (Paris, Hermann, 1960).

primitiva e sujeitava-se às leis da natureza. Objetos corpóreos não eram substâncias, mas sim coleções de mentes confusas (mônadas), percebidas como corpos extensos. As propriedades desses corpos aparentemente extensos – tamanho, forma, inércia, impenetrabilidade e movimento – estavam "bem fundamentadas" nos estados de existência das mônadas que os constituíam. Assim, Leibniz atribuiu a extensão, que para Descartes era uma substância, ao universo dos fenômenos bem fundamentados (*phenomena bene fundata*), argumentando que a extensão e o movimento eram meros atributos dos corpos fenomênicos, enquanto a força, em contrapartida, era real. A inércia ou passividade, propriedade essencial da matéria para Descartes e Newton, era, para Leibniz, simplesmente uma expressão da limitação imposta à mônada devido à acomodação de sua vida às vidas e atividades de todas as outras mônadas. Os fenômenos mecânicos obedeciam às leis da causalidade eficiente, enquanto as mônadas, ou substâncias verdadeiras, eram governadas por causas finais.[458]

A natureza podia ser dominada por meio da compreensão racional e da ação eficiente. Embora "certas partes [da terra] voltem a ser tornar selvagens ou sofram destruição e deterioração novamente", com o tempo, todo o planeta seria cultivado e se tornaria semelhante a um jardim: "É por isso que, mesmo agora, uma grande parte da nossa terra já foi cultivada e continuará a ser cada vez mais". O otimismo de Leibniz quanto ao progresso da civilização humana e ao desenvolvimento interno do universo como um todo orientou as filosofias do Iluminismo do século XVIII. "Além da beleza geral e da perfeição das obras de Deus", escreveu ele, "devemos reconhecer um certo progresso perpétuo e bastante livre, de todo

458. LEIBNIZ, G.W., "Specimen Dynamicum", *Mathematische Schriften*, volume 4, pp. 234-54; *Philosophical Papers*, volume 2, pp. 714-18. Ver também BUCHDAHL, Gerd, *Metaphysics and the Philosophy of Science* (Oxford, Blackwell, 1969), pp. 393, 410, 414, 417, 420, 422-423; BROAD, C.D., *Leibniz: An Introduction* (Cambridge, Cambridge University Press, 1975), capítulo 4, pp. 87-129; GALE, George, "The Physical Theory of Leibniz", *Studia Leibnitiana*, volume 2, número 2 (1970), pp. 114-27.

o universo, de modo que ele sempre avança para um aperfeiçoamento ainda maior".[459] Alguns comentaristas encontraram na filosofia leibniziana, com sua ênfase na autonomia autorregulada, no desenvolvimento interno e no progresso, uma justificativa para o capitalismo *laissez-faire*.

Leibniz aplicou seu interesse pela linguagem lógica universal e pelo método matemático a invenções práticas que fomentariam o espírito capitalista. Assim, projetou uma máquina de calcular, que ele chamou de "banqueiro vivo", que, na sua opinião, seria de grande utilidade para os negócios, a agrimensura, os assuntos militares e a astronomia; desenvolveu um novo tipo de bomba hidráulica para drenar água das minas de Harz, na Alemanha; trabalhou em um projeto de "tubos catadióptricos" (com espelhos e lentes de perspectiva) para aprimorar a ciência óptica; e ainda idealizou um submarino para ajudar na navegação durante tempestades, mares perigosos e combates navais.

Embora, tanto para Leibniz quanto para Newton, a análise mecânica da natureza fosse um componente central de seus sistemas, suas visões acerca do papel de Deus no universo mecânico e sobre a natureza fundamental da realidade eram muito diferentes. Para Leibniz, apenas o mundo fenomênico era mecânico; o mundo real das substâncias era orgânico. O conflito entre Leibniz e Newton nos célebres debates de 1716 refletia, na verdade, um embate de concepções acerca de Deus, da matéria, e da natureza, subjacente às tradições orgânica e mecânica. A questão que incendiou o debate era sobre o papel de Deus em um universo mecânico semelhante a um relógio, que operava em conformidade com as leis matemáticas da natureza. Seria Deus um criador racional, que construiu uma máquina perfeitamente funcional e autossuficiente, ou

459. LEIBNIZ, G.W., "On the Ultimate Origin of Things" (escrito em 1697), em WIENER, Phillip (ed.), *Leibniz Selections* (Nova Iorque, Scribner's, 1951), p. 354, ver também páginas xix-xxi; GLACKEN, Clarence, *Traces on the Rhodian Shore* (Berkeley, Editora da University of California Press, 1967), pp. 477-78. Sobre Leibniz e o capitalismo, ver ELSTER, Jon, *Leibniz et la Formation de l'Esprit Capitaliste* (Paris, Montaigne, 1975).

seria necessário que Ele interviesse constantemente para evitar a decadência e o colapso final?[460] Leibniz considerava que a necessidade da intervenção contínua de Deus na máquina do universo era uma limitação de sua sabedoria e previsão. Newton e seu porta-voz, o teólogo Samuel Clarke (1675-1729), por sua vez, argumentavam que a glória e o poder de Deus se manifestavam justamente em seu cuidado providencial e intervenção ativa. O mundo, tal como visto por Newton e Clarke, poderia ter sido diferente, pois dependia do exercício livre da vontade divina para sustentar continuamente sua existência.

No entanto, para Leibniz, um mundo criado unicamente pela vontade de Deus, sem a lógica racional, poderia ter resultado em uma criação mal feita e inferior. O mundo existente precisava ser coerente com o princípio da não contradição: seus seres não deveriam exibir nada de destrutivo ou incompatível entre si. Como Deus operara racionalmente, respeitando as leis da lógica ao criá-lo, esse mundo era o melhor dos mundos possíveis. Entretanto, outro princípio, o da razão suficiente, era necessário para explicar por que Deus havia criado este mundo em particular e não outro. Esse segundo princípio era necessário para passar das leis da lógica à existência real. Pela razão suficiente de Deus, sua lógica estava unida ao seu poder criativo.

A distinção entre esses conceitos de Deus – um que enfatizava a razão e outro o poder – estava relacionada à questão da imanência orgânica da lei divina *no interior* da natureza em oposição à imposição divina das leis naturais na criação, bem como à diferença entre a cosmovisão mais antiga que considerava a natureza um organismo inteligente, e a perspectiva científica mais recente para o qual o mundo era uma máquina. Na analogia orgânica grega, o mundo natural ordenava

460. CLARKE, Samuel, *A Collection of Papers Which Passed Between the Late Learned Mr. Leibniz and Dr. Clarke* (Londres, 1717). Para uma discussão, ver ILTIS, Carolyn [Merchant], "The Leibnizian-Newtonian Debates: Natural Philosophy and Social Psychology", *The British Journal for the History of Science* 4 (1973), pp. 343-77.

racionalmente seus próprios movimentos segundo leis imanentes, enquanto a visão mecânica considerava o mundo como destituído de vida e inteligência – razão pela qual seus movimentos precisavam ser impostos externamente por meio de leis naturais. Tomás de Aquino, fundindo a ideia grega de racionalidade inerente à natureza com o conceito cristão de um criador, sustentara uma visão quase-imanentista da lei natural.[461]

A lei imanente, portanto, remonta à visão estoica da natureza, enquanto a lei imposta é um produto da cosmovisão judaico-cristã. Durante a Reforma, muitos protestantes adotaram essa concepção judaica da imposição da vontade e da lei de Deus sobre a criação. A ênfase judaico-cristã na imediaticidade da vontade e do poder de Deus estava intimamente relacionada ao fortalecimento do domínio humano sobre a natureza, que crescia à medida que a vida cotidiana se organizava cada vez mais em torno do poder da tecnologia mecânica.

A visão dos mecanicistas – Gassendi, Boyle e Newton – e da ciência dominante assentava-se na teoria de que as *coisas*, e não as relações, constituíam a realidade última, sendo estas relações impostas externamente por Deus na forma de leis naturais. Para Leibniz, por outro lado, a atividade e as relações eram internas e decorriam de uma doutrina que via a lei natural como quase imanente. A relação entre a atividade inerente da mônada e a imanência da lei divina é resumida em seu ensaio *De Ipsa Natura* [Sobre a própria natureza] (1698): "a matéria primária é meramente passiva, mas não uma substância completa; é preciso acrescentar-lhe uma alma [...] ou força

461. Sobre o conceito da lei imposta e a tradição voluntarista na formação da ciência moderna, ver OAKLEY, Francis, "Christian Theology and the Newtonian Science: The Rise of the Concept of the Laws of Nature", *Church History* 30 (1961), pp. 443-57, especialmente pp. 433-38. Sobre o pano de fundo voluntarista na filosofia de Boyle, ver MCGUIRE, J.E., "Boyle's Conception of Nature", *Journal of the History of Ideas* 33 (1972), pp. 523-42. Sobre a visão grega da natureza como um organismo, ver COLLINGWOOD, R.G., *The Idea of Nature* (Oxford, Clarendon Press, 1945), pp. 3-9; sobre relações internas em contraste com as externas, ver WHITEHEAD, Alfred North, *Adventures of Ideas* (Nova Iorque, Macmillan, 1933), pp. 142-47.

primitiva de ação que é ela própria *lei inerente impressa nela por comando divino*".[462] Ainda que Deus inicialmente imprima as leis da natureza no universo, essas leis se manifestam no desenvolvimento interno inerente dos estados simultâneos de todas as mônadas e nas suas relações mútuas intrínsecas.

Leibniz delineou com clareza a diferença entre sua própria interpretação da natureza e a do mecanicista Christopher Sturm, seguidor de Boyle, que defendia uma doutrina da imposição externa da lei e das relações externas:

> Ele admite [...] que os movimentos que agora ocorrem resultam em virtude de uma lei eterna outrora estabelecida por Deus, lei essa que ele chama de volição e comando [...] Pergunto se essa volição e comando, ou, se preferir, essa lei divina, uma vez estabelecida, teria conferido às coisas apenas uma denominação extrínseca ou se lhes teria verdadeiramente outorgado [...] uma lei interna da qual suas ações e paixões decorrem, ainda que essa lei seja em grande parte incompreendida pelas criaturas em que reside.[463]

Para Leibniz, o mundo da substância era realmente orgânico; cada ser no universo, dos animais até a simples mônada, estavam vivos ou eram compostos de partes vivas. "Assim, não há nada infértil, estéril ou morto no universo; nenhum caos, nenhuma confusão, exceto na aparência". As mônadas, enquanto substâncias vitais individuais, caracterizavam-se por um princípio interno de mudança ou esforço; cada uma delas possuía uma percepção que aumentava ou diminuía. As mônadas atuavam apenas internamente, conforme suas próprias vidas e percepções internas se desenvolviam; todas foram criadas juntas no início e seriam aniquiladas juntas no fim,

462. LEIBNIZ, G.W., "De ipsa natura sive de vi insita actionibusque Creaturum, pro Dynamicis suis confirmandis, illustrandisque" (escrito em 1698) no *Philosophischen Schriften*, pp. 504-16, citações nas pp. 512, 506-7. Tradução de LOEMKER, L.E. em LEIBNIZ, G.W. *Philosophical Papers*, vol. 2, pp. 819, 812-13, itálico adicionado à citação. LEIBNIZ, G.W. "Sobre a própria natureza" (1698), em LEIBNIZ, *Textos Selecionados*, MOREIRA, Vivianne de Castilho (trad.) (Petrópolis, Vozes, 2016, p. 147).

463. LEIBNIZ, G.W. "Sobre a própria natureza", em *Os Pensadores*, MATTOS, Carlos Lopes de (trad.) (São Paulo, Abril Cultural, 1979), p. 215.

mas não poderiam morrer ou nascer naturalmente. Elas eram impermeáveis à influência natural, pois "não teriam janelas pelas quais qualquer coisa pudesse entrar ou sair".[464] Deste modo, a mudança ocorria como resultado de um princípio interno imanente, e não pela ação de uma força externa imposta, como no mecanismo.

Segundo Leibniz, todas as coisas estariam impregnadas de vida e percepção. A principal distinção entre a sua filosofia e aquela dos mecanicistas estava na ideia de que a substância era vida, não matéria morta. Ele criticava os "defensores da nova filosofia" por "manterem a inércia e a morte das coisas". Como escreveu certa vez ao teólogo jansenista Antoine Arnauld (1612-1694): "Toda a matéria deve ser cheia de substâncias animadas, ou, ao menos, vivas".[465]

À semelhança dos elementos de Paracelso e das sementes do velho Van Helmont, as ações das mônadas leibnizianas existiam em um estado contínuo de harmonia mútua. As relações entre os estados internos das vidas monádicas constituíam as leis da natureza; o resultado geral era um consenso de ações individuais produzindo aquilo que era o melhor para o todo e a maximização da perfeição no mundo. Cada mônada refletia o universo à sua maneira, e sua vida se desenvolvia simultaneamente com a vida de todas as outras mônadas em uma harmonia preestabelecida.[466]

Assim, o vitalismo dinâmico de Leibniz opunha-se diretamente à "morte da natureza". No vitalismo que ele desenvolveu nos últimos anos de sua carreira emerge uma orientação orgânica que, assim como o vitalismo dos seus predecessores, pressupunha a vida impregnando todo o cosmos. Tal

464. LEIBNIZ, "The Monadology", *Philosophischen Schriften*, vol. 6, pp. 607-23, ver pp. 607, seção 7; *Philosophical Papers*, vol. 2, pp. 1044-1061.

465. LEIBNIZ, G.W., "De Ipsa Natura", *Philosophischen Schriften*, vol. 4, p. 508: "*Quodsi quis defensor philosophiae nova, inertiam rerum et torporem intruducentis, eu usque progrediatur*"; LEIBNIZ, G.W., *Discourse on Metaphysics, Correspondence with Arnauld, and Monadology*, MONTGOMERY, George R. (trad.) (LaSalle, Open Court, 1957), p. 233.

466. LEIBNIZ, "The Monadology", pp. 598-606.

orientação também pode ser concebida como contrária à exploração da natureza; as restrições normativas estariam contidas dentro da própria estrutura conceitual e por ela seriam impostas. Seu princípio de desenvolvimento interno autônomo, central em sua visão orgânica do mundo, contrastava drasticamente com a teoria mecanicista de que a mudança é reativa, isto é, produto de influências externas sobre uma entidade passiva.

Tal como em Leibniz, também em Newton observamos uma profunda preocupação com o problema da existência da vida orgânica frente à mecanização do cosmos. Embora seu sistema de mundo viesse a se tornar o modelo mecanicista do futuro, ele pessoalmente acreditava que, na melhor das hipóteses, tratava-se de uma verdade parcial. As leis mecânicas da matéria passiva, como estabelecidas em *Principia* [Princípios], eram insuficientes para explicar as leis e as causas da existência vital e das ações violentas. Newton abordou esse tema em *Queries* [Questões], publicadas no *Opticks* [Óptica], e em vários rascunhos inéditos para as edições de 1706 e 1717. Na Questão 23 da edição de 1706 (Questão 31, na edição de 1717), ele escreveu:

> Essa *vis inertiae* [força de inércia] é um princípio passivo pelo qual os corpos persistem em seu movimento ou repouso, recebem movimento em proporção à força que o imprime, e resistem na medida em que são resistidos. Por esse princípio sozinho, jamais poderia ter havido qualquer movimento no mundo. Algum outro princípio era necessário para colocar os corpos em movimento, e, agora que estão em movimento, outro princípio é necessário para conservá-lo.[467]

Em versões não publicadas das *Questões*, Newton foi ainda mais enfático sobre as inadequações das leis do movimento da matéria passiva para explicar a origem de movimentos novos e vitais:

467. NEWTON, Opticks, p. 397; NEWTON, I. *Princípios Matemáticos da Filosofia Natural*, RICCI, Trieste e CURCIO, Maria Helena (trad.) (São Paulo: Edusp, 2002), livro III, regra 3, p. 487.

> Se julgais que a *vis inertiae* é suficiente para conservar o movimento, dizei-me, por obséquio, que experimentos vos levam a tal conclusão. Aprendeis por algum experimento que o bater do coração não imprime novo movimento ao sangue? Que a explosão da pólvora não imprime novo movimento à bala? Ou que um homem, por sua vontade, não pode imprimir novo movimento ao seu corpo? Aprendeis por experimento que o bater do vosso coração retira tanto movimento de outra coisa quanto comunica ao sangue? Que a explosão retira tanto movimento de outra coisa quanto transmite à bala? Ou que um homem, por sua vontade, retira tanto movimento de outra coisa quanto confere ao seu corpo? Se sim, mostrai-me vossos experimentos; se não, vossa opinião é precária. Raciocinar sem experiência é coisa muito escorregadia.[468]

Em um universo mecânico semelhante a um relógio, aparentemente governado somente pelas leis da matéria passiva, era essencial a presença de um Deus que gerasse a ação contínua e assegurasse o cuidado providencial. Esse Deus, responsável por iniciar o movimento e renovar a atividade do cosmos, era necessário porque a decadência do sistema mundo era evidente; reparos periódicos da estrutura da natureza e a reposição contínua de seus movimentos vitais eram indispensáveis. Newton, profundamente angustiado com a inadequação de sua própria análise das leis da mecânica para explicar a vida e a vontade, buscou nas tradições mais antigas as respostas para essas questões fundamentais. Seu interesse clandestino pela alquimia e pelos segredos dos reinos antigos era, em parte, uma busca por pistas de leis mais gerais que governassem tanto sistemas vivos quanto mecânicos.

Em um manuscrito inédito de cerca de 1674, intitulado *Of Nature's Obvious Laws and Processes in Vegetation* [Das leis óbvias da natureza e processos na vegetação], possivelmente inspirado pelo interesse dos platônicos de Cambridge nos princípios vegetativos, Newton indagou sobre a ação de um

468. NEWTON, *Opticks*, University Library, Cambridge/Inglaterra. NEWTON, I. "Questões não publicadas de Óptica", em *Escritos Alquímicos*, MATTOS, Carlos Lopes de (trad.) (São Paulo, Abril Cultural, 1983), p. 147.

espírito vegetativo latente, produzido durante a fermentação.[469] "Nenhum espírito", escreveu ele, "examina os corpos de modo tão sutil, penetrante e rápido quanto o espírito vegetativo". "A terra assemelha-se a um grande animal ou, mais precisamente, a um vegetal inanimado", que "absorve o sopro etéreo para seu renovo diário e fermento vital, e depois transpira com exalações densas. E, conforme a condição de todas as coisas vivas, deve ter seus períodos de início, juventude, velhice e extinção". O espírito vegetativo produzido na fermentação é "o agente universal da natureza, seu fogo secreto, o único fermento e princípio de toda a vegetação".

As fermentações e dissoluções minerais na terra produziram continuamente uma grande quantidade de ar suave, que se elevava e formava nuvens, ascendendo até as regiões etéreas. Ali, o ar comprimia o éter, forçando-o a descer em direção à terra, causando a gravitação e criando uma circulação "bastante condizente com os processos da natureza". O éter era o portador do espírito vegetativo vital, e os corpos respiravam ambos simultaneamente:

> Note-se que é mais provável que o éter seja apenas um veículo para algum espírito mais ativo. Os corpos podem ser constituídos de ambos juntos; podem absorver éter assim como ar durante a geração, e nesse éter o espírito está enredado.[470]

---

469. NEWTON, I., "Of Nature's Obvious Laws and Processes in Vegetation" (Smithsonian Institution, Washington, DC, Burndy Ms. 16), citações dos fólios 4r, 3v, 4r, 3v, 5r, 5v, 6r, 4r. Para uma edição e comentário deste manuscrito importante, ver DOBBS, Betty Jo Teter, "Newton on the Vegetation of Metals and Other Subjects", em BECHLER, Z. (ed.), *Contemporary Newtonian Research* (1978), vol. 1. Outras discussões sobre fermentação por Newton nesse período podem ser encontradas em "Letter to Boyle", 28 de fevereiro, 1678-79, e "Letter to Oldenburg", 25 de janeiro de 1675-76, em COHEN, I.B. (ed.), *Isaac Newton's Papers and Letters on Natural Philosophy* (Cambridge, Harvard University Press, 1958), pp. 253, 254. Sobre a alquimia de Newton, ver DOBBS, B.J.T., *The Foundations of Newton's Alchemy* (Cambridge, Cambridge University Press, 1975). NEWTON, I. "Das leis óbvias da natureza e processos na vegetação" (c. 1674), em *Escritos Alquímicos*, MATTOS, Carlos Lopes de (trad.) (São Paulo, Abril Cultural, 1983).

470. NEWTON, I. "Das leis óbvias da natureza e processos na vegetação" (c. 1674), em *Escritos Alquímicos*, MATTOS, Carlos Lopes de (trad.) (São Paulo, Abril Cultural, 1983).

A vida de toda a matéria dependia de um calor suave para produzir vida; sua retirada causava morte. Portanto, a fonte contínua de vida era encontrada na fermentação fresca. Enquanto as mudanças mecânicas dos corpúsculos grosseiros explicavam a qualidade sensível das coisas, as operações secretas e sutis da natureza aconteciam por meio do espírito vegetativo produzido na fermentação – "uma porção de matéria excessivamente sutil e inimaginavelmente pequena, difundida através da massa, que, se fosse separada, deixaria apenas uma terra morta e inativa".

Por que Newton atribuiu tamanha importância ao conceito de fermentação? A fermentação possuía uma longa e clara conexão histórica com o movimento e a atividade, podendo ser vista como uma fonte de mudanças violentas. Do ponto de vista político, o fermento carregava a conotação de agitação, ou seja, a inflamação e o fomento de paixões e tumultos. Um fermento poderia "agitar-se até espumar e ameaçar o governo". Na alquimia e na química, pensava-se que as mudanças nas propriedades dos metais eram produzidas por um fermento que operava dentro deles. A ação do fermento na massa, assim como a produção de cerveja, resultava em comoção interna e efervescência. Todos esses eram exemplos de novos movimentos gerados em coisas vivas e não vivas.[471]

Nas questões que Newton acrescentou no início dos anos 1700 à *Opticks* [Óptica], ele ainda presumia que esses movimentos violentos, resultantes da fermentação, operavam nos

---

471. MURRY, James *et al.*, *Oxford English Dictionary* (Oxford, Editora Clarendon, 1993), vol. 4, p. 163; citação de DRYDEN, John, *Absalom and Achitophel* (Dublin, 1681), p. 140. Sobre a importância histórica da fermentação, ver ARISTÓTELES, *De Generatione Animalium*, PLATT, Arthur (trad.) (Oxford, Clarendon Press, 1910); PAGEL, Walter, *William Harvey's Biological Ideas* (Basiléia, Karger, 1967), pp. 267, 272; DAVIS, Audrey, *Circulation Physiology and Medical Chemistry in England, 1650-1680* (Lawrence, Coronado Press, 1973], pp. 102-5, 114, 208; MENDELSOHN, Everett, *Heat and Life* (Cambridge, Harvard University Press, 1964), pp. 27-66; HARVEY, William, *Exercitationes de Generatione Animalium, em Works*, WILLIS, R. (trad.) (edição reimpressa, Nova Iorque, Johnson Reprint Corporation, 1965; primeira publicação em 1847), p. 375; PAGEL, W., *New Light on William Harvey* (Basiléia, Karger, 1976), p. 137.

processos químicos cósmicos. A fermentação de vapores sulfurosos com minerais nas profundezas das "entranhas da terra [...] se confinados em cavernas subterrâneas, faziam as cavernas explodirem com um grande tremor de terra", gerando tempestades e furacões, deslizamentos e mares em ebulição. No ar, a fermentação causava relâmpagos, trovões e meteoros incandescentes.[472]

Mas a fermentação não era apenas uma causa importante de movimentos cósmicos violentos resultantes de reações químicas, ela era também uma causa dos movimentos vitais de animais e vegetais. Ela era responsável pelo "batimento do coração por meio da respiração", e pelo "movimento e calor perpétuos." Sem a fermentação como princípio ativo, "toda putrefação, geração, vegetação e vida cessariam."

Os rascunhos das *Questões* também mostram quão profundamente Newton estava convencido da ubiquidade da existência vital na matéria animal, vegetal e mineral. "Não podemos dizer que toda a natureza não esteja viva", escreveu ele em um rascunho, e, em outro, "toda matéria devidamente formada é acompanhada por sinais de vida".[473] Nesses mesmos rascunhos, Newton também discutiu a vontade humana como um exemplo claro de "recrutamento" de novo movimento, não explicado pelas leis da força impressa ou pelo princípio cartesiano da conservação do movimento:

> A matéria é um princípio meramente passivo e não pode mover-se a si mesma. Persiste em seu estado de movimento ou repouso, a menos que perturbada. Recebe movimento proporcional à força que lhe é impressa e resiste na medida em que é resistida. Há leis passivas, e afirmar que não existem outras é contradizer a experiência, pois encontramos em nós mesmos um poder de mover nossos corpos por nosso pensamento. A vida e a vontade são princípios ativos pelos quais

472. NEWTON, I., *Opticks* [Ótica], pp. 379-80. Citações subsequentes nas pp. 399, 400.

473. NEWTON, I., *Fragments on Optics*, University Library, Cambridge, Inglaterra, Add. ms. 3970 fólio 620v e 619r. "*Newton: Textos, Antecedentes, Comentários*" (Contraponto/Eduerj, 2003; MATTOS, C. L. e MARICONDA, P.R. [trad.], p. 287-289).

movemos nossos corpos, deles surgem as outras leis do movimento, que desconhecemos.[474]

A resposta de Newton ao problema da revitalização do cosmos foi reconstituir seu movimento mediante "princípios ativos", como a gravidade e a fermentação:

> Visto que [...] a variedade de movimentos que encontramos no mundo está sempre diminuindo, é necessário conservá-la e renová-la por meio de princípios ativos, tais como a *causa da gravidade*, pela qual os planetas e cometas mantêm seus movimentos em suas órbitas, e os corpos adquirem grande movimento ao cair; e a *causa da fermentação*, pela qual o coração e o sangue dos animais são mantidos em perpétuo movimento e calor [...] pois encontramos muito pouco movimento no mundo além do que se deve a esses princípios ativos.[475]

Sem esses princípios ativos, advertiu Newton, "os corpos da Terra, planetas, cometas, Sol e todas as coisas neles contidas ficariam frios e congelados, transformando-se em massas inativas [...] e os planetas e cometas não permaneceriam em suas órbitas".[476] Para Newton, a fermentação oferecia um antídoto contra a "morte da natureza" implícita no universo mecânico, um universo fundado na passividade e com uma tendência inerente à decadência, ao declínio e à morte eventual.

---

474. NEWTON, I., *Fragments on Optics*, University Library, Cambridge, Inglaterra, Add. 3970 fólio 619r. *Newton: Textos, Antecedentes, Comentários.* MATTOS, C.L. de e MARICONDA, P.R. (trad.) (Rio de Janeiro, Contraponto/Eduerj, 2003, p. 291).

475. NEWTON, *Opticks*, p. 399; grifo em itálico adicionado. Sobre a gravidade, ver MCGUIRE, J.E., "Force, Active Principles and Newton's Invisible Realm"; e HEIMANN, P.M., "'Nature is a Perpetual Worker': Newton's Aether and Eighteenth-Century Natural Philosophy", *Ambix* 20 (1973), pp. 1-25; HEIMANN, P.M. e MCGUIRE, J.E., "Newtonian Forces and Lockean Powers: Concepts of Matter in Eighteenth-Century Thought", *Historical Studies in the Physical Sciences* 3 (1971), pp. 233-306; KUBRIN, David, "Newton and the Cyclical Cosmos: Providence and the Mechanical Philosophy", *Journal of the History of Ideas* 28 (1967), pp. 325-46. NEWTON, I. *Óptica*, ASSIS, André K.T. (trad.) (São Paulo: Edusp, 2002, baseada na edição de 1717).

476. NEWTON, *Opticks*, pp. 399-400, citações subsequentes em ordem nas páginas 380, 401, 403. Para mais sobre o espírito vegetativo e a fermentação, veja NEWTON, I., *Fragments on Optics*, University Library, Cambridge/Inglaterra, Add. 3970 folha 403r "De Vita et Morte Vegetabili". NEWTON, I. *Óptica,* ASSIS, André K.T. (trad.) (São Paulo: Edusp, 2002), p. 177.

Descontente com a análise mecanicista dos fenômenos, e assim como Leibniz, ele buscava as causas e leis que pudessem unificar os processos biológicos, assim como sua teoria gravitacional havia sintetizado as interações físicas.

Contudo, hoje em dia, tanto Newton quanto Leibniz são conhecidos predominantemente por suas contribuições à matemática e à mecânica. Além disso, o programa cultural de pesquisa que se estende do século XVII até os dias atuais deu origem a modelos mecânicos do "eu", da sociedade e do cosmos. Dessa forma, o corpo humano e a psique humana passaram a ser tratados como entidades reativas e condicionáveis, e o cérebro humano como um computador. O corpo político tornou-se um pluralismo de grupos de interesse atomizados. O cosmos mecanicista foi estendido para abranger fenômenos químicos, elétricos, termodinâmicos e celulares. Ao longo dos três séculos em que a visão mecânica do mundo consolidou-se como ideologia filosófica da cultura ocidental, a industrialização, aliada à exploração dos recursos naturais, começou a alterar fundamentalmente o caráter e a qualidade da vida humana. Por meio da educação científica popular, da filosofia empírica e da religião natural pragmática, e da difusão de tendências científicas e racionalizadoras na manufatura, nas burocracias governamentais e nos sistemas médicos e jurídicos, a ciência mecânica, o método, e a filosofia criados no século XVII foram progressivamente institucionalizados como uma forma de vida no mundo Ocidental.

Entre 1500 e 1700 ocorreu uma transformação impressionante. A visão "natural" do mundo, segundo a qual os corpos não se moviam a menos que fossem ativados, ou por um movimento orgânico inerente ou por uma "força" sobreposta "contrária a natureza", foi substituída por uma "lei" não natural e não experiencial de que os corpos se movem uniformemente a não ser que sejam impedidos. A percepção "natural" de uma Terra geocêntrica em um cosmos finito foi substituída pelo "fato" racional "não natural" de um universo infinito e heliocêntrico. Uma economia de subsistência na qual se trocavam recursos, bens, dinheiro ou trabalho por mercadorias foi substituída pelo acúmulo sem fim de lucros em um mercado internacional. A natureza viva e animada morreu, enquanto o dinheiro morto e inanimado foi dotado de vida. Cada vez mais, o capital e o mercado assumiriam os atributos orgânicos – crescimento, força, atividade, gravidez, fraqueza, decadência e colapso – para encobrir e mistificar as novas relações sociais subjacentes de produção e reprodução que tornavam possível o crescimento econômico e o progresso. A natureza, as mulheres, os negros e os trabalhadores assalariados foram postos em um caminho que lhes conferiu um novo *status*: o de recursos "naturais" e humanos destinados a abastecer o sistema mundial moderno. O nome dado a essas transformações não deixa de ser irônico: racionalidade.[477]

Em 1500, as diferentes partes do cosmos estavam unidas como um único organismo vivo; já por volta de 1700, a metáfora dominante tinha se tornado a máquina. Embora as máquinas e a *machina mundi* cósmica já fizessem parte dos mundos antigo e medieval, a concepção orgânica da natureza fora suficientemente integradora como estrutura para superar mudanças e discrepâncias internas. Da mesma forma, ainda que a análise mecanicista da realidade tenha dominado o mundo ocidental desde o século XVII, a perspectiva orgânica jamais desapareceu. Ela permaneceu como uma importante tensão subjacente, aparecendo em variantes como a reação Romântica ao Iluminismo, o transcendentalismo americano, as ideias dos *Naturphilosophen* alemães, a filosofia inicial de Karl Marx, os vitalistas do século XIX, e o trabalho

477. Sobre a transformação da cosmologia, ver KOYRÉ, "Newtonian Synthesis", em *Newtonian Studies*, e KOYRÉ, *From the Closed World to the Infinite Universe* (Nova Iorque, Harper & Row, 1958). Sobre a transformação nos valores econômicos de Aristóteles a Adam Smith e a dotação do dinheiro com propriedades orgânicas, ver TAUSSIG, Michael, "The Genesis of Capitalism Amongst a South American Peasantry: Devil's Labor and the Baptism of Money", *Comparative Studies in Society and History* 19 (1977), pp. 130-53 (tradução para o português: TAUSSIG, Michael, *O diabo e o fetichismo da mercadoria na América do Sul*, São Paulo, Editora Unesp, 2010).

de Wilhelm Reich. Os princípios básicos da visão orgânica da natureza reapareceram no século XX na teoria do holismo de Jan Christiaan Smuts, na filosofia do processo de Alfred North Whitehead, nos movimentos ecológicos das décadas de 1930 e 1970, nas análises alternativas da física nuclear (no modelo "bootstrap") e nas teorias do desenvolvimento da psicologia. Alguns filósofos argumentam que esses dois marcos conceituais são fundamentalmente incomensuráveis. Como demonstraram as fusões entre essas duas perspectivas discutidas nos capítulos anteriores, talvez essa percepção da dicotomia seja muito extrema. Ainda assim, um reexame dos valores e das limitações historicamente associados à visão orgânica do mundo pode ser essencial para a construção de um futuro viável.[478]

478. O impacto de Newton e Leibniz na história subsequente é complexo. Sobre o newtonianismo no século XVIII, ver THACKRAY, *Atoms and Powers*; HEIMANN e MCGUIRE, "Newtonian Forces and Lockean Powers"; SCHOFIELD, Robert, *Mechanism and Materialism: British Natural Philosophy in an Age of Reason* (Princeton, Princeton University Press, 1970); GUERLAC, *Essays and Paper*. Sobre Leibniz, ver BARBER, W.H., *Leibniz in France from Arnauld Voltaire: A Study in French Reactions to Leibnizianism, 1670-1760* (Oxford, 1995); ILTIS, Carolyn [Merchant], "The Decline of Cartesianism in Mechanics: The Leibnizian-Newtonian Debates", *Isis* 64 (1973), pp. 356-73; ILTIS, C. [M.], "The Leibnizian-Newtonian Debates", ILTIS, C. [M], "Madame du Châtelet's Metaphysics and Mechanics", *Studies in History and Philosophy of Science* 8 (1977), pp. 29-40; ILTIS, C. [M.] "D'Alembert and the *Vis Viva* Controversy", *Studies in History and Philosophy of Science* 1 (1970), pp. 134-35; NEEDHAM, Joseph, *Science and Civilization in China* (Cambridge, Harvard University Press, 1959), vol. 2, pp. 291-343, 496-505. Sobre o "modelo bootstrap" na física das partículas, ver CAPRA, Fritjof, *The Tao of Physics* (Berkeley, Shambala, 1975). Sobre a incomensurabilidade das visões de mundo orgânico e mecânico e suas implicações para a psicologia do desenvolvimento, ver OVERTON, Willis F. e REESE, Hayne W., "Models of Development: Methodological Implications" em NESSELROADE, John R. e REESE, Hayne W., (ed.), *Life Span Developmental Psychology* (Nova Iorque, Academic Press, 1973). Sobre perspectivas orgânicas sobre a natureza, ver WHEELER, L.R., *Vitalism: Its History and Vitality* (Londres, Witherby, 1939); WHITEHEAD, Alfred North, *Process and Reality* (Cambridge, Cambridge University Press, 1929); EMMET, Dorothy, *Whitehead's Philosophy of Organism*, 2 ed., (Londres, Macmillan, 1966); PARSONS, Howard L. (ed.), *Marx and Engels on Ecology* (Westport, Greenwood Press, 1977); REICH, Wilhelm, *The Discovery of the Orgone* (Nova Iorque, Orgone Institute Press, 1942); para uma crítica, ver

EPÍLOGO

A visão mecanicista da natureza, desenvolvida pelos filósofos naturais do século XVII e baseada em uma tradição matemática ocidental que remonta a Platão, ainda domina a ciência hoje. Essa visão parte do pressuposto que a natureza pode ser dividida em partes e que essas partes podem ser reorganizadas para criar novas formas de existência. "Fatos" ou unidades de informação podem ser extraídos de seu contexto natural e rearranjados de acordo com um conjunto de regras baseadas em operações lógicas e matemáticas. Então, os resultados podem ser testados e verificados a partir de sua reintrodução à natureza, que, em última instância, é quem decide sua validade. O formalismo matemático fornece os critérios de racionalidade e a certeza, enquanto a natureza oferece o critério para aferir a validade empírica e a aceitação ou rejeição da teoria.

Apesar do trabalho de historiadores e filósofos da ciência, a comunidade científica tende a assumir que a ciência moderna é objetiva, neutra e que não sofre influências do mundo externo. Quanto mais uma ciência puder ser reduzida a esse modelo matemático mecanicista, maior será sua legitimidade. Daí que a hierarquia reducionista sobre a validade das ciências, proposta pela primeira vez no século XIX pelo filósofo positivista francês Auguste Comte, e que define que as ciências mais matemáticas e teóricas ocupam posições de maior destaque, ainda seja amplamente aceita entre os intelectuais.

A abordagem mecanicista da natureza é tão fundamental para a revolução da física no século XX quanto foi para a ciência clássica newtoniana, que culminou na unificação das teorias da mecânica, termodinâmica e eletromagnética no século XIX. A física do século XX ainda vê o mundo sob a perspectiva

---

PHILIPS, D.C., *Holistic Thought in Social Science* (Stanford, Stanford University Press, 1976).

das partículas elementares: elétrons, prótons, nêutrons, mésons, múons, píons, tauóns, tetas, sigmas e assim por diante. A busca pela partícula unificadora definitiva, o quark, continua a engajar os esforços dos melhores físicos teóricos.

O formalismo matemático isola os elementos de um determinado problema de mecânica quântica, organiza-os em uma matriz reticular e os rearranja por meio de uma função matemática chamada "operador". A teoria dos sistemas extrai unidades de informação potencialmente relevantes do contexto ambiental e as armazena em uma memória de computador para uso posterior. No entanto, como não é possível armazenar um número infinito de "fatos", é preciso selecionar um número finito de partes de dados segundo uma teoria ou conjunto de regras que guiam o processo de seleção. É bastante provável que, para cada solução gerada, essa abordagem mecanicista exclua alguns fatores potencialmente relevantes.

Os teóricos dos sistemas reivindicam para si uma perspectiva holística, porque acreditam que levam em consideração as formas pelas quais todas as partes de um determinado sistema afetam o todo. Ainda assim, o formalismo do cálculo de probabilidades exclui a possibilidade de matematizar a *gestalt* (totalidade) – isto é, as maneiras pelas quais cada parte, a qualquer momento, obtém seu significado a partir do todo. Quanto mais aberto, adaptativo, orgânico e complexo for o sistema, menos bem-sucedido será o formalismo. Inversamente, ele terá mais êxito quando aplicado a sistemas fechados, artificiais, definidos com precisão e relativamente simples. Os axiomas mecanicistas sobre a natureza nos empurram cada vez mais na direção de ambientes artificiais, do controle mecanizado dos mais variados aspectos da vida humana e da própria perda da qualidade de vida.

Na esfera social, o modelo mecanicista ajuda a orientar o desenvolvimento tecnológico e industrial. Em *The Technological Society* [A sociedade tecnológica], Jacques Ellul discute as técnicas da economia e a organização mecanicista das especialidades inerentes às – e que estão implicadas pelas – próprias máquinas e métodos matemáticos. A máquina de calcular, a máquina tabuladora, o microfilme e o computador transformam os métodos estatísticos e a organização administrativa em estruturas especializadas organizadas em torno de uma ou mais categorias estatísticas.

Modelos econométricos e estocásticos são usados para operar dados estatísticos a fim de analisar, comparar e fazer previsões. Nas aplicações sociais, os esforços para prever as reações humanas mediante o cálculo de probabilidades podem, paradoxalmente, levar os indivíduos a tomarem conhecimento de sua conformidade em determinada tendência, e agir de maneira inversa.

> Mas o público, ao reagir assim, cai sob a influência de uma nova previsão que é completamente determinável [...] Deve-se supor, contudo, que se permaneça dentro do quadro do comportamento racional. O sistema funciona ainda melhor quando lida com pessoas mais integradas na massa [...] cuja consciência está parcialmente paralisada, que se prestam voluntariamente a observações estatísticas e à sistematização.[479]

Esses esforços para reduzir o comportamento humano a probabilidades estatísticas, e para condicioná-lo por meio de técnicas psicológicas semelhantes àquelas desenvolvidas por B. F. Skinner, são manifestações da onipresença do modo de pensar mecanicista desenvolvido pelos cientistas do século XVII.

O holismo foi proposto por Jan Christiaan Smuts, em seu livro *Holism and Evolution* [Holismo e evolução] (1926), como uma alternativa filosófica ao mecanicismo. Nessa obra, o autor tentou definir as características essenciais do holismo

479. ELLUL, Jacques, The Technological Society, WILKINSON, J. (trad.) (Nova Iorque, Random House, 1964), pp. 163 ff., citações em p. 163; SKINNER, B.F., *Beyond Freedom and Dignity* (Nova Iorque, Random House, 1971). Ver também SKINNER, B.F., *Walden Two* (Nova Iorque, Macmillan, 1972; primeira publicação em 1948). Para uma crítica filosófica da teoria dos sistemas, ver DREYFUS, Hubert, *What Computers Can't Do* (Nova Iorque, Harper & Row, 1972), especialmente p. 170. ELLUL, Jacques. *A sociedade tecnológica*, OLIVEIRA, Therezinha Gaspar de (trad.) (Rio de Janeiro, Paz e Terra, 1968, p. 287).

e diferenciá-lo do mecanicismo do século XIX. Ele procura mostrar que:

> Tomando uma planta ou um animal como tipo de todo, notamos os caracteres holísticos fundamentais como uma unidade de partes que é tão próxima e intensa que vai além da mera soma de suas partes; que não apenas confere uma conformação ou estrutura particular às partes, mas as relaciona e determina em sua síntese de modo que suas funções são alteradas; a síntese afeta e determina as partes para que funcionem em direção ao 'todo'; e o todo e as partes assim influenciam e determinam reciprocamente um ao outro, de forma que seus caracteres individuais parecem mais ou menos se fundir.[480]

Smuts viu uma continuidade nas relações entre as partes - que ia desde simples misturas físicas e compostos químicos até organismos e mentes –, nas quais a unidade entre elas era afetada e alterada pela síntese. "O holismo é um processo de síntese criadora; os todos resultantes não são estáticos, mas dinâmicos, evolutivos, criadores [...] A explicação da natureza não pode, portanto, ser puramente mecânica; e o conceito mecanicista da natureza tem seu lugar e justificação apenas no quadro mais amplo do holismo".[481]

Atualmente, a ciência da ecologia representa o exemplo mais importante de holismo. Embora seja uma ciência relativamente nova, sua filosofia da natureza, o holismo, não o é. Historicamente, os pressupostos holísticos sobre a natureza foram postos em prática por comunidades de pessoas que conseguiram viver em equilíbrio com seus ambientes. A ideia de processos cíclicos e da interconectividade de todas as coisas, somadas ao pressuposto de que a natureza é ativa e viva, são fundamentais para a história do pensamento humano.

---

480. SMUTS, J.C., *Holism and Evolution* (Nova Iorque, Macmillan, 1926), pp. 86, 87. Sobre o holismo nas ciências biológicas, ver KOESTLER, Arthur, "Beyond Holism and Reductionism: The Concept of the Holon", em *Beyond Reductionism: New Perspectives in the Life Sciences,* KOESTLER, A. e SMYTHIES, J.R. (ed.) (Boston, Beacon Press, 1969), SMUTS, Jan Christiaan. *Holismo e evolução,* FERREIRA, Roberto Leal (trad.) (São Paulo, Editora Perspectiva, 2012, p. 112, Coleção Debates)

481. SMUTS, Jan Christiaan. *Holismo e evolução*, FERREIRA, Roberto Leal (trad.) (São Paulo, Editora Perspectiva, 2012, p. 128, Coleção Debates)

Nenhum elemento de um ciclo interconectado pode ser removido sem provocar o colapso do todo. As partes, portanto, adquirem seu significado a partir do todo. Cada uma das partes é definida e dependente do contexto mais amplo. O próprio ciclo constitui uma relação interativa dinâmica entre todas as suas partes, e o processo é uma relação dialética entre a parte e o todo. A ecologia deve considerar, necessariamente, as complexidades e a totalidade. Ela não pode isolar as partes em sistemas simplificados para estudo em laboratório, porque tal isolamento distorce o todo.

Em um ecossistema equilibrado, forças e tensões externas, sejam elas naturais ou causadas por seres humanos, podem fazer com que partes do ciclo atuem mais rapidamente em relação às oscilações naturais dos sistemas. Dependendo da intensidade da perturbação externa, das taxas de reação metabólica e reprodutiva das partes mais lentas do ciclo, e da complexidade do sistema, ele poderá ou não ser capaz de absorver as tensões sem colapsar.[482] Em diferentes momentos históricos, civilizações que exerceram tensões excessivas sobre seus ambientes provocaram transformações duradouras ou irreversíveis.

Ao destacar o papel essencial de cada parte de um ecossistema – mostrando que, se uma parte for removida, o sistema se enfraquece e perde estabilidade –, a ecologia caminhou no sentido de nivelar hierarquias de valor. Cada parte contribui com valores iguais para o funcionamento saudável do todo. Todos os seres vivos, enquanto partes integrantes de um ecossistema viável, possuem, assim, direitos. A necessidade de proteger o ecossistema do colapso, devido à extinção de membros vitais, foi um dos argumentos que levaram à aprovação da Endangered Species Act [Lei das espécies ameaçadas de extinção], em 1973.[483] Esse foi mais um passo no

482. Sobre os ciclos ecológicos, ver COMMONER, Barry, *The Closing Circle: Nature, Man, and Technology* (Nova Iorque, Bantam Books, 1971), cap. 2.

483. O "Endangered Species Act" de 1973 ou ESA é o mais vasto das dúzias de leis ambientais que os Estados Unidos aprovaram na década de 1970. Tal como

movimento em direção ao igualitarismo, depois das revoluções democráticas do século XVIII, da extensão dos direitos civis à população negra e, por fim, do direito de voto às mulheres. Espécies ameaçadas passaram a ter o mesmo peso para o Corpo de Engenheiros do Exército: o peixe *snail darter* teve direito a uma audiência antes da aprovação da construção de uma represa em Tellico; a erva *Furbish's lousewort* conseguiu impedir a construção da represa Dickey-Lincoln, em Maine; o pica-pau *red-cockaded* deve ser considerado no manejo florestal do Texas, assim como a borboleta El Segundo Blue, na expansão do aeroporto na Califórnia.

A convergência entre os movimentos de conservação ambiental e ecologia com as lutas pelos direitos e liberdades das mulheres tem avançado na direção de reverter tanto a subjugação da natureza quanto das mulheres. Entre o final do século XIX e o início do XX, o forte movimento feminista dos Estados Unidos, iniciado em 1842, pressionou pelo sufrágio feminino, primeiro nos estados e depois na nação. Mulheres ativistas também formaram diversos comitês de conservação dentro das muitas organizações femininas que integravam a Federation of Women's Clubs [Federação de Clubes das Mulheres], fundada em 1890. Elas apoiaram movimentos conservacionistas – o movimento de preservação dos parques nacionais, estaduais e municipais, bem como das áreas selvagens –, liderados por John Muir e Frederick Law Olmsted, que, em determinado momento, se separaram da ala gerencial e utilitarista representada por Gifford Pinchot e Theodore Roosevelt.[484]

Hoje, a união entre o movimento das mulheres e o movimento ecológico traz à tona novamente a questão da libertação. Grupos tradicionais de mulheres, como a League of

---

consta no Artigo 2º do ato, foi criado para proteger espécies criticamente ameaçadas de extinção.

484. HAYS, Samuel P., *Conservation and the Gospel of Efficiency: The Progressive Conservation Movement, 1890-1920* (Cambridge, Harvard University Press, 1959), pp. 142-43.

Women Voters [Liga das Mulheres Eleitoras], assumiram uma liderança precoce na pesquisa e na pressão por legislação em prol do ar limpo e da água potável. Feministas socialistas e grupos como o "*Science for The People*" [Ciência para o Povo] trabalham para transformar as estruturas econômicas, promovendo a capacitação de homens e mulheres no trabalho e a reforma de um sistema capitalista que gera lucros às custas da natureza e das trabalhadoras e trabalhadores.

O acidente nuclear de março de 1979, na usina de Three-Mile Island, perto de Harrisburg, na Pensilvânia, foi a síntese do problema da "morte da natureza", perceptível desde a Revolução Científica. A manipulação dos processos naturais para controlar e utilizar a natureza, por meio da tecnologia, resultou em um desastre. Os interesses econômicos de longo prazo e a imagem pública da empresa de energia e do projetista do reator foram priorizados em detrimento da segurança imediata das pessoas e da saúde da terra. Os efeitos invisíveis das emissões radioativas – que se concentram na cadeia alimentar e podem levar a um aumento de casos de câncer nas décadas seguintes – foram inicialmente minimizados pelas autoridades reguladoras da energia atômica.

O acidente de Three-Mile Island tornou-se um símbolo recente do adoecimento da terra, causado por resíduos radioativos, agrotóxicos, plásticos, smog fotoquímico e fluorocarbonos. A poluição de seus "riachos mais puros" tem sido sustentada, desde a Revolução Científica, por uma ideologia de "domínio sobre a natureza", uma ontologia de partes atômicas e humanas intercambiáveis e uma metodologia de "penetração" em seus segredos mais íntimos. A terra doente – "sim, morta, sim, putrefata"[485] –, provavelmente só poderá ter sua saúde restabelecida com a inversão dos valores dominantes e uma revolução nas prioridades econômicas. Nesse sentido, o mundo deve ser virado de cabeça para baixo mais uma vez.

485. DONNE, J. *op. cit.*

À medida que os recursos naturais e as fontes de energia se esgotam, será essencial examinar alternativas de todos os tipos para que, adotando novas formas sociais, a qualidade do ambiente possa ser sustentável. Descentralização, formas não hierárquicas de organização, reciclagem de resíduos, estilos de vida mais simples envolvendo tecnologias sustentáveis menos poluentes e métodos econômicos intensivos em trabalho e não em capital, são possibilidades que estão apenas começando a ser exploradas.[486] A futura distribuição de energia e recursos entre as comunidades deverá se basear na integração entre os ecossistemas humanos e naturais. Essa reestruturação de prioridades poderá ser crucial para a sobrevivência das pessoas e da natureza.

486. BOOKCHIN, Murray, "Ecology and Revolutionary Thought", em *Post-Scarcity Anarchism* (São Francisco, Ramparts Press, 1971), pp. 57-82, e BOOKCHIN, M., "Toward an Ecological Solution" (Berkeley, Ecology Center Reprint, s.d.). Ver também FERKISS, Victor, *Technological Man* (Nova Iorque, New American Library, 1969), cap. 9, pp. 205-11; ROSZAK, Theodore, *Where the Wasteland Ends* (Garden City, Doubleday, 1973), pp. 367-71; GOODMAN, Paul e GOODMAN, Percival, *Communitas*, 2 ed., rev. (Nova Iorque, Vintage, 1960); GOODMAN, Paul, *People or Personnel* (Nova Iorque, Random House, 1965); SCHUMACHER, E.F. *Small ls Beautiful: Economics as if People Mattered* (Nova Iorque, Harper & Row, 1973); CALLENBACH, Ernest, *Ecotopia* (Berkeley, Banyan Tree Books, 1976).

AGRADECIMENTOS

É uma honra para mim expressar minha gratidão às pessoas e organizações que apoiaram e contribuíram para a realização deste livro. Todo o meu aprendizado aqui sistematizado advém das pessoas com quem convivi nos últimos anos. A ideia inicial de reavaliar de forma crítica a Revolução Científica surgiu das aulas e inúmeras conversas com meu amigo e colega, o historiador da ciência David Kuprin, que, no início da década de 1970, ministrava cursos na Liberation School em São Francisco, nos Estados Unidos. Suas elaborações sobre a obra de Isaac Newton, a análise mecanicista da natureza e a dialética foram fundamentais para a reorganização conceitual da história desse período. Charles Sellers, colega e amigo próximo, ofereceu-me apoio contínuo, além de ideias e críticas. Ambos leram e criticaram o manuscrito em suas muitas etapas de redação. Muitas outras pessoas contribuíram com seus conhecimentos acadêmicos e conversas estimulantes. Aprendi muito com os colegas da Universidade de São Francisco, especialmente com o Human Prospect (financiado por uma bolsa do National Endowment for the Humanities, EP-25821-76-1126), um grupo de professores e estudantes de ciências e humanidades com quem elaborei pela primeira vez os temas tratados neste livro. As mães, pais e estudantes fundadores do Strawberry Creek College, da Universidade da Califórnia em Berkeley, ofereceram-me oportunidades para aprofundar minha análise. Diversas referências e sugestões temáticas vieram de membros do Departamento de História da Universidade da Califórnia, Berkeley, especialmente John Heilbron, Roger Hahn, Natalie Davis (agora na Universidade de Princeton), Thomas Laqueur, Gene Brucker e Jan de Vries. Os historiadores da ciência Walter Pagel, Robert Kargon, Donna Haraway, Betty Jo Teter Dobbs e Margaret Osler leram e avaliaram capítulos individuais. Também sou grata pelas valiosas sugestões e pelo apoio de Theodore Roszak, Clarence Glacken, Everett Mendelsohn, Robert Cohen, Erwin Hiebert,

Nina Gelbart, Elisabeth Gleason, Shirley Cartwright, Peter Dale Scott, Karen Hermassi e Hilda Smith.

A pesquisa para este livro foi apoiada por uma bolsa da National Science Foundation [SOC 7682650]. Um ano de redação, reflexão e síntese final foi possível graças a uma bolsa do American Council of Learned Societies, em conjunto com uma bolsa do Center for Advanced Study in the Behavioral Sciences, de Stanford, na Califórnia. Agradeço ao National Endowment for the Humanities, à Fundação Rockefeller e à Fundação Andrew W. Mellon pelos subsídios que contribuíram para a minha permanência naquele Centro; aos bolsistas das turmas de 1978 e 1979, que proporcionaram desafios intelectuais e comentários críticos – particularmente Nannerl Keohane, Yaron Ezrahi, Charles Neider, Houston Baker, Alfonso Ortiz e Bruce Kuklick –; e a Gardner Lindzey, Preston Cutler e toda a equipe do Centro pela criação de uma atmosfera de estímulo intelectual, alegria e conforto. Sou especialmente grata à Christine Hoth, Bruce Harley e Patricia Knoblock pelo apoio à pesquisa; a Heather MacLean, Joanne Fox e Susan Thistle pela digitação do manuscrito; e a John Shopp e Katharine Reigstad pelas sugestões editoriais. A obtenção da fotografia da escultura de Louis-Ernest Barrias foi possível graças à ajuda de John Lesch, Roger Hahn e Mirko Grmek.

Embora muitas pessoas tenham dedicado seu tempo e apoio à escrita deste livro, a interpretação aqui apresentada é exclusivamente minha. A análise baseia-se em inúmeras citações de fontes primárias. Para evitar sobrecarregar o texto com notas, as citações foram frequentemente agrupadas em uma única nota ao final de um parágrafo contendo várias frases ou, no caso de uma discussão extensa, em uma única nota no início dos parágrafos. Toda a ortografia foi modernizada. Minhas publicações anteriores foram assinadas com o nome de Carolyn Iltis.

Carolyn Merchant
Berkeley, California
1979

Dados Internacionais de Catalogação na Publicação (CIP)
(Câmara Brasileira do Livro, SP, Brasil)

Merchant, Carolyn
A morte da natureza : mulheres, ecologia e a revolução científica / Carolyn Merchant. -- São Paulo : Igrá Kniga e Expressão Popular, 2025

ISBN Igrá Kniga 978-65-01-63327-5
ISBN Expressão Popular 978-65-5891-179-1

1. Ecologia 2. Filosofia 3. Mulheres - Aspectos sociais 4. Natureza I. Título.

25-293398.0 CDD-100

Índices para catálogo sistemático:

1. Filosofia 100

Eliane de Freitas Leite - Bibliotecária - CRB 8/8415

FONTES Minion Variable Concept e Montserrat
PAPEL Lux Cream 70g
TIRAGEM 1500 exemplares
1ª EDIÇÃO Agosto de 2025